Conversas com Nostradamus
Suas Profecias Explicadas
(Revisado com Adendo: 1996)
Volume 1

(POR)
DOLORES CANNON

Tradução: Mayara Junge

©1989, Dolores Cannon
Edição revisada/Ozark Mt. Publishing © 1992, Dolores Cannon
Nova edição com adendo © 1997, Dolores Cannon, 2001, 2009, 2011, 2012
Tradução para Português - 2024
Partes de "Prophecies of Nostradamus" (Profecias de Nostradamus) por Erika Cheetham©
1975 por Erika Cheetham
Reimpresso com permissão do The Putnam Publishing Group

Partes extraídas de The Prophecies of Nostradamus, © 1973 por Erika Cheetham. Publicado pela "Corgi Books", uma divisão da "Transworld Publishers Ltd." Permissões concedidas, todos os direitos reservados.

Todos os direitos reservados. Nenhuma parte deste livro, no todo ou em parte, pode ser reimpressa, transmitida ou utilizada de qualquer forma ou por qualquer meio, fotográfico eletrônico ou mecânico, incluindo fotocópia, gravação ou por qualquer sistema de armazenamento e recuperação de informações, sem a permissão por escrito da Ozark Mountain Publishing, Inc., exceto por breves citações incorporadas em artigos literários e resenhas.

Para obter permissão ou serialização, condensação, adaptações ou para nosso catálogo de outras publicações, escreva para Ozark Mountain Publishing, Inc., P.O. Box 754, Huntsville, AR 72740 Attn: "Permission Department" (Departamento de Permissão).

Dados de catalogação em publicação da Biblioteca do Congresso
Cannon, Dolores, 1931-2014
Conversas com Nostradamus por Dolores Cannon
   Comunicação de Nostradamus com vários médiuns por meio de hipnose, supervisionada por Dolores Cannon. Inclui as Profecias de Nostradamus, em francês médio com tradução em inglês. Inclui índice.
1. Nostradamus, 1503-1566. 2. Profecias. 3. Hipnose. 4. Terapia de reencarnação. 5. Astrologia. I. Cannon, Dolores, 1931-2014 ll. Nostradamus, 1503-1566, Prophecies English & French (Profecias em inglês e francês). III. Título
ISBN: 978-1-962858-43-4

Primeira edição impressa pela American West Publishers, 1989.
Edição revisada publicada em 1992 Ozark Mountain Publishing, Inc
Nova edição com adendo, 1997

Tradução: Mayara Junge
Design da capa: Joe Alexander.
Aprimoramento de computador: Jenelle Johannes.
Livro impresso em: Times New Roman
Design do livro: Kris Kleeberg
Publicado por

P.O.Box 754
Huntsville AR 72740
WWW.OZARKMT.COM
Impresso nos Estados Unidos da América

Dedicatória

*Para Elena, Brenda e John,
que me ajudaram a descobrir o portal do tempo
e me levaram à incrível dimensão
onde Nostradamus ainda vive.*

Desenho de Nostradamus, como visto por Elena em transe.

ÍNDICE DE CONTEÚDO

Preâmbulo	i
Prefácio	vii
SEÇÃO UM: O CONTATO	
Capítulo 1 - Mensagem de um guia	3
Capítulo 2 - Eu conheço Dionísio	17
Capítulo 3 - O grande homem chega	29
Capítulo 4 - Nostradamus fala	45
Capítulo 5 - A mudança do mundo	63
Capítulo 6 - Elena parte	88
Capítulo 7 - Através do espelho mágico	107
Capítulo 8 - O homem misterioso	138
SEÇÃO DOIS: A TRADUÇÃO	
Capítulo 9 - A tradução começa	157
Capítulo 10 – Quadras que tratam do passado	176
Capítulo 11 - O tempo presente	192
Capítulo 12 - O futuro próximo	217
Capítulo 13 - O tempo das revoltas	230
Capítulo 14 - A vinda do anticristo	243
Capítulo 15 - Os três últimos papas	262
Capítulo 16 - A devastação da Igreja	288
Capítulo 17 - O monstro aparece	299
Capítulo 18 - Europa, o eterno campo de batalha	310
Capítulo 19 - Experimentação	321
Capítulo 20 - O tempo de angústia	338
Capítulo 21 - A cabala	359
Capítulo 22 - A virada da maré	365
Capítulo 23 - Consequências da terceira guerra	377
Capítulo 24 - O grande gênio	386
Capítulo 25 - O futuro distante	404
Capítulo 26 - O fim e o começo	421
Adendo, 1996, 1999, 2001 …..	427
Índice de Quadras/Quadrantes	488
Sobre a autora	491

PREÂMBULO

O NOME DOLORES CANNON pode não ser familiar para muitos leitores, mas ela vem trabalhando no campo da regressão hipnótica há muitos anos. Dolores não é uma acadêmica, mas tem a devoção de uma acadêmica aos detalhes, à precisão e à verdade. Ela é incansável em sua busca por conhecimento, como seus leitores saberão quando seguirem seu caminho implacável pelo labirinto da mente humana e do espírito. Não é de se surpreender que ela tenha conquistado um grande número de seguidores entre os cognoscenti (cognoscentes), seus colegas investigadores do paranormal. Na casa de Dolores, como você verá, há muitas mansões.

Conheci Dolores há alguns anos e ela me contou sobre o trabalho que estava fazendo. Ela não afirmava entender toda a relevância do material que coletava de seus entrevistados enquanto estavam sob hipnose. Ela não professava saber todas as respostas, mas, com uma abertura de espírito singular, acreditava que aqueles espíritos que diziam estar falando com ela pela boca de pessoas vivas poderiam ser entidades reais, talvez fora de nosso tempo, existindo em um plano diferente do nosso.

Como alguém familiarizado com a hipnose, eu estava muito interessado em ouvir o que a Sra. Cannon tinha a dizer. Eu havia aprendido a técnica hipnótica há muitos anos com um médico famoso da Flórida. Mais tarde, tive o privilégio de trabalhar com um dos principais pioneiros da hipnose clínica, William S. Kroger, médico de Beverly Hills.

Questionei Dolores sobre suas técnicas e fiquei convencido de que ela não estava conduzindo seus pacientes enquanto estavam sob sua orientação, nem fornecendo nenhum dos materiais que vieram à tona sob hipnose. Ouvi várias fitas com muito cuidado, procurando qualquer erro de metodologia questionável. Descobri que ela era extremamente cuidadosa em não guiar os participantes nem estimulá-los. Na verdade, ela era muito diligente em ficar de lado e deixar que o material fosse transmitido sem ser contaminado por suas perguntas. Ela não oferecia respostas, teorias, probabilidades ou suposições. Em vez disso, deixou que o assunto a conduzisse pelas sessões com as outras vozes em outras salas.

Dolores Cannon é uma praticante séria da arte hipnótica e é especialmente habilidosa nas técnicas de regressão. Pedi para ler uma parte de um de seus manuscritos. Ela o enviou para mim, e fiquei impressionado com o material que ela havia descoberto. Pareceu-me que ela estava espantada tanto com o material quanto com a forma como ele veio à tona. Seu material era fascinante, para dizer o mínimo, e muito bem organizado.

Havia boas razões para que ela se surpreendesse com o que seus participantes diziam enquanto estavam sob hipnose. Eu a questionei sobre esses sujeitos. Muitos eram donas de casa da zona rural, nascidos em famílias de agricultores, com pouquíssima instrução. Eram pessoas que não seriam consideradas intelectuais. Assim, o material parecia ainda mais impressionante do que se tivesse surgido de alguém que estivesse familiarizado com estudos sobre o paranormal.

Dolores sabia que tinha um material interessante. Ela é uma escritora muito boa. Escreve de forma clara e objetiva sobre assuntos extraordinários. Acredito que seu trabalho ganha uma estatura ainda maior quando se considera o que ela fez para verificar o material de origem não documentado. Ao contrário de outros hipnotizadores que descobrem algum fato surpreendente ou um conjunto de conhecimentos durante as sessões de hipnose, ela não se apressou em publicar suas descobertas. Tampouco fez julgamentos prematuros sobre suas descobertas. Em vez disso, ela verificava o material que extraía do subconsciente, tentando, na medida do possível, comprovar os fatos verificáveis obtidos de seus participantes. Ela fazia isso de duas maneiras.

Quando um "espírito" falava de outra época, como a testemunha do holocausto de Hiroshima, Dolores pesquisava os fatos em fontes publicadas. Isso lhe dava uma visão valiosa para sua avaliação do material. Mas, com um golpe de brilhantismo, ela foi ainda mais longe. Começou a explorar o mesmo período de tempo e experiências (ou conhecimento) de vidas passadas com outros sujeitos; nenhum deles se conhecia, estava ciente do outro material e nem mesmo morava na mesma cidade ou região que o sujeito da fonte principal.

Seus sujeitos, é importante observar, vêm de todas as esferas da vida. Alguns são mais instruídos do que outros, tanto estudantes universitários quanto operários. Alguns são ricos e outros vivem à margem do nível de pobreza. Tenho certeza de que um dia o público dela vai querer saber mais sobre essas pessoas que são anônimas, é claro, mas que devem permanecer assim. Dolores, entretanto, documentou integralmente todas as suas sessões, fez anotações, preservou seus comentários particulares e arquivou suas fitas.

Mais do que isso, Dolores mergulhou em histórias, examinou mapas e recuperou material que parece reforçar os diálogos de pessoas que viveram há muitos anos e agora estão falando conosco por meio de pessoas que não têm conhecimento daquelas épocas ou dos povos que viveram naqueles tempos antigos.

Isso nos leva a Nostradamus.

Até onde eu sei, Dolores Cannon nunca havia lido um verso de Nostradamus e não sabia praticamente nada sobre o homem ou suas profecias antes de descobri-lo durante a regressão de um sujeito a uma vida anterior. Quando o material começou a chegar a seus sujeitos, embora a tentação fosse grande, ela não fez nenhuma pesquisa sobre o homem e seus escritos até que o projeto fosse concluído. Em seus livros, que tratam das profecias dessa figura histórica fascinante, Dolores tem o cuidado de delinear os assuntos que surgiram por meio da regressão hipnótica de seus sujeitos e o que ela aprendeu por meio de sua pesquisa externa.

Nostradamus tem intrigado estudiosos e curiosos há séculos. Suas quadras, embora misteriosas, parecem convidar a uma investigação mais profunda, pois ele afirmava ser um homem que podia ver o futuro. Ao longo dos anos, os estudiosos tentaram explicar seus obscuros poemas de profecia, escritos em francês arcaico, latim e outros idiomas, suas alusões a eventos que ocorreram desde sua vida e que ocorrerão no futuro, mesmo depois do século XX.

Em resumo, o homem que chamamos de Nostradamus era médico e astrólogo. Ele era francês, nascido em Saint Remi, Província, em 1503. Ele estudou em Avignon e Montpellier e se tornou um médico bastante habilidoso. Seu nome verdadeiro era Michel de Notredame, mas como seu interesse pela astrologia cresceu, ele latinizou seu nome e passou a ser conhecido como Nostradamus.

Ele ficou bem renomado por seu tratamento de vítimas da peste, especialmente no sul da França. Ele trabalhou incansavelmente em Aix e Lyon em 1545, quando a peste atingiu proporções epidêmicas nessas cidades.

Foi durante esse período de morte que Nostradamus começou a chamar a atenção como vidente, um homem que afirmava poder prever o futuro. Dez anos depois, em 1555, ele publicou uma coletânea de suas profecias em quadras rimadas. Ele chamou o livro de Centuries (Centúrios).

Seu talento como astrólogo era amplamente conhecido e era procurado pelas classes mais altas. Ninguém menos que Catarina de Médici, Rainha da França, convidou-o para sua corte. Lá, ele fez o horóscopo de seus filhos.

Quando Carlos IX subiu ao trono, ele nomeou Nostradamus como médico da corte. O homem que veio a ser conhecido como Nostradamus morreu em 1566, aos 63 anos de idade. Notavelmente, ele viveu mais do que muitos de seus compatriotas e alcançou uma espécie de imortalidade com a publicação de suas quadras proféticas. Ele foi um homem misterioso em sua época e continua sendo até hoje.

Dolores Cannon, no entanto, lançou uma luz considerável sobre o homem e suas profecias por meio de seu trabalho e dos livros que estão sendo publicados como resultado desse trabalho.

Nós não entendemos o tempo. O tempo é um dos grandes mistérios deste universo. Einstein disse que o tempo era curvo, e o próprio universo era curvo. Entretanto, o universo também é infinito, sem começo nem fim. Como isso é possível? Talvez, como revelam as descobertas de Dolores, Nostradamus não esteja morto, mas, sim como parece estar, vivo e bem em seu próprio tempo linear. Talvez tenha saído de nosso tempo, mas ainda existe, eternamente, naquele rio sem fim, que nunca é o mesmo, que chamamos de tempo. Se você entrar nesse rio, ele flui e, mais abaixo da montanha, ele se torna outro rio e é diferente, mas ainda assim o mesmo. A água muda, mas ainda é água, e a água em que entramos, que continuou, ainda existe em uma dimensão além da nossa visão.

Talvez Nostradamus tenha conseguido penetrar no tecido imutável e insondável do tempo e do universo. Talvez ele tenha sido capaz de ver através de fendas no torcer da eternidade e prever o futuro.

As revelações de Dolores são surpreendentes. Durante a época de Nostradamus, ele conta a ela por meio de um intermediário em transe, que tinha que envolver suas quadras em alusões encobertas por causa das ramificações políticas. Ou seja, ele temia por sua vida se escrevesse com muita clareza sobre os eventos que "via". Ele parece, conforme relatam os livros de Dolores, ter sido capaz de ver claramente os impérios desmoronando, as derrotas em batalhas, os holocaustos, as invasões, as revoluções, as doenças e outros horrores que infligiriam o homem por séculos. Deve ter sido uma cruz terrível para um homem sensível carregar. Agora, ao que parece, há uma urgência ainda maior para que suas profecias sejam compreendidas. Estamos diante da terrível perspectiva de um inverno nuclear, e o vírus HIV, a AIDS, levantou sua cabeça hedionda, não muito diferente das pragas que Nostradamus combateu com tanta honra e bravura em sua própria época.

Tenho o prazer de apresentar a você as obras de Dolores Cannon. Mesmo acreditando ou não em suas descobertas, você ficará impressionado com sua capacidade de reunir material complexo de vários assuntos comuns e apresentá-lo com clareza indiscutível.

Acredito que devemos continuar a avançar em nossas investigações sobre o homem e seu universo se quisermos sobreviver, se nosso planeta quiser sobreviver. Dolores Cannon pode muito bem ser uma das chaves importantes para a compreensão dessas áreas. A ciência tem muito medo de explorá-las, pelo menos de forma aberta.

Ela não afirma ter nenhum dom especial. Todavia, acredito que ela tenha. Dolores Cannon tem uma mente inquisitiva e uma habilidade considerável como hipnotizadora. Além disso, ela é sincera e compassiva, atenta ao direito de privacidade e à sensibilidade de seus pacientes.

Por fim, espero que os trabalhos de Dolores Cannon levem a mais investigações científicas sobre fenômenos aparentemente inexplicáveis, como os que ela descobre e revela em seus livros. Sabemos que há mais na vida do que podemos ver com nossos olhos mortais. Sabemos que o universo não é apenas mais complicado do que imaginamos, ele é mais profundo e complexo do que podemos imaginar.

Se não fosse por isso, Dolores Cannon abriu mais uma porta para esse vasto e misterioso universo. Entre nele. Acho que você aprenderá algo que pode ser importante para você. Nessa casa dela, há, de fato, muitas mansões.

Jory Sherman, autor
Cedarcreek, Missouri
22 de novembro de 1988

PREFÁCIO

NOSTRADAMUS QUEBROU as barreiras do tempo e do espaço e falou aos nossos dias. Este livro e sua continuação contém duas histórias notáveis. A primeira é a aventura de como foi feito o contato com o grande médium. A segunda é o legado que ele queria revelar ao nosso mundo. Em retrospecto, tudo isso parece impossível. Mas, como o fato ocorreu e não pode ser negado, devemos tentar analisar o que nos foi mostrado e tentar aprender com isso. Ao longo do tempo, o homem imortal sempre teve curiosidade sobre seu futuro. Em todas as histórias do mundo sempre houve oráculos, mágicos, xamãs e videntes, usando inúmeros métodos para avisar as várias civilizações sobre os eventos que estavam por vir. Por que o homem tem essa preocupação em conhecer o futuro? Quando uma previsão é feita, nós a aceitamos com um sentimento resignado de desgraça e tristeza, pensando que ela está definida e, portanto, imutável? Essa seria uma razão muito mórbida para querermos conhecer nossos destinos. Ou queremos saber na esperança de que esse conhecimento nos permita mudar o que está previsto? Sem esperança e livre-arbítrio, o homem não passa de uma marionete, sem controle sobre sua vida. Nostradamus acreditava, como eu, na teoria de futuros prováveis, de nexos nas linhas do tempo com muitos cursos possíveis que se ramificam em todas as direções. Ele acreditava que, se o homem tivesse conhecimento, poderia ver para qual linha do tempo seu futuro estava se dirigindo e revertê-la antes que fosse tarde demais. Ele acreditava que, sem esse conhecimento, o homem nada mais era do que um pedaço de madeira à deriva sendo jogado ao fluxo das ondas. As profecias que Nostradamus nos revelou estão repletas de horror deprimente e pintam um quadro muito sombrio de nosso futuro. Mas ele disse: "Se eu lhe mostrar as coisas mais horríveis que você pode fazer a si mesmo, você fará algo para mudar isso?" Esses livros são destinados a pessoas de mente aberta, que podem pensar sobre os eventos que estão por vir e ter uma maneira diferente de vê-los. Ser capaz de ver que o tempo é maleável, que o futuro não está definido, que os caminhos são muitos e que cabe a nós escolher por qual deles vamos viajar.

Acredito que Nostradamus não queria que suas profecias se tornassem realidade. Ele não tinha o ego de querer provar que estava certo. Ele queria que nós negássemos o horror que ele viu e para provar que ele estava errado. Essa é a maior recompensa que qualquer vidente pode ter: que suas profecias desastrosas não se tornem realidade.

Dolores Cannon

SESSÃO UM

O CONTATO

Conversas com Nostradamus, Volume 1

CAPÍTULO 1

MENSAGEM DE UM GUIA

NOSTRADAMUS. Até mesmo seu próprio nome carrega consigo uma aura de mistério. Quem era ele, de fato? O maior profeta que já existiu ou o maior charlatão? Será que ele realmente podia prever o futuro ou apenas escrevia de forma ininteligível para confundir e manter o homem na dúvida? Talvez ele tenha sido tudo isso, mas uma coisa é certa: ele foi o maior autor de enigmas que já existiu. Manter a humanidade interessada e tentando resolver seus enigmas por mais de quatrocentos anos não foi tarefa fácil. Mas talvez se ele não tivesse escrito em enigmas, sua obra não teria sobrevivido. Se ele tivesse escrito suas profecias em linguagem simples e inconfundível, talvez tivesse sido declarado um louco em aliança com o Diabo e fosse queimado na fogueira, e sua obra junto com ele. Se ele realmente foi um grande profeta, deliberadamente tornou sua obra obscura para que a natureza inquisitiva do homem continuasse a tentar decifrar seus significados até que o evento acontecesse. A retrospectiva é maravilhosa. Os tradutores de sua obra geralmente conseguem ver o que ele estava tentando prever após a ocorrência do evento.

Nostradamus viveu na França no ano de 1500. Ele escreveu suas profecias em quadras, que são poemas de quatro linhas. Há quase mil delas. Cada quadras deveria estar relacionado a um evento específico, mas isso foi dificultado pela inserção de latim e outras palavras obscuras no francês antigo de sua época. Ele também adorava usar simbolismo, anagramas e jogos de palavras. Um anagrama é uma palavra que se transforma em outra palavra alterando a ordem das letras e até mesmo adicionando ou omitindo letras. É bastante popular entre os fãs de quebra-cabeças e, em geral, concorda-se que Nostradamus usava anagramas livremente em suas previsões, especialmente quando se referia a nomes próprios.

Há também especialistas que afirmam que muitas de seus quadras são sem sentido e impossíveis de resolver. Eles dizem que qualquer semelhança com eventos que de fato ocorreram foram meras coincidências. Eles afirmam que o homem apenas pregou uma gigantesca peça que continua a deixar o homem perplexo por todos esses anos e que Nostradamus deveria estar se divertindo com o fato de ter conseguido enganar as pessoas por tanto tempo. Profeta ou charlatão, ele continuou a despertar interesse e continuará a fazê-lo enquanto o homem adorar um desafio e um mistério.

Quando minha aventura começou, eu provavelmente sabia tanto sobre esse homem quanto qualquer outra pessoa. Como me interesso por fenômenos psíquicos há muitos anos, li sobre ele e vi o especial de TV "The Man Who Saw Tomorrow" (O homem que viu o amanhã), narrado por Orson Welles. Nostradamus era principalmente um médico e foi um enigma em sua época devido à sua capacidade de proporcionar curas que os outros médicos não conseguiam realizar. Eu nunca havia estudado suas quadras. Quem gostaria de fazê-lo? Elas são muito complicadas. Pelo pouco que eu sabia sobre ele, estava inclinado a pensar que ele estava à frente de seu próprio tempo e provavelmente poderia prever eventos futuros. Eu acreditava que ele não conseguia entender o que via e, portanto, usava simbolismo, como é usado na Bíblia (especialmente na visão profética em Apocalipse), para descrever suas visões.

Embora eu sempre tenha admirado o homem, nem em meus sonhos mais loucos poderia ter concebido a ideia de conhecê-lo ou de trabalhar como instrumento na tradução de suas misteriosas profecias. Como regressionista, tive algumas aventuras empolgantes no tempo e no espaço por meio do hipnotismo, revivendo a história por meio das vidas passadas de meus sujeitos. Mas a ideia de trabalhar com Nostradamus ou mesmo descobrir algo sobre ele nunca passou pela minha cabeça.

A aventura começou com uma inocência e uma simplicidade enganosas. Frequento rotineiramente reuniões de pessoas interessadas em fenômenos psíquicos e tópicos metafísicos. Vou a várias delas todos os meses e sinto que estar com outras pessoas de espírito semelhante recarrega minha bateria. É sempre bom estar com outras pessoas que compartilham interesses semelhantes. A liberdade de falar sobre temas tão estranhos sem medo de recriminação é maravilhosa.

Foi em uma dessas reuniões, em 1985, que conheci Elena, uma mulher de cabelos escuros muito atraente, na casa dos quarenta anos. Ainda me lembro da primeira noite em que ela e sua filha entraram na sala parecendo duas ovelhas perdidas. Esse grupo estava empenhado em estudar o material de Seth, que pode se tornar bastante complicado. Elena estava sentada em silêncio, com os olhos arregalados, ouvindo tudo o que era dito e, obviamente, sem entender nada. Mais tarde, ela disse que tinha vindo apenas por curiosidade e sentiu como se tivesse acabado de sair do jardim de infância para a faculdade. Ela não conseguia entender nem mesmo os termos metafísicos mais simples que usávamos. Mas, em vez de ficar desanimada, ela continuou a participar. Ela gostava da simpatia e da abertura dos outros e queria aprender mais sobre essas coisas.

Na época, tudo o que eu sabia sobre ela era que estava ajudando a administrar um restaurante em uma cidade turística próxima e que era retratista em seu tempo livre. Mais tarde, fiquei sabendo que ela era mãe de dez filhos, a maioria dos quais já eram adultos e tinham seus próprios filhos. Ela se casou tão cedo que não concluiu o ensino médio. Uma de suas filhas era surda-muda e Elena havia aprendido a linguagem de sinais para se comunicar com ela. Elena foi criada como católica, mas nos últimos anos não sentiu que a religião tinha as respostas que ela buscava. Naquela época, ela começou a pesquisar os dogmas de diferentes seitas protestantes em busca de uma que lhe parecesse confortável. Ela disse que a religião mórmon era a que mais se aproximava do que acreditava que aconteceria com uma pessoa após a morte. Viajando muito e morando em muitos lugares, ela e sua família haviam se mudado recentemente do Alasca para a nossa região. Ela tinha uma personalidade agradável, calorosa e amorosa. Elena trabalhava muito e arduamente no restaurante e cuidava de sua família, e muitas vezes parecia muito cansada quando participava da reunião. Eu acreditava que seu interesse devia ser genuíno ou ela teria ido direto para casa descansar. Ela também tinha uma curiosidade ávida e não sentia timidez ao fazer muitas perguntas para tentar entender esse interesse recém-descoberto, o fenômeno psíquico. O grupo a incentivou e quis ajudá-la a aprender.

Com o tempo, descobrimos que, embora Elena não estivesse familiarizada com os aspectos técnicos do fenômeno psíquico, ela realmente não era estranha a ele. No final dos anos 60, ela havia vivenciado uma EQM (Experiência de Quase Morte). Ela teve uma gravidez tubular que se rompeu, enchendo seu abdômen com hemorragia interna.

Ela descreveu a experiência: "Lembro-me de entrar na sala de cirurgia e pensar: 'Oh, meu Deus, ainda estou acordada! Eu podia ouvir as vozes dos médicos e das enfermeiras em ambos os lados. Então, senti uma dor tremenda e me levantei acima das vozes. Eu ouvia tudo o que estava acontecendo, mas não me sentia mais mal. Então, ao longe, vi uma luz branca e comecei a ir em sua direção. Naquele momento, foi como se uma mão enorme tivesse se estendido e me puxado de volta para o meu corpo. Foi a sensação mais horrível, quero dizer, a dor de ser puxado de volta para dentro. E mais dor à medida que eu me aproximava do corpo".

Quando acordou e conseguiu se comunicar, ela assustou o médico ao dizer: "Sabe, foi uma coisa terrível a enfermeira dizer: 'Acho que ela não vai sobreviver', e lá estava eu bem acordada".

O médico, confuso, perguntou-lhe como ela sabia disso. Alguém havia lhe contado o que a enfermeira havia dito? Elena respondeu enfaticamente que tinha ouvido a enfermeira dizer isso na sala de cirurgia. O médico balançou a cabeça e disse: "Não tem como você tê-la ouvido, você estava completamente inconsciente. Você não estava nem consciente quando a trouxemos para a sala de emergência".

Ela realmente esteve muito próxima da morte, pois seu marido lhe disse que o médico havia dito que achava que ela não sobreviveria. Essa experiência deve ter abalado o sistema de crenças do médico, pois ele ficou irritado e tentou desmentir a história de Elena por vários dias. Ele até chamou a enfermeira e a confrontou. Ele tentou convencê-la de que era impossível que ela tivesse ouvido o que dizia. Mas Elena não se deixou influenciar. Ela não entendia o que havia acontecido, mas ninguém conseguia convencê-la de que não havia acontecido.

A equipe médica ficou espantada com a velocidade de sua recuperação, mas acreditava que ela nunca mais poderia ter outro filho. Essa notícia não desanimou Elena. Ela e o marido se candidataram a adotar outra criança surda para criar com sua própria filha deficiente. Antes que os papéis pudessem ser aprovados, ela descobriu que seu próprio milagre particular havia ocorrido. Ela estava grávida de seu décimo e último filho.

As EQMs não se tornaram conhecimento comum até a década de 1970, quando a Dra. Elisabeth Kubler Ross e o Dr. Raymond Moody pesquisaram esse fenômeno e escreveram o livro "Life After Life" (Vida após vida). Durante esse período, Elena leu sobre alguns desses casos em um tabloide. Ela ficou entusiasmada ao descobrir que sua experiência não era a única. Ela se lembra de ter agitado o jornal e gritado para a família: "Vejam só, isso realmente aconteceu com outra pessoa". Ela não precisou de nenhuma verificação durante todos esses anos, mas o fato de outras pessoas terem vivenciado eventos estranhos abriu a porta para a possibilidade de fenômenos psíquicos.

Naquela época, havia várias pessoas no grupo que queriam experimentar a regressão hipnótica a vidas passadas, e eu marquei consultas. Sempre achei que um bom sujeito poderia vir desse grupo, mas até aquele momento eles só tinham vivenciado experiências normais e medianas. O interesse desse grupo em metafísica não aumentou as chances nem alterou os padrões que observei tantas vezes no passado.

Nunca sei o que estou procurando até encontrar. Eu estava trabalhando com vários sujeitos bons e recebendo muitas informações, mas estou sempre à procura de outro sonâmbulo. Esse é o tipo de sujeito mais útil para meu trabalho de pesquisa devido à sua capacidade de entrar em um transe tão profundo que se transforma completamente em outra personalidade. Eles são difíceis de encontrar, mas acredito que minhas chances foram maiores porque trabalho com muitas pessoas. Mal sabia eu que a pessoa que emergiria do grupo e me faria mergulhar de cabeça nessa nova aventura seria a madura, quieta e curiosa Elena.

Sei que a história que contarei sobre minha associação com Nostradamus parecerá tão inacreditável que muitos céticos dirão que a fraude é a única explicação. Mas sei que, com todas as exigências de seu tempo como esposa, mãe e assalariada ocupada, Elena não estava inclinada a tentar inventar uma farsa elaborada. Reunir-se com o grupo tornou-se uma das raras diversões em sua agenda lotada, mas sua família sempre parecia estar em primeiro lugar.

Quando viu que os outros estavam marcando sessões de regressão, ela perguntou se poderia tentar também. Seu motivo era pura curiosidade, ela só queria ver como seria a sensação de ser hipnotizada. Até entrar para o grupo, sua leitura consistia inteiramente em ficção de terror, livros do tipo Stephen King. Ela agora estava ansiosa para aprender sobre fenômenos psíquicos, mas sabia muito pouco sobre reencarnação. Ela disse que certamente nunca havia cogitado a ideia de ter vivido antes.

Em sua primeira sessão, fiquei surpresa com a facilidade com que ela entrou em um transe sonambúlico profundo. Ela dissipou completamente a teoria de que as pessoas jogam pelo seguro e só relatam uma vida em uma área com a qual estão familiarizadas. Ela entrou em uma cena com um ambiente tão estranho que eu não tinha ideia de onde ela estava. Geralmente consigo identificar o local por meio de perguntas sobre prédios, roupas, condições de vida e arredores, mas os prédios eram de um tipo que eu nunca tinha ouvido falar. Ela descreveu a vida de um comerciante em uma terra estranha, onde os corpos de monges mortos forravam as paredes do templo budista. O homem morreu quando uma ponte de corda suspensa caiu em um barranco. Mais tarde, quando acordou, ela fez um esboço dos edifícios, pois essa primeira visão era a única coisa de que se lembrava de toda a regressão. Eles pareciam orientais, mas não sugeriam o Japão ou a China.

Durante essa primeira sessão, Elena demonstrou ser uma excelente pessoa sonâmbula, então eu a condicionei com uma palavra-chave para eliminar a indução demorada, caso voltássemos a trabalhar juntos. Já vi palavras-chave funcionarem com sucesso até mesmo um ano depois de terem sido aplicadas. O subconsciente as aceita tão facilmente como se tivessem sido dadas ontem.

Até essa primeira sessão, Elena não havia tido nenhuma experiência com qualquer tipo de estado alterado e estava muito animada com os resultados da regressão.

Como estou sempre à procura de sonâmbulos bem-sucedidos, quis trabalhar mais com ela, além dos outros de quem eu estava obtendo informações. Ela estava disposta a fazer isso se pudesse encaixar em sua agenda lotada. Nos meses que se seguiram, esse acabou sendo o maior problema. Como sua família era muito importante para ela, muitas vezes ela cancelava as sessões no último minuto devido a coisas que aconteciam em sua vida pessoal. Isso ressaltou o fato de que o grupo de metafísica e as regressões hipnóticas não eram uma parte compulsiva e desgastante de sua vida. Pelo contrário, eram quase incidentais. Ela sentia que havia encontrado um novo e importante sistema de crenças, mas isso não era prioridade em sua vida. Sua família e seu trabalho ocupavam a maior parte de seu tempo.

No dia de nosso segundo encontro, cheguei ao restaurante perto da hora de fechar. Como ela não dirigia, eu pretendia levá-la para a casa dela depois do trabalho para uma sessão antes que o marido e os filhos chegassem e exigissem sua atenção. O restaurante ainda estava cheio de pessoas. Ela explicou que o súbito afluxo de turistas significava que eles teriam de ficar abertos por outra hora ou mais e, nesse momento, seria tarde demais para uma sessão. Como nunca perco a oportunidade de encontrar pessoas para fazer regressão, eu pretendia ir embora e ligar para outras pessoas que estavam na lista de espera.

Mas ela segurou meu braço com firmeza e me conduziu a uma cabine. "Por favor, fique um pouco", ela implorou. "Aconteceu algo muito estranho. Tenho que falar sobre isso. Espere só até eu servir algumas dessas pessoas." A expressão em seu rosto e seu tom de voz pareciam tão sérios que concordei. Por cerca de meia hora, fiquei sentado tomando uma Coca-Cola e observando enquanto ela se movimentava para lá e para cá na cozinha, ocasionalmente me dando um sorriso para me assegurar de que aquilo era importante.

Finalmente, houve uma pausa e, apressadamente, ela limpou as mãos no avental e se sentou à minha frente. Segurando minha mão com as suas, ela disse com grande entusiasmo: "Estou feliz por você ter esperado. Não consigo mais segurar isso. Tive uma experiência muito estranha. Nada parecido com isso jamais aconteceu em minha vida".

Ela explicou que o incidente havia ocorrido algumas noites antes, quando ela estava indo dormir. Ela sabia que ainda estava acordada quando percebeu a figura de um homem ao lado de sua cama. Uma situação que normalmente causaria medo, mas, em vez disso, ela sentiu uma calma serena. A figura se identificou como Andy, seu guia.

"Você precisa entender", disse ela, "que nunca me aconteceu nada parecido com isso antes. Eu nem sei o que é um guia e com certeza não conheço ninguém chamado Andy".

Expliquei pacientemente que, com meu trabalho, descobri que todos têm um guia e, às vezes, mais de um, designado a eles antes do nascimento. Às vezes, eles são chamados de "anjos da guarda" e seu objetivo é nos ajudar em nossa jornada pela vida. Ela podia aceitar isso porque era uma explicação razoável, especialmente porque se harmonizava com sua educação católica. Mas o que a confundiu ainda mais foi o que ele lhe disse.

"Ele disse que era muito importante que eu continuasse a trabalhar com você. Então ele me deu uma mensagem para você". Para mim? Isso certamente foi uma surpresa. "Não faz sentido para mim, mas ele disse que você entenderia. Ele disse que seus livros devem ser publicados, que você não deve desistir. Ele disse que também havia outros daquele lado que estavam preocupados com a possibilidade de você estar perdendo a esperança e ficando desanimada. Eles querem que você saiba que os livros são extremamente importantes".

Essa foi uma experiência estranha, pois eu não conhecia Elena muito bem naquela época e não havia conversado com ela sobre meus escritos. Ela não sabia nada sobre meus livros, sobre o que eles tratavam ou sobre os problemas que eu estava tendo para colocá-los nas mãos das editoras. Ela também não sabia sobre um conjunto recente de acontecimentos desanimadores que estavam me deixando desesperada para conseguir publicá-los. Eu sabia que não desistiria, mas a essa altura me sentia muito sozinha e esperava pelo menos um pequeno sinal de incentivo de que meu trabalho não seria em vão. Talvez esse fosse o sinal. Tinha que ser válido, porque Elena estava apenas transmitindo uma mensagem que ela não entendia. Foi isso que a confundiu, porque ela não sabia realmente o significado da mensagem, mas se sentiu compelida a passá-la para mim. Se fosse para qualquer outra pessoa, ela teria hesitado em contar a ela por medo de ser ridicularizada.

Ela suspirou aliviada quando eu lhe disse que entendia. "Sei que os livros são importantes e quero que eles sejam publicados, mas o problema não sou eu. O problema é encontrar uma editora e parece que cheguei a um beco sem saída."

Ela não tinha resposta para isso porque a solução não fazia parte da mensagem. Era apenas uma mensagem de esperança e incentivo. Essa foi minha primeira experiência com algo desse tipo. Talvez a primeira sessão hipnótica tenha aberto sua consciência psíquica mais do que pensávamos. Ela disse que queria seriamente expandir suas habilidades psíquicas e que estava praticando meditação, o que nunca havia feito antes. Talvez ela tivesse uma receptividade natural que estava começando a se manifestar. Seja qual for a causa da estranha experiência, fiquei feliz por não tê-la assustado. Se isso tivesse acontecido, ela poderia ter imediatamente interrompido qualquer outra excursão ao desconhecido e nossa aventura certamente nunca teria se concretizado.

PASSOU VÁRIAS SEMANAS até que Elena finalmente conseguisse encontrar tempo em sua agenda lotada para uma regressão hipnótica. A sessão foi realizada em sua casa com a presença de uma de suas filhas adolescentes. Usei a palavra-chave e observei enquanto ela entrava em um transe profundo com rapidez e sem esforço. Em seguida, eu a orientei a ir para uma vida que era importante para ela. Costumo fazer isso quando a pessoa não tem nenhum desejo específico de descobrir a origem de fobias, problemas ou relacionamentos cármicos com outras pessoas em sua vida. Em vez de esperar que algo apareça aleatoriamente, oriento a pessoa a abrir o arquivo de uma vida que tenha alguma importância em relação à vida que ela está vivendo atualmente. Muitas vezes, são descobertos insights surpreendentes dessa forma.

    Quando terminei de contar, Elena se viu como um homem olhando para um grande muro de pedra que cercava uma grande cidade. Em seguida, ela estava andando por uma rua dentro da cidade. Pelas suas expressões faciais, percebi que ela estava incomodada com alguma coisa. Perguntei se algo a estava incomodando e ela respondeu: "Tenho que ir ver o professor". Quando pedi mais informações, ela ficou ainda mais perturbada e hesitou em falar sobre o assunto. Parecia estar travando uma batalha silenciosa dentro dela. Ela sabia que isso era algo sobre o qual não podia falar, mas desejava compartilhar comigo. Havia longas pausas. Suas respostas eram curtas e salpicadas com uma sensação de desconfiança, como se ela não tivesse certeza de que deveria estar falando sobre isso.

    Tentei tranquilizá-la. Já me deparei com esse tipo de situação antes. Geralmente acontece quando há algum tipo de sigilo envolvido. Ou a pessoa pertence a uma organização privada ou misteriosa, está envolvida em algo esotérico ou é algo sobre o qual simplesmente não pode falar. Muitas vezes, como em meu trabalho com o professor essênio em meu livro Jesus and the Essenes (Jesus e os Essênios) e em meu trabalho com os antigos druidas, eles juraram segredo e não podem revelar essas coisas a ninguém, muitas vezes sob pena de morte. Não importa o quanto eles queiram responder às minhas perguntas, em um caso como esse, estou pedindo que eles vão contra sua estrutura moral básica daquela vida. Muitas vezes, consigo contornar a situação com um questionamento diplomático ou tentando inspirar confiança. Mas houve ocasiões em que nada conseguiu penetrar nesse tipo de casca. Suspeitei que esse fosse o caso pelos movimentos dos olhos, expressões faciais e respostas hesitantes de Elena.

Quando eu perguntava sobre o professor, tudo o que ela dizia era que ele era um homem muito instruído que tinha de ensinar em segredo. O tom de sua voz me dizia que ela considerava que até mesmo revelar isso era uma traição. Tentei assegurar-lhe que entendia seus motivos para ser cuidadosa e tentei obter mais informações. Houve uma longa pausa quando perguntei se ele estaria em perigo se falasse sobre ele. Ela estava tentando decidir se responderia ou não. Esse procedimento foi muito tedioso para mim. Embora ela estivesse definitivamente em um estado sonambúlico, suas respostas vinham muito lentamente, com cautela cuidadosamente medida. Sua voz era muito suave e relaxada. Isso tornou o que aconteceu em seguida ainda mais inesperado.

Houve uma pausa após minha última pergunta e, em seguida, uma voz confiante e estrondosa surgiu abruptamente, dirigindo-se a mim pelo nome. "Dolores! Este é Andy. Sou o guia de Elena. Ela ainda não está pronta para isso!" Fiquei tão assustada que quase deixei cair o microfone.

Dizer que fiquei surpresa é dizer o mínimo. Estou acostumado com o inesperado quando trabalho, mas isso me pegou completamente desprevenido. Lembrei-me de que Elena havia dito que a aparição que surgiu ao lado de sua cama para me entregar a mensagem se chamava Andy. Independentemente de eu estar lidando aqui com seu verdadeiro guia, guardião ou com seu subconsciente, o tom de voz era tão autoritário que achei melhor não discutir com ele. Essa personalidade estava falando em um ritmo normal e era muito confiante. Mesmo que fosse seu subconsciente, ela obviamente tinha o bem-estar dela em mente, então eu tinha certeza de que não haveria perigo em conversar com "aquilo". Assegurei-lhe que, se Elena ainda não estivesse pronta, poderíamos nos afastar facilmente, embora eu não tivesse visto nada dentro do que estávamos discutindo que considerasse um problema.

Ele continuou: "Ela está confusa. E embora essa vida com Nostradamus tenha acontecido para ela, ela ainda não está pronta para ver isso.

"Nostradamus? O que ele quis dizer com isso? Elena havia passado uma vida inteira com o grande vidente?

Uma olhada em sua filha mostrou que ela estava ainda mais confusa do que eu ao ouvir coisas tão estranhas vindas de sua mãe. Tudo o que pude fazer foi encolher os ombros. Afinal de contas, eu deveria estar controlando a sessão, embora não tivesse ideia do que estava acontecendo. Eu sempre uso a luz branca de proteção, mas queria ter certeza de que essa entidade estava apenas tentando ajudá-la.

D: *Quero que saiba que o bem-estar dela é a minha principal preocupação. É muito importante para mim que ela seja protegida e cuidada.*

E: Oh, sim! Eu sei disso. Estamos muito satisfeitos com a maneira como você trata seus súditos. É por isso que gostamos de trabalhar com você, você é tão protetora. Já tentei fazer isso antes. Ela é teimosa, mas é ... ela vai se sair bem. (A voz parecia a de uma mãe repreendendo seu filho).

D: *Talvez mais tarde, quando ela estiver pronta para isso, possamos examinar essa vida em que ela começou.*

Não havia tempo para refletir sobre isso, pois eu estava sendo instruída a levá-la para outro lugar por enquanto. Essa foi a primeira vez que algo assim aconteceu comigo ao conduzir uma regressão. Mas quando concordei, a entidade ficou encantada com minha cooperação.

D: *Você quer levá-la para algo que ela possa olhar confortavelmente?*

E: Eu preferiria que você fizesse isso. Acho que uma de suas vidas passadas mais recentes será confortável para ela. (Pausa) O século XIX.

Eu estava me preparando para orientá-la a ir para aquela vida, mas a voz me impediu. Aparentemente, ele ainda não havia terminado de falar comigo. Mais uma vez, fiquei surpresa. Nada disso era um procedimento comum para regressões.

E: Ela lhe disse como eu me sentia? Que eu quero que você continue com o que está fazendo? Todos nós queremos.

D: *Sim, mas você provavelmente está ciente das dificuldades que tenho enfrentado.*

E: Sim, mas elas passarão. Você está sendo testada.

D: *Às vezes, sinto que estou sendo testado demais.*

E: Não se sinta assim e não desanime. O que está fazendo é muito importante. Sabe, todos nós estamos observando e alguns de nós ficam muito frustrados porque não conseguem falar.

D: *Você conhece meu guia?*

E: Não. Nenhum de nós tem conhecimento um do outro, individual ou pessoalmente, pois estamos todos em níveis diferentes. E alguns estão em níveis mais elevados do que o meu. Mas estamos ... você terá de me perdoar; estou usando as palavras que ela conhece. Há algo ali de que estamos cientes. É como se você estivesse ciente do ar, mas não pudesse vê-lo. Um ponto em comum para nós será encontrado. Até mesmo um guia pode ficar ansioso para saber se o caminho está sendo seguido da maneira correta. Todos vocês estarão no caminho certo, só que algumas estradas são um pouco mais sinuosas do que outras. Aguentem firme, pois será muito bom para as pessoas que tiverem a chance de ler seus livros. Há também forças negativas que trabalham contra isso. É... ah, a maneira mais simples de explicar isso é chamá-las de "criancinhas". Elas não querem ver o progresso que pode ser feito entre as pessoas sem ter de passar por tantas vidas diferentes. E chegamos a um ponto no tempo em que a iluminação de todos pode acontecer. E isso está sendo combatido ou reprimido, eu diria. É claro que, às vezes, a repressão ocorre entre os desinformados, mas neste momento isso também está acontecendo em diferentes níveis. A reação do público será favorável. Você terá a consciência pública de que essa é a verdade e também haverá um pequeno grupo que a desafiará e será contra. Mas o que você faz é muito importante. Você não deve se desviar do caminho. Posso sentir, assim como outros, que você está ficando muito desanimada. E é por isso que é importante que você saiba que precisa se manter firme.

A entidade então passou a me dar conselhos sobre para onde enviar os manuscritos e os elementos de tempo envolvidos, o que, surpreendentemente, aconteceu desde aquele dia. Ele também desaconselhou fortemente que alguém cortasse o material de Jesus, o que, sem que Elena soubesse, havia sido sugerido por duas empresas. Em seguida, ele deu uma mensagem para Elena dizendo a ela como meditar e ser mais receptiva quando ele tentasse se comunicar e aconselhá-la. Ele disse que a vida que ela havia vislumbrado no início da sessão era importante e que teríamos permissão para vê-la mais tarde. Em seguida, pediu-me novamente que a levasse para os anos 1800s, onde ela encontraria uma vida com a qual poderia lidar mais confortavelmente.

Depois de me despedir dessa entidade incrível, eu a orientei a ir para o período de tempo que ele havia especificado. Ela entrou imediatamente em uma vida mundana que envolvia uma mulher casada com um fazendeiro de trigo trabalhador no Kansas, nos anos 1800. Depois do rumo inesperado que essa regressão havia tomado, foi muito chato ouvi-la recordar essa vida. Os detalhes não são importantes, mas isso mostra o período de ajuste pelo qual o subconsciente dela passou.

Independentemente de ter sido realmente o guia ou o subconsciente dela que veio falar e orientar, isso só reforçou minha crença de que, normalmente, no início do meu trabalho com novos indivíduos, não lhes será mostrada uma vida com a qual não possam lidar. É por isso que eles geralmente se lembram de uma vida monótona e comum. Esse é o padrão que sempre encontrei. O que tornou essa sessão tão incomum foi o fato de eu nunca ter tido intervenção direta de nada, muito menos de algo que se identificasse como uma personalidade separada. Essa foi uma experiência muito incomum, mas tenho que me lembrar sempre de que, nesse tipo de trabalho, o incomum deve ser esperado. Sua filha ficou tão surpresa quanto eu com a súbita intrusão do guia de Elena. Ainda mais quando eu lhe disse que era a primeira vez que isso acontecia.

Ao acordar, Elena ficou encantada com a regressão da mulher fazendeira, embora eu a tenha achado muito maçante. Ela ficou surpresa quando eu lhe disse que Andy havia interrompido a sessão. Ela não se lembrava disso. Mas ela se lembrava de ter se sentido desconfortável durante o início da sessão.

"Não me lembro muito do que aconteceu, mas me senti desconfortável, como se de alguma forma tivesse invadido uma confidência. Tenho plena convicção de que foi uma vida que realmente aconteceu. Era algo sobre um professor, e seus ensinamentos eram muito privados na época. Eu me sentia muito desconfortável até mesmo ao falar sobre isso. Estava muito emocionada, como se estivesse violando algum tipo de regra ou algo assim. Você entende o que quero dizer?"

Perguntei se ela sabia algo sobre o vidente do século XVI, Nostradamus. Ela nunca tinha ouvido falar dele e não conseguia nem pronunciar seu nome.

Talvez essa tenha sido a razão pela qual seu guia interveio; ele podia sentir o tumulto que estava acontecendo dentro dela. Tudo o que eu podia ver era que ela estava perturbada. Normalmente, o sujeito pode se tornar objetivo ou pular de uma cena para outra se algo o incomoda. Eles também podem acordar se a experiência se tornar muito desagradável. Aparentemente, Elena precisou da intervenção de seu guia. Quem sabe? Eu não tinha certeza do que pensar sobre isso. Eu sou a última pessoa que saberia o que realmente aconteceu ou por que aconteceu. A coisa toda também confundiu Elena, e eu sabia que ela estava em um transe profundo o suficiente para não ter controle consciente sobre o que aconteceu. Seu guia também falou sobre coisas que Elena não conhecia. O que quer que estivesse acontecendo, eu me sentia confortável com isso. Minha curiosidade foi despertada e achei que valeria a pena investigar a vida que ela havia vislumbrado, se Andy permitisse.

CAPÍTULO 2

EU CONHEÇO DIONÍSIO

DOIS MESES SE PASSARAM antes que Elena e eu pudéssemos nos encontrar para outra sessão. A alta temporada estava a todo vapor naquela cidade turística e o restaurante estava lotado. Elena também estava ocupada com retratos que lhe haviam sido encomendados. Ela tentava reservar um pouco de tempo todos os dias para praticar meditação, pois achava que isso acalmava sua mente e a ajudava a relaxar. Algumas vezes, ela tinha certeza de que seu guia, Andy, tinha vindo até ela e lhe dado incentivo e conselhos sobre problemas. Eu estava ocupada com vários outros assuntos em vários projetos e só a via nas reuniões do grupo. Finalmente, conseguimos nos encontrar para uma sessão em seu dia de folga.

Depois de lhe dar a palavra-chave, ela caiu em um transe profundo e eu comecei a sessão pedindo que ela voltasse a uma época importante para ela. Eu esperava que pudéssemos acessar novamente a vida com o professor, mas tudo dependeria de seu subconsciente protetor. Eu realmente não tinha ideia de onde iríamos parar, mas sabia que, onde quer que fosse, seria importante para Elena, e, se não, para mim.

Quando ela entrou em cena, era novamente um homem caminhando em uma estrada que ia até o professor que tinha uma casa nos arredores da cidade. Parecia que tínhamos entrado em contato novamente com a mesma vida. Entretanto, dessa vez suas respostas foram muito mais espontâneas. Ela não parecia perturbada, embora às vezes hesitasse em responder. Eu a tranquilizei para tentar contornar o segredo que havia estado presente na sessão anterior. Embora ela tenha se sentido mais à vontade para falar comigo, ainda estava cautelosa. Ela disse que era uma das seis alunas que estavam estudando com esse professor. Ocasionalmente, todos se reuniam com ele como um grupo, mas ele também lhes dava aulas particulares. Ela disse com uma voz cheia de admiração: "Ele está me ensinando o estudo da vida. Como curar o corpo. Como curar a mente. Como ver o futuro. Ele sabe mais do que qualquer homem na Terra".

D: Para mim, essas são coisas maravilhosas. Por que isso tem de ser mantido em segredo?
E: Porque as pessoas são supersticiosas. As pessoas da igreja... a Igreja Católica.
D: Esse homem tem que se esconder por causa de suas crenças?
E: Não. Ele é um bom médico. Mas ele também é um médico de todas as coisas. Algumas das coisas em que ele acredita, ele mantém em segredo.

Eu estava tentando descobrir quem era esse professor sem colocar nenhuma sugestão na mente dela. Ela não conseguia pensar no nome da cidade ou no ano em que estávamos, mas isso não é incomum. Estudos científicos demonstraram que, durante meu tipo de trabalho, a pessoa está utilizando principalmente o lado direito do cérebro, onde estão localizadas as imagens e a visualização. Descobri que nomes e datas estão localizados na metade esquerda do cérebro ou na parte analítica, lógica. Os especialistas também dizem que o subconsciente não entende números ou tempo. Depois de trabalhar com um indivíduo em uma vida específica por um longo período, todos os detalhes dessa vida acabam se tornando prontamente disponíveis. No entanto, no início, é como se estivéssemos apenas roçando a superfície, e erros com nomes e datas são comuns e podem ser ignorados. A história e as emoções são o mais importante, e geralmente consigo determinar onde estamos por meio de perguntas. Como um detetive em busca de pistas, essas respostas podem ser utilizadas para identificar o local e o período de tempo. Ela descreveu o que estava vestindo. "Estou usando leggings. Calçados. Uma camisa com pantalonas. Minha capa tem um capuz." Ela era um homem de meia-idade chamado Dionísio. Como esse era um nome tão estranho e estrangeiro, eu sabia que teria dificuldade para pronunciá-lo.

Decidi adiantá-lo para quando ele estava na casa do professor e estudava com ele. Ela foi até lá imediatamente e começou a descrever a cena.

E: A sala é grande. Estou vendo a mesa, os livros. Os degraus que levam à entrada da casa, a parte principal da casa.

D: Então você está na parte de baixo?

E: Sim. A lareira está encostada na parede. Há uma lareira elevada à nossa frente e estamos sentados em almofadas olhando para o fogo. O professor disse que com isso podemos limpar nossa mente.

D: Há mais alguém lá além de você e do professor?

E: Há mais duas pessoas.

D: Homens ou mulheres?

E: São homens. Nada de mulheres!

D: Há alguma razão para não permitir mulheres?

E: É a cultura de nossa época. Somente os homens podem aprender. Entendo a necessidade de as mulheres aprenderem. Mas a sociedade não permitiu isso com as classes.

D: Você quer dizer que há classes diferentes em sua sociedade?

E: Sim. Há a classe rica e a classe trabalhadora, que consistiria em médicos, comerciantes, comerciantes e os pobres que trabalham nas tarefas mais braçais. Os homens que têm famílias em um ofício aprendem a ler e escrever e as coisas necessárias para que possam desempenhar bem esse ofício. Tive muita sorte, pois minha família tinha dinheiro suficiente para que eu pudesse continuar aprendendo além do que era necessário para o ofício da minha família.

Nessa época, Dionísio tinha cerca de trinta anos e nunca havia se casado.

D: Então seu único desejo é aprender com o mestre?

E: Sim, parece que há muito a aprender.

D: Quanto tempo mais você terá de ir para a universidade para se tornar um médico?

E: O tempo que passei é suficiente, mas para aprender mais sinto que é necessário continuar. Prefiro trabalhar com Nostradamus, pois sinto que ele tem as informações de que preciso, não apenas para ajudar as pessoas como médico, mas também para me ajudar internamente.

Quando ele mencionou Nostradamus, fiquei muito feliz. Eu suspeitava que ele fosse o professor por causa do que Andy, o guia, havia dito. Mas agora eu estava confuso quanto às perguntas a fazer sobre ele. Eu estava tentando me lembrar do que havia lido sobre o homem e me perguntava o quanto um de seus alunos realmente sabia sobre ele.

D: *Você tem uma ideia de quanto tempo estudará com ele?*
E: Espero nunca parar.
D: *Seria bom se você pudesse fazer as duas coisas, praticar sua medicina e ainda trabalhar com ele. Todos os outros alunos que estudam com ele têm o mesmo nível de aprendizado?*
E: Não, há três que vieram para ele aproximadamente na mesma época e dois que começaram mais tarde. Eu comecei com os outros três.
D: *Ele ensina todos vocês juntos ou tem aulas separadas?*
E: Com relação à cura do corpo, trabalhamos juntos. Com relação aos ensinamentos da mente, trabalhamos separadamente.

Pedi uma descrição de Nostradamus. Ele disse que tinha longos cabelos castanhos, barba e olhos grandes. Na época, ele não era idoso e era médico há cerca de dez anos. Dionísio disse que trabalhava com ele todos os dias como um aprendiz, ajudando-o e aprendendo com ele.

D: *O que ele lhe ensinou que foi especialmente útil?*
E: A enxergar. A abrir a mente. A ouvir.
D: *Isso é muito importante. Nostradamus não escrevia as coisas?*
E: Sim. Ele diz que haverá pessoas que aprenderão com ele muitos anos à frente.
D: *Também ouvi dizer que ele escreve em rimas, mistérios e enigmas difíceis de entender. Isso é verdade?*
E: Ele faz isso. Para aqueles que entenderem, não haverá dificuldade. Aqueles que não são capazes ou não estão prontos para entender não entenderão.
D: *Não seria mais fácil escrever as coisas em uma linguagem normal?*
E: Para aqueles que não estão prontos, seria assustador. Eles não compreendem ou não entendem.

D: *Ele já lhe contou como recebe essas informações sobre as quais escreve? (Ele respondeu com um enfático: Sim!) Você pode compartilhar isso comigo?*
E: Há muito o que dizer.
D: *Temos de começar de algum lugar.*

Ele parecia estar confuso sobre por onde começar ou como explicar para mim. Falhando, ele começou.

E: O fogo... abre o caminho.
D: *O que você quer dizer com olhar para o fogo?*
E: (Enfaticamente) Sim! O olho da mente vê o fogo. As vozes vêm até você, para ajudá-lo e guiá-lo. Você entra... dentro de você mesmo. Isso precisa ser preparado. Acalmar seu corpo e sua mente. O uso dos elementos para ajudar a guiá-lo. Os quatro elementos.
D: *Ele lhe deu algum exercício ou algo que o ajude a se acalmar?*
E: Sua voz lhe diz qual é o melhor exercício para você. Nosso professor o ajuda a usá-lo em sua finalidade máxima. Olhar para o fogo o ajuda a controlar a divagação da mente.

Isso me pareceu uma meditação básica. Para ser eficaz, deve haver algo em que se concentrar. Às vezes, um objeto pode ser usado como foco em vez de uma fogueira.

D: *Tem de ser o fogo ou pode ser qualquer coisa?*
E: O fogo é um símbolo da luz. Ele usa muitas formas. O fogo é uma das maneiras pelas quais ele ensina os alunos.

Eu queria saber mais sobre os outros métodos, mas ela ficou confusa e perturbada novamente.

E: Estou ouvindo... Estou ouvindo muitas vozes agora.

Perguntei se ela poderia me dizer o que estavam dizendo, mas elas pareciam uma confusão e ela estava com medo de estar perdendo minha voz entre as outras. Dei sugestões de que ela sempre seria capaz de me ouvir clara e distintamente, e que minha voz se sobreporia às outras, mas ela ainda estava confusa.

E: Eles não são... eles fazem parte das vozes.... Elas estão tentando me dizer coisas que não estou entendendo.

Ele estava obviamente em um estado meditativo e se concentrava em algo além da minha voz. Seria inútil tentar questioná-lo em circunstâncias tão perturbadoras, então eu o tirei daquela cena. Pedi que ele fosse para o lugar onde morava, onde comia e dormia e levava sua vida diária. Quando terminei de contar, as distrações obviamente haviam desaparecido. Ele disse que não morava com a família, mas que dividia o local com outro aluno de Nostradamus, chamado Tellvini (fonético). Pedi uma descrição da casa. Ele disse: "É bonita, mas não tenho necessidade de coisas materiais".

Os dois estudantes tinham uma governanta que morava com eles e cozinhava. Dionísio gostava de comer peixe e os pães que a mulher preparava. A cozinha era feita em uma área próxima à parede externa, onde havia mesas e uma lareira para cozinhar. Eu me perguntei como ele podia pagar por essas coisas, e ele respondeu que o dinheiro vinha de sua família. Obviamente, era por isso que ele não precisava trabalhar.

Enquanto eu falava com ele, ele estava sentado em uma mesa lendo. Isso não teria sido tão incomum, exceto pelo fato de ele ter dito que estava lendo "Os Livros Perdidos... do Livro de Deus". Aparentemente, ele estava se referindo à Bíblia.

D: *Sim, ouvi dizer que há alguns livros que foram perdidos. Ninguém sabe o que eles contêm.*
E: Há pessoas dentro da igreja que estão tentando separar e remover partes.

O livro foi escrito em francês, mas ele também sabia latim, portanto, aparentemente, era muito culto.

D: *Como você encontrou esses livros?*
E: Por meio do meu professor. Ele disse que é importante conhecer todas as coisas.

D: Concordo. Que parte dos livros perdidos você está lendo?
E: A infância de Cristo.

Eu estava naturalmente interessada nisso porque, na época, estava envolvida na reescrita do meu livro, Jesus and the Essenes (Jesus e os Essênios), que tratava da vida de Cristo. Isso era tão importante em minha mente que era difícil de trabalhar com outros sujeitos em outros projetos. Eu tinha dificuldade em pensar em perguntas que tratassem de qualquer outro período de tempo. Essa foi parte da razão pela qual tive dificuldade em formular perguntas sobre Nostradamus. Eu sabia que essa seria uma tremenda oportunidade de descobrir mais sobre o famoso vidente, mas não conseguia tirar minha mente do projeto de Jesus. Assim, quando Dionísio mencionou que estava lendo sobre a infância de Jesus nos livros perdidos da Bíblia, aproveitei a oportunidade para obter mais informações para acrescentar ao outro livro. Pedi que ele compartilhasse comigo o que estava lendo.

E: Que quando era muito jovem, ele tinha os poderes que tinha como homem. Mas não tinha a compaixão que tinha como homem e, às vezes, usava seus dons de forma deliberada e maliciosa. Ele fez com que um colega de brincadeira caísse morto porque estava zangado com ele. E o trouxe de volta à vida porque sentiu pena dele. Essas são as coisas que estão sendo retiradas. As pessoas querem saber apenas o que é bom.
D: Suponho que eles não queiram que as pessoas saibam que Ele era capaz de ter emoções humanas. Essa parte que está lendo tem um nome ou está tudo em um único livro?
E: Há muitos momentos diferentes... passagens, mas está em um único livro.
D: Achei que o livro poderia ter seções ou algo assim com o nome de alguém que as escreveu. (Semelhante à nossa Bíblia atual.)
E: (pausa) Não tenho essa informação.
D: O que mais diz sobre a vida de Cristo que eles estão retirando?
E: A família que Ele tinha. Irmãos. Irmãs. A tolice. Ele era uma criança normal quando estava crescendo. E eles não acreditam que Ele deveria ter sido.

Ele disse que o livro não contava o tamanho da família que Ele tinha. Apenas contava alguns dos eventos de Sua vida, como o incidente com a colega de brincadeira.

E: Parece que há trechos de coisas diferentes, como se partes que estavam no primeiro livro tivessem sido excluídas.
D: *Houve alguma coisa sobre os primeiros tempos, como em Seu nascimento, que foi retirada e colocada neste livro?*
E: Sim, mas não me lembro.

Pensei em fazer um experimento. Nunca se sabe o que trará resultados em um trabalho como esse. É tudo um acerto e um erro; não há diretrizes. Perguntei se ele poderia dar uma olhada naquela parte do livro e ler para mim. Ele estava perfeitamente disposto a fazer isso. Ele disse que o livro estava organizado em ordem para que fosse fácil encontrá-lo. Então, outra coisa confusa aconteceu. Aparentemente, ele encontrou a parte e a estava lendo em silêncio, mas, por algum motivo, não conseguia repeti-la para mim.

E: Desculpe-me, mas não consigo. Não sei por quê. (Ela parecia desconfortável.) Sinto como se tivesse um peso no peito.

Eu não entendia o que ela queria dizer, mas não queria que ela se sentisse desconfortável. Presumi que seu subconsciente ainda se sentia preso a algum código de sigilo e não estava totalmente pronto para deixar tudo ser revelado.

D: *É algo sobre o qual você não deveria falar?*
E: Parece que ainda não foi... conhecido.
D: *Mas você tem permissão para lê-lo, não tem?*
E: Eu sei. Mas as vozes estão me dizendo .... (surpreso) Não é para vir através de mim! Você vai recebê-lo de outra fonte.

Eu não conseguia imaginar o que ela queria dizer, mas tive de concordar. "Pensei que talvez eles não confiassem em mim."

E: (enfático) Não! Não é isso.

Todas as outras perguntas sobre os livros perdidos foram respondidas com um silêncio de pedra, então eu sabia que teria de mudar de assunto. Perguntei se Nostradamus morava perto dele.

E: Ele tem mais de uma casa. Às vezes, ele fica com outras pessoas. Às vezes, fica com sua família.
D: *Você disse que Nostradamus era médico. Ele tem um hospital, ou você conhece essa palavra?*
E: Ele trata as pessoas em suas casas.
D: *Ele estudou muito tempo para fazer isso?*
E: Para ser um médico? Ele não estudou muito tempo. Ele conseguiu entender tudo na primeira vez que lhe ensinaram.
D: *E o outro treinamento que ele teve, o da mente? Ele estudou isso em algum lugar?*
E: Por meio de vários sábios diferentes que o ensinaram.
D: *Ele aprendeu essas coisas ao mesmo tempo em que estava aprendendo a medicina?*
E: Parte disso foi durante esse período, a maior parte veio depois.
D: *Você disse que ele tinha outros métodos de cura além dos métodos convencionais que ele está lhe ensinando. Você pode falar sobre isso?*
E: (Ela fez uma pausa e pareceu confusa novamente.) Desta vez, não. (A voz mudou, estava mais confiante. Era o Andy?) Há muita coisa que você deve saber nesta vida. Mas o que eu não entendo é que... eles simplesmente bloqueiam algumas delas.
D: *Não tem problema se eles quiserem que eu espere. Eu tenho muita paciência. Quero que você fique muito segura comigo e sinta que pode confiar em mim.*
E: Eles confiam em você. Mas eles dizem que parte de algo mais que você aprenderá virá junto com a narração desta vida. E aprender apenas parte dela agora não faria sentido. Você deve aprender algo de uma fonte diferente que se misturará com a narrativa desta vida.

Eu não entendia o que eles queriam dizer, mas me senti obrigada a concordar. Talvez tudo se encaixasse mais tarde.

D: *Então eles querem que eu faça isso antes de trabalhar com você ou o quê?*
E: Isso acontecerá antes, e você saberá.
D: *E então eu poderei juntar as duas coisas?*
E: Sim. Isso ficará claro para você. Você pode ... nós vamos nos falar novamente.
D: *Sim, estou ansiosa para falar novamente, pois estou sempre buscando conhecimento. Estou muito feliz por eles terem permitido que você falasse comigo. Da última vez, eles não queriam que você falasse sobre isso. Isso é um incentivo, se eles acham que você deve saber sobre essa vida. Há algo específico que eles querem que você saiba sobre ela e que possa falar?*
E: (Uma longa pausa.) Neste momento, não.
D: *Acho que é por isso que esses sentimentos estão sendo despertados. O que você aprende nunca é levado embora. Está sempre lá.*
E: Essa é parte da razão. Haverá muito aprendizado para você nesta vida. E algo que se relaciona a isso ocorrerá antes de você voltar.

Percebi que estava um pouco confusa sobre o que perguntar devido à minha preocupação com o material sobre Jesus.

E: Quando voltar, você saberá as perguntas a fazer. As perguntas virão.

Como eles não nos deixavam obter mais informações, não havia nada a fazer a não ser tirá-la daquela vida e trazê-la para a consciência plena. Fiquei um pouco aliviada, pois, como já disse, eu estava preocupada demais para dedicar toda a minha atenção e energia a esse projeto naquele momento. Aparentemente, eles perceberam isso. Fiquei pensando que seria interessante descobrir algo sobre Nostradamus. Mas que tipo de informação eu poderia obter de um aluno? O quanto ele havia aprendido? Será que Nostradamus havia lhe contado alguma coisa sobre os verdadeiros significados de suas quadras e será que ele seria capaz de entendê-las mesmo que tivesse contado? Na época, pensei que poderia descobrir algo sobre sua vida durante o período em que Dionísio o conheceu e talvez descobrir alguns de seus métodos de cura, mas certamente nada de íntimo sobre os pensamentos e visões interiores de Nostradamus. Nessas circunstâncias, pensei que talvez conseguisse obter informações suficientes para um capítulo em um futuro livro de histórias diversas, mas certamente nada mais. Mas eu acreditava que Dionísio estava certo, pois quando eu voltasse, estaria mais bem preparada para fazer perguntas.

ALGO ESTRANHO aconteceu antes de eu voltar. Dionísio não quis me dar as informações sobre Jesus porque disse que elas não viriam por meio de Elena, mas por outra pessoa. Katie Harris (pseudônimo), a pessoa que me forneceu o material para Uma Alma Lembra Hiroshima (A Soul Remembers Hiroshima) e Jesus e os Essênios (Jesus and the Essenes), havia se mudado e eu estava terminando de reescrever o livro sobre a vida de Cristo. Eu ainda sentia que havia algumas lacunas que gostaria de preencher. Na época em que estava trabalhando com Elena, eu também estava trabalhando com uma jovem estudante universitária chamada Brenda, que estava se formando em música na universidade local. Ela também foi um excelente objeto de estudo, e eu já havia recebido dela muitas informações importantes que serão transformadas em livros futuros. Nenhuma dessas três mulheres se conheciam e todas moravam em cidades diferentes.

    O estranho incidente aconteceu quando eu estava trabalhando com Brenda, algumas semanas depois dessa sessão com Elena. Ela estava em um transe profundo quando, de repente, uma voz estranha anunciou que tinha informações que deveriam ser incluídas no material sobre Jesus. Durante uma hora, ela forneceu as respostas que eu estava buscando para preencher as poucas lacunas do livro. Mais tarde, quando as inseri nos lugares apropriados, elas se encaixaram tão perfeitamente que era como se sempre tivessem estado ali. Noventa e nove por cento do livro veio de Katie e apenas um pequeno percentual de Brenda, mas agora eu sabia que o livro estava completo. Era como se, de alguma forma, "eles" (quem quer que "eles" sejam) soubessem que eu precisava das peças adicionais e também soubessem que eu não conseguiria obtê-las de Katie, então, de forma muito inteligente, encontraram outro método de passá-las para mim. Mas Elena estava certa, as informações não viriam dela. Sua história se concentraria em uma área totalmente diferente. Com uma sensação de alívio, agora eu sabia que poderia dedicar toda a minha atenção a outros projetos.

Ficou evidente que alguém ou alguma outra coisa estava participando disso e ajudando a direcionar o fluxo de informações. Embora eu não entendesse, fiquei feliz com a ajuda deles. Naquele momento, eu não sabia que isso era apenas o começo de uma aventura que seria cheia de reviravoltas incríveis e consequências improváveis. Aconteceriam coisas que eu, como um ser humano racional e pensante, teria achado que estavam no campo da impossibilidade.

CAPÍTULO 3

O GRANDE HOMEM CHEGA

EU TINHA A INTENÇÃO DE FORMULAR perguntas mais racionais sobre a vida de Nostradamus que eu faria a Dionísio na semana seguinte, mas a temporada de turismo chegou à cidade turística com força total. Elena trabalhava até tarde todas as noites e estava muito cansada, de modo que meses começaram a se passar sem que eu tivesse contato com o aluno de Nostradamus. Naquela época, eu estava envolvida em muitos outros projetos com outros assuntos e a história de Elena era apenas mais uma possibilidade a ser acompanhada quando pudéssemos nos encontrar. Normalmente, estou trabalhando em vários possíveis livros ao mesmo tempo, portanto, os projetos estão em andamento. Presumi erroneamente que haveria muito tempo para dar continuidade a esse assunto, pois achei que seria apenas um ou dois capítulos interessantes em um livro de regressões diversas. Na época, nunca sonhei que isso se transformaria em um livro próprio, porque não conseguia conceber a possibilidade de obter tantas informações de um de seus alunos.

O verão se estendeu até o outono e se dissolveu no inverno. Ocasionalmente, eu via Elena, mas não tínhamos mais sessões. Durante o inverno, a cidade turística fecha e se transforma em uma cidade fantasma. A maioria dos residentes migra para climas mais quentes ou hiberna, aguardando o próximo fluxo de turistas no final da primavera. Elena usou esse tempo de forma produtiva para trabalhar em seus retratos encomendados. Ainda assim, não pudemos trabalhar porque durante o inverno eu também entro em hibernação. Moro em uma área rural e montanhosa, e fica inconveniente e difícil ir a qualquer lugar quando a neve chega. Durante esse período, minhas sessões são interrompidas e eu trabalho na transcrição cansativa das fitas que desejo usar. Essa é uma parte necessária, mas demorada e tediosa do meu trabalho, por isso, guardo-a para os meses sombrios de inverno, quando estou sem neve.

Assim, foi na primavera de 1986 que Elena e eu finalmente conseguimos encontrar tempo para nos encontrarmos novamente. Ela havia se mudado para um apartamento em um prédio antigo. As residências daquela cidade eram muito antigas, portanto, não era extraordinário que Elena tivesse um alçapão em seu quarto, perto do pé da cama. Isso fazia com que o piso rangesse quando alguém passava por aquele local. No dia da sessão, estávamos sozinhas, embora ocasionalmente fosse possível ouvir as pessoas se movimentando nos outros apartamentos. Antes de começar, ela colocou seu cachorro pequeno e seu gato para fora. Como estávamos esperando que uma amiga, Valerie (ou Val, como era conhecida pelos amigos), chegasse antes de terminarmos, ela fechou a porta externa, mas não a trancou. Esses fatos são importantes para o que aconteceu durante a sessão. Todas as sessões que realizei com Elena continham algo incomum, e essa não seria exceção.

Como fazia vários meses que eu não trabalhava com essa história, não conseguia me lembrar do nome do aluno. Então, pedi a ela que voltasse ao tempo em que era aluno de Nostradamus. Quando terminei de contar, encontrei-o em seu quarto escrevendo.

E: Estou escrevendo informações que recebi das vozes interiores. Eu tinha perguntas dentro de mim que achava que precisavam ser respondidas, então olhei para dentro. São perguntas sobre mim mesmo que não teriam nenhum significado para os outros.

Aparentemente, ele estava recebendo essas informações por meio da meditação. Ele disse que seu nome era Dionísio e fiquei pensando sobre isso. Nostradamus viveu na França e esse nome não soava francês. Foi sugerida a possibilidade de que talvez esse não fosse o nome verdadeiro do aluno. Talvez eles tivessem recebido outros nomes para protegê-los. Mas ele insistiu que esse era o nome com o qual havia nascido.

E: Nós moramos com o mestre. Ele tem uma casa grande. Nós somos cinco alunos. Temos quartos separados. Alguns, por opção, dividem o mesmo quarto, mas eu não quero. No entanto, todos temos um objetivo em comum.
D: *Onde você morava antes?*

E: Eu morava em minha terra natal, em Atenas.

Isso explicaria seu nome que soa estrangeiro. Ele não era francês, mas grego.

D: Há muitas mentes sábias em Atenas também, não há?
E: Havia.
D: Eu só queria saber por que você escolheu vir para cá e não estudar em Atenas.
E: Minha família trabalhava com comércio. Eles lidavam com diferentes tipos de especiarias e artigos de tecido. E, no decorrer dos negócios, decidiram se mudar. Alguns membros da minha família ainda moram em Atenas, mas meus pais se mudaram para Paris. Eles queriam estabelecer uma comunicação melhor de um porto para o outro com os produtos que eram necessários.
D: Eles esperavam que você entrasse no negócio deles?
E: Sim, eles esperavam. Mas eu sempre senti que havia algo mais. Que nem tudo era como... estava escrito.
D: Você estudou em Atenas?
E: Sim. Viemos para cá quando eu era muito jovem e estudei com os padres em Notre Dame. Eu estava aprendendo a ser um ... (procurando as palavras) homem da lei. Mas eu achava que as leis atuais eram injustas para a classe pobre.
D: Sim, mas geralmente é assim que acontece na maioria dos países, não é?
E: Isso é verdade. Senti que era necessário aprender algo que pudesse ser útil para eles. Decidi me tornar um médico. Tinha ouvido falar de Nostradamus e queria estudar com ele. Quando o conheci, senti que ele era de fato a pessoa que poderia me ensinar muitas coisas. Ainda sou o que eles chamam de "aprendiz". Na universidade, há pessoas que foram trazidas dos hospitais para que possamos observar o trabalho dos cirurgiões. Prefiro trabalhar com Nostradamus porque ele mostrou um método de fazer com que as pessoas não sentissem dor quando era necessário operar.

Há muito se especula sobre como Nostradamus conseguia realizar suas curas milagrosas. Ele mistificou os outros médicos de sua época. Talvez eu conseguisse descobrir seu segredo. Ele viveu antes da descoberta do éter, quando os médicos supostamente realizavam operações sem anestesia.

D: *Ele é o único que usa esse método?*
E: Sim. Ouvi falar de alguns em minha terra que faziam isso, mas não tanto na França. É um método que permite que a pessoa ajude o cirurgião. Mas ele vai além disso, acalmando o coração da pessoa e diminuindo a dor em sua mente.

Isso parecia muito com uma forma de hipnose. Sempre achei que a parte mais difícil de tentar controlar a dor seria fazer com que o paciente o ouvisse.

E: Há narcóticos, principalmente do Oriente, que podemos dar a eles e que os acalmam. Um deles é o ... ópio. Esse é um dos principais tipos. O outro é o láudano. Mas eles ainda estão conscientes das coisas. Isso os deixa sonolentos, mas não seria suficiente para que não percebessem quando uma perna ou um braço tem de ser removido. Temos um controle melhor. Ao usar o método de trabalhar com a mente e a capacidade de acalmar o coração, podemos levá-los a um ponto em que tenham mais chances de se recuperar e não morrer devido ao choque. Temos de usar esse método de forma muito secreta e fazer parecer que os outros medicamentos que usamos são os que estão causando a resposta dos pacientes.

D: *Por que vocês têm de ser discretos? Eu acharia que os outros médicos gostariam de aprender.*
E: Esta é uma época em nosso país que é muito supersticiosa. Qualquer coisa envolvida que as pessoas não entendam faz com que elas pensem que está associada ao demônio ou a bruxas, e isso é muito mal compreendido. A sociedade ainda não aprendeu a entender o desconhecido.

D: *Então ele está apenas ensinando seus alunos pessoais a fazer essas coisas?*
E: Isso é verdade.
D: *Quais são os tipos de doenças mais proeminentes ou mais comuns atualmente no país?*

E: Doenças causadas pela sujeira que prevalece nas cidades, pelas condições impuras. Um tipo de pulmão negro ou consumo. Não há como realmente tratar os pobres com isso por causa das condições em que vivem. Mas tentamos dizer àqueles que podem, que bebam bastante líquido, que estejam no campo e não na cidade, onde parece haver tanta fumaça e sujeira. E há um tipo de praga que tem causado muita preocupação entre nós. É uma praga para a qual nem mesmo Nostradamus tem uma cura. Ela causa inchaço na garganta, muito muco nos pulmões e o rosto acaba ficando preto. Acredito que seja por falta de oxigênio ou ar.

D: A universidade é o único lugar onde a cirurgia é realizada?

E: Não, há câmaras nos hospitais onde as cirurgias são realizadas. Mas para os procedimentos de aprendizado, algumas são feitas na universidade.

D: Existe algum tipo de cirurgia que seja mais comum do que as outras?

E: A amputação de membros não é incomum, por causa da gangrena que se instala com feridas e lesões que não foram cuidadas.

D: Eles costumam fazer cirurgias no abdômen e nesta área do corpo?

E: Sim, mas para muitos esse procedimento não é bem-sucedido devido ao choque e ao trauma do paciente.

D: Quando as mulheres têm filhos, elas precisam vir aos hospitais?

E: Não há necessidade.

D: Você me disse anteriormente que aprendeu a meditar olhando para o fogo. É assim que Nostradamus faz isso ou você já o viu fazer sua própria meditação?

E: Esse método é o que mais me ajudou. Quando nos sentimos confortáveis com nós mesmos, uma imagem mental é suficiente. Ele tem vários métodos que usa. Eu o vi trabalhar com a areia. Ele usa um tipo de areia muito branca e fina sobre um material muito claro... (Teve dificuldade para encontrar as palavras.) Não me lembro do material.

D: É como um pedaço de tecido?

E: Não, é sólido.

Eu estava distraída com o latido do cachorro da Elena lá fora. Presumi que Val devia estar chegando mais cedo.

Continuei: "O material é como vidro?"

E: O que é isso?

Ela parecia confusa. Ele não conhecia a palavra "vidro". É incrível que eu tenha tido outros sujeitos que regrediram para esse mesmo período de tempo e também não conheciam a palavra.

D: *O vidro seria muito liso, e você pode ver através dele.*
E: É muito liso.
D: *Ou é um tipo de metal?*
E: Não. Não entendo por que não consigo me lembrar.
D: *(Tive uma ideia.) Você sabe o que é um espelho?*
E: (entusiasmado) É isso mesmo!
D: *Um espelho é algo em que você pode se ver.*
E: É isso, sim.
D: *Mas o que ele faz com a areia?*
E: Ele faz um tipo de desenho com ela, deixando que sua mão o guie. E, por meio disso, ele consegue ver com seu olho interior.
D: *Muito bem. Estou tentando visualizar isso. Ele tem um espelho liso. E ele pega a areia na mão e a espalha sobre o espelho?*
E: Ele cobre o espelho com ela. E pega um objeto pequeno, como uma pena, e deixa sua mão traçar desenhos.
D: *Dessa forma, seria um desenho diferente a cada vez, não é?*
E: Certo. E então ele escreve o que ouve em seu interior.
D: *Então a criação dos desenhos é apenas um método de concentração?*
E: Sim. Às vezes, ele tem visões que vê no espelho, mas nós não as vemos. Geralmente, quando ele termina de fazer o desenho livre, há uma área livre e ele vê coisas lá.
D: *E ele escreve o que vê. Ele faz isso por muito tempo?*
E: Duas ou três horas de cada vez.
D: *Temos o que chamamos de suas quadras. É isso que ele está escrevendo nesses momentos?*
E: Sim. Ele recebe a visão ou ouve as vozes. E se volta para sua mesa de escrever para anotar o que recebe ou vê.
D: *Enquanto ele está fazendo isso, se alguém falasse com ele, ele o ouviria?*

Eu estava tentando determinar se ele estava em transe durante esses momentos.

E: Fomos instruídos a não falar com ele durante esse período.
D: *Você disse que às vezes ele usa outros métodos?*

Nesse momento, coisas estranhas começaram a acontecer. Embora o cachorro e o gato de Elena tivessem sido colocados do lado de fora antes do início da sessão, de repente eles entraram no quarto e ficaram juntos aos pés da cama, olhando para nós. Eu tinha ouvido o cachorro latindo do lado de fora, então pensei que talvez Val, a mulher que estávamos esperando, tivesse entrado na casa e os animais a tivessem seguido. Presumi que ela provavelmente estava na sala da frente, que não podia ser vista do quarto. Eu não tinha ouvido ninguém entrar ou fazer qualquer barulho, mas isso poderia ser explicado porque estávamos nos fundos do apartamento. Eu havia dito a Val que não haveria problema se ela fosse para o quarto quando chegasse. Não me importei, presumindo que ela havia decidido ficar no quarto da frente em vez de nos incomodar. Os animais ficaram atentos aos pés da cama por um longo período de tempo, o que Elena disse mais tarde não ser o comportamento normal deles. Eu estava curiosa para saber como eles tinham entrado no apartamento, mas como não estavam causando distúrbios, ignorei-os e continuei a sessão.

Nesse mesmo momento, os olhos de Elena se moveram sob as pálpebras. Ela parecia estar seguindo alguém que aparentemente havia entrado no quarto na cena de vidas passadas em que ela estava envolvida. Seus olhos seguiram a pessoa enquanto ela entrava e se sentava à sua esquerda, ao lado da cama, onde um baú estava localizado em seu quarto (real). Aparentemente, Dionísio estava sozinho e meditando na primeira parte da sessão. Ele estava respondendo às minhas perguntas sem hesitação. Agora, de repente, ele se tornou evasivo e relutante em responder. Presumi que fosse porque ele não estava mais sozinho.

E: Essas coisas são secretas e não posso descrevê-las agora.

Dionísio parecia desconfortável, como se quem tivesse entrado na sala o tivesse pego no ato de revelar segredos proibidos. Continuei a assegurar-lhe que não havia problema em confiar em mim, mas que eu não o pressionaria a fazer nada que o deixasse desconfortável.

Eu havia presumido que ele não falaria mais sobre esse assunto se outra pessoa estivesse presente, então fiquei surpresa com sua resposta: "Deixe-me perguntar a ele primeiro". Aparentemente, Nostradamus era quem havia entrado. Foi uma sensação muito estranha, especialmente porque ela estava com a cabeça virada para mim e se concentrava no ar vazio acima do baú. Houve uma longa pausa enquanto ela parecia conversar com alguém que estava do outro lado da sala. Quase senti que eu também estava na presença de outra pessoa. Ela então se voltou para mim e disse: "Não posso compartilhar isso neste momento".

D: *Não tem problema. Nunca lhe pedirei para fazer algo que não lhe pareça realmente correto. Mas fico feliz que tenha perguntado a ele. Ele acha que em algum momento você poderá compartilhar isso?*
E: Ele disse que conversará com você em algum momento.

Isso foi um choque. Senti os pelos se eriçarem na parte de trás dos meus braços e um arrepio frio percorrer minha espinha. Tive a nítida impressão de que ele podia me ver e estava olhando para mim naquele momento. Durante minhas regressões, o sujeito raramente se dá conta de mim como uma entidade separada. Gosto de pensar que apenas seu subconsciente está consciente e respondendo às minhas perguntas, e que sou apenas uma voz zumbindo dentro de sua cabeça. É sempre divertido e, às vezes, surpreendente ver a personalidade de repente me notar e perguntar: "Quem é você?" Mas o fato de uma terceira pessoa sentir minha presença de repente foi um acontecimento muito estranho.

O mais calmamente que pude, pensei que se Nostradamus fosse realmente o maior vidente que já existiu e tivesse habilidades mentais tão desenvolvidas, por que ele não poderia estar ciente de que seu aluno estava conversando com alguém? Isso seria realmente tão incomum? Ainda me dava uma sensação muito estranha pensar que eu poderia estar na presença de uma pessoa invisível que estava ciente de mim, mas que eu não podia ver. Nada parecido com isso havia acontecido em meu trabalho antes.

Mas, ainda mais curioso, eu não conseguia entender o que ele queria dizer. Como ele poderia falar comigo? As chances de eu encontrar Nostradamus reencarnado e conversar com ele por meio de regressão eram astronômicas. Presumi que poderia continuar a questionar Elena sobre as experiências de Dionísio com ele. Mas não foi isso que ele disse. Ele indicou claramente que conversaria comigo pessoalmente. Eu estava confusa e estava ficando um pouco tonta enquanto tentava entender isso.

"Ah?" perguntei. "Ele planeja fazer isso por seu intermédio? Ou ele sabe como isso ocorrerá?"

A observação seguinte foi ainda mais intrigante. "Não apenas por meu intermédio, mas... por intermédio de outro".

Isso foi ainda mais absurdo. Eu não sabia como interpretar isso. Como seria possível fazer isso? Será que eu iria localizar outro aluno dele e obter mais informações dessa forma? Era assim que eu trabalhava. Se eu tivesse a sorte de encontrar um sujeito que conhecesse alguém famoso, ou seja, Jesus, Nostradamus, etc, então eu questionaria para descobrir fatos sobre a vida dessa pessoa. Eu poderia não ter me importado pelo fato de que era algo muito louco e fora do comum para sequer considerar, mas havia algo em seu tom de voz que me dizia que ele estava falando sério. Tive a sensação de que, se isso realmente acontecesse, eu não teria nada a dizer sobre o método ou o procedimento e não precisaria me preocupar com isso nem tentar fazer com que acontecesse. (Mesmo que eu tivesse a menor ideia de como fazer algo assim acontecer.) Talvez fosse tão espontâneo quanto esse anúncio inesperado. Ah, bem, pensei: por que questionar? Talvez tudo fosse possível, afinal. De qualquer forma, certamente não era o momento de tentar analisar o fato. Minha cabeça estava nadando em confusão. Tive que deixar isso de lado por enquanto e continuar.

D: Acho que ele deveria perceber que estou buscando conhecimento, conhecimento perdido, e sempre fico feliz com qualquer coisa que possa receber.

E: Ele diz que está ciente disso.

D: E não quero fazer mal algum. Agradeço qualquer coisa que você possa me dizer a qualquer momento, ou qualquer coisa que ele se sinta à vontade para me dizer. Você pode agradecer a ele por mim?

E: Sim, eu agradeço.

Nesse momento, tive de virar a fita, mas também aproveitei a oportunidade para ir rapidamente à sala da frente para ver se nossa amiga havia chegado. Eu não conseguia entender por que não tinha ouvido nenhum barulho ou por que ela não tinha ao menos dado uma olhada no quarto para ver se tínhamos terminado. Mas, para minha surpresa, o apartamento estava vazio, e a porta da frente estava escancarada. Voltei rapidamente para Elena, mais confusa do que nunca. Os animais também haviam se retirado e não voltaram mais.

Eu sabia que não receberia mais informações naquela cena porque Nostradamus havia interrompido o fluxo. Para que a sessão voltasse a ser familiar, adiantei Dionísio no tempo para um dia importante de sua vida. Elena estava respondendo às perguntas de forma muito mais espontânea do que em qualquer outra sessão. Não havia nenhuma das confusões e incertezas que haviam se infiltrado nas sessões anteriores quando abordamos essa vida. Tinha sido um pouco incômodo ter as sessões continuamente interrompidas por Andy ou por quem quer que estivesse cuidando do benefício dela. Contei a Dionísio sobre um dia importante e perguntei o que ele estava fazendo.

E: Estou recebendo informações que me surpreendem.
D: Como está recebendo?
E: Através de meus olhos e de minha mente.
D: Pode compartilhar comigo?
E: (Com admiração.) Não me atrevo.

Eu estava curiosa o suficiente para tentar contornar suas objeções. Isso já havia funcionado antes em circunstâncias semelhantes.

D: Bem, não há problema algum se você não quiser compartilhar comigo. Mas por que esse é um dia importante?
E: Porque é a primeira vez que tenho as visões. Antes, eu só ouvia as vozes.
D: Você vai escrever o que está vendo quando terminar?
E: Oh, sim! Mas isso é só para mim.
D: As visões têm algo a ver com sua própria vida?

E: Ohhhh, é um futuro distante.
D: *Eu gostaria que você pudesse me contar um pouco disso.*
E: Você não acreditaria em mim.
D: *Oh, aposto que sim. Acredito em muitas, muitas coisas estranhas. É perto de onde você mora agora?*
E: Não faço ideia. Estou olhando para o que parece ser uma cidade, com prédios altos que se estendem até o céu. Há coisas voando. Parecem pássaros, pássaros gigantes de metal. E esses objetos têm pessoas. Há coisas rápidas se movendo dentro da cidade. Eles também estão carregando pessoas.
D: *Semelhante às suas carruagens?*
E: Oh, não! Eu nunca vi isso. Parece que são contêineres de metal com metal... transparente.

É interessante que, novamente, ele não sabia a palavra para vidro. Isso mostrou continuidade. Era óbvio que Dionísio estava olhando para o nosso tempo em seu futuro. Ele estava vendo uma cena com a qual Elena estaria familiarizada. Foi fascinante ouvi-lo descrever essas coisas em termos tão estrangeiros, como se estivesse vendo tudo com outros olhos. Esse fenômeno também aconteceu no meu livro, Five Lives Remembered (Cinco vidas lembradas), em que uma jovem que vivia nos anos 1770 teve uma visão do futuro e a descreveu em termos muito semelhantes.

D: *Isso realmente parece maravilhoso. As pessoas parecem diferentes?*
E: Sim, muito - mais saudáveis.
D: *Eles devem ter médicos muito bons naquela época.*

O que seria mais natural para um médico perceber? Que as pessoas do futuro eram mais saudáveis do que as pessoas da sua própria época. Isso acrescentou um toque de validade.

E: Mais saudáveis. E vestimentas diferentes. Tantos tipos diferentes. Eu não conseguiria explicar apenas um. Nostradamus havia nos dito que haveria coisas que estariam além de nossa compreensão.
D: *Eu me pergunto se esse é o tipo de coisa que ele vê o tempo todo?*
E: Acredito que sim.

D: *Bem, nunca se sabe, pode ser assim que o mundo será no futuro. O que você acha disso?*
E: Acho que será muito diferente. Tenho medo dele. Nunca vi tanta gente.
D: *Pensei que Paris fosse uma cidade grande.*
E: E é. Mas nunca olhei para Paris desse ponto de vista. Estou olhando para baixo. Vejo a maior ponte que já vi em minha vida. Parece que é feita de metal e... cordas.

Provavelmente os cabos de uma ponte como a Ponte do Portão Dourado ou algo semelhante, que ele naturalmente não saberia descrever de outra forma.

E: Está suspenso sobre a água. E essas coisas, esses contêineres, estão se movendo sobre ela.
D: *Há alguma coisa na água?*
E: Apenas ... barcos. Muito diferentes, mas sei que são barcos.
D: *Então você pode ver todos os prédios altos e todos os veículos de aparência estranha. (Ela pareceu confusa.) Você conhece essa palavra? (Ela balançou a cabeça.) Significa algo em que se pode andar. É outra palavra para isso. Como uma carruagem. Até mesmo um barco pode ser chamado de veículo. Algo em que você entra e ele se move.*
E: Estou entendendo. Obrigado.

Ele pareceu satisfeito com minha explicação e feliz por eu tê-la dado a ele.

D: *Esses contêineres fazem barulho?*
E: Não estou ouvindo nada.
D: *Há mais alguma coisa que você poderia compartilhar que parece diferente?*
E: (Pausa longa) Tem tanta coisa. Estou tentando decidir quais são as luzes! As luzes são muito mais brilhantes do que as que temos aqui. E há... ah... luzes com desenhos nelas. Muito coloridas.
D: *Que tipo de imagens?*

E: Ah... tantas diferentes. Uma mulher segurando um objeto em sua mão. (Talvez um cigarro ou uma garrafa de Coca-Cola?) Um homem com roupas estranhas em um cavalo. (Talvez um caubói?)

Eu me perguntava se ele estava vendo outdoors ou anúncios feitos com luzes de néon coloridas. Eu estava gostando disso. Era divertido ver nosso mundo pelos olhos do passado.

E: Eles têm luzes nas ruas.
D: *Isso seria bom, as pessoas poderiam ver à noite. Paris tem alguma luz nas ruas?*
E: Eles têm luzes acesas, mas não alimentadas da mesma forma que estas. E não são tantas.
D: *Essa é realmente uma cidade estranha para a qual você está olhando. Parece que deve estar muito distante no futuro.*

Eu a tirei daquela cena e pedi que ele seguisse em frente para outro dia importante de sua vida.

E: Estou ajudando a dar pontos. É uma criança pequena. O pé do menino foi atropelado por uma carruagem e tive de amputá-lo. Trouxeram o menino para minha própria sala, mas consegui fazer com que ele visse que eu o ajudaria e o acalmaria. (Emocionalmente) Esta é a primeira vez. Isso tem muito significado para mim.
D: *Como assim, a primeira vez?*
E: Consegui colocar em prática os ensinamentos que aprendi. Quero dizer, além da prática do medicamento. Colocar em prática o que Nostradamus me ensinou sobre como aliviar a dor. Isso até fez com que o sangramento fosse menor do que teria sido. Nostradamus me orientou com isso.
D: *Você já terminou todo o seu treinamento?*
E: O físico, mas o mental, não.
D: *Onde você pratica a medicina?*
E: Tenho muitas pessoas que me procuram. Também vou à seção dos pobres. Quero ajudá-los.
D: *E quanto à sua família? Eles entendem o que você está fazendo?*
E: Sim, eles sabem que eu quero trabalhar com os pobres.

Ele disse que estava praticando a medicina há cerca de seis anos e que estava indo para a seção dos pobres e trabalhando com eles há cerca de quatro anos. Vários dos outros alunos voltaram para suas casas para ajudar as pessoas de lá.

D: Seu país tem um governante?
E: Você está falando da França?
D: Sim, esse é o país que você escolheu para morar.
E: Sim, tem. Não consigo pensar ... Ele veio depois do Rei Charles. Não consigo saber se é Louis ou não.
D: Eu só estava curiosa. Você já o viu alguma vez?
E: Não, nunca o conheci.

Pelo pouco que li sobre Nostradamus, lembrei-me de que ele previu o futuro de seu rei quando o governante soube de seus estranhos dons.

D: E quanto a Nostradamus? Ele já se encontrou com o rei?
E: Ah, sim. Ele está ciente das profecias. Nostradamus lhe contou algumas delas, sim. As que dizem respeito à França. Mas ele não sabe tudo o que faz.
D: Você sabe quais são essas profecias?
E: Conheço algumas delas. Mas elas não são de meu interesse.
D: Você não se importa com o que acontece na França?
E: O que aprendi vai além do físico.
D: Você teve alguma visão própria que considera importante e que poderia compartilhar comigo?
E: Talvez em outro momento. Estou me sentindo cansado agora.
D: Isso é por causa do trabalho que você fez com o menino?
E: Sim. Posso falar com você em outra ocasião?
D: Oh, sim, eu gostaria muito.

Elena também pode ter ficado cansada porque esse foi o maior tempo que nos foi permitido realizar uma sessão sem sermos interrompidos.

Ao acordar, Elena parecia confusa. Ela só se lembrava de uma coisa enquanto estava em transe. Ela perguntou se alguém tinha entrado na sala durante a sessão. Contei a ela sobre seu cachorro e seu gato e que havia encontrado a porta da frente aberta. Ela disse que, às vezes, se os animais se esforçassem muito, conseguiriam entrar, mas que era estranho eles entrarem no quarto e ficarem aos pés da cama observando-a. Esse era um comportamento incomum.

Ela disse: "Perguntei porque ouvi claramente alguém entrar no quarto e andar pelo chão. Depois, sentou-se no baú".

Chamei sua atenção para o fato de que havia muitas coisas (fotos e bugigangas) em cima do baú e que, em circunstâncias normais, ninguém poderia se sentar ali. Eu disse a ela que seus olhos haviam se movido naquela direção, como se ela tivesse visto alguém entrar e ir para aquele lado da cama. Eu disse que ela poderia ter ouvido as pessoas do andar de cima se movimentando, pois durante a sessão ouvi sons que pareciam vir dos outros apartamentos.

Ela balançou a cabeça e respondeu enfaticamente: "Isso é estranho. Sei que não faz sentido. Mas tenho certeza de que os sons vieram de dentro do quarto porque há um alçapão bem ali, aos pés da minha cama. Quando alguém atravessa o quarto, o piso range nesse local. Foi isso que eu ouvi".

Os animais eram obviamente muito pequenos para fazer os ruídos, especialmente o som de passos. O gravador captou sons semelhantes aos que ela descreveu, mas, como eu disse, eles poderiam estar vindo do andar de cima.

É interessante especular sobre a possibilidade dos animais realmente verem e acompanharem alguém até o quarto. Eu tinha ouvido o cachorro latindo do lado de fora quando o fenômeno começou. Será que eles viram uma presença que era invisível para mim? Por que mais eles se forçaram a entrar na casa apenas para ficar aos pés da cama e observar?

Quando contei a Elena que Nostradamus havia dito que ele mesmo falaria comigo, ela ficou tão intrigada quanto eu. Não conseguíamos entender como ele conseguiria realizar tal façanha.

"Como ele poderia vir por meu intermédio?", perguntou ela. "É bastante óbvio que eu não poderia ser Nostradamus se fosse um de seus alunos."

Também estávamos curiosos sobre a outra pessoa por quem ele deveria passar. A previsão que ela havia feito sobre o material extra de Jesus vir por meio de outra pessoa se concretizou quando eu o recebi por meio de Brenda. Essa também foi uma ocorrência improvável. A essa altura, não tínhamos ideia de onde a história estava indo ou o que mais aconteceria. Planejei encerrá-la em mais algumas sessões quando descobrisse o restante da história da vida de Dionísio. Achei que não haveria mais nada que valesse a pena obter.

Nessa sessão, sua capacidade de falar com mais fluidez e dar mais informações melhorou drasticamente em comparação com as primeiras sessões. Talvez o motivo do atraso forçado e das intervenções de seu guia tenha sido para que ela se tornasse mais segura e familiarizada com esse procedimento.

Depois dessa sessão, marcamos vários compromissos que ela não pôde cumprir devido a vários motivos pessoais. Em seguida, ela foi para a Califórnia por um mês para ficar com uma filha que estava com problemas no casamento. Assim, passaram-se novamente vários meses até que o trabalho nesse projeto pudesse ser retomado.

CAPÍTULO 4

NOSTRADAMUS FALA

DESDE A ÚLTIMA SESSÃO, ELENA cancelou várias vezes os compromissos, pois estava se preparando para ir à Califórnia para ficar com a filha. Antes dela partir, ocorreu-me a ideia de que talvez fosse possível utilizar suas habilidades como retratista. Não seria maravilhoso se ela pudesse, de alguma forma, desenhar um retrato de Nostradamus? Fiquei pensando em como poderia dar a ela a sugestão de que seria capaz de vê-lo claramente em seu estado consciente. Eu não queria que isso se tornasse uma obsessão e não queria que ela fosse assombrada por ele, vendo seu rosto para onde quer que olhasse. Portanto, isso tinha de ser tratado com cuidado. Decidi que poderia dar a ela a sugestão pós-hipnótica de que, quando quisesse desenhá-lo, ela seria capaz de vê-lo clara e distintamente. No restante do tempo, ele nem sequer estaria em seus pensamentos. Seu rosto só apareceria quando ela quisesse vê-lo.

Ela concordou que era uma ideia maravilhosa e que seria um grande desafio para ela ver se conseguiria reproduzir um desenho dele. Ela não achava que uma sugestão seria necessária, pois quando eu o mencionava, ela conseguia ver seu rosto com muita clareza. Ela o descreveu com um olhar distante em seus olhos. Ele tinha uma testa alta e um nariz aquilino, mas seus olhos eram sua característica mais proeminente. Ela concordou em tentar fazer isso quando tivesse tempo em sua agenda lotada.

Ela ficou fora por um mês. Quando voltou, começou imediatamente um novo emprego em outro restaurante e estava exausta com os novos ajustes. Depois de mais algumas tentativas canceladas, finalmente conseguimos nos encontrar. Era maio novamente (1986) e a temporada de turismo estava recomeçando.

Quando fui buscá-la depois do trabalho, ela desabou no banco do carro. Inclinou a cabeça para trás e fechou os olhos. Estava muito cansada de um dia ruim no trabalho. Estava tendo dificuldades com os novos empregadores, e as pressões estavam começando a aparecer. Havia também outros problemas familiares dos quais eu não tinha conhecimento sobre. Eu a lembrei de que, embora estivesse cansada, a sessão a relaxaria mais do que uma boa noite de sono e que, depois, ela se sentiria maravilhosa. Meus pacientes sempre gostam deste trabalho; é muito mais revigorante do que dormir.

Ela anunciou: "Acho que é justo dizer que estamos pensando seriamente em voltar para o Alasca". Seu marido estava insatisfeito com o emprego, e a situação financeira não era a que eles imaginavam. Ela realmente gostava da paz e da atmosfera tranquila de nossa região montanhosa e queria ficar, talvez até se aposentar aqui algum dia. Mas ele achava que eles deveriam voltar para o norte, acumular mais dinheiro e poder comprar uma casa permanente quando voltassem. Ela havia feito muitos amigos e realmente não queria ir embora, mas não via outra alternativa. Portanto, era possível que eles se mudassem já em julho, ou seja, em apenas dois meses. "Achei justo avisá-la. Não seria certo anunciar de repente que eu iria embora na próxima semana."

Minha mente estava tentando pensar no futuro. Não havia senso de urgência. Talvez fosse possível obter o restante da história da vida de Dionísio se não houvesse mais atrasos. Eu esperava que a história dele não fosse mais do que um capítulo interessante em um livro de regressões diversas, e ela sempre poderia me enviar a foto pelo correio quando terminasse. Mais do que isso, eu sabia que sentiria falta de Elena e de sua natureza amorosa. Tínhamos nos tornado boas amigas. Mas o importante era que ela fizesse o que achasse necessário com sua vida. Se isso significasse voltar para o Alasca, que assim fosse. Eu não tinha ideia de que meus planos seriam alterados ao final dessa sessão.

Como o apartamento de Elena estaria cheio de pessoas a essa hora do dia, decidimos ir para a casa de Val, onde teríamos mais privacidade. Val nunca tinha visto o trabalho de regressão ser feito, então ela estava interessada em assistir. Mais tarde, fiquei muito feliz por ter uma testemunha presente, pois essa acabou sendo uma das sessões mais estranhas e incomuns que já realizei. Sem a testemunha e as fitas para me apoiar, sei que seria difícil para qualquer pessoa acreditar no que aconteceu naquele dia, pois eu mesmo acho difícil acreditar.

Elena estava tão cansada que entrou em transe ansiosamente para poder descansar um pouco. Eu a levei de volta à época em que ela era aluna de Nostradamus e encontrei Dionísio escrevendo. Ele estava fazendo algumas traduções do latim para o francês para Nostradamus. Eram remédios médicos antigos e ele estava vendo se eles poderiam adaptá-los e usá-los. Ele disse que o latim era uma língua que ele precisava saber. Na verdade, Elena não entende nenhum dos dois idiomas. Dionísio disse que havia encontrado algumas teorias interessantes sobre cirurgia cerebral enquanto fazia as traduções. Fiquei surpresa porque não sabia que eles realizavam operações perigosas como essa. Ele me garantiu que sim. "Só podemos ir até certo ponto. Faça furos no crânio para aliviar a pressão sobre o cérebro."

Isso é chamado de trepanação e é conhecido desde os tempos antigos. Restos mortais egípcios mumificados mostram que isso era praticado na época e que os pacientes sobreviveram e viveram por vários anos depois. Não era bem isso que eu achava que ele queria dizer com cirurgia cerebral, mas eu não sabia que qualquer tipo de cirurgia era realizada na cabeça na Europa antes da época dos anestésicos.

D: Como você sabe quando há pressão no cérebro?
E: Pelos olhos... e pelas mãos e pernas, se estiverem inchando. E picando os dedos e percebendo a quantidade de sangue que está lá. Há muito sangue no sistema.
D: Como você pode saber se há muito sangue no sistema?
E: Como o sangramento contínuo do nariz. As unhas estão extremamente rosadas. Sob as pálpebras dos olhos, as veias menores estão congestionadas.
D: Então o que você faz?
E: Faço furos na cabeça. Às vezes, há até um leve inchaço. Dependendo de onde está a maior quantidade de pressão. Fazemos medições do crânio.
D: Que tipo de instrumento você usa para fazer isso?
E: É um instrumento de metal. Considere-o semelhante ao tipo de instrumento que os navegadores usam em um mapa. Ele tem uma... (procurando) Não consigo encontrar a palavra para isso. É

como uma meia-lua com uma extremidade giratória.... Calibrar?... Acredito que seja um calibrador. Algo semelhante.
D: *Mas isso não causaria dor?*

Eu estava pensando em instrumentos usados para perfuração. Mas ele estava falando de um dispositivo de medição.

E: (Enfaticamente) Não! Não, há um ajuste na parte superior. Ele gira. Isso o alarga ou o recolhe. Ele é aberto na parte inferior. Tem duas extremidades para dentro e um giro na parte superior. E tem um entalhe para que você saiba onde estão as medidas. Quanto mais você se aproxima, pode medir essa distância. Assim, você obtém uma circunferência da medida total.

Os movimentos de sua mão mostraram que se tratava de um instrumento grande, talvez semelhante a uma pinça de gelo.

D: *Ah, entendi, você está falando das medições, que elas não causariam dor.*
E: Não, o instrumento não causa dor.
D: *Mas eu estava pensando que a abertura do crânio causaria.*
E: Ah! Entendo o que você está dizendo. Nostradamus tem uma técnica que ele usa que causa muito pouca dor em seus pacientes. Acredito que já falei sobre isso antes com você.
D: *Sim, você falou. É um método semelhante ao que eu uso. Nós o chamamos de hipnose. Como você a chama?*
E: Transe.
D: *Acredito que você tenha dito que os outros médicos não sabiam que ele fazia isso.*
E: Isso é correto. É um segredo.
D: *Os outros médicos são capazes de realizar operações como essa?*
E: Sim. Mas eles têm um índice de fatalidade maior do que o de Nostradamus. O paciente entra em choque. Às vezes, não sobrevive. Nostradamus acredita que o choque pode ser uma causa maior de morte pós-operatória do que talvez a própria cirurgia.
D: *É uma pena que ele não possa compartilhar seus métodos com os outros médicos.*

E: (abruptamente) Ele tem uma mensagem para você.
D: *Ele tem?!*
E: Sim. Só um momento.

    Isso foi tão repentino que foi uma surpresa. Mais uma vez, quase deixei cair o microfone. Era como se Nostradamus tivesse percebido mais uma vez que eu estava falando com seu aluno. Aparentemente, ele havia aproveitado a oportunidade para falar. Embora eu achasse fascinante saber como os médicos praticavam seu ofício nos dias passados, ele provavelmente considerava isso trivial e sem importância. Aparentemente, ele achou que deveria intervir porque sua mensagem era mais urgente. Olhei para Val e dei de ombros. Eu não tinha mais ideia do que ela sobre o que estava acontecendo. Durante a última sessão, ele havia dito que falaria comigo. Era isso que ele queria dizer? O que ele poderia querer me dizer?

    O que se seguiu foi muito estranho, uma conversa incomum entre três pessoas. Elena virou a cabeça para a direita como se estivesse ouvindo atentamente alguém que era invisível para mim. Em seguida, ela se voltou para mim para falar. Toda vez que isso acontecia, havia uma longa pausa enquanto ela parecia ouvir antes de me transmitir o que foi dito. Senti meu couro cabeludo formigar. Era uma sensação estranha saber que, de alguma forma, Nostradamus sabia que eu estava ali e estava ciente do que eu estava fazendo.

    Ele passou a comandar a sessão.

E: Ele disse que você precisa trabalhar na tradução. As quadras. Que há algo acontecendo agora em seu tempo que seria melhor compreendido pela tradução de certas quadras.
D: *É uma ideia interessante. Mas eu não saberia como começar.*

    Eu não estava familiarizada com nenhuma das quadras. Eu não tinha um livro, então fiz a única sugestão que fazia sentido para mim naquele momento.

D: *Ele sabe sobre qual quadra eu deveria falar?*

    Achei que ele iria sugerir uma. Não ia ser tão fácil assim.

E: Ele diz que você deve - não entendi - usar seu guia? Que ele será capaz de encontrar as palavras certas e traduzi-las.
D: Ele pode me dar alguma indicação de qual seria a quadra? Há muitas, muitas delas.
E: (Uma longa pausa, enquanto ela virava a cabeça novamente e ouvia.) Ele diz para não questionar, que, por favor, faça dessa maneira.
D: O quê? Para folhear um livro?
E: É isso mesmo. Parece que seu guia tem a facilidade de ler rápido.

Naturalmente, pensei que ele estivesse falando de nossos guias ou guardiões invisíveis, como o Andy de Elena.

D: Muito bem. Terei de pegar um livro e ler. E perguntar a ele o significado quando encontrar uma quadra?
E: Não. Seu guia a lerá e saberá que é essa que deve ser traduzida. Isso deve ser feito o mais rápido possível.
D: (Isso foi confuso.) Estou tentando entender como posso fazer isso. Se o guia vai fazer isso, como podemos receber a mensagem?
E: O guia é a pessoa com quem você está trabalhando. Desculpe-me por não ter sido claro.
D: Você quer dizer que esse veículo (Elena) deve encontrar a quadra? E nós seremos levados a saber qual é a mais apropriada para as coisas que estão acontecendo no meu mundo neste momento.
E: Isso está correto.
D: Pode me dizer por que isso é tão importante?
E: Há uma condição atmosférica e mudanças planetárias e... (Ela levantou a mão para evitar que eu dissesse algo.) Há mais, apenas .... (Ela estava ouvindo.)

Eu não podia acreditar que isso estava acontecendo. Ele realmente sabia que eu estava lá. Era tão implausível. Um homem que eu respeitava há muito tempo e que eu admirava estava realmente me enviando mensagens através do tempo e do espaço. Eu não poderia ter ficado mais espantado se o próprio Jesus tivesse começado a falar. Minha mente estava em um turbilhão. Fiquei pensando que isso era impossível.

E: (Uma longa pausa.) Não entendo, mas ele está dizendo que, por causa do armamento que vocês usam atualmente, isso causou uma mudança na atmosfera que será sentida dentro de um ano. E se o conhecimento das quadras puder ser traduzido, isso será benéfico para as pessoas de sua época. - E tem mais. (Uma longa pausa enquanto ela ouvia.) Ele também diz que, por causa do alinhamento planetário, haverá mudanças na Terra. E a tradução de certas quadras ajudaria as pessoas a entender onde essas mudanças serão mais fortes. Assim, elas poderiam tomar suas decisões. Ele disse que as quadras serão facilmente reconhecidas por seu veículo. Ele esperava que isso fosse feito em um ritmo mais rápido.

Essa era uma possibilidade interessante e que nunca teria me ocorrido sem a sugestão dele.

D: *Ele está em transe nesse momento?*
E: Não estou entendendo suas palavras.
D: *Ele está meditando nesse momento? Eu só queria saber como ele sabia que eu estava falando.*
E: Porque ele está em um espaço diferente neste momento. Não posso explicar isso. Neste momento, não estou em uma sala. Quando ele falou comigo, houve uma mudança na área ao redor.
D: *(Não entendi.) Então ele está em uma sala diferente?*
E: (Enfático) Não! - Ele está comigo, mas não estamos na sala. Não estamos .... (Teve dificuldade para explicar.)
D: *Você quer dizer que quando ele está falando com você, é como se você estivesse em um lugar diferente?*
E: Isso mesmo. É um lugar com ... nuvens nebulosas. Não há uma base substancial.
D: *Mas é uma sensação agradável, não é? Porque isso é importante, não quero que você se sinta desconfortável.*
E: Ah, sim!
D: *Foi isso que pensei. Ele deve estar em um estado diferente, um estado de meditação ou algo assim, para que possa me ouvir.*
E: Isso está correto.
D: *Ele aprova o que estou fazendo?*

E: (enfático) Oh, sim! - Ele não fala diretamente com você por causa de uma profecia que fez. Que nenhum homem ouvirá falar dele novamente através dos tempos. Pessoalmente. Ele não falaria diretamente.

D: *Eu não sabia dessa profecia. Isso está nas quadras?*

E: Sim, está. Não foi decisão dele fazer esse anúncio. Ele foi orientado a dizer isso em sua quadra para que houvesse aqueles que estivessem cientes... (procurando a palavra) das imitações?

D: *Impostores? Alguém fingindo que é ele?*

E: Isso mesmo.

D: *Sim, posso entender isso. - Então, sinto-me muito honrada por ele ter escolhido vir e falar dessa maneira.*

E: Ele diz que não é tanto uma honra, mas uma necessidade. Ele quer que você avise as pessoas. - Só um momento! (Ouvindo novamente.) Ele diz que pode ver que há um livro, um grande volume, contendo todas as quadras. Ele quer que você oriente seu veículo (Elena) a estudar as quadras. Ele diz que, intuitivamente, ela saberá quais são elas. Você deve dar a ela uma sugestão que lhe dê confiança na tradução e fazer com que ela trabalhe nelas. Se ela tiver alguma dúvida sobre elas ou algum problema na tradução, ela deve anotar. E na próxima vez que se encontrar com seu veículo, entre em contato conosco. E ele, por meio de mim, irá examiná-los, verificá-los e lhe informar.

D: *E esclarecerá os pontos que não entendermos. Então, ela poderá fazer isso em seu próprio tempo e será levada a encontrar os corretos.*

E: Isso é correto. - Ele diz que uma coisa que confunde as pessoas é o fato das quadras terem mais de um significado. Tem algo a ver com ... tempo contínuo, diz ele. Que há uma repetição de padrões dentro dos planetas que permite que haja um duplo significado. Eles não entendem isso.

D: *Essa será uma nova maneira de olhar para eles. Então ele explicará como eles estão interconectados e nos ajudará a entender?*

E: Isso é correto.

D: *Ensinaram-nos que podemos aprender com a história. Que ela se repete e que, dessa forma, podemos aprender lições do passado.*

E: É isso que ele quer dizer. Ele também diz que os significados das palavras mudaram um pouco. Assim, o que alguém traduziria há duzentos ou trezentos anos teria um significado diferente em sua época.

D: *Isso é verdade. Mesmo no idioma que falo, as palavras são diferentes do que eram em sua época.*

E: Ele diz que o livro do qual ele falou tem o francês de um lado e o idioma que você fala do outro. E que se o idioma - o inglês! - se o inglês não estiver correto, ele examinará as palavras em francês e fará a correção.

D: *Muito bem. Porque não sabemos falar ou ler em francês. Teremos de ler a tradução. Essa seria a única maneira de fazermos isso.*

E: Ele diz que seu veículo terá o dom de saber.

D: *Sempre há o problema de saber se eles foram escritos corretamente, mesmo em francês, durante todos esses anos.*

E: Ele entende isso.

Como eu nunca tinha visto um livro com suas quadras, fiquei imaginando se elas estavam organizadas em algum tipo de ordem histórica, seja pelo próprio Nostradamus ou pelos tradutores.

E: Mais uma vez, ele diz para não seguir as datas que já passaram, pois um novo significado poderia ser encontrado nelas agora.

D: *Ouvi dizer que ele relaciona algumas datas nas quadras. E algumas delas contêm o que é chamado de "jogo de palavras". Um nome que é distorcido para criar um quebra-cabeça ou um enigma. Dizem que ele fez isso de propósito.*

E: A tradução que será dada ao seu veículo terá um significado claro em seu idioma.

Como ele não forneceria as quadras, eu obviamente não poderia ir adiante com isso até comprar um livro. Planejei tirar Dionísio de cena. Revisei suas instruções novamente.

E: Um momento. (Pausa, ouvindo.) Não estou entendendo tudo o que ele está dizendo. Talvez você entenda. Ele diz que uma das primeiras quadras que ela deve procurar se refere ao material bíblico que afirmará o trabalho que você está fazendo.

Fiquei surpreso. Ele poderia estar se referindo ao material sobre Jesus no livro que eu acabara de concluir?

D: *Você está se referindo a algum trabalho que eu já tenha feito sobre a vida de Jesus?*
E: Esse é um trabalho dos tempos bíblicos que será descoberto em outro país e que confirmará o que você está fazendo. Evidentemente, essas passagens bíblicas ainda não foram descobertas em sua época.

Eu estava pensando que ele poderia estar se referindo à descoberta dos Pergaminhos do Mar Morto no final da década de 1940 e início da década de 1950, aos quais me refiro muitas vezes em meu livro sobre Jesus.

D: *Pensei que estivesse se referindo a algumas descobertas que foram feitas há cerca de quarenta anos. Isso não é verdade?*
E: Não. Porque esse é um trabalho que será descoberto em um futuro próximo. É difícil medir o tempo, mas dentro de um ano ou mais depois que seu trabalho for publicado, talvez antes. Isso coincidirá com o trabalho que você está fazendo agora na publicação. Você entendeu?

Eu realmente não entendi. Tudo nessa sessão era muito rebuscado para que eu pudesse realmente entender até que tivesse tempo para me aprofundar nesses estranhos acontecimentos. Mas pelo menos eu sabia que ele estava se referindo ao meu livro sobre Jesus.

E: Um momento. (Pausa, ouvindo.) Ele disse que também trabalhará... desenhando mapas e localizações de certas coisas, como as Escrituras enterradas que pertencem ao seu trabalho. Agora ele pode dar uma localização real.

Esse foi um desenvolvimento interessante. Peguei meu tablet e o marcador que sempre mantenho à mão durante as regressões.

D: *Ele poderia fazer isso agora?*

E: (Pausa, ouvindo.) Ele disse que seria mais um esclarecimento e que seria mais fácil fazer isso se a quadra fosse traduzida corretamente primeiro. Depois, ele trabalharia no mapa.
D: Talvez os países não tenham mudado muito.
E: Não importa os nomes que os países têm agora.

Achei essa informação muito interessante. Se ele fosse capaz de fazer isso, desenhar um mapa e apontar onde seria feita uma valiosa descoberta arqueológica das Escrituras semelhante aos Manuscritos do Mar Morto, isso seria muito valioso para o mundo. Isso também provaria que estávamos realmente em contato com o verdadeiro Nostradamus e que ele era um profeta genuíno. Eu mal podia esperar para começar a trabalhar nisso.

D: Não é verdade que muitas vezes ele deu nomes simbólicos a países e nações e usou simbolismo em suas quadras?
E: Isso é correto.
D: Foi aí que surgiu uma certa confusão sobre a que países ele estava se referindo com esses símbolos.
E: Ele foi deliberado em sua confusão. Ele diz que menos pessoas teriam entendido em sua época, mas que vocês estão mais em uma era de iluminação. Ele disse que o homem chegou a um ponto em que a compreensão das quadras é mais fácil para aqueles que dedicam tempo não apenas para ler, mas para ouvir o que está dentro de si.
D: E as pessoas de sua época não eram assim?
E: Não tão conscientes quanto as pessoas de sua época.
D: Talvez tenha sido por isso que ele criou os quebra-cabeças, para que eles sobrevivessem. Você acha que isso é verdade?
E: (Pausa, ouvindo.) Ele disse que isso fazia parte do trabalho. Ele traduzia de maneira mais clara para o rei, os governantes da época. Para o trabalho que era necessário que eles conhecessem ou para os eventos que lhes diziam respeito. - Estou apenas pedindo seu perdão. Estar neste espaço nos cansou. É uma experiência nova para mim. Mas ele disse que seremos fortalecidos a cada vez.

Ele quer que você entenda uma coisa: que este é um momento que está presente para nós agora. Que somos capazes de nos projetar em seu tempo. Que ainda estamos sobrevivendo nesse momento de tempo. E que você não está falando com pessoas que já faleceram, mas que estão tão vivas quanto você está agora. É muito importante que você entenda isso.

D: *Sim, eu sempre pensei assim. As pessoas me acusam de estar falando com os mortos, e eu lhes digo: "Não, eles estão muito vivos".*

E: Fico feliz que você tenha entendido.

D: *O que você está fazendo é apenas olhar para o nosso tempo.*

E: Isso é correto. Não estamos no mesmo período de tempo em que falamos com você pela primeira vez. Mas estamos em um período de tempo diferente agora, para podermos ver o seu mundo.

D: *Bem, não há nada de errado nisso que eu possa ver. Mas há céticos. Eles são os que não entendem.*

E: Com as informações que você obterá das quadras, haverá menos céticos. Mas ele diz que sempre haverá céticos. Ele diz que você tem um trabalho importante a fazer e que essas informações são importantes para você devido à sua capacidade de escrever. Desde que as informações sejam fornecidas a você, ele trabalhará em conjunto com seu veículo. Ele disse que o tempo é essencial agora. Que é necessário levar as informações para as pessoas.

Como Dionísio estava cansado de estar naquele lugar estranho e sem forma, comecei a levá-lo para outra época de sua vida. Ela levantou a mão novamente para me impedir.

E: Ele disse que, quando você precisar falar conosco novamente, fale conosco no local de encontro especial, assim estaremos em um espaço diferente no tempo, em vez de estarmos em nosso próprio tempo. Será mais fácil para nós conversarmos com você.

D: *Muito bem. Mas, de acordo com o método que uso, primeiro terei de levá-lo ao seu tempo. E depois pedirei para ir ao local da reunião?*

E: Tudo bem. Seria com a compreensão de um local meditativo para que possamos nos comunicar melhor com você.

Foi bom que ele tenha me parado para dar instruções sobre como localizá-los novamente. Quando um sujeito está envolvido em reviver uma vida inteira, é um processo diferente. Eu estava tão impressionada com todo esse procedimento que nem pensei em como poderíamos nos encontrar na próxima vez. Nostradamus havia pensado nesse detalhe, embora eu não tivesse pensado. Ele me impediu de sair até que tivesse dado instruções. Definitivamente, ele estava completamente no comando de todo esse fenômeno. Suponho que teria sido mais difícil confiar no fato de Nostradamus sentir minha presença a cada vez e interromper para transmitir informações. Dessa forma, tínhamos instruções específicas sobre como entrar em contato com ele na próxima vez. Eu sabia que não poderia mantê-los ali se estivessem se cansando. Talvez ambos estivessem em um transe meditativo e isso estivesse causando algum tipo de esgotamento em seus corpos, especialmente Dionísio, já que ele não estava acostumado a esse tipo de estado alterado.

Como ainda restava um pouco mais de tempo em minha sessão, retirei Dionísio daquela cena e pedi que ele se movesse para um dia importante em sua vida. Eu sabia que, quando o movesse, o cansaço iria embora. No final da contagem, perguntei o que ele estava fazendo.

E: Estou assistindo a uma cirurgia que nunca vi antes. É uma parte da mão que foi cortada. E Nostradamus está trabalhando para juntar a mão novamente. Estou assistindo. Estou ouvindo suas instruções. Ele está me orientando a realizar a cirurgia enquanto mantém o paciente em transe. Ele está me instruindo a pegar os tendões e prendê-los aos que estão se projetando da própria mão e costurá-los. O mais incrível é que o paciente conseguiu diminuir o fluxo de sangue, de acordo com as instruções de Nostradamus, o que é muito interessante de se ver. Isso torna o trabalho mais claro para mim.

D: *É difícil de fazer?*

E: Oh, sim. Preciso de toda a minha concentração.

D: *Que tipo de material você está usando na costura?*

E: Uma agulha e linha. É uma linha que foi mergulhada em alcatrão para torná-la mais forte. O paciente terá algum uso da mão, mas, infelizmente, não tenho a capacidade de costurar todas as terminações nervosas. - Isso é incrível. Ele deu instruções ao paciente para visualizar a mão se curando sozinha. Eu nunca o vi usar essa técnica.

D: *Há mais alguém na sala enquanto você faz isso?*

E: Não, isso deve ser mantido em segredo. Os outros nunca entenderiam.

D: *Vamos seguir em frente até que a operação esteja concluída e você possa ver os resultados, pois está concentrado no que está fazendo. Não quero interferir nisso. - Tudo bem. Já avançamos um pouco. A operação foi um sucesso?*

E: Em sua maior parte. O paciente tem a capacidade de mover o polegar e o dedo. As sensações não estão na mão, portanto, ele terá de tomar muito cuidado com o frio ou o calor, pois não saberia se estiver se machucando. - O mais lamentável é que... (suspiro) não podemos explicar como esse trabalho foi feito. Os médicos ainda não têm a capacidade de desacelerar o fluxo de sangue.

D: *O que ele vai dizer a eles?*

E: (Pausa, depois um sorriso largo) Eu me divirto porque o que ele lhes diz não vai funcionar para eles. Ele diz para eles colocarem a mão no gelo. (Sorrindo) Isso só poderia ser feito no inverno. Onde mais ele conseguiria gelo?

D: *(Risos) Isso é verdade. Esse não é o segredo, mas a mão ficaria dormente.*

E: Ah, sim, e isso diminuiria a velocidade do sangue até certo ponto, mas não o suficiente para que fosse possível segurar claramente os tendões e certos músculos da mão para ressoldá-la.

D: *Sim, o sangue bloquearia a visão e você não conseguiria ver o que estava fazendo.*

E: Isso mesmo.

D: *Os outros médicos acham que essa é a explicação?*

E: Eles sabem que Nostradamus não conta tudo a eles. Ele tem muitos segredos. Há muitos espiões também. (enfático) Ah, sim! Todos gostariam de poder fazer o mesmo.

D: *Isso poderia ser perigoso, mesmo para um homem em sua posição?*

E: A sociedade aceita muita coisa, mas há um limite para o que eles querem ou têm a capacidade de compreender. Por ser uma sociedade religiosa, ela tem medo de coisas que não consegue explicar. Obras do demônio. Ele tenta evitar as perguntas das pessoas.

D: *Eu achava que ele era uma pessoa tão importante que não ousariam acusá-lo de nada.*

E: Ele ainda é apenas um homem que eles questionariam. Ele não é o rei!

D: *Então ele deve ser cuidadoso. Você e os outros seguidores protegem os segredos dele. Eu também protegerei seus segredos. Eles não aprenderão comigo. - Receio que eu o esteja cansando. Tudo bem se eu voltar para conversar com você?*

E: Sim. Não sei por que, mas parece que é importante.

Eu trouxe Elena à plena consciência e ela queria me contar o que lembrava da sessão.

E: Foi muito estranho. Lembro-me como se estivesse em outra sala e pudesse ouvir vozes do outro lado da porta. Já tive esse tipo de experiência antes, como quando Andy entra. E então a porta se abriu, mas eu não conseguia ver ninguém. Mas sei que havia duas pessoas do outro lado, e elas estavam falando com você. Uma delas era ... Dionísio (incerta do nome) e o outro era Nostradamus. E era uma sala... não era realmente uma sala; era como andar entre nuvens e neblina.

D: *Sim, você disse que não havia forma. - É só disso que você se lembra, apenas daquela cena? Você podia ouvir as vozes, mas não podia ver as pessoas que estavam falando?*

E: Sabe como quando você tem um sonho? Você consegue visualizá-las, mas a forma delas não fica distinta no sonho? Certo, foi assim. Mas eu me lembro de ver esses olhos, esses olhos maravilhosos olhando diretamente para mim. Eles estavam voltados para mim, mas estavam falando com você.

D: *De quem você acha que eram esses olhos?*

E: Oh, acho que eram de Nostradamus. Quero dizer, eu sei que eram. Eu sei que eram. Foi algo realmente impressionante, eles eram muito mais magníficos do que qualquer coisa que eu já tenha visto. Mas era como se seus olhos estivessem me dizendo que eu tinha trabalho a fazer.

Dei uma risadinha: "Ah, sim, ele nos deu uma tarefa, certo". Val também riu. Era uma tarefa e tanto.

"Ah?" Elena riu. "Bem, você vai me contar?"

Essa sessão foi muito excitante e inacreditável, mas foi a primeira experiência de Val desse tipo. Ela mal conseguia se conter e estava louca para contar a Elena o que havia acontecido. Eu a fiz esperar até que Elena me contasse qualquer lembrança que tivesse sobre a sessão, pois não queria que elas fossem influenciadas por qualquer coisa que disséssemos. Agora, deixei Val derramar seu relato entusiasmado sobre a sessão para Elena. Nós lhe contamos sobre a importante tarefa que ela havia recebido e as instruções que Nostradamus queria que ela seguisse. Quando terminamos, era óbvio que Elena não compartilhava do nosso entusiasmo.

Ela ficou pensando profundamente e finalmente falou: "Quer dizer que ele quer que eu traduza quadras que prevejam o futuro do nosso mundo? Nossa, essa é uma responsabilidade terrível. Não sei se posso fazer isso. Não sei nem se quero fazer isso".

Val falou: "Como assim, você não quer? Ele disse que era algo que você tinha que fazer, e que tinha que fazer imediatamente".

Também fiquei surpresa com sua aparente relutância. Eu sabia que devia ser um choque sair de um transe e ouvir algo dessa magnitude. Seu rosto demonstrava confusão, perplexidade e descrença. Eu sabia que ela tinha livre arbítrio e que, se não quisesse fazer isso, não haveria como obrigá-la a participar. Eu nem mesmo gostaria de tentar. Eu jamais obrigaria alguém a fazer algo com o qual não se sentisse à vontade.

De acordo com Nostradamus, a maior parte do experimento, o ônus do trabalho, recairia sobre Elena. Ela teria de encontrar, meditar e traduzir as quadras por conta própria. Minha única parte seria ajudar na verificação de Nostradamus enquanto ela estivesse em transe. Era uma responsabilidade incrível.

Elena balançou a cabeça em descrença. "Toda essa ideia é impossível. É quase risível. Há pessoas que passaram anos tentando descobrir o que Nostradamus queria dizer. E aí chegamos nós, que não sabemos nada sobre ele, que nem sequer o lemos, e vamos tentar resolver o quebra-cabeça, fazer o que eles não conseguem. Toda essa ideia é absurda".

"Sim", eu disse, "absurda, mas intrigante". Concordei que era egoísta pensar que poderíamos resolver mistérios que haviam intrigado a humanidade por mais de 400 anos. "Talvez seja vantajoso para nós não sabermos nada sobre isso. Dessa forma, não temos nenhuma noção preconcebida sobre o que eles devem dizer. Talvez fosse essa a intenção dele, alguém que pudesse olhar para eles com uma abordagem nova e uma mente aberta."

Eu achava que seria um feito notável para Elena desenhar um retrato de Nostradamus. Mas agora essa ideia empalidecia diante da possibilidade de traduzir seus enigmas, um projeto enorme e incrivelmente desafiador.

Ela disse que pensaria no assunto. Talvez depois que o choque inicial passasse, ela também veria as maravilhosas possibilidades desse experimento. Com relutância, concordou em pelo menos comprar um livro e ver se alguma das quadras despertava seu interesse. Ela achou que um amigo poderia ter um livro antigo para emprestar.

Quando saí, ela ainda parecia confusa e perdida em seus pensamentos. Eu esperava que isso não a desanimasse, já que Nostradamus tinha sido tão enfático ao dizer que isso deveria ser feito imediatamente. Ele disse que esperava que isso tivesse sido feito antes. Ele havia expressado um senso de urgência e importância tão grande que achei que deveríamos tentar obedecer. Tudo dependeria das reações de Elena a esse estranho acontecimento e de suas decisões. Eu achava que não havia como fazer isso sem ela. Esse foi um experimento intrigante, no qual eu nunca teria pensado por conta própria. Nunca teria me ocorrido que algum dia teríamos contato com o verdadeiro Nostradamus. As chances disso acontecer são inconcebivelmente e impossivelmente altas. Também era óbvio que essa ideia não havia partido de Elena, pois a perspectiva a assustava e confundia. Embora parecesse loucura, parecia-me que a única outra explicação era que o próprio Nostradamus havia iniciado todo esse projeto. Talvez tenha ocorrido a ele espontaneamente quando descobriu que seu aluno estava de alguma forma se comunicando com uma pessoa que vivia no futuro.

Por que isso deveria parecer tão absurdo? Nostradamus estava apenas fazendo o que todos os videntes imortais tentaram fazer ao longo do tempo: alertar os outros. Todo vidente que já teve uma premonição ou visão do futuro sentiu essa mesma responsabilidade. Tentar impedir que o evento ocorra avisando os envolvidos, na esperança de que, de alguma forma, eles possam tomar medidas para evitar o evento previsto. O que poderia ser mais natural do que

Nostradamus também tentar fazer isso? Com suas habilidades precognitivas verdadeiramente notáveis, ele podia ver que, em nossa época, suas previsões não estavam sendo traduzidas com precisão. Ele havia sido forçado pelas circunstâncias de seu tempo a ser deliberadamente obscuro. Agora se tornou óbvio que ele provavelmente havia sido muito obscuro, e ninguém conseguia entender de fato o que ele estava tentando nos alertar. Assim, Nostradamus aproveitou a oportunidade do meu contato por meio de seu aluno para avançar no tempo e no espaço e nos avisar sobre eventos importantes iminentes.

    O que ele queria nos dizer? Será que ele teria sucesso em nos fazer entender? Será que uma humanidade teimosa nos ouviria? Era um enigma intrigante e um experimento empolgante. Não tínhamos como saber aonde isso nos levaria ou o que poderia surgir, mas eu sabia que minha curiosidade insaciável havia sido mais uma vez despertada e que eu seguiria isso aonde quer que fosse. Isso se apresentava como um desafio tremendo e aparentemente impossível, mas tudo dependia de Elena. Eu achava que a cooperação dela era essencial para esse projeto, pois Dionísio, seu alter ego, era nossa chave para Nostradamus, o mestre inventor de enigmas. Eu estava tão confusa quanto qualquer um referente aos resultados desse estranho experimento.

CAPÍTULO 5

A MUDANÇA DO MUNDO

Embora ELENA TENHA SIDO A ÚNICA instruída a encontrar um livro com as quadras de Nostradamus e estudá-las, achei que não faria mal se eu também me familiarizasse com elas. Eu queria um livro que estivesse atualmente nas livrarias para que as pessoas pudessem encontrá-lo e comparar as interpretações. Eu também precisava encontrar um que contivesse as quadras originais em francês. Na época, eu não tinha ideia da complexidade que muitos autores haviam trazido para a tradução dessa obra. Sempre achei que a tradução de um idioma para outro era uma questão simples, pois uma palavra só pode ter um certo número de significados. Mas eu não contava com a obscuridade deliberada de Nostradamus. Cada livro que encontrei traduzia as quadras para o inglês de forma diferente. Havia algumas semelhanças, mas muitas vezes as diferenças eram suficientes para dar ao quebra-cabeça um significado totalmente diferente. Na época, eu não sabia, pois não conheço o francês, que Nostradamus usava palavras arcaicas com frequência e às vezes também substituía o latim. Ele usava livremente anagramas, que são quebra-cabeças de palavras em que as letras de uma palavra podem ser deslocadas e até mesmo alteradas para serem lidas como uma palavra completamente diferente.

Escolhi um livro que era o mais recente publicado sobre as quadras, The Prophecies of Nostradamus (As profecias de Nostradamus), de Erika Cheetham. Como eu não sabia a qual livro Elena teria acesso, eu usaria esse livro como apoio para comparar suas interpretações. Presumi que ela faria a maior parte do trabalho por meio de sua meditação e eu atuaria apenas como um guia para descobrir se suas interpretações estavam corretas. Essas foram as instruções que nos foram dadas. Eu previa que teria muito trabalho no futuro, pois achava que teria de encontrar o maior número possível de livros escritos sobre Nostradamus e as quadras e compará-los. Como parecia que cada autor, ao longo dos tempos, tinha suas próprias ideias, eu estava ciente da enormidade de tal projeto. Mas a pesquisa sempre foi uma parte importante do meu trabalho.

Em casa, mal tive tempo de folhear o livro. Mesmo à primeira vista, percebi que seria complicado. As quadras pareciam não fazer sentido algum. Fiquei feliz por ser Elena, e não eu, quem teria de decifrá-las. O trabalho de interpretar apenas algumas delas parecia ser uma tarefa extremamente ambiciosa. Eu respeitava totalmente a perseverança da Sra. Cheetham. Havia muitas quadras que não tinham interpretação por serem tão obscuras. Outras foram marcadas com um ponto de interrogação ou um "F" para indicar que poderiam se aplicar ao nosso futuro. Esse era certamente um trabalho para o qual ninguém gostaria de se voluntariar. Coloquei o livro na bolsa com meu gravador para referência futura e agradeci novamente por esse trabalho não ser de minha responsabilidade. Como eu estava errada! Acontecimentos inesperados já estavam em andamento e mudariam tudo o que estava relacionado a esse projeto complicado. Haveria reviravoltas que nem mesmo um escritor de ficção poderia ter imaginado.

Como Elena tinha recebido visitas de fora da cidade, não pudemos ter uma sessão desde que fomos informados por Nostradamus que deveríamos começar imediatamente a tradução de suas quadras. Se Elena estivesse realmente planejando se mudar em julho, ou seja, daqui a dois meses, teríamos de começar o mais rápido possível.

Como eu tinha de ir àquela cidade de qualquer maneira para a reunião do nosso grupo, passei na casa dela para marcar um encontro e tive um grande choque.

Ela abriu a porta e disse: "Receio ter más notícias para você. Tenho que ir para a Califórnia". Eu sabia que ela tinha ido lá para ver a filha apenas alguns meses antes. Ela disse que estava partindo no sábado, a apenas cinco dias de distância. Fiquei desapontada, mas já tínhamos tido que adiar sessões antes, portanto, mais uma vez, eu teria que suspender o projeto até seu retorno. Mas sua declaração seguinte foi ainda mais chocante. Perguntei quando ela voltaria e ela respondeu: "Não vou voltar!" Eu não conseguia pensar em nada para dizer, me senti atônita e sobrecarregada.

Parecia que sua filha estava se divorciando e ela queria que Elena voltasse e a ajudasse com as crianças. Sendo o tipo de mãe que ela é, é claro que ela disse que viria. A família de Elena sempre foi o foco principal de sua vida. Com dez filhos, alguém sempre estaria precisando dela, e Elena sempre estaria lá para eles. Em vez de voltar para casa, ela planejava ir para Seattle em um mês ou mais e viajar para o Alasca em julho. Seu marido e filhos se encarregariam de vender todos os seus pertences e a encontrariam lá. Eles achavam que isso seria mais fácil e menos dispendioso.

Elena confirmou o que eu suspeitava quando me disse que toda a ideia desse projeto a assustava. A urgência a perturbava, e ela estava muito hesitante em fazer isso. Ela havia pensado muito sobre o assunto e sentiu que era uma responsabilidade terrível, uma responsabilidade que ela não sabia se queria assumir. Ela não sabia nem mesmo se queria conhecer o futuro. Mas quanto mais ela pensava sobre isso, mais percebia que essa era uma atitude do tipo "avestruz com a cabeça na areia". Ela havia finalmente decidido que faria isso se ajudasse o mundo a lidar melhor com o futuro, quando as circunstâncias intervieram para mudar seus planos. Eu me perguntava se ela não estava secretamente aliviada por ter se livrado dessa responsabilidade. Ela poderia substituir os problemas de seus filhos, que eram difíceis, porém mais familiares e mais seguros para ela lidar.

Eu realmente senti que meu botão de pânico havia sido acionado. O livre arbítrio do sujeito é sempre primordial. Eu já havia tido pessoas que desistiram antes, o que significava que uma história interessante seria interrompida e colocada na prateleira, mas havia algo diferente nessa situação. Nunca houve o senso de urgência expresso nos outros casos. Fomos informados de que as quadras deveriam ser traduzidas e o conhecimento levado ao mundo, e agora ela estava me dizendo que estava indo embora. Como conseguiríamos as informações? Ela disse que talvez pudesse fazer parte da tradução por conta própria depois que estivesse no Alasca e me enviasse o que lhe ocorresse em meditação. Parecia um último esforço para me agradar. Eu achava que era um esforço sem convicção, pois não acreditava que as informações pudessem ser transmitidas com precisão de qualquer outra forma, exceto em transe profundo. Mesmo na meditação, a mente consciente estaria muito ativa para que as informações fossem claras.

A única solução que encontrei no momento foi trabalhar intensamente com ela nos poucos dias que lhe restavam, se ela quisesse. Eu tentaria colocar o máximo que pudesse nas sessões que conseguisse organizar e ficaria grata por qualquer informação que pudéssemos obter em condições tão apressadas e insatisfatórias. Ela concordou mais em um esforço para me apaziguar do que por interesse de sua parte. Seria difícil encontrar tempo. Como ela não voltaria, os próximos dias seriam cheios de detalhes para preparar uma venda de garagem e organizar a mudança. Talvez só houvesse oportunidade para duas sessões. Decidimos nos encontrar mais tarde naquela noite, após o término da reunião do grupo. Eu estava disposta a ficar o tempo que fosse necessário porque achava que isso era muito importante e, se conseguíssemos realizar algo antes de ela ir embora, valeria a pena. A única outra oportunidade seria daqui a dois dias, na quinta-feira. Eu teria que aceitar isso e ser grata por qualquer coisa que conseguíssemos. Talvez algo que valesse a pena aparecesse.

Durante o jantar com outros membros do grupo, eu estava realmente ficando chateada. Eu sabia que queria o melhor para Elena e, se ela quisesse ir embora, eu não protestaria, mas também estava preocupada com o que poderia acontecer com ela. O subconsciente dela estava tentando impressioná-la com a importância de fazer esse projeto. Se ela não fosse até o fim, poderia ficar doente. O subconsciente é muito poderoso. Achei possível que, ao rejeitar o que ele queria que ela fizesse, ela poderia ficar doente. Quem sabe? As instruções tinham sido muito enfáticas. Achei que a única solução era fazer uma sessão e tentar aliviar a pressão da situação, tanto para o bem dela quanto para o meu.

Val insistiu: "Você tem de evitar que ela vá. Isso é mais importante. Você precisa convencê-la a ficar por mais duas semanas. Com certeza ela pode esperar esse tempo".

Eu entendia seu senso de urgência e importância, especialmente porque eu também compartilhava desse sentimento de decepção. Mas eu sabia que nunca poderia assumir a responsabilidade de interferir na vida de Elena. Se ela achava que era mais importante estar com a filha, então seria extremamente egoísta da minha parte pedir que ela mudasse seus planos e ficasse. Elena estava exercendo seu livre arbítrio, e eu sabia que não havia absolutamente nada que eu pudesse fazer a respeito.

Por uma estranha coincidência não anunciada, a reunião do grupo naquela noite seria diferente. Alguém estava trazendo um videocassete e planejava exibir o documentário sobre Nostradamus chamado "O homem que viu o amanhã". Isso foi surpreendente por si só, pois a pessoa que trouxe o filme não era um membro regular e não sabia nada sobre meu trabalho com Elena. O principal motivo de Elena ter ido à reunião naquela noite foi se despedir de seus amigos. Ela nunca havia assistido a esse filme narrado por Orson Welles, embora eu já tivesse visto, e ela ficou bastante empolgada para vê-lo.

Val sussurrou para mim que talvez essa coincidência tivesse um propósito. Ela achava que talvez, depois que Elena visse o filme, ela perceberia a importância do projeto e mudaria de ideia, decidindo ficar mais algumas semanas para que pudéssemos trabalhar nisso. Eu duvidava disso, achava que ela já havia se decidido por vários motivos diferentes.

Uma coisa que notei no filme foi o pouco que foi mencionado sobre a vida particular de Nostradamus, concentrando-se principalmente em suas previsões para o mundo. Senti que já sabíamos mais sobre ele do que eles. Elena ficou impressionada com o filme, pois não havia lido nada sobre ele e achou que o filme o mostrou como um homem realmente notável.

Após a reunião, fomos novamente para a casa de Val, onde não seríamos incomodadas. Eu sabia que só chegaria em casa às duas da manhã, mas achei que valia a pena. Realizamos essa sessão em meio à desordem de caixas meio empacotadas porque Val também estava envolvida no processo de mudança. Foi muito representativo de meus sentimentos sobre a situação. Eu sentia que tudo estava se desintegrando, que tudo estava em um estado de agitação.

Elena pegou um livro emprestado de uma amiga. Ela escolheu duas quadras do livro e escreveu suas interpretações. Eram as únicas que ela tinha tido a chance de ler. Nostradamus havia dito que ela escolheria uma que tratasse de uma descoberta bíblica. Ela me entregou seu livro e as anotações que havia feito sobre as quadras. Mal tive tempo de dar uma olhada nelas.

Folheei apressadamente o livro que havia comprado e marquei algumas das que a autora achava que se referiam ao futuro. Talvez pudéssemos nos concentrar em algumas delas, já que eu não tinha tido a chance de estudá-las. Seria uma sessão aleatória e descuidada, sem a preparação cuidadosa que eu esperava.

Quando Elena estava em transe, repeti as instruções detalhadas que recebi para entrar em contato com Dionísio e Nostradamus no local de encontro especial, onde eles poderiam projetar suas mentes para o nosso tempo. Eu não tinha certeza se o procedimento funcionaria. Esperei pelo melhor quando começamos.

D: *1, 2, 3, vocês foram para o local de encontro especial com Nostradamus para que possamos nos comunicar. Vocês estão lá?*
E: Estamos aqui.

Dei um suspiro de alívio e percebi pela primeira vez como estava tensa. As instruções haviam sido bem-sucedidas e estávamos em contato novamente.

D: *Da última vez, você falou de uma quadra que Elena deveria encontrar e tentar interpretar por conta própria. Você disse que ela se referia a escrituras bíblicas que ainda não foram descobertas. Você se lembra de ter falado sobre isso?*
E: Está correto.
D: *Muito bem. Vou ler a quadra que ela encontrou e sua interpretação.*

CENTÚRIO VII-14. Essa quadra está redigida de forma diferente no livro de Erika Cheetham.

D: "Eles mostrarão a topografia de forma impecável. As urnas dos monumentos serão abertas. As seitas se multiplicarão e a filosofia sagrada substituirá o branco pelo preto e o verde pelo ouro".

Elena escreveu o seguinte: "Diz respeito à descoberta dos Manuscritos do Mar Morto. Essa quadra contém uma mensagem para diferentes anos. E também a descoberta da Arca (da aliança) em uma data posterior. Preto no branco é a fotografia dos pergaminhos e as novas páginas das antigas." O que você acha da interpretação dela?
E: A primeira parte está incorreta. Esses não são os Manuscritos do Mar Morto, mas um trabalho perdido que coincidirá com o material no qual você tem trabalhado e que está em processo de publicação.

Embora sua interpretação não tenha sido totalmente precisa, acho que é muito significativo que Elena tenha conseguido escolher uma quadra aleatoriamente entre mil que tratavam da Bíblia. Isso faz com que as chances sejam de mil para um. Ela deve ter sido guiada subconscientemente para isso. Por Andy? Por Dionísio? Por Nostradamus? Isso era muito surpreendente para ser coincidência.

D: *Muito bem. Você disse que me daria algumas informações sobre onde isso seria descoberto. Você disse algo sobre desenhar um mapa.*

Eu tinha o tablet e o marcador prontos caso precisássemos. Embora fosse uma artista, Elena disse que nunca havia tentado desenhar um mapa antes.

E: Um momento. (Pausa enquanto ela ouve.) Ele disse que voltaremos a esse assunto por causa da possibilidade dos mapas serem usados para ganho monetário. Não por você, mas por outros.

D: *(Fiquei desapontada.) Essa é sempre uma possibilidade. Pode haver caçadores de tesouros, é isso que você quer dizer?*

E: Está correto.

D: *Mas você poderia me dizer em que país ele será descoberto?*

E: (Pausa longa, depois lentamente) Será nas montanhas, onde a cidade está escondida. A cidade que foi descoberta... por alguém que era caucasiano, mas que se passava... por uma pessoa do deserto.

Ele respondeu com uma quadra. Isso foi dito muito lenta e deliberadamente, como se ela estivesse ouvindo e depois repetindo. Ele disse que era uma nova quadra, não uma de seu livro. Isso era tudo o que ele tinha a dizer sobre o assunto.

(Desde então, tem sido sugerido que talvez isso se refira a Lawrence da Arábia, o homem que ajudou os árabes a derrubar o jugo do Império Otomano durante a Primeira Guerra Mundial. Ele foi o primeiro ocidental a explorar essas terras e certamente era um caucasiano que se passava por uma pessoa do deserto).

ATUALIZAÇÃO: Em 1992, quando estávamos preparando a versão revisada e atualizada deste livro, apareceu um artigo de jornal que comprovava essa nova quadra. Citação: "A cidade perdida de Ubar, chamada de 'a Atlântida das Areias' por Lawrence da Arábia, foi encontrada no remoto Omã usando fotos tiradas do ônibus espacial Challenger, disseram os exploradores. ... As ruínas da cidade oásis foram descobertas, em sua maior parte enterradas sob a areia, em uma área de poço chamado Shisr, no árido "Bairro Vazio" do sul de Omã. Os pesquisadores encontraram a cidade rastreando antigas estradas do deserto detectadas em imagens tiradas de várias naves espaciais, incluindo radar e câmeras ópticas transportadas pela Challenger em outubro de 1984. ... Escavações recentes indicam que a cidade foi habitada de 2800 a.C. até aproximadamente 100 d.C. Se a datação dos artefatos estiver correta, o desenvolvimento urbano na região começou cerca de 1.000 anos antes do que se pensava. ... O falecido T.E. Lawrence, o soldado britânico da Primeira Guerra Mundial conhecido como Lawrence da Arábia, chamou Ubar de "a Atlântida das Areias", em homenagem ao lendário continente afundado. De acordo com a lenda, Ubar, conhecida como Iram, a "cidade das torres" no sagrado Alcorão do Islã, foi destruída durante um desastre por volta do ano 100 d.C. e foi enterrada pela areia. As evidências indicam que a cidade caiu em um sumidouro criado quando uma caverna subterrânea de calcário entrou em colapso." Fim da citação.

E: Ele lhe deu todas as informações que você precisa saber sobre isso. O restante das informações virá de outra fonte.

D: *(Isso foi uma surpresa.) Outra fonte? Eu estava me perguntando sobre isso. Vou perguntar mais sobre isso depois.*

Talvez isso tenha sido um vislumbre de esperança de que o projeto poderia continuar depois que Elena partisse.

D: *Há uma quadra aqui que Elena, o veículo, examinou e que ela acha que foi interpretada incorretamente. (CENTÚRIO II-48) "O grande exército que passará pelas montanhas quando Saturno estiver em Sagitário e Marte entrar em Peixes. Veneno escondido sob as cabeças de salmão, seu chefe de guerra pendurado em um cordão." A interpretação em nosso livro diz que essa conjunção dos planetas ocorreu em 1751 e a próxima não ocorrerá até 2193.*

E: Isso está incorreto. Ela ocorre no décimo segundo mês de 1986.

D: *O que está para acontecer? A interpretação deles não é muito clara. Eles disseram que não faz nenhum sentido. E eu sei que Nostradamus não escreveria algo que não fizesse sentido.*

E: (Faz uma pausa como se estivesse ouvindo.) Há várias coisas que estão sendo ditas. Confuso. (pausa) Haverá um contato das estrelas. ... Haverá uma exibição de luzes. Haverá uma ocorrência no céu naquele momento.

D: *É por isso que ele se refere a essas estrelas?*

E: Está correto.

D: *Em vez de dizer uma conjunção, significa que ela ocorrerá naquela parte do céu?*

E: Não. Esse é um elemento de tempo. Ele indica a data. Os astrônomos fizeram (pausa como se estivesse procurando a palavra certa) um desalinhamento matemático dos planetas. Eles podem facilmente cometer um erro ao interpretar algo de séculos atrás. Como você pode ver, eles estão vinte, trinta anos atrasados em relação à hora exata.

D: *Eles estão?*

E: Quando estão usando os planetas como interpretação, eles podem estar errados... uma ou duas décadas.

D: *Isso seria importante na interpretação. Quer dizer que os planetas são diferentes agora do que eram na época em que ele estava olhando para eles?*

E: Sim. Mas matematicamente eles podem interpretar errado, por causa de .... (um grande suspiro)

D: *Erros de cálculo?*

E: Isso mesmo.

D: *"Veneno escondido sob as cabeças do salmão"?*

E: Isso tem uma associação diferente, por causa do que está acontecendo na atmosfera hoje.

D: *O texto diz que um grande exército passará pelas montanhas. É isso que você quer dizer com a exibição de luzes?*

E: Está correto. Do contato que está sendo feito com as estrelas, com o universo. Esse contato trará uma grande conscientização para as pessoas.

D: E você disse que isso ocorrerá no décimo segundo mês de 1986?
E: Vinte e dois de dezembro. 22 de dezembro de 1986. Por favor, leia novamente a tradução que lhe dei.

Isso me pegou desprevenida. Ele não tinha como saber que eu estava usando um gravador e que não havia anotado nada. Eu teria de confiar em minha memória.

D: Era que... haveria uma grande luz no céu. E haveria uma exibição de luzes.
E: Na verdade, será uma exibição feita por seres de outro planeta.
D: Uma coisa que você precisa entender. Não estou escrevendo isso. Tenho uma pequena caixa preta que capta as palavras e as repete para mim mais tarde. Portanto, quando você me pede para repetir o que me disse, é difícil para mim lembrar. Mas a caixa preta se lembra.
E: Tudo bem, eu entendo.

(Mais tarde, quando essa data já havia passado, percebemos que houve alguns avistamentos de OVNIs muito dramáticos e confiáveis durante esse período. Poderia ser a isso que ele estava se referindo?)

Agora decidi perguntar sobre algumas quadras que eu havia marcado às pressas.

D: (CENTÚRIO II-46) "Depois de grande miséria para a humanidade, uma ainda maior se aproxima quando o grande ciclo dos séculos for renovado. Choverá sangue, leite, fome, guerra e doenças. No céu será visto um fogo arrastando um rastro de faíscas." Pode me dizer o que isso significa?
E: A primeira parte se refere às nações negras sofrendo com a fome. A segunda parte refere-se ao cometa que está acontecendo nesse momento. A terceira parte refere-se ao armamento que causou uma doença no ar que será destrutiva para as plantações e para a respiração. Isso fará com que as pessoas tussam sangue.
D: O armamento está fazendo com que isso aconteça em nossa época, a época do cometa?
E: É isso mesmo. A explosão do armamento. Ele diz que isso aconteceu recentemente.

D: *Acho que sei a que evento ele se refere. Houve algo que aconteceu no último mês de abril que preocupou as pessoas.*

Eu estava pensando no acidente nuclear que acabara de ocorrer na usina de Chernobyl, na Rússia, em 26 de abril de 1986.

E: Ele diz que é a isso que está se referindo.

D: *É claro que nossos cientistas e especialistas continuam dizendo que isso não causará nenhum dano. Eles estão tentando fazer com que todos pensem que foi um incidente menor e que não causará danos a ninguém.*

E: Isso está incorreto. Ele diz que eles estão dizendo isso para não causar pânico.

Outro evento ocorreu em agosto de 1986 ao qual essa quadra também pode se referir. Um gás inexplicável que saiu de um lago vulcânico em Camarões, na África, matou cerca de 1.500 pessoas. Essas mortes ocorreram porque o ar estava envenenado e elas não conseguiam respirar. Foi relatado que algumas das vítimas tussiram sangue. As plantações que estavam no caminho do gás foram destruídas. Acho que esse pode ser o caso de uma quadra que se refere a mais de um evento, como Nostradamus disse que costuma acontecer, especialmente quando esses dois ocorreram tão próximos no tempo.

D: *Acontecerá alguma coisa como resultado desse acidente em nosso país, que é chamado de Novo Mundo?*

E: Mais para o norte e o noroeste. Norte, perto da Rússia. Oeste, no lado oeste de seu país. E em direção ao que é chamado de... Canadá. (Pronuncia-se mais como "Kenada". Pronunciado lentamente como se fosse uma palavra desconhecida).

D: *Você acha que esses problemas serão muito graves?*

E: Em diferentes graus de gravidade.

Em seguida, li algumas quadras que Dionísio disse que não se referiam ao futuro imediato e, portanto, Nostradamus não as considerava importantes para nós neste momento. Havia outras coisas com que se preocupar agora. Ele parecia estar ciente da escassez de tempo e não queria se preocupar com quadras sobre o passado.

D: *(CENTÚRIO I-16) "Uma foice unida a um lago em Sagitário em seu ascendente mais alto. Peste, fome, morte por mãos militares. O século se aproxima de sua renovação."*

Ele me pediu para repetir a quadra. Era quase como se ele não conseguisse realmente entender a tradução do livro. Eu havia descoberto que em todos os livros sobre essas quadras elas eram traduzidas de forma diferente, de acordo com o autor. Não é de se admirar que ele não as reconhecesse. Eu me perguntava qual era a semelhança real entre elas e suas intenções originais. Depois de eu repetir, ele continuou: "Isso também se refere ao que aconteceu nas últimas semanas. A foice é o país Rússia".
A foice é o símbolo atual da Rússia. É também um antigo símbolo ocultista da morte.

D: *O que significa "unida a um lago"?*
E: Ele disse que isso se refere à forma como o acidente ocorreu. Pelo cano de água. (Ela teve dificuldade para encontrar as palavras adequadas). A maneira de lidar com o poder que eles continham. E esse é um lugar administrado por militares. Ficou fora de controle. E porque o acidente causará essa destruição em seu país.

Essa tradução fazia muito sentido à luz do que acabara de acontecer na usina nuclear russa de Chernobyl. Naquela época, menos de um mês após o incidente, ninguém tinha ideia do que havia causado o acidente. Os russos não estavam divulgando nenhuma notícia. Mais tarde, sugeriu-se que poderia ter algo a ver com o sistema de resfriamento da usina.
Os tradutores gostavam de traduzir muitas das previsões de Nostradamus como significado de guerra. Estava ficando óbvio que não era necessariamente assim.

D: *As pessoas têm se perguntado o que Nostradamus quis dizer com a Cidade Nova?*
E: As pessoas acreditam que a nova cidade significa aquela a que vocês se referem como Nova York. Em algumas das quadras, isso está correto, mas não em todas.

D: Bem, vou ler uma que eles acham que tem a ver com a nova cidade. (CENTÚRIO I-87) "O fogo que sacode a terra, vindo do centro da Terra, causará tremores ao redor da Nova Cidade. Duas grandes rochas entrarão em guerra por um longo tempo. Então ...." Não consigo pronunciar isso direito. "Arethusa avermelhará um novo rio." Isso se refere a Nova York?

E: (Faz uma longa pausa como se estivesse ouvindo.) Entendo. Ele está dizendo que há três cidades envolvidas, um efeito triangular. E isso afetará a costa oeste. Que Nova York sofrerá um terremoto que será devastador por causa dos edifícios muito altos que existem lá. Mas esse não é o terremoto mencionado na quadra.

D: Você disse que há três cidades envolvidas na quadra e uma delas está na costa oeste? (Pensei que ele quisesse dizer que uma dessas cidades era Nova York).

E: Não, as três estão na costa oeste. Um triângulo. Vamos ver. Não estou entendendo... Isso afetará a cidade chamada... Los Angeles? (Pronunciado com sotaque francês em vez de espanhol.) San...Francisco? (Dito lentamente, como se fosse uma palavra estranha.) (Longa pausa) "Los" alguma coisa....

Desde então, as pessoas sugeriram que ele poderia estar tentando dizer Las Vegas, que poderia formar um triângulo entre São Francisco e Los Angeles. Ele disse que os terremotos afetariam as três cidades no mesmo período.

D: Isso significa que haverá muitos terremotos no próximo ano?
E: Já começou, diz ele.

Isso certamente é correto. Os terremotos parecem estar ocorrendo de forma desenfreada em todo o mundo.

D: Aqui está outra. (CENTÚRIO VIII 91) "Os Deuses farão parecer à humanidade que eles são os autores de uma grande guerra. Antes que o céu seja visto como livre de armas e foguetes, o maior dano será infligido à esquerda."
E: Isso se refere à mudança no planeta.
D: Ah? Vai haver uma mudança no planeta?

Já ouvi essa previsão de vários outros médiuns, mas queria ver se Nostradamus concordava com eles.

E: Oh, sim! (Pausa, depois ela falou lentamente como se estivesse ouvindo e repetindo.) A mudança ocorrerá no final do século, você sabe. E será tão abrupta que ocorrerá em um período de seis a dez horas. Os continentes como vocês os conhecem agora deixarão de existir ou mudarão drasticamente. (Um suspiro profundo.)

Já tinha ouvido essa terrível previsão antes, mas, de alguma forma, vinda de Nostradamus, ela soou ainda mais ameaçadora.

D: Há algo que possa ser feito para evitar isso?
E: A única coisa que pode ser feita é conscientizar a humanidade. E permitir que eles se preparem espiritualmente e intelectualmente para sobreviver às mudanças climáticas.

Isso já estava começando a me perturbar. Parecia tão definitivo.

D: Se isso acontecer de forma tão abrupta, haverá muitas pessoas mortas?
E: A civilização deixará de existir como vocês a conhecem agora.

É estranho como a voz dela era tão calma e serena ao pronunciar essas palavras de desgraça para toda a humanidade.

D: Em um período tão curto de tempo?
E: Será o início de uma nova era.
D: Há algo que possamos fazer para impedir isso? Existe algum conselho?
E: Ah, sim! Apenas pare as explosões que os militares consideram tão importantes.
D: São essas coisas que vão acelerar a mudança?
E: (Incerto) Por alguma razão, estou perdendo você. Estou flutuando em um ambiente ...muito cinza e... Não consigo ouvi-la tão claramente.

Isso é incomum, mas acontece. Pode ter sido causado porque Elena estava muito cansada, ou pode ter algo a ver com o local de encontro especial em que estávamos. As características daquela dimensão ou do que quer que fosse podem estar criando uma condição que eu desconheço. Eu não queria perder o contato com Nostradamus porque o tempo das sessões era muito curto.

Perguntei: "Há algo que eu possa fazer para melhorar a comunicação?"

E: (Sua voz soava muito sonolenta e grogue.) Fale com ela. Fale com ela!

Parecia que um ou o outro (Elena ou Dionísio) estava tentando dormir. Se isso acontecesse, eu perderia o contato e teria de levar Dionísio para outro momento de sua vida terrena, onde receberíamos apenas informações mundanas, ou teria de acordar Elena porque ela estava cansada demais para continuar. Eu esperava não ter de fazer nenhuma das duas coisas, pois só teria mais uma oportunidade de obter informações de Nostradamus. Ele estava fazendo um excelente trabalho com as quadras, então eu tinha de persistir. Dei instruções para que ela pudesse me ouvir clara e distintamente e pudesse seguir minha voz, independentemente de onde estivesse. Depois de alguns minutos, percebi que ela estava respondendo e voltou a me acompanhar. Sua voz se animou imediatamente. O que quer que tivesse causado a reação incomum havia passado, e eu podia continuar.

Isso foi interessante, mas consumiu muito tempo para tentar identificar as quadras exatas que tratavam desse tipo de catástrofe. Como tínhamos acabado de assistir ao filme sobre o que os tradutores achavam que Nostradamus havia previsto para o futuro do nosso mundo, achei que poderia fazer algumas perguntas diretas.

D: *Gostaria de ler mais alguns desses textos, mas deixe-me contar algumas das coisas que os especialistas nos disseram que as previsões dele dizem. Talvez assim seja mais fácil para você ajudar com as respostas. Eles estão dizendo que haverá terremotos, fome e carestia no mundo todo.*

E: Sim, isso está correto.

D: *Isso será causado por quê?*

E: A que período de tempo eles estão se referindo?

D: *Na sequência que eles disseram, haverá terremotos e erupções vulcânicas e depois fome, nessa ordem. Supõe-se que seja em nosso futuro.*

E: Os terremotos e as erupções vulcânicas se devem à atividade causada pela conjunção dos planetas, que também afeta o deslocamento deste planeta. A fome é causada pelas explosões de armamentos. Acidentes que afetarão as colheitas.

D: *Então os especialistas acham que entraremos em uma guerra no futuro depois que essas coisas acontecerem. Que haverá uma guerra envolvendo nosso armamento. Ele vê algo assim acontecendo?*

E: Os eventos vêm mudando ao longo dos séculos. E devido à nova consciência que a civilização ocidental adquiriu, e devido à taxa acelerada de deslocamento da crosta terrestre, e devido à conjunção dos planetas, a guerra pode ser evitada. Dependendo da velocidade com que os eventos naturais ocorrerem. Pois, como em qualquer civilização, quando ocorrem desastres naturais, isso é mais proeminente do que a tomada de terras.

D: *Sim, especialmente se todos estiverem morrendo de fome também, isso faz uma grande diferença. - Dizem que as quadras falam de um homem do Oriente Médio que será o terceiro anticristo e que nos levará à guerra. Você acha que isso não está correto agora?*

Todos os especialistas concordam que Nostradamus falou de três anticristos em suas quadras: Napoleão, Hitler e outro no futuro. A Bíblia também menciona uma besta que virá na época do Armagedom. Eles acham que é a mesma pessoa.

E: Essa possibilidade já está em vigor. Mas se ela chegará ao ponto de uma guerra mundial depende dos desastres naturais que estão ocorrendo. Esses desastres naturais não ocorrerão somente neste continente, mas em todo o mundo, o que afetaria seu país também.

D: *Entendo. Eles estão interpretando isso como uma guerra que nos traz desastres e destruição mundial. Você acha que isso se refere à mudança?*

E: Está correto. - Entenda! Com os terremotos e vulcões, haverá uma explosão acidental do armamento que está enterrado no solo. Isso causará um grande tumulto emocional em seu país e em outros países: Britânia e França. E os países da Europa vão querer o desarmamento. É importante que eles percebam que, se esse desarmamento das armas acontecer, ele também ocorrerá nos países muçulmanos.

D: *Você disse que a mudança da Terra ocorrerá até o final deste século ou é quando ela começará?*

E: Ocorrerá antes do final do século, ou seja, no ano 2000.

D: *Muitas das quadras dão datas em torno dessa época que os tradutores pensaram significar guerra. - Mas você disse que quando a mudança ocorrer, será muito rápida e que será o fim da civilização como a conhecemos.*

E: Isso está correto.

D: *Haverá sobreviventes para dar continuidade à raça humana?*

E: Oh, sim!

D: *Tudo isso parece tão definitivo. Eu esperava que você me desse algum raio de esperança.*

E: Não há morte, mas uma consciência diferente. Não pense que as pessoas não conhecerão a vida. Haverá aqueles que serão deixados aqui para dar um novo começo à Terra. Mas entenda, a Terra é apenas uma coisa material que tem uma vida limitada.

D: *Sim, mas suponho que, por ser nosso lar, não gostamos de vê-la completamente destruída.*

E: Correto.

D: *Se houvesse uma destruição em massa como essa, as pessoas estariam preocupadas em tentar reconstruir suas vidas em vez de lutar umas contra as outras, não é mesmo?*

E: Espero que sim.

D: *Mas você acha que não haverá mais cidades ou qualquer outra coisa?*

E: Não como as conhecemos agora.

D: *E quanto às massas de terra? Alguma delas será poupada?*

E: Toda a parte central do seu continente, como você o conhece, será. Os continentes de toda a Terra serão afetados. A massa de água, como a conhecemos agora, cobrirá uma porcentagem maior da

Terra. Os continentes que estão conectados serão divididos, divididos por água que antes não eram divididos por água.
D: *Isso significa que, na parte central de nosso país, a água não* ....
E: (interrompendo) Seria menos afetada.
D: *E quanto aos outros continentes? Haveria alguma área como essa que seria relativamente segura?*
E: De quais continentes você está falando?
D: *E quanto à Europa ou à Ásia?*
E: A Europa será afetada. (pausa) Ásia. (pausa) Não haverá nenhum país que não será afetado.
D: *Toda a Ásia será coberta pela água?*
E: Uma grande parte dela será.
D: *E a África?*
E: A África terá um canal que a atravessará, um novo estreito.
D: *Continuo tentando pensar que o centro dos Estados Unidos é uma área segura. Mas será que algum lugar será realmente seguro quando isso acontecer?*
E: Haverá lugares que serão afetados de uma forma muito menos traumática do que outros. Mas entenda que o que aconteceu com seu armamento terá um grande efeito sobre a quantidade ou a rapidez com que essa devastação ocorrerá.

Tive de deixar de lado as imagens horríveis que estavam inundando minha mente, cenas terríveis de desolação e desespero.

D: *Foi isso que você quis dizer antes, quando afirmou que nos daria essas interpretações e que as pessoas poderiam tomar suas decisões?*
E: É isso mesmo.
D: *O que você quer dizer com isso? Elas decidirão se ficam ou vão embora ou o quê?*
E: Com uma consciência mais elevada, todos podem mudar seu destino. Conscientizando as pessoas sobre os danos que podem ocorrer com seu atual sistema de armamento. Ensinando-as a sobreviver. Não dar importância ao ganho monetário. Preocupar-se com seus espíritos. (Pausa) Terei mais informações para você mais tarde.

D: *Então você acha que talvez seja possível mudar o futuro se soubermos essas coisas com antecedência?*
E: Isso é correto. O alinhamento dos planetas não... não se sabe exatamente o que vai acontecer. O que eu lhe disse é uma possibilidade que vejo de onde estou neste momento. O futuro foi mudado muitas vezes desde o nosso tempo no espaço.
D: *Isso tornaria algumas de suas quadras imprecisas?*
E: Isso teria mudado o significado de algumas delas, sim.
D: *Então, se essa é uma possibilidade, há outra possibilidade que poderia acontecer?*
E: Isso é correto. Como eu disse da última vez, devido às mudanças ocorridas no decorrer do tempo, havia vários significados nas quadras. Não pense que a civilização como a conhecemos - ou, para ser mais correto, como você a conhece - tem um futuro sem esperança. Ele diz que, com a capacidade de entender o que pode acontecer com um planeta e de ter uma nova consciência dentro de si mesmo, isso sempre pode mudar o rumo das coisas.
D: *Até mesmo uma suspeita de mudança no eixo?*
E: Sim. Como ele vê agora, a mudança ocorrerá e haverá grandes mudanças. Isso é a partir deste ponto no tempo, o seu tempo. Mas como as pessoas estão se tornando mais conscientes dos danos que podem ser causados pela destruição militar, voluntária ou involuntariamente, se isso puder ser evitado, a reação desencadeada sob a superfície da Terra será menos prejudicial.
D: *É por isso que ele acha que essas informações devem ser levadas às pessoas?*
E: Sem dúvida!
D: *Se ao menos pudermos fazê-las ouvir.*
E: Haverá aqueles que querem ouvir.
D: *Caso contrário, eles teriam de reconstruir uma civilização inteira, um mundo inteiro.*
E: (sombrio) Restaria muito pouca civilização.
D: *Isso significaria que somente aqueles que fossem robustos o suficiente para saber como sobreviver sobreviveriam.*
E: Isso está correto.
D: *Então, todas as conversas sobre guerra podem não estar corretas. Essa mudança é a principal coisa que é importante agora.*
E: É por isso que ele queria falar com você.

D: *E quanto a esses seres de outros planetas, eles ajudarão de alguma forma?*
E: Isso depende da conscientização das pessoas. Isso foi decidido para tentar levar este planeta a uma consciência mais elevada.
D: *Eles seriam capazes de ajudar a impedir que isso aconteça?*
E: (Ouvindo) Depende de como eles são recebidos. Eles podem ajudar uma civilização. As pessoas precisam decidir se vão permitir ou não.
D: *Disseram-me que eles não têm permissão para interferir. É isso que você quer dizer?*
E: (Ouvindo) Se fizermos com que o planeta - nós, ou seja, as pessoas agora em seu tempo - acelere para uma morte não natural, sim, eles se envolverão. Porque isso as afetaria também. Sempre que houver uma mudança em um planeta, as forças de energia afetarão o sistema solar. Portanto, o sistema solar no qual estamos inseridos seria afetado. O que causaria um - ele diz para usar a palavra "efeito dominó".
D: *Sim, entendo esse termo. Então você quer dizer que isso seria sentido em todo o universo?*
E: Isso é correto.
D: *Mas esses seres, ou como você quiser chamá-los, têm o poder de impedir algo assim?*
E: Eles têm o poder de elevar seu nível de consciência e percepção para entender como você poderia lidar melhor com isso. - Desculpe-me por não estar conseguindo me expressar bem. - A ocorrência natural da mudança, o grau em que ela ocorrerá, dependerá da consciência que as pessoas tiverem, mental e espiritualmente. (Abruptamente) Estou indo embora, mas queria que vocês entendessem o que precisa ser dito. Ainda há quadras que precisam ser traduzidas na próxima reunião. Elas se referem a áreas da Terra com as quais devemos nos preocupar neste ano.
D: *Tenho mais uma coisa para lhe perguntar e depois vou deixá-lo ir. O veículo com o qual estamos trabalhando vai se afastar da área e não terei mais contato físico com ele. Existe a possibilidade de nos comunicarmos por meio de outra fonte?*
E: Você tem várias pessoas que são receptivas, mas o grau de receptividade é desconhecido até que tentemos. Há um chamado Brian que é um estudante.

D: Acho que ainda não trabalhei com ele. Trabalhei com o Phil.
E: Não, esse é o Brian.
D: Estou trabalhando com a Brenda, que é uma estudante, uma estudante de música. Tive boa sorte com ela.
E: É essa mesmo.

Fiquei imaginando se ele poderia estar se referindo a Brenda. A semelhança dos nomes era exatamente o tipo de quebra-cabeça pelo qual Nostradamus era famoso. Ele também pode ter usado o nome mais próximo que conseguiu encontrar em seu período de tempo. Era algo para ter em mente mais tarde, quando eu tentasse encontrar outra maneira de entrar em contato com ele.

E: Mas não vemos razão para que Elena não possa continuar o trabalho, mesmo que haja uma distância entre vocês.
D: Ela pensou em tentar fazer isso sozinha e escrever suas interpretações. Então, talvez eu possa perguntar a um dos meus outros veículos em transe se a tradução está correta.
E: Tente enfatizar a importância disso para Elena, para que esse trabalho seja concluído em um prazo mínimo de três meses. Isso permitiria que você o tivesse pronto no outono. E ele seria publicado antes do ano novo.

Esse era um cronograma bastante rápido. Eu não tinha o material e meu sujeito estava indo embora. Eu podia entender a importância pelo pouco que ele já havia me dito, mas ele havia me dado uma tarefa impossível. Também era óbvio que ele não estava familiarizado com o funcionamento do negócio editorial do século XX. Tentei ser realista.

D: Isso seria muito rápido. Não sei se isso pode acontecer ....
E: (Ele interrompeu enfaticamente e Elena sacudiu o dedo para mim.) Isso será feito! Isso será realizado.
D: As pessoas da área editorial dizem que leva mais tempo do que isso, pelo menos de um ano a um ano e meio para publicar um livro. Você deve entender que há algumas coisas que estão fora do meu controle.
E: (Enfaticamente) Isso não estará fora de nosso controle!

A energia por trás dessa declaração foi tão forte que a onda quase tirou o som da gravação. Sua voz caiu tão baixo que mal pude ouvi-la na transcrição.

Encolhi os ombros. Percebi que não adiantava tentar argumentar com Nostradamus, embora eu não acreditasse que ele estivesse ciente das complexidades do setor editorial em nossa época. Talvez fosse mais fácil em sua época.

"Tudo bem", eu disse. "Posso lhes falar da importância e depois ver o que acontece."

E: Entenda que também estaremos contando com outras fontes.
D: *Tento fazer minha parte, mas sempre há outras pessoas envolvidas que precisam ser consideradas.*
E: Isso vai se misturar.
D: *Estou muito preocupado que, sem a Elena, perderemos o contato.*
E: Tentaremos entrar em contato por meio de qualquer veículo com o qual você trabalhe.

Em seguida, ele me deu instruções detalhadas sobre como orientar outra pessoa a se encontrar com eles no local do encontro.

D: *Teremos tempo para trabalhar com Elena apenas mais uma vez antes dela partir.*
E: Eu lhe darei mais instruções nesse momento.
D: *Espero sinceramente que o contato não seja interrompido. Veremos o que acontece depois que Elena for embora. Isso é realmente tudo o que podemos fazer. As coisas estão fora de nosso controle.*
E: (Enfaticamente) Vai dar certo!
D: *Com sua ajuda, talvez funcione. Preciso de toda a ajuda que puder obter.*
E: Nós entendemos.

Com um sentimento de tristeza, trouxe Elena de volta à plena consciência. Mesmo com suas exclamações positivas, senti que perderíamos o contato depois que Elena partisse. Eu não via nenhuma maneira de manter o contato. Como isso poderia acontecer? Parecia ser uma situação impossível. Bem, pelo menos teríamos mais uma sessão para tentar encaixar o trabalho de pelo menos um ano. Incomodava-me o fato de termos deixado passar tanto tempo valioso. Com todo o direito, poderíamos ter trabalhado nesse projeto fascinante meses atrás. Mas, na verdade, não era culpa de ninguém. Circunstâncias em nossas vidas particulares continuaram a interferir e não tínhamos como saber que esses acontecimentos incomuns ocorreriam. Além disso, no início, Andy não permitia que trabalhássemos nisso, e provavelmente com razão. Esse poderia ser um dos problemas agora: era muito grande, demais para Elena querer assumir. Ela não tinha a formação metafísica que lhe permitisse aceitar uma responsabilidade tão gigantesca. Eu podia simpatizar com isso; acho que muitos outros novatos teriam reagido da mesma forma. Qualquer pessoa lógica fugiria de uma tarefa como essa. Por todos os motivos, eu também deveria ter fugido. Mas acho que sou mais curiosa do que lógica.

Ela me contou o que lembrava sobre a sessão. "De repente, parecia que eu estava em um banco cinza e foi muito estranho. Parecia que eu estava ouvindo sua voz vindo de um túnel. Parecia que você estava sumindo e achei que estava perdendo você." Essa era a única coisa de que ela se lembrava. Expliquei a ela o que havia acontecido e que eu havia corrigido o problema.

Deixei Elena na casa de Val e só cheguei em casa às duas horas. Acho que não revelei a elas, nem por ação nem por palavra, o quanto a sessão havia me afetado profundamente. Ah, eu já havia ouvido previsões semelhantes sobre mudanças na Terra de outros médiuns, mas, por alguma razão, ao ouvi-las de Nostradamus, elas pareciam tão definidas, tão definitivas.

Dirigi para casa em uma névoa pesada de depressão. Não me lembro de ter me sentido tão derrotada. As palavras "O fim da civilização como você a conhece" não paravam de se repetir em minha cabeça. Será que isso significava que todas as nossas esperanças e sonhos para aquele futuro sempre ilusório seriam em vão porque não haveria futuro? Então, qual seria a utilidade de viver? Qual seria a utilidade de tentar? Por que me preocupar em escrever meus livros? Que diferença isso poderia fazer? Qual era a utilidade de qualquer coisa? De qualquer forma, nada tinha um propósito; não estaríamos por perto para aproveitá-lo.

Talvez Elena estivesse certa. Talvez não devêssemos tentar descobrir o que o futuro nos reserva. Será que podemos realmente lidar com o conhecimento de previsões tão horríveis, especialmente quando elas são de tal magnitude e não podemos fazer nada a respeito? Será que é melhor ser um avestruz? Essa sensação de finalidade me atingiu com muita força. Não havia como impedir algo dessa magnitude. Se Nostradamus e os outros videntes estivessem certos, o mundo mudaria. As terríveis mudanças na Terra ocorreriam e os remanescentes da humanidade sairiam dos escombros para tentar começar a construir um mundo novamente. Por quê? Por que tentar realizar alguma coisa na vida se ela poderia ser levada embora tão fácil e repentinamente? Mas então qual era a alternativa? Eu não tinha nenhuma resposta, e duas horas da manhã não é um momento adequado para filosofar. Eu só sabia que a ideia de meu amado mundo e modo de vida serem levados embora me deprimia totalmente.

Talvez eu não devesse continuar as sessões. O que Nostradamus já havia me dito era tão horrível. Será que eu realmente queria saber mais?

NA MANHÃ SEGUINTE, QUANDO DESPERTEI, vi o sol brilhando na janela e a luz atravessando o chão em um esplendor dourado. Isso foi tudo, vi que o sol havia simplesmente nascido, como sempre fez em todas as manhãs de minha vida. Os pensamentos mórbidos foram deixados no armário escuro da noite. Pensei: "Sim, o sol continuará a nascer. O dia seguirá o dia e a vida seguirá em frente, independentemente das previsões terríveis.

Com o despertar dessa revelação, percebi que realmente não havia alternativa. Não se pode parar de viver, extinguir seus sonhos e aspirações por causa de algo traumático que pode acontecer um dia. Não, a vida precisa ser vivida. Esconder-se e desistir de seus sonhos é trair a vida, trair tudo o que ela representa.

Já foi perguntado: "Se você soubesse que morreria amanhã, viveria sua vida de forma diferente hoje?" Eu duvido. Somos criaturas de hábitos. Eu sabia que agora estava mais consciente das possíveis consequências e tentaria realizar algo mais significativo com o tempo que me restava. Além disso, ninguém sabe realmente quanto tempo ainda tem. Eu poderia pular de um meio-fio amanhã, ser atropelado por um carro e o mundo como eu o conhecia deixaria de existir para mim naquele momento. O mundo só é real para nós enquanto estamos nele. Pensei nas pessoas da Itália antiga. Naquele dia, quando o Monte Vesúvio entrou em erupção e inundou Pompéia com lava, a civilização deixou de existir e foi completamente exterminada para todas as pessoas. O povo de Hiroshima também não teve nenhum aviso. Em um breve momento, em um clarão brilhante, seu mundo desapareceu e sua civilização deixou de existir para eles.

Embora a ideia de nosso mundo chegar a um fim tão trágico fosse terrivelmente deprimente para mim, comecei a entender. Viva a vida enquanto você pode. Ame e aproveite a maravilha que está ao seu redor. Aprenda a ver com os olhos de uma criança e realmente se esforce para entender seu semelhante, porque nossa vida aqui na Terra é realmente uma coisa delicada e frágil. Nostradamus me deixou muito mais consciente, mas, secretamente, eu ainda esperava, no fundo do meu coração, que ele estivesse errado. A única maneira de saber é esperar até chegarmos a esse momento. Qual é a alternativa? Encontrar um buraco e se esconder nele? De qualquer forma, você morre. É muito melhor passar meus dias tentando contar às pessoas as maravilhas que encontrei em meu trabalho e passar adiante os segredos que descobri.

Se eu pudesse apenas manter minhas crenças, o futuro desconhecido perderia seu poder de me assustar.

Agora eu sabia que não tinha alternativa. Preciso dar continuidade a esse projeto. O meu lado curioso era mais forte do que qualquer apreensão que eu pudesse sentir.

CAPÍTULO 6

ELENA PARTE

ERA QUINTA-FEIRA, o dia de nossa última sessão possível. Fazia apenas dois dias que Elena havia jogado a bomba em meu colo, e eu me vi forçada a tentar reunir o máximo de informações possível em poucos dias. A sessão que tivemos na terça-feira à noite mostrou que Nostradamus estava disposto a trabalhar conosco e que era possível obter novas e surpreendentes percepções sobre suas quadras. Foi frustrante e decepcionante ver uma oportunidade tão única ser subitamente interrompida. Eu não tinha informações suficientes para um livro, e aguçar a curiosidade dos leitores com apenas algumas traduções das quadras não parecia justo. Elena havia dito que, como seus pais ainda moram nesta cidade, ela provavelmente voltaria no próximo verão, nas férias. Talvez pudéssemos trabalhar em uma sessão durante esse período. Se essa história tivesse que esperar até lá, se eu tivesse que ficar esperando por um ano ou mais, então que assim fosse. É claro que isso estava em contradição direta com as instruções de Nostradamus. Ele parecia ser enfático quanto a levar as informações às pessoas de nossa época o mais rápido possível, mas, naquele momento, eu não tinha outra solução. Elena estava indo embora e, como o Alasca não fica exatamente ao lado, não havia esperança de trabalhar com ela. Talvez ela conseguisse obter alguns resultados tentando traduzir as quadras por conta própria, mas eu achava isso muito imprevisível. Eu não achava que poderia confiar na validade desse método. Os resultados obtidos em transe durante a comunicação com Dionísio e Nostradamus foram incrivelmente claros e concisos. Eu sabia que esses resultados não poderiam ser duplicados por nenhum outro método, exceto pelo meu trabalho direto com ela. Eu não conhecia nenhuma pessoa chamada "Brian", mas me manteria alerta para a possibilidade de tal pessoa entrar em minha vida como um sujeito em potencial. Eu estava trabalhando com várias pessoas e tinha uma em mente que eu achava que seria uma boa cobaia para o experimento, o estudante de música que eu havia mencionado a Nostradamus. Mas como eu nunca tinha ouvido falar de algo assim sendo tentado antes, achei que estava pedindo o impossível. Tivemos tanta sorte com Elena porque descobrimos uma vida passada em que ela foi aluna daquele grande homem. Como as chances estavam contra de eu encontrar outro aluno dele, eu não tinha nenhuma ideia ou plano de como tentar contatá-lo por meio de outra pessoa. Impossível era a única palavra para isso, estava totalmente dentro do reino da impossibilidade.

A essa altura, não adiantava ficar pensando nisso. Ao chegar à cidade turística, eu sabia que deveria concentrar todas as minhas energias na tentativa de obter o máximo de informações possível durante essa última sessão. Na noite anterior, fiquei acordada até a uma hora da manhã analisando as quadras. Essa foi a primeira vez que as estudei de fato. Ao lê-las, às vezes recebia um lampejo intuitivo sobre um possível significado, mas a maioria delas parecia incompreensível e até sem sentido. Nostradamus certamente havia feito bem o seu trabalho. Pude entender por que os pesquisadores passaram anos de suas vidas tentando desvendá-las. Também pude entender por que muitas das quadras não tinham explicação. Elas eram complexas ou obscuras demais. Eu achava que os tradutores estavam tentando ser muito literais. Para mim, era óbvio que Nostradamus estava usando um simbolismo muito envolvente em muitos casos.

Eu havia feito anotações sobre várias que desejava tentar decifrar e observações sobre outras que me pareciam curiosas. Eu sabia que não haveria tempo para fazer nem mesmo uma parte delas, então me concentraria em apenas algumas. Anotei as perguntas que gostaria de fazer sobre a escrita das quadras. Também seria importante tentar obter o restante da história da vida de Dionísio e perguntar mais sobre a vida de Nostradamus. Eu teria que distribuir meu tempo com cuidado se quisesse fazer até mesmo uma parte do que havia planejado. Esse era um caso em que eu realmente teria de definir minhas prioridades. Mas como eu poderia determinar qual era a área mais importante para me concentrar? Trabalhar sob tanta pressão está longe de ser a condição ideal para a hipnose, e detesto competir com um relógio que está correndo.

Esse era o último dia possível para realizar uma sessão porque Elena estava fazendo uma venda de garagem no dia seguinte (sexta-feira) e voaria para a Califórnia no sábado de manhã. Havia uma infinidade de detalhes de última hora para ocupá-la. Cheguei cedo para a sessão para poder sair do caminho dela, mas isso não fez diferença. Ela tinha muitas coisas que precisavam ser feitas antes de começarmos a trabalhar. Eu a acompanhei quando ela foi cortar o cabelo e esperei enquanto ela entregava um retrato que havia sido encomendado. Ela precisaria do dinheiro para a viagem. Depois, teria que voltar para casa e cuidar de algumas coisas para sua filha. Elena deve ter sentido que estava sendo puxada em várias direções enquanto tentava se dividir entre as exigências dos filhos. Eu a acompanhei enquanto ela fazia mais algumas tarefas, esperei e observei os preciosos minutos passarem. Eu sabia que tínhamos que começar logo, pois Elena tinha planos para a noite.

Finalmente chegamos à casa de Val, onde não seríamos incomodadas. Val também estava se mudando, e havia coisas empilhadas por toda parte. Enquanto eu colocava meu gravador em uma mala ao lado da cama, Elena anunciou que teríamos exatamente uma hora e meia para fazer a sessão, depois ela teria de ir à casa dos pais para um jantar de despedida. Isso é que é trabalhar sob pressão. Seria realmente um exagero conseguir fazer qualquer coisa nesse período de tempo, mas era melhor do que nada.

Entrei em muitos detalhes sobre os eventos daquele último dia para mostrar que essa sessão não era tão importante para Elena. Era quase um incômodo incidental. Ela estava mais preocupada com sua viagem iminente e com todos os detalhes de última hora que precisavam ser resolvidos. Ela estava apenas reservando tempo para a sessão em sua agenda lotada porque sabia que era importante para mim e não queria ferir meus sentimentos. Para mim, estava tudo bem, pois nunca tento interferir na vida particular de meus clientes. Eu me sentia como uma intrusa e queria terminar e sair do caminho dela.

Depois que Elena se acomodou na cama, eu lhe dei a palavra-chave e observei enquanto ela entrava em um transe profundo e familiar. Em seguida, levei-a de volta à vida de Dionísio e usei as instruções detalhadas que me foram dadas como método para contatar Nostradamus no local de encontro especial. Eu nem tinha certeza se funcionaria novamente. No final da contagem, Dionísio anunciou que eles estavam lá e, novamente, senti uma grande onda de alívio pelo fato de o procedimento ter sido bem-sucedido.

D: *Desde a última vez que conversamos, tenho lido vários livros. Em nossa época, temos muitas traduções das quadras de Nostradamus e todas elas parecem ter formulações diferentes. Isso parece estar criando um problema em nossa compreensão delas.*
E: Isso se deve à ignorância das eras, e é por isso que vocês chegaram a uma era mais esclarecida. Ainda há aqueles que não alcançaram uma mente iluminada.
D: *As pessoas se perguntaram por que Nostradamus estava sendo tão obscuro em suas quadras.*
E: Isso é feito deliberadamente. Essas coisas teriam sido assustadoras para as pessoas dos séculos anteriores.
D: *Você me disse antes que algumas das quadras tinham mais de um significado?*
E: Está correto.
D: *Todas as quadras têm mais de um significado?*
E: Apenas algumas. Nem todas.

No pouco tempo que tive para estudar as quadras na noite anterior, percebi que elas eram extremamente complicadas. Mas uma ideia me ocorreu. Em algumas delas, cada linha parecia se referir a uma coisa diferente. Até mesmo os tradutores comentaram isso algumas vezes. Eles disseram que uma parte se encaixava em sua interpretação, enquanto a outra não. Fiquei pensando se seria possível que uma ou duas linhas se referissem a um evento e as outras linhas a outro evento. Isso poderia explicar parte da confusão.

E: Cada quadra contém uma única profecia, mas está redigida de forma que o significado seja aplicável à diferença de tempo em que o evento ocorreu.
D: *Ele não disse que algumas delas não ocorreram devido à capacidade do homem de mudar o futuro?*
E: Está correto.
D: *Algumas pessoas dizem que se o futuro não pode ser alterado, então não existe livre-arbítrio.*
E: Existe o livre-arbítrio.

D: *Então ele não estava incorreto ou errado. Ele apenas relatou o que viu?*
E: Foi o que ele viu com a sequência temporal que estava acontecendo. - Isso é difícil. - Posso explicar da seguinte forma: quando você vê algo à distância, pode perceber que, ao se aproximar, os detalhes ficam mais nítidos ou não são exatamente como pareciam à distância. Isso significa que a vontade ou as crenças do homem têm a capacidade de mudar um evento à medida que ele se aproxima do momento. Portanto, à distância que meu professor viu, foi antes que a consciência do homem mudasse o evento ou o distorcesse em uma direção diferente.
D: *Então, esses são os eventos que ele viu, mas o homem pode mudá-los à medida que se aproxima o tempo.*
E: Isso é correto.
D: *É bom saber que as pessoas têm a capacidade de mudar as coisas se tiverem conhecimento delas. Muitas pessoas acham que tudo é muito simples, se é que me entende, que não podem fazer nada a respeito.*
E: É por isso que ele quer que você saiba sobre elas, para que possam ser mudadas.

Nos livros de Nostradamus, as quadras são organizadas no que chamamos de "centúrios". Uma quadra é um poema de quatro linhas (ou, nesse caso, um quebra-cabeça de quatro linhas) e supõe-se que um centúrio seja composto de cem delas. Existem dez centúrios, embora no livro da Sra. Cheetham um deles (VII) contém apenas 42 quadras. Isso significa que há quase 1.000 quadras, 942 para ser exata. Fiquei me perguntando se essa era a disposição que ele pretendia dar a elas e se estavam nessa ordem com algum objetivo específico.

E: Não, esse é um dos quebra-cabeças enganosos que ele colocou. Ele os chamou de centúrios, mas sem querer dizer que há cem anos de tempo. Ele quis dizer isso para confundir.
D: *Você pode explicar o que ele realmente quis dizer?*
E: (Pausa, ouvindo) Ele quis dizer isso para que as pessoas, aqueles que estavam traduzindo com fins lucrativos, confundissem a questão, confundissem o período de tempo. Assim, eles não iriam, mesmo que o fizessem, definir cada evento em um determinado

século. É isso que ele quis dizer sobre o fato de uma quadra se aplicar a mais de um período de tempo.
D: *Atualmente, os especialistas dizem que um centúrio é uma centena dessas previsões e as colocaram nessa ordem. Um centúrio é uma centena de quadras, o segundo centúrio é mais uma centena.*
E: Ele não se importa com o que esses especialistas dizem.
D: *Uma delas não contém cem. Fiquei imaginando se ele havia feito isso de propósito. Pensei que talvez estivessem faltando algumas quadras que ele não tivesse terminado ou que não tivessem sido incluídas.*
E: Não. Tudo o que ele queria que fosse conhecido chegou até você.

Senti que precisava esclarecer essas coisas. Talvez as pessoas tenham tentado colocar as profecias dele em uma ordem muito grande, o que tira o foco do que ele estava tentando dizer. Ele disse anteriormente que houve erros cometidos devido à nossa incompreensão de seus cálculos de diferentes posições planetárias. Eu estava pensando que talvez nos 400 anos seguintes a Terra tenha se deslocado ou mudado de posição o suficiente para fazer com que o céu apareça de forma diferente agora, especialmente no que diz respeito aos cálculos numéricos.

E: Os cálculos que ele forneceu estão corretos. A maneira como eles foram interpretados está incorreta. Ao se referirem a um momento astrológico no tempo dado em outro século, o astrólogo dessa época teria de deduzir matematicamente em que momento do tempo isso significava. Ele diz que a parte matemática foi o erro cometido. Agora, em alguns casos, o que aconteceu foi que o livre-arbítrio do homem acelerou ou eliminou a profecia.
D: *Suponho que as posições das estrelas teriam mudado ao longo de tantas centenas de anos.*
E: Mudaram. O céu que ele viu, ele viu em sua profecia. Ele não olhou para o céu de sua época.
D: *Você quer dizer que, quando ele viu o evento, também viu a forma como as estrelas estavam naquela época?*
E: Antes de ver o evento, ele via os céus. E então ele se concentrava na Terra. Então, como se estivesse olhando através de um vidro que amplia, o evento seria centralizado na Terra.

D: *Entendo. Então o erro está nos cálculos que o homem está fazendo hoje.*
E: Isso é correto.
D: *Essas são coisas que não acho que nossos especialistas tenham levado em consideração. Da última vez, o senhor falou de nosso armamento, ou que essa força de poder por trás de nosso armamento causaria problemas em nossa época. O senhor disse que haveria algo no ar que causaria problemas? Que tipo de mudanças essa substância causará?*
E: (Pausa, ouvindo.) Ela mudará a estrutura das nuvens, a estrutura da vida vegetal, a estrutura dos animais. Quando digo "estrutura", estou me referindo a alguma deformidade física, mas... (teve dificuldade para encontrar as palavras certas para descrever) ... de dentro do sangue, dos órgãos internos.
D: *Acho que entendo o que você está dizendo.*

Obviamente, ele estava se referindo aos efeitos da radiação sobre o sangue e os genes. Ele estava usando as únicas palavras que conseguiu encontrar para descrever um conceito tão estranho.

(Na época do acidente de Chernobyl, pensava-se que a radiação não havia causado muitos danos e os cientistas não estavam muito preocupados. Eles supunham que ela seria levada pelas chuvas. Porém, vários meses depois, descobriu-se que, em vez disso, a radiação havia se infiltrado no solo e contaminado a vida vegetal, especialmente na Lapônia. Depois que os animais daquela área consumiram as plantas, eles também foram contaminados. Em poucos meses, os cientistas anunciaram que a rena era agora o animal mais radioativo da face da Terra. Isso foi desastroso para as pessoas que vivem de seguir os rebanhos de renas. Essa pode ser apenas a ponta do iceberg que está surgindo. Poderá haver descobertas ainda mais surpreendentes no futuro para mostrar que esses acidentes nucleares não devem ser deixados de lado e encarados com tanta leviandade).

D: *Nossos cientistas continuam dizendo que não fizemos nada para prejudicar a Terra. Eles dizem que essa substância não é mais forte ou pior do que a luz que vem do sol.*
E: (Sua voz estava cheia de incredulidade.) Como eles podem dizer isso? É uma estrutura e um elemento completamente diferentes.

D: *Eles dizem que, como a luz do sol não nos faz mal, essa substância não nos fará mal, exceto em grandes doses.*

E: (de forma sombria e enfática) Eles estão errados!

D: *Então ele acredita que mesmo pequenas doses dessa substância podem prejudicar os seres humanos?*

E: Quanto menor for a dose, maior será o período de tempo até que a diferença seja observada. Mas ele já viu a diferença nos peixes do mar. Ele diz, como eles podem ver essa prova física e afirmar que é diferente?

D: *Você acha que é algo que leva muito tempo para aparecer e talvez seja por isso que eles não entendem?*

E: Mas o que vai acontecer é que o perigo para a estrutura, que virá do armamento que afeta o ar, será muito forte. E mudanças imediatas serão observadas dentro de semanas, a menos que eles tomem conhecimento disso.

D: *Mas, veja bem, eles também acham que esse poder é bom e que podem usá-lo para outras coisas além de armamentos. É por isso que eles não querem abrir mão dele.*

E: Mas eles não o usaram para o bem quando esse poder foi criado. Eles o usaram para o negativo, para a destruição da vida. Portanto, a energia que saiu dele é uma energia negativa. Se tivesse sido usada como seu inventor pretendia, a energia não teria negatividade alguma. E embora eles tenham a capacidade de contê-la, quando você a usa como uma arma, como algo destrutivo, você está causando um efeito negativo.... (Ele teve dificuldade para definir.) Ele diz que há uma palavra chamada "carma" ou "aura" por trás da coisa, que é o que torna algo bom ou ruim. Portanto, isso foi criado como uma coisa ruim.

D: *Entendo. Então, devido à maneira como começamos com isso, você acha que a humanidade conseguirá reverter essa situação e usá-la para o bem?*

E: Em uma fonte completamente diferente. Os materiais que você usa para criar isso agora não estarão disponíveis no futuro. Portanto, isso não poderá ser usado novamente.

D: *Então eles terão de encontrar outra fonte de energia?*

E: Evidentemente, há pessoas que já fizeram isso.

Nostradamus estava se referindo à energia solar?

D: *Acredito que a sugestão que ele deu da última vez foi que deveríamos parar de emitir isso no ar?*
E: Sim, isso é muito importante. Eles estão acelerando as mudanças no planeta e na atmosfera que afetarão totalmente o universo.
D: *Então isso não afeta apenas o nosso pequeno planeta?*
E: Isso é correto.
D: *Mas muitas pessoas não querem parar. Elas continuam fazendo testes e, cada vez que fazem isso, liberam mais no ar. E também temos tido esses acidentes ultimamente, como você falou da última vez.*
E: E haverá mais.
D: *Ele sabe onde, em que país esses acidentes ocorrerão?*
E: Ele diz que estão nas quadras.
D: *Haverá algum desses acidentes no Novo Mundo, no país de onde estou falando?*
E: Sim. Os terremotos naturais que causarão esses acidentes.
D: *Há alguma maneira de evitar isso?*
E: A remoção do sistema, do alojamento que o contém.
D: *Mas não há como .... (Eu estava tentando encontrar uma explicação que ele pudesse entender.) Ele conhece o poder do rei na França. É a mesma coisa em nosso país. O poder está nas mãos de poucas pessoas e o que elas decidem é o rumo do mundo. É aí que está o problema.*
E: É por isso que ele quer que seu povo esteja ciente do perigo envolvido e por que ele fala conosco agora. Ele diz que os resultados que ocorreriam com um terremoto próximo a um dos seus alojamentos militares de armamento fariam com que seus líderes percebessem definitivamente os perigos. O que você pode fazer agora é apenas tentar evitar que isso se torne realidade.
D: *Tentarei chamar a atenção deles, da melhor forma possível. Da última vez, você falou de algumas mudanças que ocorreriam em outros países e que seria importante sabermos.*
E: Você está falando sobre a mudança na Terra?
D: *Bem, o que quer que ele ache que seja importante saber.*
E: (ouvindo) Que as partes da Terra se tornarão ilhas e que os problemas de alimentação e sobrevivência serão mais difíceis nesses países.

D: *Isso acontecerá no momento da mudança?*
E: Sim. Haverá problemas governamentais antes disso. Novamente, dependendo da conscientização das pessoas. Haverá pequenas revoltas ou uma união de poderes para combater as revoltas nos países persas.
D: *Países persas? Isso precederá ou acontecerá ao mesmo tempo em que ocorrerá a mudança?*
E: Isso está ocorrendo, mas a mudança na Terra é muito mais importante porque as lutas cessariam. Quero dizer, a destruição das diferentes terras tornaria a luta uma coisa secundária.
D: *Entendo. Ele nos vê usando esse tipo de arma no futuro, antes que a mudança ocorra?*
E: Não, não é o armamento mais perigoso. São as mudanças na Terra que causarão o perigo do armamento.
D: *Então, pelo menos nossos líderes têm esse bom senso. Você vê o nosso país, o Novo Mundo, envolvido em uma guerra antes que essa mudança ocorra?*
E: (Pausa, ouvindo) Se o líder do país persa permanecer forte, isso pode ser um fator.
D: *Aqui, mais uma vez, o livre-arbítrio do homem está envolvido, não é?*
E: Isso é correto.

Decidi começar com a leitura das quadras.

D: *(CENTÚRIO II 41) "A grande estrela arderá por sete dias e a nuvem fará com que o sol pareça duplo. O grande mastim uivará a noite toda quando o grande pontífice mudar de residência."*

Nessa quadra, o tradutor não entende o que Nostradamus quis dizer com duas estrelas. Após uma longa pausa, Dionísio deu a definição.

E: Essa é uma que se refere à vinda do povo das estrelas. O mastim seria o símbolo do demônio ou do mal, e o papa estaria mudando. Roma não seria mais a sede da Igreja Católica.
D: *Então é isso que ele quer dizer com "a grande estrela arderá por sete dias"? A vinda dessas outras pessoas?*

E: Isso também se refere à quadra de que falamos na última sessão.
D: *Sobre o show de luzes?*
E: Isso está correto. O fato de o sol aparecer duas vezes não significa dois sóis. Significa que o sol apareceria tanto de dia quanto de noite.
D: *O tradutor interpretou isso como sendo uma guerra. Posso ver por que seria muito difícil para eles encontrarem o verdadeiro significado, especialmente se não acreditam que existam outras pessoas além das que estão na Terra. (Procurei outra quadra que havia marcado em meu tablet.) (CENTÚRIO VI-5) "Uma fome muito grande (causada) por uma onda pestilenta estenderá seu longo reinado até o Polo Ártico. Samarobrin, a cem léguas do hemisfério. Eles viverão sem lei, isentos de política".*

Às vezes, Nostradamus parecia estar confuso ou frustrado, como se a tradução em inglês estivesse causando problemas para ele identificar qual era a quadra. Quase como se ele estivesse pensando: "Qual delas poderia ser essa?".

E: Isso ocorrerá após a mudança de pólo.
D: *O que ele quer dizer com Samarobrin? Essa é uma palavra que eles nunca conseguiram entender.*
E: Soletre-a, por favor. (Eu fiz isso.) Também é assim em francês?
D: *Sim, mas também pode ter sido traduzido errado em francês.*
E: Sim. No momento da mudança, haverá a separação da grande massa de terra que está no topo do novo país. Ela será fragmentada em pequenas ilhas. Devido à distância e à impossibilidade de comunicação, essas ilhas viverão sob seu próprio governo e serão agressivas, fortes e - "agressivas" é a palavra errada - mas muito protetoras de suas moradias por causa do tempo para reconstruir e encontrar comida. E este é o nome que eles darão a si mesmos, "Samarobrin", por causa dos (procurando)... peixes nativos da região. Esse é parte do nome.

Mais tarde, quando discutimos isso, foi sugerido que o peixe poderia ser o salmão, que é nativo da região do Canadá e do Alasca.

Eu estava de olho no relógio e sabia que, se quisesse descobrir as outras coisas que me interessavam, teria de parar com as traduções, embora estivéssemos obtendo excelentes resultados.

D: *Eu disse antes que o veículo por meio do qual você está falando vai se mudar para uma área diferente e você disse que tentaria vir por meio de outra pessoa com quem eu trabalho?*
E: Faremos a tentativa. Se um veículo puder se tornar receptivo, faremos o contato com prazer. - Posso explicar que foi mais fácil com seu veículo, Elena, por causa da conexão anterior em vidas. - (Depois de uma pausa, ela continuou, com a voz cheia de admiração). Eu nunca havia pensado nesse conceito.
D: *O que você quer dizer com isso?*
E: Bem, foi o que Nostradamus disse. Que eu tenho uma conexão com seu veículo.
D: *Você nunca havia pensado nisso, em outras vidas? Bem, é verdade. É por isso que isso está acontecendo. Por isso me perguntei se não seria mais difícil vir por meio de outra pessoa com quem ele não tivesse uma conexão. Mas ele diz que vai tentar?*
E: Ele diz que nesse lugar meditativo para o qual ele nos trouxe, isso não deve ser tão difícil.
D: *Vou instruir o veículo a meditar sobre essas quadras e tentar me enviar, por mensageiro, suas interpretações.*
E: Sim, porque infelizmente não examinamos as quadras que são essenciais. Analisamos algumas, mas não todas.

Eu não conseguia imaginar o que poderia ser mais essencial e importante do que aquelas que já havíamos abordado, por isso fiquei intrigada.

D: *Bem, quando fizermos a conexão e você vier por meio de outra pessoa, talvez consigamos encontrar essas quadras. Podemos tentar das duas maneiras. - Mas, quando você vier por meio de outra pessoa, há alguma maneira de eu saber que é realmente Nostradamus e não alguém tentando me enganar?*
E: Ele diz que a melhor maneira de saber é dar a esse veículo e à outra pessoa a mesma quadra. E se eles a traduzirem de forma semelhante - não precisa ser palavra por palavra -, você saberá.

D: *Esse seria um teste muito bom. Porque quero ter certeza de que não estou falando com outra entidade, espírito ou outra pessoa. Quero ter certeza de que é ele.*

E: Ele também diz que - não, ele desconsidera isso. Ele ia sugerir uma determinada palavra que eles diriam. Mas se eles tiverem habilidades psíquicas, talvez consigam captar essa palavra de você.

D: *Muito bem. Acho que trabalho com um número suficiente de pessoas e encontrarei outro veículo pelo qual ele possa passar. E Elena continuará trabalhando por conta própria até que nos encontremos novamente em algum momento no futuro.*

  Eu estava me preparando para dar os comandos que tirariam Dionísio daquela cena. Val não conseguia entender por que, já que a tradução estava indo tão bem. Ela estava apontando freneticamente para o relógio e sussurrando que ainda tínhamos meia hora para trabalhar nisso. Ela não sabia que eu havia planejado obter o restante da história da vida de Dionísio. Como escritora, tenho que ter uma visão mais ampla em vez de apenas o que está acontecendo no momento. Se eu pudesse realmente acreditar em Nostradamus quando ele disse que seria possível obter as traduções das quadras de outra pessoa, então isso aconteceria. Mas eu nunca conseguiria obter a história da vida de Dionísio de ninguém além de Elena. Eu sabia que isso seria essencial para qualquer livro que eu escrevesse sobre esse fenômeno. Eu também esperava descobrir algo mais sobre a vida de Nostradamus do ponto de vista de seu aluno. Val não entendeu que não havia tempo suficiente nessa última sessão para fazer tudo. Portanto, eu teria de me concentrar no que considerava mais essencial. Obviamente, ela considerava as quadras mais importantes do ponto de vista da curiosidade, mas eu sabia que dificilmente conseguiríamos trabalhar nelas na meia hora que nos restava.

  Ignorei a frustração de Val e instruí Dionísio a sair daquela cena e seguir em frente para o último dia de sua vida. Eu lhe disse que ele poderia assistir à cena se não quisesse participar dela. Isso geralmente é feito para evitar que o sujeito sofra algum trauma desnecessário.

E: (Sua voz ficou suave e baixa.) Eu me vejo deitado na cama. Meus dois amigos estão chorando.

D: *O que há de errado com você?*
E: Há algo dentro de mim. Tentei retardar seu crescimento, mas ele tomou conta de mim.
D: *Você é muito velho quando isso acontece?*
E: Cinquenta e oito. É uma boa idade, uma boa idade.
D: *O senhor tem praticado a medicina como médico durante todos esses anos?*
E: Não, decidi estudar o espírito e o conhecimento da mente.
D: *Nostradamus ainda está vivo nessa época? (Ela balançou a cabeça.) Pode me dizer o que aconteceu com ele?*
E: Sua idade. Ele ficou doente por um tempo. Ele ficou doente com uma ... (teve dificuldade) ... não consigo lembrar a palavra.
D: *Descreva o que era, talvez eu consiga pensar na palavra.*
E: Era ... uma tosse contínua.

Val, impensadamente, ofereceu a palavra "consumo" sem pensar que Elena poderia ouvi-la.

E: Consumo, obrigada.

Val colocou a mão sobre a boca e pediu desculpas. Sempre dou instruções para que ninguém na sala fale com o paciente enquanto ele estiver em transe, a menos que eu dê permissão. Não quero que ela seja influenciada por algo que alguém possa dizer. Muitas vezes, a pessoa parece não conseguir ouvir mais nada do que está acontecendo na sala, a menos que seja orientada a fazê-lo. Val deixou escapar a palavra espontaneamente.

D: *Era esse o principal problema de Nostradamus?*
E: Ele estava ficando muito velho. Ele tinha várias coisas, mas era principalmente o corpo se esgotando. E a mente estava cansada.
D: *Ele não tinha nenhuma maneira de curar isso sozinho?*
E: Ele estava pronto para continuar.
D: *Você me disse uma vez que ele tinha várias casas, que morou em lugares diferentes. Ele tinha uma família?*
E: Ele se casou novamente no final da vida. Ele tinha uma esposa e três filhos.

Lembrei-me do filme que ele havia se casado quando jovem e que sua família havia sido morta por uma praga. Eu queria verificar isso.

D: *Então essa não era sua única esposa?*
E: (Com tristeza) Não.
D: *Ele chegou a lhe contar a história do que aconteceu com sua primeira esposa?*
E: Sim. Foi uma coisa difícil para ele. No início de sua vida, ele havia se casado e houve uma grande doença no país que tirou muitas vidas. E, apesar de ter conseguido ajudar muitas pessoas, enquanto ele estava fora fazendo... (procurando a palavra) trabalhando com a medicina, sua esposa e família contraíram a doença.
D: *E ele não estava lá?*
E: Não. Ele estava lá antes de eles morrerem, mas chegou tarde demais para salvá-los.
D: *Ele achava que poderia tê-los ajudado se estivesse lá?*
E: Sim. Essa foi a maior tristeza de sua vida.
D: *É por isso que ele não se casou novamente por um longo tempo?*
E: Ele estava na casa dos quarenta anos quando se casou novamente. Ele era um bom médico. À medida que envelhecia, seu conhecimento sobre o corpo e o espírito aumentava e ele conseguia ajudar muitas pessoas.
D: *Ele teve muitos alunos além de você?*
E: Durante todo o tempo em que o conheci, ele teve... (pensando) talvez vinte e cinco, trinta de nós que treinamos ao longo dos anos. Nos últimos dez anos de sua vida, ele se dedicou a escrever e estudar. Ele não teve alunos durante esse período.

Na frente do livro da Sra. Cheetham há uma breve biografia de Nostradamus. Nela, ela menciona um homem chamado Jean Chavigny, que supostamente teria sido um de seus alunos. Diz-se que ele ajudou na compilação e publicação das quadras. Fiquei imaginando se Dionísio poderia ter conhecido esse homem. Tive tanta dificuldade em pronunciar o nome que ele não conseguiu entender a quem eu me referia. Depois de soletrar o nome para ele, ele o repetiu com uma pronúncia francesa que parecia estar correta.

E: Esse nome não é incomum. Chavigny, eu não conhecia bem. Não estudei com Nostradamus até o momento em que ele faleceu.
D: *Você saiu na época em que ele começou a escrever?*
E: Não. Ele tinha começado a escrever e eu fiquei com ele aprendendo mais coisas espirituais. À medida que seus escritos continuaram a se desenvolver, ele se tornou mais recluso. Eu estava ansioso para aprender outras coisas e comecei a viajar.
D: *Você teve outros professores?*
E: Não na carne, não. (Essa resposta significa que ele foi ensinado por guias espirituais?) Comecei a ensinar alguns alunos que eu achava que eram próximos e afins em espírito a mim.
D: *Acho que teria sido difícil encontrar um professor tão bom quanto ele, não é mesmo?*
E: (Emocionalmente) Eu o amava muito.
D: *Nostradamus teve algum problema com a igreja quando estava fazendo essas coisas diferentes?*
E: Somente quando ele era mais jovem. Ele se tornou mais discreto no que dizia e fazia na vida pública. Ele era um católico muito devoto.
D: *Essa foi uma época em que a igreja não era favorável a essas coisas, não é mesmo?*
E: Terrível.
D: *Você já teve algum problema nesse sentido com a igreja?*
E: Sim, tive. Foi depois que deixei Nostradamus. Comecei a conversar com algumas pessoas sobre minhas crenças. Uma delas era um homem em quem eu achava que podia confiar. E ele me denunciou ao clero da província. Tive muita sorte pelo fato de o clérigo ser uma alma e um espírito afins. Ele veio conversar comigo e não permitiu que o incidente fosse adiante.
D: *Não era incomum encontrar uma alma gêmea na igreja?*
E: Tive a sorte de o homem ter me denunciado a um padre e não a um bispo ou superior. Ele estava mais sintonizado espiritualmente em vez de estar preocupado com dinheiro.
D: *Você ficou mais cuidadoso depois disso?*
E: Muito. O padre teve a bondade de me dizer que achava que eu deveria deixar a área para que não houvesse nenhuma repercussão sobre o assunto.

D: Sim, você teve muita sorte. Percebo que está se sentindo cansado.
E: (Suavemente) Sim.
D: O corpo já deixou de existir?
E: Estou apenas observando.
D: O que você acha que vai fazer agora que o fim está chegando?
E: (baixinho) Oh, não tenho medo.
D: Então vamos nos adiantar um pouco até que tudo termine. Só quero que me conte como é e o que você vê.
E: (admirado.) É tão maravilhoso!
D: O que você vê?
E: (Sua voz se enche de admiração.) Tudo! Qualquer coisa! Posso ir em qualquer direção.
D: Você é livre. Você está sozinho?
E: Não, há alguém aqui, mas... apenas uma sensação de pessoa, de amor. Um guia.
D: Você sabe o que vai fazer?
E: Vou seguir. Seguir o amor. - Oh, é tão lindo!
D: O que você acha da vida que acabou de deixar?
E: Acho que foi uma boa vida. Coisas sobre as quais eu não tinha certeza foram esclarecidas para mim.
D: Sim, foi uma vida de grande conhecimento. Acho que você aprendeu muito e cresceu espiritualmente nessa vida. Mas agora você está feliz onde está?
E: Sim. Mas eu voltarei.
D: Você sabe disso?
E: Sim, eles me dizem isso. Eles dizem que há mais trabalho necessário no plano terrestre. - Sinto-me tão honrada por eles estarem me dizendo isso.
D: Eles estão lhe dizendo o que você vai fazer?
E: Que vou ajudar a humanidade.
D: O que você acha disso?
E: Acho que seria maravilhoso.
D: Pensei que talvez você não gostasse de viver na Terra, que não quisesse voltar novamente.
E: Não! Eu não desgostava de viver no plano terreno.
D: Você acha que vai demorar muito para ter de voltar à Terra?
E: Não sei. - Sinto-me honrado por eles sentirem o que sentem por mim.

D: *Oh, eu também me sinto. Acho isso muito maravilhoso. E também aprendi muito com seu conhecimento*
E: *Obrigado. Podemos falar novamente.*
D: *Podemos, sim, podemos. Nunca se sabe quando poderei voltar e fazer perguntas. E eu lhe desejo paz, amor e alegria onde quer que vá em suas viagens.*

    Eu me sentia muito próximo desse homem gentil, mas, de alguma forma, sabia que nunca mais falaria com ele. Senti que, quando Elena partisse, esse capítulo estaria encerrado e não precisaria ser reaberto. Eu sabia que a vida de Elena estava indo em outra direção. Pelo menos ter essas duas sessões pode ter aliviado a pressão que seu subconsciente estava exercendo sobre ela. Agora eu sentia que ela poderia dizer com segurança que havia tentado fazer sua parte nesse cenário estranho e que as circunstâncias haviam intervindo. Eu temia que, sem nenhuma sessão, ela saísse com o fardo subconsciente de assuntos inacabados, o que poderia levá-la a adoecer. Eu sabia que agora tinha feito tudo o que podia com essa história do ponto de vista de Elena. O único arrependimento que eu tinha era o de todos os meses perdidos que poderíamos ter trabalhado nisso. Mas não havia como saber que a história estava lá. A vida é assim. As circunstâncias têm uma maneira de assumir o controle e, antes que percebamos, muito tempo precioso se esvaiu. Então, poderíamos simplesmente dizer que a vida atrapalhou e seguir em frente sem arrependimentos e sem os "se", "e" ou "mas".

    Depois que eu trouxe Elena de volta à plena consciência, Val ficou chateada porque eu não havia continuado com mais quadras quando Nostradamus as estava traduzindo tão bem. Ela temia que nunca mais houvesse outra chance como essa. Naturalmente, ela não sabia que eu estava tentando obter o resto da vida de Dionísio, o que seria impossível de obter de qualquer outra pessoa que não fosse Elena. Eu tinha que aproveitar ao máximo o tempo limitado que tínhamos para a última e definitiva sessão de hoje. Tinha que decidir qual era a informação mais importante a ser obtida.

    Val ainda estava tentando incentivar Elena a ficar por mais algumas semanas para que pudéssemos trabalhar nisso. Não conversei com ela sobre isso. Eu sabia que ela tinha tomado uma decisão, e não queria que ficasse na minha consciência o fato de eu ter tentado influenciá-la a mudar seus planos só para me agradar. Eu não tinha ideia de onde essa história iria parar e, mesmo que ela fosse para uma gaveta e aguardasse seu retorno, eu sabia que ela tinha feito os melhores planos para sua vida porque eram planos dela e não influenciados por mim.

Eu a incentivei a encontrar tempo para desenhar a imagem de Nostradamus quando ela finalmente se estabelecesse. Ela concordou em fazer isso com entusiasmo. Quando ela me deu um grande abraço de despedida, eu sabia que meu trabalho com ela havia terminado.

Ela disse carinhosamente: "Oh, nós manteremos contato. Uma coisa que você precisa me prometer é que me dirá se isso vier a acontecer por meio de outra pessoa. Isso seria a coisa mais fantástica. Se isso acontecer, então acreditarei em qualquer coisa".

Ao sair da casa e dirigir meu carro para casa, eu não tinha respostas, apenas algumas fitas com o início de um experimento interessante. Era apenas o suficiente para aguçar minha curiosidade insaciável e depois ter a porta fechada. Nostradamus havia insistido que era possível continuar, mas, naquele momento, eu não conseguia ver como. O que ele estava propondo era impossível, nunca havia sido feito antes. Enquanto eu dirigia, as árvores se tornaram um borrão contínuo e minha mente ecoou as últimas palavras de Elena.

Eu lhe respondi silenciosamente: "Sim, se isso acontecer, então eu também acreditarei em qualquer coisa".

CAPÍTULO 7

ATRAVÉS DO ESPELHO MÁGICO

DEPOIS DA PARTIDA DE ELENA, continuei a trabalhar com vários outros assuntos, pois estava envolvida em vários outros projetos. Estou sempre trabalhando em muitas coisas diferentes, em vários estágios de desenvolvimento. Fiquei desapontada com o fato de o material sobre Nostradamus ter começado de forma tão proveitosa e agora parecer, na realidade, estar perdido para sempre. As chances de eu encontrar outro aluno dele ao acaso eram mínimas. A única outra maneira seria tentar entrar em contato com ele por meio de outra pessoa. Isso era algo que eu nunca havia tentado fazer, e nunca havia sequer pensado em fazer. Já havia funcionado antes porque eu estava envolvida com um de seus alunos. Seguindo suas instruções, eu poderia orientar o aluno a pedir-lhe que nos encontrasse no local de encontro especial que Nostradamus havia designado. Para que isso funcionasse com outra pessoa, eu teria de encontrar uma maneira dela entrar em contato com Nostradamus durante sua vida, no ano de 1500, na França, e também pedir que ele nos encontrasse nesse local especial. Esse lugar existiria e seria acessível a qualquer outra pessoa? Como eu poderia orientar outra pessoa a tentar entrar em contato com ele? Se não fosse alguém que pudesse falar fisicamente com ele como Dionísio fez, como o contato poderia ser feito?

Sem dúvida, era um desafio que eu gostaria muito de experimentar. Seria muito mais complicado do que tentar entrar em contato com a sua falecida tia Lucy e falar com ela em forma de espírito por meio de um médium, se é que isso é possível. Não sei, nunca participei de uma sessão espírita estereotipada. Acredito que o que faço é totalmente diferente.

Para que isso fosse bem-sucedido, eu teria de entrar em contato com Nostradamus durante o mesmo período de tempo por meio de um canal ou veículo diferente, que não tivesse conhecimento do que havia acontecido antes. Nostradamus teria de se lembrar de mim, de que havíamos começado um experimento e de estar disposto a continuar. A coisa toda era estranha e praticamente impossível. Mas, se fosse bem-sucedido, isso não provaria que eu realmente estive em contato com o verdadeiro Nostradamus durante sua vida? Isso não provaria, finalmente, que era possível viajar no tempo com esse método único? No passado, consegui encontrar duas ou três pessoas que estavam envolvidas na mesma vida e que poderiam me dar suas versões individuais da história, provando assim que elas realmente viveram aquela vida juntas no passado. Mas isso era algo totalmente diferente. Isso provaria que era possível entrar em contato com um indivíduo usando alguém desconhecido para ele e com quem não teve nenhuma associação durante sua vida.

Um desafio fascinante. Enquanto trabalhava com meus diferentes sujeitos, eu os estudava para isolar aquele que eu achava que poderia ser o mais bem-sucedido para ser usado como cobaia nesse experimento. Não contei a nenhum deles sobre meus planos. Finalmente decidi tentar com Brenda, uma jovem estudante de música da faculdade local. Eu a conheço há anos, pois ela estudou com meus filhos. Ela se mantinha muito ocupada trabalhando meio período na faculdade e frequentando as aulas para obter seu diploma de bacharel em música. O tempo livre que encontrava era dedicado à composição, seu primeiro amor. Ela demonstrou curiosidade sobre meu trabalho e queria experimentar a regressão. Durante a primeira sessão, ela provou ser um excelente sujeito sonâmbulo e um material maravilhoso começou a surgir imediatamente. Foi muito incomum ter material de tanta qualidade liberado na primeira sessão. Talvez isso tenha acontecido tão rapidamente porque o nível de confiança já havia sido estabelecido, já que eu não era uma estranha para ela. Esse foi o motivo pelo qual eu quis fazer o experimento com ela primeiro, porque ela era um canal muito claro e conciso. Estávamos trabalhando juntas há mais de um ano em vários outros projetos e ela já havia demonstrado sua flexibilidade para trabalhar em experimentos.

Um exemplo notável de sua adaptabilidade e facilidade de obter respostas ocorreu na época do acidente nuclear de Chernobyl, em abril de 1986. No dia em que a explosão foi anunciada, as notícias eram incompletas e ninguém parecia saber o que estava acontecendo. Notícias mais completas só foram divulgadas vários dias depois. Achei que seria interessante fazer perguntas a Brenda sobre o assunto enquanto ela estivesse em transe e tentar descobrir o que estava acontecendo. Quando cheguei à casa dela naquele dia, perguntei se ela tinha ouvido as notícias. Ela disse que talvez fosse apenas uma compositora maluca, mas que preferia tocar piano e escrever suas músicas a assistir à TV ou ouvir rádio, por isso raramente os ligava. Pode ser difícil de acreditar, mas ainda há algumas pessoas que não estão presas ao hábito da televisão. As circunstâncias eram propícias para um experimento.

Perto do final de nossa sessão regular, perguntei se ela poderia ver o que estava acontecendo na Rússia naquele momento. Ela imediatamente percebeu o acidente nuclear e o relatou como observadora, dizendo que ele havia sido causado por várias falhas menores no equipamento que se transformaram em falhas maiores. Ela disse que várias pessoas haviam morrido e que outras morreriam mais tarde em decorrência da radiação e de câncer e coisas do gênero. Não haveria muito perigo com a radiação, pois a maior parte dela foi para a terra e, portanto, a água da área seria envenenada. Ela forneceu uma grande quantidade de detalhes que ninguém em nosso país sabia na época. Nenhuma dessas informações era notícia pública, mas suas observações foram verificadas nos dias seguintes.

Outro exemplo de suas habilidades foi a previsão de um grande terremoto na parte central dos Estados Unidos, que seria provocado pela falha de New Madrid. Felizmente, isso ainda não ocorreu, mas ela deu muitos detalhes sobre o fato.

Foi por causa de exemplos notáveis como esse que escolhi Brenda como minha primeira opção de cobaia.

UM MÊS SE PASSOU antes que eu pudesse tentar fazer o experimento. Eu estava trabalhando com ela em outro projeto. Estávamos explorando a interessante vida passada de uma jovem que viveu durante a época da Inquisição na Europa. Essa vida continha uma grande quantidade de informações sobre a perseguição da Igreja durante aquele período e eu queria terminá-la antes de iniciar um novo projeto. Uma vez por semana trabalhávamos nisso e a outra entidade se tornou como Scheherazade, a princesa das Noites da Arábia. A mulher que contou histórias para o príncipe durante mil e uma noites para salvar sua vida. Toda semana eu me preparava para matá-la, por

Conversas com Nostradamus, Volume 1

assim dizer, para chegar ao fim de sua vida para que eu pudesse prosseguir com o novo experimento. E a cada semana ela continuava a me fornecer mais e mais informações interessantes. Assim, eu a deixei viver por mais uma semana. Finalmente, depois de um mês, conseguimos encerrar sua história, colocá-la em repouso e permitir que ela voltasse para as páginas do tempo. Sua história será contada em meu livro, The Horns of the Goddess (Os chifres da deusa). Essa garota sempre poderá ser ressuscitada mais tarde, caso sejam necessárias mais informações. Isso faz parecer que tenho algum tipo de poder de vida e morte sobre essas outras personalidades, mas na verdade mostra a facilidade com que elas podem ser contatadas repetidas vezes. Deixarei a lógica disso para ser debatida por outros. Só sei que minhas técnicas funcionam.

Na noite em que eu ia fazer o experimento, não estava mais preparada (quanto ao método que usaria para contatar Nostradamus) do que quando Elena partiu tão inesperadamente. É importante enfatizar que Elena e Brenda moram em duas cidades diferentes, a cerca de trinta quilômetros de distância, e nunca haviam se encontrado. Raramente conto a qualquer um dos meus entrevistados sobre as histórias em que estou trabalhando com outra pessoa. Quando estou com eles, tento me concentrar no trabalho que estarei fazendo naquele momento. Portanto, naquela noite, eu simplesmente disse a Brenda que queria fazer um experimento. Se não funcionasse, sempre poderíamos tentar entrar em contato com outra vida que ela tivesse vivido no passado.

Ela sabia meus motivos para não lhe contar sobre isso. Se o experimento fosse bem-sucedido, ninguém poderia dizer que eu a havia influenciado, pois ela não sabia absolutamente nada sobre o que eu estava procurando. Como já havíamos feito isso antes, isso não a incomodou. Ela concordou e disse: "Tudo bem. Mas você vai me contar sobre isso quando eu acordar?" Eu ri e disse que certamente o faria.

Depois de usar sua palavra-chave e observar como ela entrava em um transe sonambúlico profundo, pedi que voltasse a uma época em que ela estava entre vidas, no chamado estado "morto". Descobri que é possível obter muito mais informações quando as pessoas estão nesse estado porque elas não estão diretamente envolvidas em uma vida. Quando alguém está vivendo uma vida, sua percepção é limitada e o ambiente físico geralmente é tudo de que tem consciência. Ela não pode fornecer nenhuma informação que não esteja relacionada à vida que está vivendo. Após a morte, o véu, por assim dizer, parece ser rasgado e a pessoa tem acesso a um conhecimento maior, muitas vezes de forma notável. Haverá mais informações sobre esse estado incrível em meu livro, Conversation with a Spirit (Conversas com um Espírito.) Brenda já havia demonstrado ter uma grande capacidade de encontrar esse conhecimento para mim quando eu a orientei a entrar nesse estado. Eu não sabia como proceder, mas achei que esse seria um bom lugar para começar, uma vez que ela tivesse removido os grilhões do corpo físico limitador.

Quando terminei de contar, eu a encontrei em um lugar sobrenatural de beleza etérea.

B: Estou em uma das terras superiores. Uma terra em uma vibração mais elevada. É muito bonito aqui. Estou sentada ao lado de um riacho cristalino que corre sobre rochas, cristais e pedras preciosas. As cores são muito mais brilhantes e vivas do que na Terra em que passamos nossas vidas. A grama é extremamente verde-esmeralda. Estou embaixo de um carvalho e há uma cachoeira próxima. E uma das coisas incomuns sobre essa cachoeira é que ela também é uma formação natural de sinos de vento de cristal. Alguns deles tocam juntos, como os sinos de vento, e outros agem como uma harpa eólica ou assobios de vento. Há todo tipo de música proveniente deles e da cachoeira. É um plano extremamente bonito. É um dos meus lugares favoritos para ir.

De fato, parecia ser um lugar muito bonito e tranquilo. Eu queria saber se ela se importaria em me ajudar ou se estava ocupada.

B: (Ri) Estou ocupada ouvindo os sinos de vento. Mas estou sozinha.
D: *Quero dizer, você não está envolvida com nada que possa afastá-la de sua tarefa se eu lhe fizer algumas perguntas?*
B: Não, acho que não. Caso eu tenha de mudar de local para encontrar uma resposta para uma pergunta, sempre posso voltar aqui depois. É um lugar especial para mim.

D: Muito bem. O que eu gostaria de fazer é apresentar-lhe um problema e ver se você pode me ajudar de alguma forma.
B: Desde que não seja matemática.
D: (Risos) Não, não é matemática, eu também não gosto de matemática. É um problema que me foi apresentado, um problema que envolve uma situação. Talvez você possa me ajudar.
B: Vou ver o que posso fazer.
D: Você está ciente de que eu trabalho com esse método com muitas pessoas diferentes para obter informações?
B: A que método você se refere?
D: Bem, é um método que uso que me permite falar com você nesses diferentes estados. Dessa forma, obtenho informações de muitas pessoas diferentes.
B: Sim, você encontrou uma porta de entrada.
D: Bem, esse é o problema. Eu estava trabalhando com uma jovem que, em uma vida passada, foi aluna do grande mestre Nostradamus.
B: Michel de Notredame.
D: Nós o chamamos de Nostradamus em nossa época, mas você sabe de quem estou falando?
B: Sim, você usa a versão latina do nome dele. Ele é uma alma muito desenvolvida. Naquela vida, ele tinha um caminho muito difícil a percorrer. Ele era o mais talentoso e dotado de habilidades psíquicas naquele nível, jamais visto. Ele tinha tanta habilidade psíquica que estava ... simplesmente pingando com aquilo. Em outras épocas, ele teria sido endeusado como um deus.
D: Em sua época, ele também foi incompreendido de várias maneiras. Bem, eu estava trabalhando com uma jovem que estava me dando informações sobre sua vida como uma de suas alunas. E enquanto estávamos fazendo isso, Nostradamus falou com a aluna. Ele não falou diretamente comigo, mas disse que era muito importante traduzir suas quadras, suas profecias. Ele disse que elas têm muito significado para o período em que estou vivendo agora. Ele foi muito enfático ao pedir que eu fizesse esse trabalho.
B: Entendo a situação.
D: Ele estava me dando muitas informações sobre as quadras e, então, a pessoa com quem eu estava trabalhando se mudou. Antes de ela ir embora, Nostradamus disse que entraria em contato

comigo por meio de outra pessoa para que pudéssemos continuar nosso trabalho. E eu queria saber se, caso eu lhe desse as instruções que ele me deu, seria possível entrar em contato com ele?
B: Pelo que estou vendo, parece que pode haver uma maneira. Além de ter habilidades psíquicas, ele também invocou seus guias neste lado. E durante o tempo em que ele estiver invocando seus guias, acho que poderei me apresentar e ver o que acontece. Como um amigo, não como um guia. Apenas como um amigo para ajudar na comunicação com ele. Eu poderia me apresentar como um portal em uma dimensão no tempo.

Comecei a ficar animada. Ela parecia tão confiante. Será que essa seria a maneira de restabelecer o contato com ele? Eu mal ousava esperar que fosse tão fácil.

D: Ele queria um veículo que pudesse usar para continuar o trabalho que estávamos fazendo nas traduções. Ele disse que era mais fácil com a outra mulher, pois ela tinha uma conexão com ele por ter sido sua aluna no passado.
B: Sim, isso facilitaria as coisas. Ele especificou o veículo que queria ou deixou a seu critério?

Ele mencionou o estudante de música com quem eu estava trabalhando. Embora ele tenha dito "Brian", acredito que ele realmente quis dizer Brenda. Eu ia presumir isso de qualquer forma, para o bem desse experimento.

D: Bem, ele especificou esse veículo. Ele disse que tentaria passar por ela da mesma forma que passou pela outra pessoa.
B: É bom que ele tenha especificado esse veículo. Então, ele deve sentir que há uma vibração simpática que ajudará na comunicação.
D: Eu poderia lhe dizer as instruções que ele me deu para entrar em contato com ele. Não sei se precisamos da outra pessoa, o aluno, ou não.
B: Não parece ser o caso. Pelo que posso ver, parece que ele está preparado para falar comigo como faz com seus outros guias

espirituais. E para eu retransmitir ou falar como se ele estivesse falando diretamente, como se eu não estivesse no meio, o que geralmente funciona melhor.

Eu reforcei a importância que ele havia enfatizado ao revelar essas informações para a nossa época. O senso de urgência que ele transmitiu sobre a realização desse trabalho. Ela disse que entendia.

D: *Nós o encontramos em um local que ele chamou de local de reunião "especial". Não sei se você sabe onde fica isso.*
B: Acho que ele está se referindo a uma certa dimensão que ele pode alcançar.
D: *Acredito que sim, porque quando ele descreveu esse lugar, não era na Terra. E ele conseguiu ficar lá apenas por um período limitado de tempo para conversar comigo.*
B: Isso é verdade. Ele faz isso, ele vai para esse local de encontro quando está conversando com seus guias.
D: *Então, devo lhe dar as instruções? Ou terei de contá-lo até lá? O que será mais fácil? Depois disso, você sempre pode voltar para o seu belo lugar.*
B: Sim, posso voltar a esse lugar em outro momento. Essa é uma situação fascinante. Marque um ano para que eu saiba quando.
D: *Quando ele viveu?*
B: Sim. Onde estou, o tempo não significa nada e posso ver toda a vida dele, o depois e o antes, como um panorama em movimento.
D: *Não tenho certeza dos anos exatos, mas acredito que ele viveu no ano de 1500.*
B: Muito bem. Dê-me um momento para focalizá-lo, para que eu possa transmitir a mensagem a ele.
D: *Sei que isso seria difícil de fazer com um ser humano comum, mas ele não era comum.*
B: Não, ele não é nada comum, então isso pode ser feito. Mas como é a primeira vez, pode demorar um pouco mais. Talvez ajude se eu descrever o que estou vendo à medida que me concentro.
D: *Muito bem. Talvez possamos voltar ao mesmo momento ou situação em que ele estava falando comigo antes.*
B: Ou próximo o suficiente para que ele se lembre da conexão.

Eu estava realmente ficando animada. Será que ela conseguiria localizá-lo e entrar em contato com ele? As chances eram tão grandes que qualquer pessoa racional teria de dizer que isso não seria possível. Mas, com ou sem sucesso, valia a pena tentar e eu estava quase prendendo a respiração de expectativa.

B: Estou zerando na Terra e estou sobre a Europa agora. E lá está a França. Estou me aproximando. Você sabe em que parte da França ele estava?

D: *Não tenho certeza do nome da cidade.*

B: O nome dele é Michel de Notredame. ... Ok, eu o vejo em sua casa. Há uma casa onde ele faz seu trabalho. A casa é feita de pedra. De acordo com os padrões da época, ela é confortavelmente grande. Mas, de acordo com seus padrões, ela seria um pouco pequena. Tudo é relativo. Há uma sala especial onde ele gosta de fazer seu trabalho. Nessa sala, ele tem vários instrumentos montados. E eu vejo... ele entrou... e acendeu uma chama. Ele está queimando álcool para que a chama fique azul. E está montando seus vários instrumentos para ajudá-lo a se concentrar nas esferas superiores.

D: *É isso que o ajuda a ter suas visões?*

B: Sim. De alguma forma, isso o ajuda com esses vários instrumentos de medição. Isso o ajuda a entrar em sintonia com as vibrações mais elevadas do universo, que são muito precisas do ponto de vista matemático. Ele é capaz de sintonizá-las, da mesma forma que sintoniza um rádio. E, a partir daí, ele pode ver muitas coisas ou pode viajar astralmente para outras dimensões por um período de tempo. Ele é um homem muito incomum.

D: *Que tipo de instrumentos você vê?*

B: Ele tem alguns instrumentos de escrita e tem... (Dificuldade em descrever) Eu consigo vê-los, mas não sei como se chamam. Ponteiros que são conectados em um ângulo, como para medir distâncias em mapas. E ele tem alguns paquímetros. E ele também tem alguns cristais de vários tipos à mão. Acho que os cristais servem para focalizar a luz de maneiras específicas para obter certas vibrações de luz.

D: *Você acha que ele os usa para ficar olhando ou o quê?*

B: Ele não fica olhando para os cristais. Ele focaliza os cristais para obter uma determinada vibração, ou melhor, uma determinada cor de luz e medita sobre isso para estimular um determinado estado de espírito.

D: *E você não sabe para que servem os paquímetros ou outros instrumentos de medição?*

B: Não, não tenho certeza, a não ser que seja para tentar diagramar o que ele vê e ele quer fazer isso com precisão.

D: *Você vê mais alguma coisa?*

B: Bem, a sala inteira está bem cheia de coisas. Há pergaminhos e manuscritos por toda parte e instrumentos de escrita. E há uma mesa com coisas sobre ela. Ele está em uma escrivaninha, ou melhor, há uma escrivaninha por perto. E há alguns livros por perto.

Essa descrição do cômodo e da casa foi muito parecida com a que foi dada por Dionísio. Pedi uma descrição de Nostradamus.

B: Ele é um homem de aparência muito distinta. Sua altura é mediana para a época. Tem uma testa mais alta. Tem um rosto muito fino. Olhos cinzentos penetrantes - ou azuis - são de cor clara. Ele está na casa dos cinquenta anos nesse momento. Seus cabelos são grisalhos, e ele tem barba e bigode cheios, que se misturam aos cabelos. E ele o mantém limpo, o que é incomum para a época. Ele se mantém bem cuidado para a época. Acho que isso se deve em parte às coisas que ele viu no futuro, pois acho que ele viu a vantagem de uma boa higiene. Ele está usando vestes, mas isso é normal.

D: *Ele tem alguma característica proeminente?*

B: Muito bem caracterizado. Seu rosto é muito bem proporcionado. Ele tem sobrancelhas retas e o nariz é reto e tem um bom formato. As sobrancelhas meio que sombreiam um pouco os olhos e as maçãs do rosto são proeminentes o suficiente para que pareçam bem definidas. E como estes são cinza-prateadas, parecem muito penetrantes. Eles simplesmente alcançam e agarram você.

Tomei fôlego rapidamente enquanto um formigamento de excitação percorria meu corpo. Elena também havia mencionado que havia uma qualidade especial nos olhos do homem. Pela descrição, parecia que Brenda estava vendo o mesmo homem no mesmo ambiente.

D: *Mas ele não parece ameaçador, não é?*
B: Não, porque ele é um homem gentil. Apenas muito perspicaz e inteligente.
D: *Qual é a ocupação dele quando não está fazendo essas previsões?*
B: Ele é médico. Ele não tem nenhum de seus instrumentos médicos nesta sala. Acho que estão em outra parte da casa. Ele faz um pouco de tudo, mas esse parece ser o padrão comum para essa época, para homens instruídos serem capazes de fazer e estar familiarizados com todos os principais ramos das artes e ciências.
D: *Ele ensinava medicina?*
B: Você quer dizer se ele tinha algum aprendiz?
D: *Sim, algum para quem ele ensinou medicina?*
B: Acho que não. Não parece ser assim. Ele tem alguns alunos que estudam metafísica com ele. Eles têm de dizer que estão estudando medicina por causa da Inquisição e coisas assim.

A partir dessas declarações, parece que os estudantes viviam na casa com Nostradamus, exatamente como Dionísio havia dito.

D: *Havia um estudante em particular que me interessava. Não sei se você pode ver os alunos dele lá ou não.*
B: Não há alunos lá no momento. Ele está trabalhando sozinho.
D: *Nostradamus tinha curas e métodos para ajudar as pessoas do ponto de vista médico que os médicos da época não conseguiam entender. Você sabe alguma coisa sobre isso?*
B: Isso está diretamente relacionado às suas habilidades psíquicas. Quando ele entrava em outra dimensão, era capaz de ver tudo e qualquer coisa que desejasse ver. Qualquer campo, qualquer assunto. Ele era capaz de ver coisas que poderia fazer com o que tinha. Coisas em que outros não haviam pensado, mas que seriam mais eficazes para tratar seus pacientes.
D: *Sempre me perguntei por que ele não contava aos outros médicos alguns de seus métodos.*

Essas eram perguntas de "teste" para ver se ela conseguia chegar às mesmas respostas que Elena.

B: Os médicos zombariam, porque essas coisas iriam contra a maneira antiga de fazer as coisas. Se os médicos tivessem a mente aberta o suficiente para tentar algo, eles exigiriam saber: "Bem, como você descobriu isso? Onde você aprendeu isso?"

D: *"Como você obteve esse conhecimento?"*

B: Sim. E eles ficariam muito desconfiados. Diriam que ele estava ligado ao Diabo. Todo mundo tem uma suspeita interna entre a igreja que está agitando as coisas, a rebelião política e as várias pragas que surgem de tempos em tempos.

D: *Isso foi uma pena, não foi? Porque ele tinha muito que poderia ter ensinado a eles.*

B: Sim, de fato. Basicamente, seus talentos foram desperdiçados nessa época. Ele fez o melhor que pôde com o período em que estava.

Eu me concentrei em outro instrumento que ele parece ter. Não é exatamente um espelho. É uma espécie de espelho e uma espécie de vidro turvo. Não consigo ver o que é.

Eu quase engasguei. Seria esse o mesmo espelho que Elena mencionou que Nostradamus usava para ver suas visões?

B: Esse espelho é um instrumento arcaico e ele conhece a arte de usá-lo. É controlado por sua mente. Ele é controlado por sua mente. Acho que isso é o que se chama de "espelho mágico" no folclore. Esse espelho foi feito nos tempos antigos, antes da queda da civilização.

A que civilização ela estava se referindo? Atlântida?

D: *Como será que ele conseguiu isso?*

B: Não tenho certeza. Há várias relíquias como essa espalhadas pela Europa que são apreciadas e valorizadas. E cada uma delas tem uma história sobre como foi transmitida e sobreviveu ao longo dos séculos.- Ele está se preparando para usá-la. E acho que é assim que vou poder entrar em contato com ele, por meio desse espelho. Porque, aparentemente, ele se concentrará no espelho com a ajuda da luz que ele focalizou. Ele se concentra no espelho e a nebulosidade se dissipa. E no espaço limpo, ele verá uma pessoa com quem falará ou verá um caminho para entrar em outra dimensão. Um pouco como na história "Through the Looking Glass" (Através do espelho), em que a menina atravessou o espelho. Ele atravessará mentalmente esse espelho por qualquer caminho que ver. - Acho que, quando ele se concentrar e tudo ficar claro, eu me apresentarei, falarei com ele e o convidarei a percorrer o caminho até você.

D: Talvez seja isso que ele queira dizer com o ponto de encontro especial.

B: Talvez. Esse espelho pode ser o caminho.

D: Da última vez, ele e seu aluno me encontraram lá. Seria bom se pudéssemos fazer isso sem o aluno. Não haverá tantas pessoas envolvidas.

B: Sim. Vamos falar diretamente. Deixe-me esperá-lo até que ele entre no estado adequado de concentração. (Longa pausa.) É difícil para mim me concentrar, mas acho que é porque é a primeira vez.

D: Sim, acho que depois de fazermos isso uma vez, será muito mais fácil. Quando ele vir que há um novo contato.

B: Ele ficará feliz com isso, eu sei. É muito importante. É como... há uma descrição dada da quantidade de energia por trás do trabalho que você está fazendo. Multiplique isso por dez ou cem vezes e essa é a quantidade de energia por trás do trabalho que ele está fazendo. Isso deve ser percebido! E deve ser o mais preciso possível.

D: Acho que é normal que os videntes tentem avisar as pessoas quando veem coisas que vão acontecer.

B: Sim, porque ele é tão ... Parece que estou captando alguns de seus pensamentos. Talvez isso ajude em nossa comunicação. A principal preocupação dele é que, apesar de seus avisos, as pessoas façam as escolhas erradas de qualquer maneira e sigam o caminho que ele previu. Ele está tentando notificar as pessoas com tempo suficiente para que elas possam mudar de ideia sobre algumas coisas e evitar o pior.

D: Havia muitas coisas que ele viu que acho que não entendeu. Ele tentou transmiti-las a mim, e é difícil porque suas quadras são quebra-cabeças.

B: Elas tinham de ser obscuras. Tinham de ser. - Tenho a impressão de que é isso que ele quer fazer. Dar uma explicação em prosa para acompanhar as quadras. - Ah! Ele está no ponto certo agora, creio eu. Vou tentar entrar em contato com ele. Tentarei informá-la sobre o que acontecer. (Pausa) Ele está me vendo agora! (Ela se dirige a ele com respeito). "Michel de Notredame Fui enviado para entrar em contato com você. Pediram-me para ser o comunicador com aquele que o contatou do outro lado do tempo. (Pausa) Sim, sou eu. Pediram-me que repetisse para que se encontrasse conosco no local de encontro especial. Para que possamos garantir a interpretação de suas quadras em linguagem simples. Para que todos nós possamos ser avisados a tempo. (Pausa) Bem, podemos tentar começar ou, pelo menos, estabelecer nossa linha de comunicação para que tudo funcione bem. Você está preparado para ir ao lugar especial, Michel de Notre Dame? (Pausa) Tudo bem. Esperaremos por você lá".

Minha empolgação mal podia se conter. Será que isso era realmente possível? Realmente parecia que tínhamos feito contato com ele.

D: *Ele entendeu o que você disse?*
B: Sim. Aparentemente, essa comunicação ocorre na mente e é feita por meio de conceitos, e não pela linguagem falada. Portanto, não importa o idioma em que você pensa, são os conceitos básicos que passam e são interpretados em qualquer idioma em que a mente consciente dele pensa e vice-versa.
D: *Ele se lembrou do que você falou?*
B: Sim, embora sua expressão facial não tenha se alterado, seus olhos ficaram muito ardentes. Percebi que ele estava animado. E ele se lembrou. Disse que estava esperando ser contatado e que queria saber quando e como entraríamos em contato com ele.

Eu me senti tonta. Mal consegui evitar rir alto de pura alegria. Achei que tínhamos perdido o contato com ele e fiquei preocupada com a possibilidade de não conseguirmos restabelecê-lo. Eu realmente achei que seria mais difícil, se não, impossível.

B: Acho que, desta vez, a principal coisa que faremos é tentar garantir que possamos nos comunicar com clareza e que as coisas possam ser bem transmitidas, porque da próxima vez será mais fácil. Eu saberei me concentrar no espelho. Demorei um pouco para encontrá-lo.

Concordei que o mais importante era fazer com que a linha de comunicação voltasse a funcionar. De qualquer forma, eu estava muito animada para pensar em tradução esta noite.

D: Você quer perguntar a ele como ele quer fazer isso, ou ele pode me ouvir?
B: Estou tendo de repetir agora. O que tenho de fazer é repetir para ele o que você diz porque ele não está te ouvindo. Ele sabe que você está lá, mas não pode observá-la diretamente. Ele está me usando para esse fim. Tenho a sensação de que, da maneira como ele quer fazer isso, em vez de eu sempre dizer: "Ele disse isso e aquilo", e depois eu me virar e dizer: "Ela disse isso e aquilo", eu poderia ... seria como o espelho mágico, mas com palavras, e apenas falar como se fosse ele falando.

D: Isso seria muito mais fácil porque antes havia muita conversa para frente e para trás. Uma conversa de três vias.
B: Talvez ainda haja um pouco disso. Não tenho certeza. Mas ele está muito ansioso para se comunicar. Ainda estou fazendo as coisas na terceira pessoa porque ele está aqui, mas ele ainda não disse nada. Ele está apenas pensando em como quer fazer isso. - Sei que ele disse que nunca falaria por meio de outro ser humano, para que as pessoas pudessem se precaver contra imitadores que afirmam ser ele. Mas, embora o veículo que estou usando seja um ser humano, a parte de mim com a qual ele está falando aqui é um espírito. Portanto, do ponto de vista dele, ele está falando com um espírito e não com um ser humano. O elo final que entra em contato com você é um ser humano, mas meu espírito está no meio.

É incrível que ela também tenha mencionado essa previsão que alertava sobre os imitadores.

D: Você consegue ver como é o local de encontro especial?

B: Na verdade, não há nada aqui. É um vazio, uma parte de uma dimensão específica. Parece ser uma espécie de pequeno bolso onde as pessoas podem vir e interagir entre duas ou três dimensões diferentes e se comunicar. Não há características físicas que possam ser descritas. É apenas uma vibração específica no universo.

Isso parecia se encaixar na mesma descrição que Elena havia feito deste lugar. Ela disse que era como um banco cinza com nuvens enevoadas, mas que não tinha forma ou base substancial. Fiquei encantada porque parecia que havíamos encontrado exatamente o mesmo lugar onde nos encontramos antes.

B: Parece-me que é o mesmo lugar. Na maioria das vezes, sinto sua presença, mas imagino seu rosto ali para facilitar a identificação. E eu a ouço, embora não a veja.

Eu queria ter certeza de que ela estava confortável nesse lugar estranho e que não começaria a perder contato comigo, como Elena fez quando entramos nessa dimensão. Eu lhe dei instruções para evitar qualquer perturbação.

B: É confortável, mas me sinto como se estivesse em dois lugares ao mesmo tempo. É uma sensação estranha, mas... não é ruim. Se eu puder descrever para você, é como quando você está entre acordado e dormindo. E você acha que está acordado, mas na verdade está dormindo. E você se sente muito estranho porque acha que está acordado. Então você se sente como se estivesse em dois lugares ao mesmo tempo. São dois estados mentais simultâneos.

Essa descrição também foi muito parecida com a de Elena. Foi a única coisa de que ela se lembrou ao acordar. Ela também estava ciente do rosto de Nostradamus.

D: *O aluno que falou pelo outro veículo também disse que a sensação era estranha. Foi um pouco difícil para ele manter a comunicação porque não estava acostumado.*
B: Entendo que isso possa acontecer. Ele tinha um condicionamento diferente do que este veículo tem. Ele foi treinado por Nostradamus, mas tinha muitas coisas culturais para superar.
D: *Nostradamus sabe que eu sou a mesma pessoa que falou com ele antes?*
B: Sim. Ele envia suas saudações.
D: *Eu mando as minhas.*
B: E ele diz: "Estou muito feliz por termos conseguido estabelecer essa linha de comunicação. Embora eu tenha previsto que nunca falarei por meio de outra pessoa, estou falando com o espírito aqui. E o espírito diz que pode transmitir minhas palavras conforme eu as falo. Até onde parecerá que estou falando por meio de uma pessoa, mas é simplesmente porque essa retransmissora está eliminando o aspecto de terceira pessoa. O "ele disse e ela disse". Estou permitindo que ela faça isso para agilizar o processo, para que possamos nos comunicar mais no tempo que temos aqui. Porque só posso ficar aqui por um pequeno período de tempo antes que meu corpo se canse e eu precise voltar".

Isso foi mais uma vez uma confirmação de que estávamos falando com ele enquanto estava vivo, durante sua vida física, porque um espírito não se cansaria.

D: *Agradeço qualquer tempo que você possa passar comigo.*
B: Você não sabe como eu aprecio o fato de você poder entrar em contato comigo, para que eu possa ter certeza de que minhas quadras estão devidamente explicadas.
D: *Fiquei preocupada quando o outro veículo saiu.*
B: Bem, meus estudos me dão a sensação de que, se algo precisa acontecer, sempre há uma maneira de descobrir onde isso acontecerá.
D: *Sim, pois quero passar esse conhecimento adiante em minha época.*
B: Há muitos que estarão ansiosos pelo conhecimento e ele é necessário. É necessário que seja transmitido e espalhado para que

as pessoas prestem atenção e tentem se proteger das coisas sobre as quais posso alertá-las.

D: *Você disse anteriormente que me daria as correções das quadras porque estava ciente de que algumas delas haviam sido traduzidas incorretamente.*

B: Certo. E na maioria delas, mesmo as que foram traduzidas quase corretamente, em todas elas, quero dar uma explicação adicional do que vi quando as estava escrevendo. Tive de omitir muitas coisas devido ao formato em que tive de escrevê-las. Gostaria de esclarecer muitas coisas para ajudá-los a se tornarem mais claros. Porque em vários deles eu tinha de combinar dois ou três eventos e escrever sobre eles como se fossem um único evento, para poder encaixá-los na quadra.

D: *Você quer dizer que eram eventos em épocas diferentes ou eventos que aconteciam ao mesmo tempo ou o quê?*

B: Ambos. Muitas vezes, eventos em épocas diferentes que seguiam padrões semelhantes podiam ser escritos em uma quadra.

D: *Isso é algo que as pessoas não entendem. A maioria das pessoas que estuda suas quadras acha que você está falando de apenas um evento.*

B: É muito fácil para elas cometerem esse erro devido à maneira como tive de escrevê-las. Portanto, não me sinto ofendido com isso.

D: *É realmente da natureza humana tentar entender tudo da maneira mais simples.*

B: Sim. É difícil encontrar a forma mais complexa se você não souber onde procurar.

D: *Se os eventos estavam acontecendo em períodos diferentes, por que você os incluiria em uma quadra? Eles têm alguma semelhança entre si ou o quê?*

B: Michel de Nostredame tentou fazer uma demonstração. Nesta dimensão em que estamos, há uma maneira de demonstrar fisicamente o tempo. É difícil de descrever. Aparentemente, um dos aspectos do tempo é que ele se move em uma espiral. E em posições semelhantes em cada uma das voltas da espiral, os eventos têm a possibilidade de serem semelhantes ou, pelo menos, de seguirem padrões gerais semelhantes. Sempre que ele observava alguns desses padrões gerais, especialmente se estivessem afetando a mesma cultura, ele escrevia sobre isso em uma quadra. Acho que um dos motivos pelos quais ele fez isso foi para confundir aqueles que o perseguiam. E outro motivo é que ele achava que, se pudesse escrever sobre o assunto em uma quadra em vez de três ou quatro, o tempo gasto escrevendo as três ou quatro poderia ser gasto escrevendo sobre outros eventos. Ele estava tentando colocar no papel o maior número possível de eventos, porque viu muitas coisas. Há muitas coisas que ele não registrou no papel. Portanto, ele estava tentando obter o maior escopo possível porque achava extremamente urgente que o máximo de informações fosse transmitido.

D: *Temos o ditado de que a história se repete, ela segue padrões. É isso que ele quer dizer?*

B: Basicamente. Há outros aspectos que posso ver nesta dimensão que não são facilmente visíveis na dimensão física. Mas, basicamente, sim. Por exemplo, uma pessoa obscura sobe ao poder, torna-se um tirano e acaba sendo derrubada. Esse é um padrão que se repete várias vezes. Assim, ele descobriu que, se houver dois ou três que terão um efeito específico na história mundial, ele pode escrever uma única quadra sobre mais de um deles, digamos, sobre dois ou três deles. E ter referências obscuras dentro da quadra para que se possa ver que, sim, ela se refere a essa e àquela pessoa, porque isso aconteceu com essa pessoa e essa outra coisa aconteceu com essa outra pessoa. Mas ambas seguem padrões semelhantes.

D: *Acho que o problema é que nossos especialistas acham que ele está se referindo a um evento e a uma pessoa, e é muito difícil descobrir o que ele quer dizer.*

B: Um problema é que seus especialistas olham para isso a partir do plano físico. Ele diz que entende isso. Principalmente se estiverem escrevendo sob a influência de um evento histórico avassalador. Eles tendem a interpretar todas as quadras em relação a esse evento histórico. Isso é natural e compreensível. É por isso que ele estava tão ansioso para estabelecer essa linha de comunicação, para poder eliminar os preconceitos e equilibrar os pontos de vista sobre as quadras.

D: *Muitas delas não são compreendidas até mesmo depois de acontecerem.*

B: Sim, de fato. Essa é outra razão pela qual ele está querendo dar explicações adicionais em suas traduções.

Decidi fazer algumas perguntas que seriam perguntas-teste. Eu estava tão admirada com esse homem e tão impressionada com essa descoberta que realmente não precisava de nenhuma prova. Já havia sido feita uma grande verificação entre o que Elena disse e o que Brenda estava dizendo agora. Mas ele me disse que não haveria problema em fazer isso para verificar se eu estava falando com a mesma pessoa. Eu estava com um pouco de medo de insultar Nostradamus ao questionar sua validade.

B: Deixe-me explicar essa situação para ele. (Pausa) Sim, ele pede que você continue. Ele me disse que não está duvidando da minha honestidade, que só quer ter certeza de que a comunicação está clara.

D: *Ele usou muitos fatores de tempo para lidar com signos astrológicos em suas quadras. Você sabe alguma coisa sobre isso?*

B: Se eu sei alguma coisa sobre isso? Ou ele sabe?

D: *Bem, ele sabe? Ele pode me dizer alguma coisa sobre como ele definiu os horários em que esses eventos deveriam acontecer, quando usou esses símbolos astrológicos em suas quadras?*

B: Deixe-me perguntar isso a ele. (Pausa longa como se estivesse ouvindo.) A resposta que estou obtendo é em imagens de conceitos e não em palavras. E não tenho certeza se conseguirei explicar claramente o que estou vendo. Em primeiro lugar, entendo que ele vai me mostrar um quadro geral e depois me levar ao específico. Ele diz que - ou melhor, as imagens me mostram que tudo está inter-relacionado. As posições dos planetas em relação ao tempo e assim por diante. E quando digo "tudo", estou vendo uma imagem da nossa galáxia neste momento, e sua posição está ligada ao tempo. A galáxia pode ser dividida em cunhas, assim por dizer, sendo que cada cunha representa um determinado período de tempo. Isso também se aplica à grande amplitude do tempo no sistema solar. E cada uma dessas fatias de tempo é influenciada principalmente pelas vibrações de um determinado corpo celeste. E essas cunhas vêm em uma forma ordenada, uma precedendo a outra. Sempre que ele menciona um determinado corpo celeste, ele está se referindo à faixa de tempo que as vibrações desse corpo permeiam. E como ele surge em uma determinada ordem, isso seria assim por muitos e muitos anos depois da época em que ele está falando, porque haveria outras faixas de tempo entre elas. A linguagem não é suficiente para expressar isso bem. Estou chamando-os de intervalos de tempo porque tudo, toda energia, emana de uma fonte central, e o tempo é um tipo de energia. Todos esses diferentes corpos celestes, em suas diferentes posições, emanam suas próprias vibrações particulares. E suas posições entre si, vistas de fora do sistema solar, bem como vistas de dentro do sistema solar, dão pistas de como eles interagem uns com os outros. E, portanto, afetaria as cunhas de tempo que elas permeiam.

Recebi uma resposta muito mais complicada do que eu esperava quando fiz aquela pergunta. Embora fosse obscuro para mim, quando mais tarde a mostrei a um astrólogo, ele disse que fazia sentido para ele. Ele disse que a descrição usava frases arcaicas, mas que Nostradamus estava definitivamente descrevendo a astrologia. Achei especialmente que a frase "essas cunhas vêm de forma ordenada, uma precede a outra" devia ser um erro. Porque como algo pode preceder depois de algo? Preceder significa ir antes. O astrólogo concordou que isso é correto na linguagem normal, mas na astrologia os planetas parecem preceder uns aos outros. Essa foi a prova de que a mente de um astrólogo, nesse caso Nostradamus, estava transmitindo esse conceito, já que nem Brenda nem eu conhecemos nada além dos rudimentos da astrologia.

D: *Por que os especialistas de hoje têm dificuldade em datar os eventos em suas quadras?*
B: Acho que é porque os conceitos que ele usa são considerados absurdos e, por isso, eles nem sequer os consideram. Ao fazer isso, eles jogaram fora alguns dados vitais que os ajudariam a datar suas quadras.
D: *Outra pergunta que eu queria fazer: existe a possibilidade de que suas quadras estejam erradas? Que algumas delas não tenham se concretizado?*
B: Ele diz que se algumas de suas quadras parecem ser imprecisas, não é porque ele não tenha visto com precisão, mas devido à

inadequação da linguagem para comunicar o que ele viu. Ele diz que esse é o maior obstáculo. A única maneira de algumas de suas quadras estarem erradas é se a humanidade em geral percebesse o caminho que está trilhando e tomasse uma decisão crucial em um cruzamento para seguir um caminho diferente. Isso mudará totalmente a história. O que a tornaria diferente do que ele via como sendo o caminho, da direção que a humanidade já estava seguindo em sua época.

D: Entendo. Então ele acredita que é possível que o homem possa mudar o futuro?

B: (suspiro) Ele espera que sim. Ele diz que essa é a principal razão pela qual escreveu suas quadras. Para que algumas das coisas horríveis que ele viu não acontecessem.

D: O homem poderia ter mudado o futuro em momentos diferentes no passado, entre nossas épocas?

B: Aparentemente, houve algumas pequenas mudanças, mas nada que alterasse o padrão geral.

D: Achei que isso poderia tornar as quadras ininterpretáveis se um evento que ele viu não acontecesse porque o homem teria tomado outro caminho.

B: Isso é verdade. Essa é uma possibilidade. Mas, aparentemente, a essa altura, o padrão principal ainda se mantém.

Eu ainda estava fazendo perguntas de teste.

D: Posso perguntar se você conhece uma pessoa conhecida como Dionísio? (Tive de repetir duas vezes para tentar acertar a pronúncia).

B: Sua pronúncia está bem próxima. Ele é meu aluno. Ele estuda bem. Às vezes tem dificuldade para entender, mas está se saindo bem ao abrir sua mente. E ele se esforça. Portanto, acho que ele é promissor. Ele está se saindo bem em seus estudos de medicina, mas tem um grande interesse em ... metafísica, creio eu. Sim, o comunicador o chama de "metafísico". Em estudos metafísicos. Ele não tem a habilidade natural para isso que eu tenho. Mas descobri que há coisas que as pessoas podem fazer para abrir partes de suas mentes das quais não têm consciência. E, portanto, temos tido sucesso com isso.

D: *Você sabe de onde veio o Dionísio?*
B: (pausa) Não tenho certeza. Seus pais são emigrantes. E ele é de algum lugar fora do país. Ele veio para cá para estudar comigo.
D: *O que você quer dizer com emigrantes? Que eles vieram de outro país ou o quê?*
B: Sim. Estou permitindo que este veículo use palavras de outros tempos se elas se encaixarem. Se o conceito exigir o que você consideraria uma palavra moderna, estou perfeitamente disposto a permitir que o veículo use essa palavra se ela transmitir o que quero dizer. É melhor isso do que tentar falar pelos cotovelos dizendo algo quando já existe uma palavra à mão.

Novamente senti um arrepio frio. Sua descrição de Dyonisus era perfeita demais para ser coincidência.

D: *Você pode me dizer em que cidade está morando? Sei que às vezes isso é difícil.*
B: Sim, está sendo difícil. Estou querendo dizer Paris, mas não acho que seja Paris. É outro grande centro cultural que não fica muito longe de Paris. - Talvez o nome venha. Às vezes, percebo que isso acontece com alguns de meus pacientes. Eles estão tentando pensar em algo que é difícil de lembrar. E, quando começam a falar de outra coisa, essa coisa aparece de repente e eles se lembram dela.

Mais tarde, depois que Brenda acordou e estávamos conversando sobre essa sessão cheia de acontecimentos, o nome "Lyons" surgiu de repente em sua cabeça. (Pronuncia-se: Lions.) Ela o disse sem nenhum motivo específico. Parecendo muito confusa, ela perguntou o que significava. Eu lhe disse que achava que era o nome de uma cidade na França. Poderia ser esse o nome que ele estava tentando lembrar e que realmente surgiu na cabeça do veículo mais tarde, quando ela estava pensando em outra coisa? Uma possibilidade interessante. Além disso, um exemplo de que não estávamos lidando com a parte do cérebro que contém datas e nomes mundanos.

D: *Você já esteve na universidade?*

B: Sim, já, muitas vezes. A cidade em que estou tem uma universidade. A principal universidade fica em Paris. E há uma universidade aqui também, onde se pode estudar ciências, teologia e coisas do gênero. O principal motivo pelo qual vou até lá é para usar a biblioteca.

D: *Você chegou a lecionar medicina em alguma dessas universidades?*

B: Já ministrei cursos lá. Não necessariamente sempre medicina. Às vezes, eles me pedem para dar aulas de filosofia.

D: *Quando nos encontrarmos novamente, ele gostaria de traduzir as quadras ou apenas me dizer o que vai acontecer?*

B: Ele usará uma combinação de ambos, o que vier. Para poder desencadear a comunicação e dar início a ela, ele provavelmente pedirá que você leia uma quadra e ele interpretará. E, em algum momento, ele provavelmente... (risos), ele diz que, conhecendo-o, começará a dar uma palestra sobre o assunto e continuará tagarelando. (Risos) Essa é a palavra dele, "tagarelar". Eu não coloquei isso.

D: *(Risos) Bem, quero que ele fale o que quiser. Estou aqui para ouvir e passar adiante. - Temos muitos, muitos livros de traduções de suas quadras e notei que nenhum deles parece concordar. É isso que torna as coisas difíceis.*

B: Sim. Ele diz para encontrar uma interpretação com a qual você se sinta confortável, assim será mais fácil comunicar os conceitos. E se os conceitos não forem os mesmos que ele estava tentando apresentar, então ele lhe dirá o que estava tentando dizer, que talvez tenha se perdido na interpretação. Ele diz que se você se sentir mais confortável lendo em voz alta em inglês, tudo bem, pois estarei comunicando os conceitos do que você disser em inglês. E ele verá como eles se comparam aos conceitos em que ele estava pensando, embora estivesse escrevendo em francês.

D: *Certo, porque eu não entendo francês. Ao comparar vários livros, percebi que o inglês é diferente em cada um deles, de acordo com quem fez a tradução.*

B: Sim. É por isso que ele está querendo lidar com os conceitos e não está preocupado com o idioma com o qual estamos lidando.

Eu tinha medo de que alguns deles tivessem sido tão alterados que ele não fosse capaz de reconhecê-los.

B: Ele diz que está intimamente familiarizado com todas as suas quadras. Ele está ciente de como alguns conceitos podem ter sido distorcidos. Portanto, quando você ler uma quadra e eu enviar os conceitos, se parecerem semelhantes a uma quadra que ele escreveu, ele falará sobre essa quadra. Mas se não parecerem familiares, ele pode pedir que você leia em francês para ajudá-lo a se concentrar na quadra específica.

Essa ideia certamente não me agradou, pois não sei francês. Perguntei se seria possível que ele se concentrasse no livro de alguma forma.

B: Não tenho certeza de como isso pode ser feito.

Protestei: "Mas eu não consigo pronunciar as palavras em francês". Ele não estava disposto a me deixar escapar tão facilmente.

B: Bem, ele me disse que o francês mudou. Quando estão lendo, os franceses da sua época deixam muitos sons de fora. Mas na época dele, a maioria dos sons era pronunciada. Os franceses de sua época deixam de fora muitas consoantes e pronunciam as vogais juntas. Ele diz que é só ir em frente e pronunciá-las. Deixe suas vogais puras e pronuncie-as da forma como estão escritas. E mesmo que pareça atroz para ele, ele saberá o que você está dizendo.
D: *(risos) É isso que estou pensando. Tenho medo de que soaria atroz.*
B: Ele não se importa. Se seu corpo físico estivesse aqui, ele estaria pulando para cima e para baixo neste momento. Ele diz que não se importa. Ele quer transmitir os conceitos.
D: *Suas quadras não eram totalmente em francês, eram?*
B: Não, há algumas influências latinas. - Ele diz: "Vou avisá-lo. Talvez eu me emocione em algum momento com algumas das coisas que fizeram com minhas quadras. Mas tentarei manter isso sob controle porque esse é o meu veículo para desfazer o que eles

fizeram e, portanto, vou tirar o máximo proveito disso e tentar me comunicar. É muito importante que a mensagem seja transmitida.
D: Apenas prometa que não vai ficar com raiva do meu francês mal-educado. (Risos)
B: Não, não vou ficar com raiva do seu francês. Simplesmente ficarei com raiva das editoras, dos editores e dos tradutores.
D: Seria bom se eu encontrasse alguém que soubesse francês para ler para você.
B: Acho que isso não adiantaria muito, pois o idioma muda com o passar dos séculos. E o francês deles também soaria muito ruim para mim.

Parecia que eu não ia conseguir sair dessa.

D: Tudo bem. Então, na próxima vez que nos encontrarmos, eu lerei em inglês. E se você não conseguir entender, tentarei o francês como último recurso.
B: Sim. Acho que deve funcionar em inglês. Esse veículo que estamos usando está familiarizado com o idioma inglês. E, no meu ponto de vista, estamos lidando com conceitos mentais. Então, se você ler em inglês, o veículo será capaz de captar os conceitos do que está sendo comunicado e mostrá-los para mim. E se os conceitos não forem exatamente o que eu estava querendo transmitir, darei ao veículo os conceitos que eu quis dizer. Então, o veículo lhe dará os conceitos em inglês, já que estamos lidando com conceitos aqui, e o veículo normalmente traduz os conceitos para o inglês ou alemão sempre que está se comunicando. E se eu decidir que quero acrescentar outros conceitos, começarei a dar aulas, por assim dizer.
D: Eu me sentiria muito mais confortável com isso. - Além disso, você usou palavras que chamamos de anagramas. Por que você fez isso?
B: Eu geralmente usava anagramas sempre que escrevia sobre algo politicamente sensível.
D: De sua época ou de outras épocas?
B: Ambos. Eu usava alguns dos anagramas porque eles eram politicamente sensíveis em minha época e seria um pouco deselegante usar palavras diretas. E na minha época, você

entende, os nobres têm muito poder. Eu não gostaria de irritá-los comigo, pois eles poderiam me prender e eu não poderia escrever mais quadras. Portanto, estou disposto a ir até certo ponto para disfarçar o que escrevo, desde que seja escrito. Agora, em algumas das outras quadras, uso anagramas porque o assunto é muito sensível para a época a que se refere. Não seria bom para o público em geral saber sobre o que estou escrevendo, pois poderia causar pânico ou algo assim. Portanto, uso anagramas para que aqueles que têm conhecimento sobre essas coisas possam entender. Porque aqueles que têm conhecimento geralmente estão em posição de fazer algo a respeito.

D: *Acho que ele pode estar ficando cansado. A principal coisa que eu queria fazer hoje era restabelecer esse contato.*

B: Sim, ele concorda que esse tempo de comunicação está chegando ao fim. Seu controle e concentração estão oscilando e ele observa que o veículo que está sendo usado também está ficando cansado.

D: *Isso é o máximo que faremos em um único momento. (Cerca de uma hora.)*

B: Ele diz que está tudo bem. O tempo não tem sentido nesse lugar. Ele poderá espaçar os encontros em um ritmo que possa suportar. A quantidade de tempo que se passa do lado dele não será necessariamente a mesma quantidade de tempo que se passa do lado de vocês. E ele considera que, do ponto de vista dele, será ele quem iniciará a comunicação. Basicamente, ele fará o que fez esta noite para entrar neste local de encontro especial. E ele sabe que quando chegar aqui, você estará aqui. Embora possam ter se passado duas ou três semanas do lado dele, pode ser apenas um ou dois dias do seu lado. Mas isso não importa. Ele sabe que poderá encontrá-lo aqui para se comunicar. Diga ao veículo para ir ao local de encontro especial e pensar no espelho, pois isso ajuda a abrir o caminho. Imagine o espelho e a sala em que ele estará e imagine-o mentalmente entrando. Isso ajuda a preparar a energia para atraí-lo. Da forma como essa dimensão é configurada, quando o veículo pensa que ele está no espelho para entrar em contato com você, de alguma forma isso acontece automaticamente no momento em que ele está pronto para entrar em contato com você.

Fiquei imaginando o que aconteceria se ele estivesse esperando para entrar em contato conosco em um momento em que não estivéssemos trabalhando. Eu certamente não gostaria de imaginá-lo esperando ali em vão e ficando impaciente. Esse procedimento parecia estranho, mas aparentemente o contato seria feito automaticamente. Tudo nessa situação era estranho, então não fazia sentido questionar a plausibilidade ou a lógica dela.

D: *Então, na próxima vez que nos encontrarmos, começarei a ler algumas das quadras. Devo escolhê-las aleatoriamente ou o quê?*
B: Ele não tem certeza. Está ficando mais difícil para ele se comunicar porque precisa voltar. Ele disse que vamos esclarecer isso na próxima vez. Ele está voltando agora e retornou ao seu corpo. Ele está em seu laboratório agora. Ele se sente profundamente exausto, mas muito satisfeito. Ele lhe envia sentimentos calorosos.

Eu também não queria cansá-lo. Eu disse a ele que estava com medo de que o contato fosse interrompido quando Elena fosse embora e pensei que não houvesse nenhuma maneira possível de entrar em contato com ele novamente.

B: Ele ainda tem o espelho aberto, embora tenha retornado ao seu corpo. Ele transmite o conceito de que, quando se trata de metafísica... bem, ele me deu permissão para usar uma frase coloquial aqui. (Risos) Há mais de uma maneira de esfolar um gato. Ele diz que, se essa maneira não tivesse funcionado, ele teria descoberto outra maneira e isso teria sido muito mais difícil para ele. Mas ele esperava que essa maneira funcionasse porque era a maneira mais fácil para ele e, possivelmente, para você também.
D: *Sim, porque esse é um veículo muito bom, um canal muito claro.*
B: Sim. Ele percebeu isso. Ele disse que queria encontrar um veículo que fosse instruído o suficiente para ter um bom vocabulário, que pudesse ser usado para comunicar os conceitos da maneira mais sucinta possível.
D: *Acredito que foi um pouco assustador para o outro veículo. Foi um pouco assustador. Ela achou que era uma grande responsabilidade a ser assumida.*

B: Isso é verdade. Ele acha que a mentalidade desse veículo será capaz de lidar com isso porque é uma mente muito ansiosa e aberta. Ansiosa para aprender coisas novas e buscar conhecimento. Ele diz que quanto mais esse método de comunicação for usado, mais fácil ele se tornará. É como um cachimbo bem amado, quanto mais for fumado, melhor funcionará.

D: *No tempo que nos foi concedido, tentaremos obter todas as informações sobre as quadras que ele quer nos dar. Depois, cada um de nós poderá cuidar de seu próprio negócio e ele sentirá que cumpriu uma missão.*

B: Sim. Ele diz que isso pode levar algum tempo. Ele não tem certeza de quanto tempo levará. Mas está preparado para dedicar o tempo que for necessário para fazê-lo, desde que haja um veículo de comunicação para usar. Ele diz que sabe que você provavelmente tem outros projetos em andamento com esse veículo e outros veículos. E que fique à vontade para continuar com eles, pois ele continuará com seus outros projetos. Ele quer manter uma comunicação próxima com você para continuar trabalhando nesse projeto, pois ele é de importância vital. Mas ele sabe que não deve ... "monopolizar o veículo", acho que é o conceito. Ele está fazendo seu encerramento... Vou dizer "ritual", antes de retornar a um estado normal de consciência.

D: *Eu também estou preparado para dedicar o tempo que for necessário a isso, e realmente acho que podemos fazer isso. Sinto-me muito confiante agora e agradeço a você (o veículo) por fazer isso também.*

B: O prazer é todo meu. Eu admiro esse homem há bastante tempo. De qualquer forma, esses assuntos me interessam. E a vida em que esse veículo está atualmente, ela também esteve muito envolvida com essas coisas. Portanto, isso também será interessante para ela. Sinto-me honrado por ter sido escolhido para uma tarefa tão importante.

Eu lhe disse que ela poderia voltar ao seu lindo lugar, mas ela chegou antes de mim e já estava lá, mais uma vez apreciando o riacho de cristal e a cachoeira musical.

Conversas com Nostradamus, Volume 1

B: Acredito que, da próxima vez, se você pedir para ir ao local de encontro especial, tudo dará certo, pois esse local não está ligado à roda da vida. Isso me pegaria automaticamente, ou seja, essa entidade, entre os ciclos de vida.

Depois que Brenda despertou, antes que eu lhe contasse qualquer coisa sobre a sessão, eu queria saber do que ela se lembrava conscientemente. Ela continuava vendo um vidro ou espelho estranho. Pedi a ela que o descrevesse.

B: Vou tentar dar as medidas também. Vejo uma forma oval, eu diria que tem cerca de 14 polegadas de comprimento e cerca de ... quatro e meia, cinco polegadas de largura. (Ela estava fazendo as medidas com as mãos.) Uma forma oval de ... Quero chamá-lo de "vidro", mas não tenho certeza. É como se fosse uma superfície entre duas dimensões. Um lado desse vidro está em nossa dimensão e esse lado parece um pouco branco leitoso. E quando você o vira e vê o outro lado, que está conectado com a outra dimensão, não vê nada, um vazio, preto. Talvez, ocasionalmente, um pouco de brilho se a luz incidir corretamente. Mas não há nada ali porque o outro lado do vidro não está nesta dimensão. Como uma janela ou uma porta ou algo assim. E vejo o rosto de um homem meio que flutuando, suspenso, sem um fundo específico.

D: É um rosto agradável?

B: Ele é bonito. Realmente é, é bonito. Sua testa é meio reta e o cabelo fica para trás da testa. Ele tem uma barba e um bigode que são fluidos e muito bonitos. E tem olhos penetrantes. Parece que eu o associo a algum tipo de laboratório, coisas desorganizadas, instrumentos, coisas desse tipo. Mas a principal coisa que me fascina pessoalmente é o conceito desse oval de vidro, seja lá o que for, com duas dimensões. Não sei que tipo de tecnologia ou conhecimento produziria tal coisa, mas é interessante tentar conceber a civilização que teria instrumentos como esse. (Risos) Eu mesmo não me importaria de ter um desses aparelhos.

Em seguida, revelei o que havia acontecido. Disse a ela: "Acabamos de fazer o impossível!" Expliquei a Brenda sobre minha experiência com Elena e todas as complicações que me levaram a querer fazer esse experimento com ela. Ela estava muito animada e queria continuar trabalhando nisso. A única coisa que ela se lembrava de ter lido sobre Nostradamus era um livro antigo sobre suas profecias, impresso após a Segunda Guerra Mundial, no qual tentavam associar todas as suas quadras à guerra. Ela se lembrava de ter pensado na época que isso era uma bobagem, porque muitas delas não pareciam se aplicar realmente à guerra, mas tinham sido esticadas pelo tradutor para se encaixar.

MINHAS EMOÇÕES APÓS ESSA SESSÃO variaram desde a incredulidade, porque eu achava que o projeto era impossível de ser realizado, até a admiração, o êxtase e a alegria com a realização e o avanço reais. Senti que se isso pudesse acontecer, então realmente nada era impossível. Nada poderia nos deter agora, pois tínhamos conseguido transcender as barreiras e os limites do tempo e do espaço. Eu sabia que teríamos permissão para retornar várias vezes, quantas vezes quiséssemos, para buscar e encontrar o conhecimento oculto. Eu não conseguia nem mesmo conceber ou imaginar que aventuras e percepções maravilhosas poderiam estar reservadas para nós além do portal do espelho mágico.

CAPÍTULO 8

HOMEM MISTERIOSO

EU NÃO TINHA OUVIDO NADA DE ELENA desde sua partida. Depois dessa tremenda descoberta, escrevi para ela para contar sobre os fantásticos acontecimentos. Também queria que ela soubesse que agora estava "livre". Ela não precisava se sentir mais responsável por esse projeto. Cheguei à conclusão de que o papel dela em tudo isso foi o de atuar como uma ponte, um catalisador para dar início a tudo isso.

A carta de resposta dela continha a seguinte revelação: "Eu sabia, poucas semanas depois de deixá-la, que eu tinha terminado essa parte do projeto. Mas eu tinha um conhecimento interno de que as coisas continuariam, mesmo que o meu lado intelectual não entendesse. Sei que tenho que fazer o retrato; tenho visto o rosto dele cada vez mais em minha mente".

A foto chegou algumas semanas depois. Por alguma razão, ela o viu usando um gorro de lã que estava puxado para baixo sobre as orelhas. Ela disse que era um retrato difícil de desenhar e que não estava totalmente satisfeita com ele. Sua principal decepção foi o fato de achar que não havia reproduzido a intensidade dos olhos dele. Quando Brenda o viu, disse que estava muito próximo da forma como ela o imaginava em sua mente. Independentemente de ser totalmente exato ou não, ainda é uma conquista notável o fato de Elena ter conseguido reproduzir o retrato de um homem que está morto há 400 anos.

Em vez disso, eu deveria dizer "assim chamado" morto porque, quando comecei a conversar com ele regularmente, a palavra "morto" jamais o descreveria. Para mim, ele se tornou muito vivo e demonstrou todas as várias emoções misturadas que nos transformam em seres humanos individuais. Em momentos diferentes, ele ficava irritado, impaciente, preocupado ou intenso. Muitas vezes, ficava irritado com a forma como os intérpretes traduziam suas quadras. Em outros momentos, ele transmitia um senso de humor genuíno. Nesses momentos, ele brincava conosco e até mesmo se tornava agressivo. Ele tinha uma personalidade e tanto. Ele também era muito humano. Eu sabia o tempo todo que estava me comunicando com um ser humano vivo e físico e não com um espírito. Ele também foi muito enfático ao insistir que estava bem vivo, que eu não estava falando com os mortos. Esse ponto era muito importante para ele. Ele queria muito que eu entendesse isso. Que ele simplesmente tinha esse talento incomum que lhe permitia ver o futuro e, assim, comunicar-se comigo. Isso significa que a teoria do tempo simultâneo ou paralelo é um fato? Deixarei que outros tentem explicar o como, o porquê e a lógica disso. Tentarei apenas realizar o projeto que ele me designou.

EU QUERIA SABER MAIS sobre Nostradamus e, por isso, sempre fazia perguntas sobre sua vida. Vou colocá-las todas juntas aqui, fora de contexto.

D: Ele se importaria se eu lhe fizesse algumas perguntas sobre sua vida?
B: Ele diz que responderá às perguntas que puder. Como ainda não chegou ao fim de sua vida, ele não sabe a história completa.
D: (Risos) Mas estou interessado na parte inicial. Ele deveria saber sobre isso. - Uma das coisas que as pessoas sempre se perguntaram é como você conseguia realizar suas curas médicas. Como conseguia controlar a dor, o sangramento e coisas assim. Pode compartilhar isso comigo?
B: Depende da maneira que eu uso. Às vezes, uso meios físicos e, às vezes, meios mentais. Parece que eu acho que isso... seja lá como você queira chamar, até onde sou capaz de ver as coisas que vão acontecer. Às vezes, isso traz efeitos colaterais, energias invisíveis que podem fazer outras coisas, como amortecer a dor ou suprimir o sangramento. No que diz respeito aos meios físicos, muitas vezes uso esse talento para isso também. Se eu colocar minha mente em um determinado estado, posso ver as energias vitais que fluem pelo corpo. Se houver um ponto em que elas não estejam fluindo como deveriam, se você pressionar esse local ou esfregá-lo ou usar outros tipos de manipulação para que elas voltem a fluir livremente, muitas vezes isso ajuda a eliminar a dor. Normalmente, uso uma combinação de formas físicas e mentais

para controlar a dor nas operações. Uma coisa que faço é muito eficaz. Faço com que o paciente me ajude com isso. Também o coloco em um estado de espírito adequado, de modo que ele não sinta a dor. Como ele não está sentindo a dor, e eu o ajudo com minha mente e pressiono os locais que consigo ver que ajudarão a controlar a dor, isso mantém a dor em um nível mínimo para que eu possa operar sem que os nervos do corpo sofram um choque.

D: *Essas são coisas que os outros médicos não sabem, não é?*

B: Não, eles não têm esse talento que eu tenho. Além disso, todo mundo é muito ignorante sobre o que a mente é capaz de fazer. Tenho conduzido experimentos para descobrir o que a mente pode fazer. Essa é uma das coisas que tenho feito com meus alunos. Esses estudos que fazemos com a mente são, de certa forma, médicos e metafísicos ao mesmo tempo. Esses estudos são muito populares entre meus alunos.

D: *Entendo por que isso acontece. Mas os outros médicos não se perguntam como você é capaz de fazer essas coisas?*

B: Eles se perguntam, mas sempre que tento explicar a eles, suas superstições atrapalham e eles imediatamente começam a gritar "bruxaria". Então, eu não me incomodo. Apenas sorrio, encolho os ombros, franzo uma das sobrancelhas e deixo que se perguntem. E minha reputação cresce.

D: *Achei que eles tentariam imitá-lo, copiá-lo de alguma forma, se soubessem.*

B: Eles não sabem o que fazer para me copiar.

D: *Eles não poderiam aprender isso observando você?*

B: Não. Muitas vezes, no início de uma operação, eu olho fixamente nos olhos do paciente para colocá-lo no estado de espírito adequado. Não sei realmente por que sou capaz de fazer isso, mas sou. E eles (os médicos) aparentemente não conseguem concentrar seus olhos o suficiente para fazer isso.

D: *Achei que se eles o ouvissem falando com o paciente, saberiam que você estava fazendo alguma coisa.*

B: Eu murmuro para o paciente, mas eles, os médicos, geralmente não estão perto o suficiente para ouvir o que estou dizendo.

D: *O que você diz ao paciente?*

B: Ah, depende da situação. Em geral, eu digo coisas boas. Por exemplo, que eles estão se sentindo bem, que é muito agradável, que não têm motivo para ter medo, que tudo vai ficar bem e que eles ficarão bem depois, e coisas assim.

Lembrei-me de que Dionísio disse que esses eram tempos perigosos e que eles tinham de ter muito cuidado por causa da Inquisição.

D: *Sempre achei que um homem tão poderoso como você não correria perigo. Eu o considero poderoso de qualquer forma, com todo o seu conhecimento.*

B: Sou respeitado porque sou instruído e porque minha medicina - meu trabalho como médico - funciona. Sou respeitado porque sou considerado conhecedor. Sou um homem bem-educado e completo. Mas isso não me dá a influência política de que preciso para garantir que eu não corra nenhum perigo. Nasci de pais simples. Não tenho títulos. Na época em que vivo, as pessoas nobres tinham um poder muito real e acreditavam sinceramente que o rei era Deus, ou próximo a Deus, porque o rei tinha poder absoluto. E é assim que funciona. Além disso, em minha época, a igreja é extremamente poderosa. E tenho de tomar cuidado com isso também. Porque a igreja pode exercer poder político suficiente para fazer com que reis e nobres façam o que quiserem em determinadas situações. Portanto, minha tarefa é muito importante. Não estou me exibindo ao dizer isso. Deveria ser óbvio para qualquer pessoa que minha tarefa é vital. Caso contrário, por que eu teria essa habilidade que tenho? Eu a tive durante toda a minha vida. Não pedi por ela. Ela estava lá e, portanto, deve estar lá com um propósito. Deus trabalha de maneiras misteriosas, e essa é uma de suas maneiras mais misteriosas, suponho. Portanto, vou fazer o máximo que puder, o melhor que puder, para ajudar a humanidade em geral.

Nostradamus raramente falou em primeira pessoa depois disso. As informações eram transmitidas por Brenda em terceira pessoa.

D: *Nostradamus pode nos dar alguma informação sobre cura que possa ser aplicada em nosso tempo atual?*

B: Sim, ele pode. Ou seja, ele pode tentar explicar algumas das coisas que ele faria. Se você achar que elas são aplicáveis, pode aplicá-las. Ele diz que muitas das técnicas físicas que usa foram obtidas de coisas que viu em tempos futuros. E ele dizia: "Ah! Eu mesmo posso fazer isso agora. Talvez não seja aceito pelos meus colegas, mas posso ir em frente e fazer, e isso ajudará as pessoas. E eu vou ajudar as pessoas o máximo que puder". A maioria desses procedimentos não são necessariamente complexos, mas apenas coisas que ajudam a aumentar suas chances de salvar alguns de seus pacientes. Entretanto, por ser tão forte psiquicamente, ele diz que é capaz de ver mentalmente o que está errado para saber o que tratar. Ele usaria muita energia positiva com a pessoa e faria com que ela o ajudasse, imaginando-se sem o problema. Ele os fortaleceria e os ajudaria a desenvolver confiança em si mesmos e no que ele está fazendo. Ajudar os campos psíquicos a serem propícios tanto para os aspectos físicos quanto para os mentais e emocionais da cura.

Mesmo que Nostradamus não o chamasse assim, ele estava obviamente praticando uma forma avançada de hipnose combinada com a acupressão e a capacidade de ver os pontos fracos da aura. Parece que ele era um metafísico natural tão avançado que também tinha outros talentos que usava sem perceber exatamente como ou por que estava fazendo isso.

D: Ele costuma usar a cor como um fator de cura?
B: Sim, muito. Ele diz que uma das coisas que fazia para ajudar a criar a atmosfera certa era demonstrar as cores da luz para o paciente usando um prisma. Ele demonstraria como o que aparenta ser luz branca que tem outras cores. Apontava uma das cores para o paciente e pedia que ele imaginasse que estava diante de uma luz dessa cor que brilhava sobre ele. Qualquer que fosse a cor necessária para o resultado desejado para ajudar a equilibrar seus campos psíquicos.
D: Ele está ciente do método que estou usando para contatá-lo?
B: Ele diz que não sabe especificamente, mas tem a forte sensação de que é semelhante a alguns dos métodos que ele usa para curar.
D: Sim, o método é chamado de "hipnose" em minha época.

B: Ele diz que já usou esse método para ajudar a diminuir a dor das pessoas.

D: *Ele também é usado para isso em nossa época. Mas também tem muitos outros usos.*

B: Ele diz que é muito maravilhoso. É uma ferramenta útil e ele está feliz por não ter se perdido ao longo dos tempos.

D: *Ele pode saber como usá-la melhor do que nós e pode ter usos para ela que eu desconheço. Mas descobri esse método de usá-lo para contatar pessoas através do tempo. É trabalhar com a mente e a mente é uma criação maravilhosa.*

B: Ele diz que realmente não há limites para o que pode ser feito com a mente.

D: *É uma pena que os outros em sua época não possam aprender essas coisas, pois isso tornaria tudo muito melhor.*

B: Eles poderiam aprender, mas não o fazem. - Nesse ponto, sinto uma grande tristeza em Michel de Notredame. Ele sabe que há muitas coisas que seu povo poderia fazer para melhorar sua situação. Mas eles não fazem ou não podem fazer porque não sabem ou não conseguem lidar com o conhecimento, ou simplesmente são mantidos na ignorância. Isso o entristece muito.

D: *Sim, é a época em que ele vive e não temos controle sobre isso. - Eu queria saber onde ele aprendeu a fazer essas coisas. le recebeu treinamento de alguém?*

B: Ele diz que sempre foi um pouco estranho e que as visões do futuro estavam sempre com ele. Ele olhava para as coisas e para as pessoas e via sobrepostas a elas visões de como seria para elas. E percebeu que poderia usar esse dom para ajudar as pessoas. Então, ele começou a tentar buscar conhecimento e treinamento. Ele diz que não havia muito o que encontrar. A maior parte do que ele faz ele descobriu por conta própria. Ele havia descoberto que conseguia se concentrar bem se olhasse fixamente para a chama de uma vela. Então, ele pensou que seria ainda melhor se usasse uma lamparina para queimar álcool ou algo semelhante, para criar uma chama mais pura.

D: *As pessoas pensaram que talvez ele tivesse viajado e aprendido essas coisas com grandes professores em outros países.*

B: Ele diz que estudou com alguns professores, mas não tanto quanto se pensa. A maioria dos ensinamentos que recebeu foi de grandes professores de outros planos. Ele diz que, às vezes, quando meditava, recebia conhecimento. - Mas ele parece estar um pouco confuso quanto à origem do espelho. Ele diz que não tem certeza de como isso aconteceu. Ele parece pensar que um ser de algum outro plano ou outra dimensão o concedeu a ele para que pudesse fazer contato entre planos diferentes.

D: *Eu me perguntei como ele encontrou isso.*

B: Ele diz que não a encontrou. Um dia, ele estava meditando e viu um ser diante dele, conversando e ensinando. O ser lhe disse que ele seria capaz de entrar em contato com ele e com outros planos sempre que quisesse. E Nostradamus perguntou: "Como? Ainda não sou tão disciplinado". E o ser disse: "Você saberá quando voltar à consciência normal". Quando ele voltou à consciência normal, o espelho estava diante dele.

D: *Então, ele realmente não sabia de onde tinha vindo.*

No início de uma sessão, ela anunciou:

B: Ele teve um pouco de dificuldade para chegar ao local do encontro dessa vez, mas ele acha que os problemas dele não devem interferir no que ele quer fazer com você.

D: *Por que ele teve problemas?*

B: Não tenho certeza se ele sabe. Ele suspeita que pode ter algo a ver com o fato de alguns céticos o estarem questionando. Eles estão lançando forças e influências negativas que interferem no que ele está tentando fazer. Ele diz que os céticos são tão eternos quanto às ervas daninhas e tão viáveis quanto elas. A essa altura, ele apenas bufou e balançou a cabeça.

D: *Eles o estão questionando sobre seu trabalho médico ou sobre seu trabalho com essas profecias?*

B: Ambos.

D: *Eu entendo, porque às vezes também recebo feedback negativo. Provavelmente não consigo entender a posição dele, mas tento.*

B: Ele aprecia sua compreensão, mas diz que você precisa entender que ele tem de lidar com muito mais ignorância do que você jamais teve de tentar conceber. Ele diz que alguns tipos de ignorância são os mesmos ao longo dos séculos e que outros mudaram, mas a vida é assim.

D: *Ele já correu algum perigo por parte da igreja por causa das coisas que faz?*
B: Ele diz que houve algumas ameaças. A Igreja tenta manipulá-lo e fazer com que ele cumpra suas ordens. Mas ele diz que conseguiu ser mais esperto do que eles e ser ele mesmo.
D: *Eles tentaram fazer com que ele previsse coisas para a igreja?*
B: Eles tentaram fazer com que ele não publicasse certas previsões. Tentaram encurralá-lo com algumas de suas previsões, tentando fazer parecer que ele havia cometido heresia. Tentaram suborná-lo e chantageá-lo com dinheiro. E tentaram fazer com que ele alterasse certas previsões para atender às suas necessidades. Ele diz que a igreja não é uma instituição religiosa. É uma das maiores instituições políticas do mundo. Então, eles realmente - ele pegou emprestada uma frase minha nesse ponto. Ele diz que eles não se importam, não dão nem um figo. Quando viu essa frase em minha cabeça, ele me perguntou o que era um figo. (Risos) A igreja não dá a mínima para os aspectos religiosos. Ele diz que eles usam isso para ajudar a fazer a manipulação política. E eles fazem isso para que as coisas fiquem de acordo com a conveniência deles.
D: *Ele quer dizer que eles podem tentar mudar as quadras?*
B: Sim, isso também. Ele diz que, já que estão querendo mudá-las de qualquer forma e não serão pegos tentando, ele sabe que, se ele as escrever da forma como as escreve, elas não farão muito sentido para os padres e outros que as lerem. Portanto, eles não saberiam onde alterá-las da maneira que desejam.
D: *Muito inteligente. Mas algumas delas podem ter sido alteradas. É isso que estamos tentando descobrir.*
B: Ele diz que, até onde sabe, os padres nunca foram muito eficientes em alterar suas quadras. Algumas das mudanças que ocorreram foram devidas a uma má configuração do tipo, em vez de erros deliberados. Ele está apenas presumindo que sabíamos que também houve alguma tradução ruim.

Ele diz que sempre que está visualizando o futuro, os lugares onde nada de muito importante está acontecendo parecem ser lisos como seda. Mas os lugares em que algo de grande importância está acontecendo parecem um franzido no tecido. - Um franzido no tecido com todos os fios emaranhados. Isso chama sua atenção, e ele olha mais de perto para ver o que é. Ele tem vislumbres do que está acontecendo por meio dos vários laços e nós dos fios que estão emaranhados no tecido. E os eventos que são maiores fazem uma bagunça maior e, portanto, é mais fácil identificá-los. Esse é outro motivo pelo qual muitas de suas quadras têm a ver com coisas de partir o coração, como a guerra. Porque elas são muito óbvias e, às vezes, é difícil andar por esses lugares no tempo sem passar por alguns deles para ver o que está acontecendo. Ele diz que é difícil explicar, mas tentará de tempos em tempos, como agora, explicar o que acontece quando ele olha para o tempo.

D: *A tradutora do livro que estou usando diz que tem a ideia de que ele escreveu as quadras primeiro em latim. Que elas estavam em latim na forma original antes de ele colocá-las em francês. Isso é verdade?*

B: Ele diz que, do jeito que a situação estava, sua consciência seria como uma lousa em branco para ser escrita e as palavras apareceriam para ajudá-lo a decifrar os conceitos que ele estaria vendo. Na época, ele não tinha consciência do idioma em que as palavras estavam escritas até que já as tivesse escrito. Muitas vezes, elas estavam em latim, mas nem sempre. Depois, ele as traduzia para o francês, pois estava escrevendo para as pessoas comuns e não para o clero.

D: *Então ele não estaria realmente consciente de nada que tivesse escrito até sair do transe?*

B: Isso é verdade. Ele diz que, enquanto estava em transe, tinha controle sobre suas mãos para escrever, mas não sabia por que estava escrevendo. As forças do além do espelho estariam guiando sua mão. Quando ele voltava, sabia o que tinha visto, mas não sabia o que tinha escrito.

D: *Então, o quebra-cabeça em que ele as colocou foi feito enquanto ele estava em transe ou enquanto estava consciente?*

B: Enquanto ele estava em transe.

D: *Então, ele não inventou esses quebra-cabeças conscientemente.*

B: Não. Ele diz que era capaz de fazer isso e, muitas vezes, fazia sua correspondência particular dessa maneira, mas não era tão complexa quanto a que era feita enquanto ele estava em transe. Quando ele saía do espelho, dizia que ficava surpreso com a complexidade do quebra-cabeça. Ele saberia todos os significados, as graduações de significados e as sutilezas envolvidas no que havia visto. Mas ele diz que há algum outro elemento, além de sua mente consciente, que é melhor em manipular as palavras nesses quebra-cabeças. Ele diz que, quando está em transe, vê várias coisas, uma cena após a outra. E quando voltava a si, às vezes apenas uma quadra havia sido escrita. E ele percebia que, embora tivesse visto vários eventos diferentes, todos estavam relacionados àquela quadra.

D: *Elas são tão complicadas que parecem estar além da capacidade de uma pessoa comum. Seria preciso ser um mestre em montar quebra-cabeças. Agora posso entender um pouco mais as dificuldades que o ser humano comum tem ao tentar decifrá-las.*
B: Isso é verdade. Ele diz que esse é o motivo da importância desse projeto. Ajudar algum ser humano a restabelecer contato com aquele aspecto da existência que poderia ajudar a interpretar essas quadras.

Esse pareceu ser um caso notável de escrita automática. Muitas pessoas são capazes de fazer isso tanto acordadas quanto em transe e, muitas vezes, o indivíduo recebe coisas que lhe são completamente estranhas. Tem-se argumentado que é simplesmente o subconsciente da pessoa em ação e não uma entidade separada manipulando sua mão. Pode-se debater sobre o que está ocorrendo no caso de Nostradamus.

D: *Ao longo da história, algumas vezes diferentes governantes tentaram mudar alguns dos significados para dizer que ele estava prevendo coisas sobre eles.*
B: Sim. Ele ri e diz que esse é um jogo comum entre os governantes dos homens.
D: *Seus quebra-cabeças, os anagramas e os diferentes significados das palavras também criam problemas.*
B: Ele diz que essa é uma das razões pelas quais ele está feliz por poder iniciar esse projeto.

Isso é verdade. Ele realmente deu início a ele. A ideia nunca teria ocorrido a mim. Fiquei muito surpresa quando ele começou a falar comigo por meio da Elena.

B: Ele diz que sabia que você ficaria, mas sabia que você estaria aberta à comunicação, o que foi uma vantagem para ele.

D: *Sim, por causa da minha curiosidade, eu não deixaria passar uma chance como essa. (Risos) Ele escolheu uma pessoa curiosa.*

B: Ele diz para dar a ele uma pessoa curiosa em qualquer dia da semana em vez de uma pessoa segura de si. Porque quem é seguro de si mesmo se fecha e é presunçoso porque já sabe tudo. Mas a pessoa curiosa diz: "Posso saber bastante, mas sempre há mais para aprender e quero saber o que faz algo acontecer".

D: *Então ele me entende.*
Por que é tão importante para ele que essas quadras sejam traduzidas corretamente em nossa época?

B: Ele diz: de que adianta uma profecia se as palavras estão erradas? Uma profecia deve ser exata para que tenha algum valor. Quando você prevê o futuro, profetiza para ajudar as pessoas envolvidas, como isso pode ser útil se elas não souberem realmente o que você está tentando dizer? Se elas não ouvirem a advertência como ela realmente foi redigida, como poderá ser feito algo a respeito?

D: *Isso é verdade. Como suas quadras são tão obscuras, a maioria de suas profecias não são compreendidas até que aconteçam, e aí já é tarde demais.*

B: Ele apenas arqueou a sobrancelha, meio que sorriu e disse: "Bem, sabemos quem é o culpado por isso". Acho que ele estava se referindo à Inquisição ou à igreja. - Ele disse que um dos problemas era que as coisas que ele estava tentando descrever estavam muito além do conhecimento da humanidade, e ele só tinha um vocabulário limitado para descrevê-las. Elas estavam tão além do conhecimento das pessoas que elas só reconheciam o que ele estava tentando descrever depois de terem visto, porque ele descreveu muitas coisas nunca antes conhecidas pela humanidade. Portanto, eles não terão como reconhecê-las até que já sejam conhecidas pela humanidade.

D: *Sim, e então eles dizem: "Foi isso que ele quis dizer". Mas isso também se aplica à Bíblia. Ela teve de ser escrita em símbolos porque às vezes as coisas que eles viam eram muito difíceis de entender.*

B: Sim. Ele aponta um profeta menor no Antigo Testamento, e meio que ri disso. Ele diz que esse profeta menor também previu algumas das coisas que ele previu, no que diz respeito às conquistas tecnológicas. Por alguma razão, ele acha isso divertido.

D: *Quem é o profeta menor?*
B: O nome Zephaniah me chamou a atenção. Existe um Zephaniah?
D: *Acho que sim. É claro que algumas de suas coisas podem ter sido removidas da Bíblia.*
B: Isso é verdade.

Achei que ele poderia ter se referido a Zacarias. Eu achava que nunca tinha lido um livro chamado Zephaniah. Mais tarde, quando o pesquisei, descobri que consistia em apenas algumas páginas. Era uma longa história de destruição em massa, aparentemente provocada pela ira de Deus.

D: *Avise-me se ele estiver ficando cansado.*
B: Ele diz que está aguentando até agora. Ele não sabe quanto tempo conseguirá aguentar hoje, pois a conexão de comunicação não parece estar tão clara quanto da última vez. E ele está tendo que se esforçar mais para transmitir as imagens. Mas esse é um projeto importante para ele, então ele diz que não se importa em se esforçar um pouco mais, se necessário.
D: *Não quero que ele se machuque. Estou muito preocupado com isso.*
B: Ele diz que tem esse sistema configurado para que seja impossível que ele cause danos permanentes a si mesmo. Se ele começar a ir longe demais, ele será levado de volta para ... Quero chamá-lo de seu "laboratório". E ele diz que pode ter dor de cabeça por alguns dias e tontura, mas isso passará. Ele diz que essa é uma das razões pelas quais consentiu com esse método de comunicação. Ele sabia que havia várias maneiras diferentes de ajustar a comunicação e entrar em contato com o nosso período de tempo. Mas ele queria ter certeza de que entraria em contato com aqueles que poderiam trabalhar com esse conhecimento sem causar danos a si mesmos ou sem perverter o que descobrissem.
D: *Sim. Pode haver muitas coisas erradas feitas com isso, de várias maneiras. E há outras pessoas também, que não se importariam com o veículo. Sou muito cuidadosa nesse sentido.*

B: Ele diz que isso é importante. É difícil encontrar bons veículos, e você deve cuidar dos que você de fato encontrar.

D: *E também serei muito cuidadosa na maneira como escrevo essas coisas, para ser o mais fiel possível ao que ele está dizendo.*

B: Ele diz que aprecia o cuidado que você terá. Isso causará problemas para você, mas ele diz que, aparentemente, você concordou em assumir isso antes de entrar nesta vida. Como você concordou em assumi-lo, as forças do universo a apoiam de tal forma que essa é toda a proteção de que você precisa.

D: *Tudo bem, porque estou muito curiosa para deixar isso de lado agora.*

Essa pergunta foi feita por um observador em uma das sessões. Eu não sabia quem era Catarina de Médici. Mais tarde, quando comecei a pesquisar, descobri que ela era a mãe de três reis da França e exercia grande poder por trás do trono. Ela frequentemente pedia a Nostradamus que lhe dissesse o que ele previa para o futuro de seus filhos e de seu país.

John: *Sabendo um pouco sobre sua vida, como foi servir a Catarina de Médici, a mãe dos reis na época?*

B: Ele balança a cabeça e dá uma risadinha. Ele diz que, às vezes, era como andar na corda bamba sobre uma fogueira. Que ela tinha uma mente afiada e era interessante estar por perto. Mas nunca se sabia em que direção ela iria atacar em seguida. Ele diz que ela era muito astuta e que tinha sempre em mente os interesses de sua família e como eles poderiam obter mais poder. Ele diz que ela era muito manipuladora. Mas que tinha de ser assim para exercer o poder e o controle que desejava. Ele diz que ela realmente deveria ter nascido homem. Mas nasceu mulher e, em sua cultura daquela época, ela teve de recorrer a vários meios para exercer a influência que achava que deveria exercer. Ele diz que, com a combinação do tipo de horóscopo que ela tinha e o tipo de carma que ela tinha para aquela vida, o resultado foi realmente interessante. Quando ele está com ela, precisa sempre exercer sua melhor diplomacia e falar com palavras suaves, mas ainda com o toque da verdade, porque se ela achar que ele está tentando prevaricar ou mentir sobre algo, ela ficará muito chateada.

J: *Ela parece ser uma pessoa difícil de lidar.*
B: E era. Ele diz que ela teria sido uma amiga muito mais interessante, alguém com quem se poderia realmente ter um intercâmbio mental empolgante, se não fosse pelo fato de sua posição.
D: *Eu estava interessado em sua vida pessoal. Não sabia se estaria me intrometendo se fizesse algumas perguntas sobre isso.*
B: Ele não parece muito confortável com a ideia. Ele está perplexo. Ele está dizendo, por que você quer saber sobre essas coisas? Isso não é importante para o nosso projeto. Não tem nada a ver com o que temos de fazer.
D: *Bem, foram publicadas biografias sobre sua vida e eu fiquei curiosa para saber se estavam corretas. Queria obter alguns fatos que comprovassem essas coisas.*
B: Ele diz que, para ele, não importa se estão corretas ou não. Ele não se importa se eles contam as mentiras mais hediondas sobre sua vida, desde que traduzam suas quadras corretamente. Ele também diz que está na hora de ir embora. Eu, o recipiente, suspeito que ele esteja querendo se livrar de outras perguntas dessa natureza.
D: *Certo. Eu não quis aborrecê-lo. Mas também temos mentes curiosas sobre ele como pessoa e como profeta. Nunca sei se estou fazendo uma pergunta ofensiva.*
B: Não acho que ele tenha se ofendido. É muito fácil perceber quando ele está ofendido com alguma coisa. Isso parece ecoar no corpo do comunicador.

Nostradamus não apenas transformou cada quadra em um quebra-cabeça individual, mas compilou o livro inteiro como um gigantesco quebra-cabeça. Parece não haver uma ordem discernível em sua disposição. Quando fiz essa pergunta, já tínhamos traduzido mais de 100 delas e eu estava tentando decidir como organizá-las.

D: *Estou tentando colocar essas quadras que abordamos em algum tipo de ordem agora. Cronologicamente, se possível. E esse é um grande trabalho.*
B: Ele está de bom humor desta vez e, quando você disse que estava querendo colocá-las em ordem, ele perguntou de forma jocosa: "Uma ordem lógica ou uma ordem ilógica?"

Eu adorava quando ele estava de bom humor para brincar comigo. Era muito melhor do que ser repreendido por fazer comentários estranhos.

D: *(Risos) Existe alguma diferença?*

B: Ele diz que depende do seu ponto de vista.

D: *(Risos) Bem, já é um trabalho e tanto tentar colocá-los em algum tipo de ordem cronológica.*

B: Ele diz que a ordem cronológica seria uma maneira lógica de fazer isso. Uma maneira ilógica de fazer isso seria colocá-los em ordem alfabética de acordo com a primeira palavra da quadra.

D: *(Risos) Ou da maneira que ele fez. O que eu acho ilógico.*

B: Ele diz que era bastante lógico. Baseava-se em princípios matemáticos finos e precisos, definidos pelo lançamento de um dado.

D: *Foi assim que ele descobriu em que ordem colocá-los?*

B: Não tenho certeza. Ele está cheio de energia hoje. Está de muito bom humor.

D: *(Risos) Eu só achei que ele as jogou todas juntas e as embaralhou como um baralho de cartas. E disse: é assim que eles vão agir. É esse o sentido que elas fazem para mim.*

B: Ele diz que, na verdade, o que ele fez foi colocá-las em seis pilhas, cada uma de acordo com um lado de um dado. E ele jogava os dados e, quando obtinha um número duplo, pegava um aleatoriamente da pilha que o número delineava e o colocava ao lado de seu livro. Mas, se obtivesse dois números diferentes, ele somava os números e os dividia por um número decimal para chegar a um número para escolher um aleatoriamente em outra pilha.

D: *Acho que esse é um sistema tão bom quanto qualquer outro. Eu não sabia que havia dados em sua época.*

B: Ele diz que os dados existem há séculos. Sua forma e dimensões podem mudar ocasionalmente, mas o princípio é o mesmo. Ele os chamava de dados porque é o que temos relacionado ao que ele usava.

D: *Pensei que talvez quando eu finalmente terminasse esse projeto, eu veria algum tipo de padrão que ele tivesse usado, talvez usando a matemática, se é que existe algum padrão.*

B: Ele diz que, sem dúvida, há um padrão, mas que seria muito difícil encontrá-lo. E ele diz: "Não se assuste se você não o encontrar". Pois ele estava tentando tornar isso deliberadamente obscuro para dificultar que certas partes, e essas são suas palavras, certas partes descobrissem o que ele estava dizendo.

D: *Certo, então não espero encontrar nenhum padrão. É como embaralhá-las e jogá-las fora.*

B: Ele diz que há um padrão. Só que é muito complexo matematicamente para as pessoas comuns verem.

D: *Bem, essa era a principal coisa que eu queria saber, como ele decidiu a ordem deles.*

B: Ele diz que espera que suas palestras o tenham ajudado nisso.

D: *Mas você pode ver o trabalho que me deu agora, para tentar reorganizá-los na ordem em que deveriam estar.*

B: Ele diz que a ordem cronológica é suficiente.

D: *Às vezes é difícil descobrir. É complicado porque muitas vezes elas se referem a mais de um evento e os eventos estão em períodos diferentes.*

B: Ele diz, então você as coloca duas vezes. Uma para cada período de tempo.

D: *É isso que estou tentando fazer, consultar os diferentes períodos. É difícil. É um grande trabalho fazer isso.*

Aparentemente, essa foi a coisa errada a se dizer. Nesse momento, Nostradamus me interrompeu. Brenda começou a falar muito rápido, como se ele estivesse irritado.

B: Ele diz que não quer saber de suas dificuldades para escrever. Ele diz que está aprendendo que vocês, pessoas do século XX, têm tudo muito fácil. Vocês não percebem a facilidade que têm. Não quero ouvir nada disso. Ela não tem a Inquisição respirando em seu pescoço o tempo todo. Ela não tem que colocar tudo em enigmas apenas para manter seu corpo e alma conectados. Ela - ele está apenas reclamando - não precisa fazer isso, não precisa fazer aquilo. - Não quero ouvir isso. Quero concluir esse projeto. - Ele está dizendo que as reclamações que você tem sobre as coisas que atrapalham a sua escrita são minúsculas e sem importância em comparação com os problemas que ele tem quando está escrevendo.

Tive de rir; a explosão me pegou completamente desprevenida. Ele costumava apresentar mudanças inesperadas de emoção. Eu certamente não tinha a intenção de irritá-lo.

D: E meu equipamento de escrita é muito mais fácil de usar.
B: Certo.
D: Tudo bem, peço desculpas. Essa é a parte que tenho de resolver.
B: Sim, ele diz que esse é o seu problema. Ele diz que não pode lhe dar tudo para seus livros, sabe? Você precisa se dedicar um pouco a ele.

Eu me senti como uma colegial novamente, sendo repreendida por um professor. Já suficientemente repreendida, eu ainda podia sentir um sentimento de afeto e compreensão por trás de sua aspereza. Ele estava certo, tinha feito sua parte nesse projeto há 400 anos. Essa parte tinha de ser minha responsabilidade.

Ele sempre fazia isso quando eu lhe perguntava sobre a ordem de determinadas quadras e a relação entre elas no tempo. Ele dizia que estava apenas interpretando a quadra com a qual estávamos trabalhando no momento. Juntá-las era um problema meu. Portanto, ele certamente não me deu todas as respostas.

Observação: Foram fornecidas mais informações sobre o sistema de numeração das quadras em 1994, quando a pergunta foi feita novamente para um programa de televisão. Isso é apresentado no Adendo no final deste livro, que foi adicionado na reimpressão de 1996.

SEÇÃO 2

A TRADUÇÃO

CAPÍTULO 9

A TRADUÇÃO COMEÇA

D: *Devo contar ou você pode simplesmente ir até lá e ver se consegue encontrá-lo pelo espelho?*
B: Sente-se em silêncio e medite em algo por um momento e eu poderei ir até lá e fazer isso. Eu o avisarei quando tudo estiver pronto. Estou me concentrando em seu local de residência agora. Ele está em seu - vou chamá-lo de laboratório. É uma combinação de laboratório e estudo. Ele está lá, concentrado no espelho. "Michel de Notredame, eu voltei. Está na hora de nos encontrarmos novamente, se for seu desejo." (Pausa) Ele diz que vai nos encontrar no local do encontro. (Pausa) Tudo bem. Eu estou lá e ele também está aqui agora. Ele diz para lermos a quadra e fazermos uma pequena pausa entre cada linha para dar tempo ao comunicador de absorver bem as frases para que ele possa comunicar os conceitos.
D: *Sei que você tentará traduzir para os nossos termos. Mas, primeiro, diga-me a maneira como ele diz as palavras, para que eu possa entender melhor a maneira como ele está pensando.*
B: Neste lugar especial, não estamos usando palavras propriamente ditas. Eu digo "ele diz isso e aquilo" e, na verdade, quero dizer que ele se comunica isso e aquilo. Ele está se comunicando principalmente por meio de imagens mentais com uma sensação de palavras por baixo, se isso faz sentido. Farei o melhor que puder. Ele diz que cada pedacinho ajuda. Ele não se importa que os pedaços sejam pequenos, porque é um desgaste para ele vir para este lugar. Portanto, ele diz que, desde que continuemos trabalhando com firmeza, o trabalho será feito.
D: *Eu gostaria que houvesse uma maneira mais rápida de fazer isso.*
B: Ele diz que se for para ser feito, será feito. Que podemos nos mover em um ritmo confortável e que todos nós envolvidos com isso faremos o melhor que pudermos.

D: *Ele quer que eu comece do início do livro ou que eu escolha algumas quadras aleatoriamente ou o quê?*
B: Deixe-me perguntar a ele. (Pausa) Para começar, escolha aquela que parece ser a melhor para começar. Ele diz para aquietar o corpo, aquietar a mente e olhar para o núcleo interno de si mesmo, que é onde reside toda a sabedoria. Seguindo essa orientação, você será capaz de escolher a opção correta. Ele está falando em círculos. Eu realmente não entendo, mas é isso que ele diz.
D: *Gostaria de dizer a ele que o livro que estou usando tem as traduções em francês e inglês e está dividido em centúrios. São dez centúrios e cada centúrio contém 100 quadras. Era assim que ele pretendia que fosse?*
B: Ele disse: "É claro, foi assim que o organizei. Foi assim que coloquei no manuscrito".
D: *Pensei que talvez esse fosse um arranjo que alguém tivesse feito depois.*
B: Ele diz: "Repito que foi assim que coloquei no manuscrito".
D: *Mas um centúrio não tem cem nele.*
B: Não. Ele diz que sabe disso. Ele o organizou em centúrios por conveniência. Mas nem todos os centúrios estavam completos porque ele não foi capaz de esclarecer os canais de tempo para obter todos eles.
D: *Eu só queria ter certeza de que outra pessoa não havia mexido nisso. - Então, isso nos daria quase mil. É por isso que seria muito difícil começar do início e ir até o fim. Isso levaria muito tempo.*

Mais tarde, foi exatamente isso que acabamos fazendo. Depois de escolher cem quadras ao acaso, decidimos nos organizar melhor. Naquela época, comecei no início do livro e as peguei em ordem. Mesmo usando esse procedimento, parece não haver uma ordem lógica no que diz respeito à sequência temporal.

D: *Ele seria capaz de elaborar mais tarde sem o uso das quadras? Ou ele precisa delas para se concentrar, por assim dizer?*
B: Ele diz que acha que provavelmente precisará delas para ajudar a se concentrar, já que está tendo de se comunicar de maneira indireta. Em algum momento, ele pode ser capaz de improvisar, mas diz que não vai contar com isso.

D: Então, precisamos das quadras para ajudá-lo a se lembrar do que viu.

B: Bem, não necessariamente para ajudá-lo a se lembrar do que viu, mas para ajudá-lo a se concentrar de forma que eu possa comunicar o que ele está tentando dizer. Ele diz que, se às vezes parece rude, não é porque tenha algo contra você ou contra mim, o comunicador, pessoalmente. É só porque ele está tentando fazer o trabalho. Ele disse que, às vezes, você faz muitos comentários alheios entre as quadras ou enquanto ele está tentando pensar. Se, ocasionalmente, ele lhe disser para parar com isso, não é porque esteja sendo maldoso, pois ele é extremamente grato por esse contato de comunicação. É que há tantas informações a serem transmitidas que, às vezes, ele fica impaciente. Principalmente quando ele está tentando expor uma ideia e falar, e você também está falando. (Pedi desculpas.) Ele diz para não se preocupar com isso. Sempre que novos experimentos são tentados, as coisas precisam ser resolvidas. Se houver algo que ele não entenda, ele perguntará a respeito. E ele diz que não precisa se desculpar tanto.

D: Ok. Mas eu o admiro muito e não quero que ele fique com raiva de mim.

B: Ele diz que está feliz por ter alguns cúmplices.

D: Não é bom fazer isso sozinho, não é?

B: Ele diz que pode ser feito, mas é mais difícil.

D: Quero dizer... é solitário.

B: Ele diz que quando está perturbado e preocupado com coisas mais elevadas, não se preocupa com a solidão.

Houve muita tentativa e erro no início, quando comecei a apresentar as quadras para ele traduzir. Depois de muita confusão, aprendi o procedimento que ele queria usar. Durante esse tempo, comecei a perceber quando ele estava se comunicando mentalmente com Brenda e fui instruído a parar de tagarelar e interromper. Fui instruída a ler a quadra lentamente, fazendo uma pausa entre cada linha. Se houvesse palavras que ele não entendesse, e eram muitas, eu as soletraria para ele, tanto em inglês quanto em francês. Geralmente eram nomes próprios ou palavras que ele estava usando como anagramas. Em seguida, muitas vezes me pediam para repetir a quadra novamente. Eu esperava alguns segundos para que a tradução começasse a ser feita. Muitas vezes tive que segurar minhas perguntas porque ele não gostava de ter sua linha de pensamento interrompida. No início, eu me perguntava se o estava ofendendo com meus esforços desastrados, mas ele disse que isso não era problema. Ele estava tão intenso porque estava tentando fazer muita coisa em um período limitado de tempo.

Foi incrível a rapidez com que consegui aceitar esse projeto incomum. Como é fácil o estranho se tornar comum. Logo pareceu tão normal conversar com Nostradamus em 400 anos de tempo e espaço quanto falar com um vizinho por telefone.

Após as primeiras sessões, as traduções se tornaram muito mais detalhadas. No início, eu só conseguia fazer quatro quadras em uma sessão. Mais tarde, à medida que estabelecemos um padrão, conseguimos lidar com cerca de seis a oito e, às vezes, até dez.

As primeiras quadras que usei para esse experimento foram escolhidas aleatoriamente. Escolhi as que me impressionaram por algum motivo. Fiquei intrigada com as mais difíceis, as quais os especialistas nunca conseguiram encontrar uma explicação. Achei que isso tornaria esse projeto um desafio ainda maior. Também escolhi as que os tradutores achavam que se referiam ao nosso futuro. Depois de completar uma centena delas, tornei-me mais sistemática e comecei no início do livro, prosseguindo de forma mais organizada. Naquela época, tínhamos nos tornado tão hábeis nisso que chegávamos a ler até trinta quadras em uma sessão de uma hora.

Nunca tive dúvidas de que estou realmente em contato com o Nostradamus físico enquanto ele está vivo, em sua vida na França, durante os anos 1500, porque ele tem limitações físicas impostas a ele. Ele só pode permanecer em contato comigo por cerca de uma hora antes de retornar ao seu corpo físico. Obviamente, ele se cansa no final da sessão e diz que precisa ir embora. Às vezes, ele sai abruptamente, sem aviso. Nessas ocasiões, suspeito que ele tenha se envolvido tanto que acidentalmente ultrapassou seu limite de tempo. Ou pode ter acontecido algo em seu lado da conexão que o puxou de volta para o corpo.

Ele disse que, se ficasse muito tempo, teria sintomas físicos, dores de cabeça e tontura, pelo resto do dia. Mas ele está disposto a sofrer com isso se for para fazer o trabalho. Como eu não gostaria de lhe causar nenhum desconforto, respeito suas exigências. De qualquer forma, eu não conseguiria segurá-lo lá, porque quando ele se prepara para ir embora, simplesmente vai. Sei que isso não acontece porque meu objeto de estudo, Brenda, é cansativo, pois muitas vezes, depois que Nostradamus retorna ao seu corpo físico em seu laboratório, continuamos a trabalhar em outra coisa.

Uma vez que o contato inicial foi feito e as instruções foram cuidadosamente seguidas, acabou sendo uma tarefa surpreendentemente simples encontrar Nostradamus em nosso ponto de encontro especial. A partir daí, começamos um projeto muito ambicioso, um projeto para o qual eu nunca teria me voluntariado: a tradução de suas quadras para a linguagem moderna.

Elena tinha sido impedida de transmitir seus significados porque também estava analisando as profecias do ponto de vista do século XVI de seu aluno, Dionísio. As coisas que Nostradamus lhe mostrava eram mistificadoras e assustadoras, e ele não conseguia encontrar palavras em sua experiência limitada para descrevê-las fielmente. Ele teve de recorrer a um simbolismo grosseiro para tentar transmitir os significados. Brenda não foi tão prejudicada. Ela não estava envolvida e presa a uma vida como Dionísio estava. Ela estava falando a partir do estado entre vidas, em que o ponto de vista é muito mais amplo e expandido. Assim, ela teria um maior reconhecimento e compreensão de quaisquer visões ou simbolismos que lhe fossem mostrados. Ela seria capaz de fornecer palavras modernas para coisas que não tinham nomes na época de Nostradamus. Dessa forma, talvez pudéssemos finalmente dar sentido aos seus enigmas e compreender a verdadeira profundidade e os maravilhosos poderes desse homem incomum e notável.

Começarei com nossos primeiros esforços desajeitados. Os resultados foram realmente surpreendentes, embora estivéssemos experimentando e tentando encontrar um padrão e um procedimento que funcionasse.

Os dois primeiros do livro são bastante fáceis de serem decifrados por qualquer pessoa, mas vou colocá-los aqui no início pelo mesmo motivo que Nostradamus começou seu livro com eles.

CENTÚRIO I-1

Estant assis de nuict secret estude

Seul reposé sur la selle d'œrain;
Flambe exigue sortant de solitude
Fait prosperer qui n'est à croire vain.

Sentado sozinho à noite em um estudo secreto; ele é colocado em um tripé de latão. Uma leve chama sai do vazio e torna bem-sucedido o que não se deve acreditar em vão.

B: Ele diz que é simplesmente uma descrição do que ele faz em seu laboratório. Ele colocou essa descrição no início como uma explicação de onde ele tirou as coisas que estava escrevendo.

CENTÚRIO I-2

Le verge en main mise au milieu des BRANCHES
De l'onde il moulle & le limbe & le pied:
Un peur & voix fremissant par les manches:
Splendeur divine. Le divin pres s'assied.

A varinha na mão é colocada no meio das pernas do tripé. Com água, ele borrifa a bainha de sua roupa e o pé. Uma voz, medo; ele treme em suas vestes. Esplendor divino; o deus se senta próximo.

B: Ele diz, idem. A primeira quadra explica seus instrumentos e a segunda quadra explica como ele inicia o processo de se abrir para os outros reinos.

D: *Os tradutores disseram que Nostradamus tem medo do poder que ele invoca quando se trata dele. "Uma voz, medo, ele treme em suas vestes." Eles achavam que isso significava que ele estava com medo das coisas que via.*

B: Uh oh! Ele está realmente irritado com essa interpretação. Ele diz que temor não significa medo, temor significa respeito. Ele diz que está admirado com o que vê porque não entende tudo o que está acontecendo. Mas ele diz que não está com medo, apenas com muito respeito. E sabe que precisa trabalhar com cautela para não cometer erros.

CENTÚRIO III-92

Le monde proche du dernier periode,
Saturne encor tard sera de retour:
Translat empire devers nation Brodde,
L'œil arraché à Narbon par Autour.

O mundo está próximo de seu período final, Saturno novamente se atrasará em seu retorno. O império se voltará para a nação Brodde; um olho em Narbonne foi arrancado por um açor.

B: Ele está organizando os pensamentos e conceitos a serem transmitidos para que eu possa falar com clareza. Ele diz que, trabalhando por meio de uma terceira pessoa, ou seja, eu mesmo, ele deve tentar minimizar qualquer falha na comunicação. (Pausa) Ele diz que nessa quadra está se referindo a um período de tempo em que há uma guerra. E o evento acontece perto do fim dessa guerra, nos estágios finais, quando Saturno está novamente atrasado. Ele diz que essa afirmação tem um duplo significado. Por um lado, ela se refere a um evento astrológico de Saturno retrógrado, para ajudar a reduzir o tempo envolvido. Ela também se refere a algumas das tecnologias dessa guerra. Nessa guerra, como em todas as guerras, há grandes avanços na pesquisa científica, tanto na pesquisa de armas quanto em coisas do gênero. Nessa guerra, os cientistas estão pesquisando como deformar e alterar o tempo para ajudar a mudar alguns eventos, para que a guerra seja vantajosa para eles. E eles falharam mais uma vez. Como resultado dessa segunda falha, todo o complexo é destruído em uma grande catástrofe. Esse é o olho sendo arrancado por um açor. Porque eles estão lidando com poderes que não sabem como controlar, e isso os destrói. As pessoas que não estão lá presumem que foram atingidas por algum tipo de míssil por causa da grande destruição. Mas o que aconteceu foi que os vórtices de energia com os quais eles estão tentando lidar não foram ajustados o suficiente para funcionar e ficaram fora de controle. Essas palavras Narbonne (pronuncia-se: Nar bone) e Brodde (pronuncia-se: Broad-da) referem-se à nação e ao local. Mas ele disse que o que ele percebeu foi que o governo envolvido é muito desonesto e tem nomes falsos para as coisas. Acho que ele está se referindo a "nomes de código" aqui, e o que ele recebeu foram os nomes de código quando viu isso. Estou tentando descobrir se ele tinha alguma ideia da localização desses lugares. Ele disse que está se concentrando nisso para ver se pode me dizer. (Longa pausa.) Ele diz que é difícil fazer isso porque a imagem que ele sempre teve desse caso foi a do complexo de pesquisa onde eles estavam fazendo isso. Ele diz que lhe parece que isso envolve a Inglaterra e o norte da Europa. Narbonne é um nome de lugar, a cidade próxima de onde o fato ocorre. Acredito que ambos os nomes sejam anagramas pela maneira como ele está falando. Ele está achando difícil me transmitir o conceito de lugares específicos porque está pensando em anagramas e os anagramas não são conceitos claros.

D: *Ele tem alguma ideia de quando isso vai acontecer?*

B: Ele diz que ainda está em nosso futuro, mas a base já foi estabelecida. Os cientistas que trabalham em projetos secretos já estão trabalhando nessa direção, mas levará algum tempo até que algo aconteça. Ele disse que pode ser que surja algo em nossas vidas, mas não saberemos porque o governo manterá isso em segredo.

D: *Na tradução, eles acham que Brodde é uma antiga palavra francesa que significa preto ou marrom escuro. Como ele usou essa palavra, eles acham que a quadra trata das nações africanas ou dos negros.*

B: Ele diz que isso não é verdade. A essa altura, ele está rindo. Ele diz que usou essa palavra de propósito porque de fato se parece com a palavra para uma cor escura, mas na verdade é um anagrama para o nome de um lugar. Ele não quis ser muito específico porque não queria que fosse muito fácil para a Inquisição e outras pessoas intrometidas descobrirem de onde ele estava falando.

D: *Bem, isso mostra a dificuldade que eles tiveram ao tentar entender suas quadras. De qualquer forma, fizemos um começo.*

B: Sim. Ele diz que os começos são sempre difíceis. Mas à medida que trabalharmos juntos como uma equipe, ficaremos mais acostumados com nossas formas de pensar e poderemos trabalhar melhor. Desta vez, nós dois estamos tendo dificuldades para nos comunicar porque não tenho nenhuma recepção visual dele hoje como tinha antes. Entretanto, com a minha concentração e a dele,

ele consegue transmitir a imagem do que está tentando dizer. Ele me enviou uma foto de uma parte de um complexo de pesquisa onde isso ocorrerá.

D: Isso afetará o resto do mundo ou apenas essa área?

B: No que diz respeito à catástrofe, ela será muito localizada e terá alguns efeitos colaterais estranhos na dimensão do tempo na área geral. Ele não pode descrevê-la e não pode nos dizer como nos prepararmos para ela porque é muito bizarra. Mas ele disse que isso acabará tendo efeitos de longo alcance, pois o governo estava contando com essa linha de pesquisa para ter uma vantagem nessa guerra. E parte dessa vantagem foi retirada e acabará afetando o resultado dessa guerra.

D: Ele sabe que guerra será essa?

B: Ele diz que é a Terceira Guerra. A Terceira Guerra.

D: Eu não sabia que teríamos outra guerra. Estamos torcendo para que não aconteça.

B: Ele diz que já viu várias guerras para nós e espera nos ajudar a evitar algumas delas.

D: Ele pode ver quais países estarão envolvidos?

B: Ele diz que envolverá o hemisfério norte e uma parte do hemisfério sul. Estou tentando descobrir qual parte do hemisfério sul. Estou achando que ele está se referindo à Austrália porque ele continua dizendo que a parte do hemisfério sul que está envolvida é uma ilha.

Essa foi a primeira menção a essa guerra. Nos meses seguintes, descobri muito mais do que eu queria saber confortavelmente sobre ela. Essas informações são relatadas nos capítulos sobre o terrível anticristo.

CENTÚRIO II-62

Mabus puis tost alors mourra, viendra,
De gens & bestes une horrible defaite:
Puis tout à coup la vengeance on verra,
Cent, main, soif, faim, quand courra la comete.

Mabus logo morrerá e haverá uma terrível destruição de pessoas e animais. De repente, a vingança será revelada, cem mãos, sede e fome, quando o cometa passar.

Ele perguntou a grafia de Mabus e depois corrigiu minha pronúncia. Ele o pronunciou: May bus.

B: Ele diz que a morte de um líder mundial, talvez um líder religioso, coincidirá com a chegada de um grande cometa. Acho que talvez ele esteja se referindo ao cometa Halley. Ele diz que o cometa será claramente visível no país onde esse líder mundial morreu. O país envolvido fica no Oriente Médio. A morte do líder mundial nesse país do Oriente Médio e a passagem do cometa provocarão uma revolta. Parte da razão pela qual a revolta é provocada tão facilmente é que também haverá grandes perdas de safra naquele ano. Muitas pessoas passarão fome.
D: *Tudo isso acontecerá no ano em que o cometa estará visível?*
B: Começará no ano em que o cometa estiver visível, mas continuará por 500 dias, cem mãos. Ele está usando esse simbolismo para indicar o tempo que durará, bem como para indicar que há cem pessoas que contribuirão para a revolta de tal forma que ela se tornará aberta e ampla o suficiente para chamar a atenção do mundo.

Uma ideia interessante é que cem mãos podem significar 500 dias. Os cinco dedos de uma mão multiplicados por cem. Além disso, ainda hoje usamos a palavra "mão" para nos referirmos a uma pessoa, como um "trabalhador contratado". Portanto, um duplo significado. Estava ficando óbvio que Nostradamus pensava de maneira muito inteligente.

Pensei que essa quadra poderia se referir à queda do presidente Marcos, das Filipinas, devido à semelhança de seu nome com Mabus, e o momento seria correto. Mas Marcos não morreu, ele foi deposto do poder.

Como o cometa Halley passou em 1986 e não criou a exibição dramática esperada, e como nada aconteceu naquele ano que se encaixasse nessa quadra, parece que ela é imprecisa. Mas foi Brenda quem supôs que se tratava do Halley. Essa quadra poderia se referir a um cometa ainda não descoberto. Há muitas possibilidades além do Halley.

Atualização: Quando a Guerra do Golfo Pérsico começou a se materializar em agosto de 1990. Recebi cartas e telefonemas de leitores deste livro. Eles notaram que o anagrama Mabus se tornava Sudam quando lido de trás para frente em uma imagem espelhada. Isso era bastante notável e se encaixava perfeitamente no pensamento de Nostradamus. Se Sudam Hussein era o líder do Oriente Médio mencionado nessa quadra, então isso significava que ele morreria. Durante a guerra, o presidente Bush sugeriu que seu próprio povo se levantasse e o assassinasse Isso não aconteceu, mas a quadra também continha o número de 500 dias. Como isso se relaciona? Também foi sugerido que a passagem do cometa poderia ter se referido aos mísseis usados durante a guerra. Eles certamente se assemelhavam a cometas quando subiam pelo céu noturno.

CENTÚRIO II-65

Le parc enclin grande calamité.
Par l'Hesperie & Insubre fera:
Le feu en nef peste et captivité,
Mercure en l'Arc Saturne fenera.

Nas listas fracas, grande calamidade na América e na Lombardia. O fogo no navio, a peste e o cativeiro; Mercúrio em Sagitário, Saturno avisando.

B: Ele diz que a primeira linha se refere ao fato de que os líderes envolvidos não são competentes. Eles estão lá por causa do prestígio da família. Ele diz que em uma joint venture entre os Estados Unidos e a França, ... ele está tendo dificuldade para descrever. Acho que ele está tentando descrever um ônibus espacial.
D: Oh? Como é a imagem?
B: Ele não está imaginando. Ele está apenas tentando descrever o conceito do que ele faz. Ele diz que é um navio, mas não é um navio oceânico. E eu lhe perguntei: "Um avião, então, um navio que vai para o ar?" Ele disse que não no ar, mas sobre e acima

dele. Ele disse que a nave voa acima do oceano e dos navios comuns, portanto, essa nave voa acima do dirigível. Ele diz que haverá uma calamidade. Essa nave terá alguns cientistas fazendo alguns experimentos biológicos para ver como eles ocorrem além da força da gravidade. Acontecerá um acidente, um mau funcionamento que fará com que a nave caia de volta na atmosfera e se quebre ao fazê-lo, queimando na atmosfera. Mas alguns dos frascos e recipientes usados nos experimentos biológicos contêm organismos resistentes o suficiente para sobreviver à queda. Como esses organismos foram expostos ao cosmos, eles serão diferentes do que eram antes. E esses organismos têm o potencial de causar pragas. Ele diz que as anotações astrológicas no final são como um horóscopo da data. Ele diz que Mercúrio em Sagitário é fácil de observar. Basta olhar para o céu à noite com - ele chama isso de "um olho que vê longe" - acho que ele quer dizer um telescópio. E o aviso de Saturno, ele diz para um desenhista de horóscopos elaborar um horóscopo quando Mercúrio estiver em Sagitário e Saturno estiver em uma casa ruim tanto para a América quanto para a França. Será nesse momento. Acho que ele está tentando dizer que Saturno estará... em relação a Mercúrio, o ângulo terá um significado ruim.

D: *Será um "joint venture" entre os Estados Unidos e a França. O tradutor disse que, ao interpretar seus signos astrológicos como uma conjunção, essa quadra aconteceria no ano de 2044. Você sabe o que é uma conjunção?*

B: Sim, ele disse que acabou de descrevê-la para você. E ele diz que o desastre entristecerá tanto essas nações quanto as nações simpatizantes, e elas trabalharão juntas para descobrir o que aconteceu.

Essa foi a primeira indicação de que eu precisaria de um astrólogo ou "desenhista de horóscopos" para ajudar nas traduções. Mas onde eu poderia encontrar um que fosse habilidoso o suficiente para fazer isso e que também tivesse a mente aberta e estivesse familiarizado com conceitos metafísicos?

Novamente, circunstâncias incomuns entraram em cena. Na semana seguinte, um de nossos membros trouxe para a reunião de nosso grupo metafísico um jovem que nunca havia estado lá antes. Ele se revelou um astrólogo profissional e também estava interessado nas quadras de Nostradamus. Quando soube do que eu estava fazendo, ficou muito ansioso para trabalhar comigo nesse projeto. Coincidência? Mais tarde, ele disse: "Eu sabia que havia algum motivo para eu ir àquela reunião naquela noite". Devido a outras circunstâncias, ele nunca mais voltou às reuniões. Parece que a intenção era que ele estivesse lá naquela noite para que pudéssemos fazer a conexão.

No início, levei as interpretações para ele dar uma olhada. Mais tarde, porém, ele queria participar das sessões para fazer perguntas a Nostradamus pessoalmente. Nessas ocasiões, tentei me concentrar apenas nas quadras que continham referências astrológicas. Isso provou ser enganoso, pois muitas vezes o que parecia ser uma quadra astrológica na verdade se referia a outra coisa.

John Feeley estudou com a famosa astróloga Isabelle Hickey e vem elaborando horóscopos desde 1969. Ele tem sido de grande valia para a compreensão desses conceitos astrológicos que são tão estranhos para mim e para Brenda. Quando for possível, incluirei suas descobertas na tradução das quadras. Ele ofereceu muitas informações sobre os fatores de data e tempo envolvidos.

CENTÚRIO II-91

Soleil levant un grand feu l'on verra,
Bruit & clarté vers Aquilon tendants:
Dedans le rond mort & cris l'on orra,
Par glaive, feu, faim, mort las attendants.

Ao nascer do sol, um grande fogo será visto, com barulho e luz se estendendo em direção ao norte. Dentro do globo, ouve-se morte e gritos, a morte os aguardando por meio de armas, fogo e fome.

B: Ele diz que esse tem um duplo significado, uma dupla data. Um deles já aconteceu e o outro ainda está para acontecer. Ele diz que o primeiro evento a que ela se refere é o desastre de Tunguska no início de nosso século.

Fiquei surpresa. Ele estava se referindo à terrível explosão de origem desconhecida que ocorreu na Sibéria no início do século XX. Ela arrasou a floresta em um raio de 30 milhas, matando principalmente a vida selvagem, já que essa área era pouco povoada na época, e tornando a terra radioativa e inútil. Muitas teorias foram apresentadas para explicar esse fato. A mais comum é que um meteorito atingiu a Terra naquele momento. Mas isso explicaria a radioatividade? Cientistas russos agora oferecem a possibilidade de que uma espaçonave tenha caído no local. Será que Nostradamus seria capaz de identificar a verdadeira causa? Sua declaração seguinte me assustou ainda mais.

B: Ele diz que o outro evento a que essa quadra se refere é uma ocorrência semelhante. Ele diz isso porque um grupo que ele chama de "Outros" - e sinto que ele colocou isso em letra maiúscula - estava tentando entrar em contato conosco. E quando entram na atmosfera da Terra, tentam fazê-lo em uma órbita circumpolar. Mas os soviéticos fizeram algumas pesquisas secretas sobre armas e têm alguns campos de energia protegendo seus corredores de aproximação ao norte. Quando a nave entra nesses corredores, ela apresenta um mau funcionamento que causa a morte de muitos tripulantes. E quando ela cair, haverá soldados à disposição para capturá-los ou matá-los e fazê-los perecer. Mas a nave estará abrigando alguns organismos microscópicos que reagirão de forma bizarra ao clima da Terra e causarão algumas pragas não compreensíveis. Pragas que não podem ser compreendidas porque os cientistas não conseguem reconhecer o organismo causador.

Sua menção aos "Outros" realmente me chamou a atenção. Fiquei surpresa quando ele usou esse termo. Já me falaram muitas vezes em minhas sessões sobre os Outros e os Vigilantes. Em geral, ele se refere a seres do espaço sideral. Imediatamente presumi que Nostradamus também estava usando a palavra nesse contexto.

D: *Eu acharia que eles não iriam querer matá-los, que estariam curiosos o suficiente para querer estudá-los.*

B: Ele diz que o país onde eles caem estará em guerra ou se preparando para entrar em guerra. Eles terão uma mentalidade de guerra, de modo que qualquer coisa de fora será um inimigo e causará danos potenciais. Em vez de serem curiosos, eles são - ele diz que a palavra "paranoico" seria adequada. Eles suspeitam de um novo tipo de arma do chamado "inimigo" e, por isso, os seres envolvidos são mortos. Aparentemente, um soldado sente coceira no dedo do gatilho e, com uma arma de algum tipo - acho que ele está falando do conceito de uma espécie de metralhadora -, começa a atirar em tudo com ela.

D: *Eu acho que eles gostariam de tentar estudá-las. Acho que nosso país gostaria, pelo menos espero que sim.*

B: Ele diz que nunca se pode contar com nada porque nunca se sabe o que vai acontecer na guerra.

Aparentemente, ele indicou, sem dizer diretamente, que ambos os incidentes (Tunguska e este) envolveram a queda de uma nave espacial.

Uma coisa que me incomodou foi sua menção, em duas quadras separadas, a micróbios ou germes. Eu sabia que na época de Nostradamus os médicos não sabiam da existência de bactérias ou germes. Eles eram muito ignorantes sobre esse assunto e realmente não sabiam a causa das doenças que grassavam naquela época. A crença comum era de que todas as formas inferiores de vida eram criadas por geração espontânea, e os médicos se esforçavam ao máximo para provar isso. Essa era uma crença estranha, pois todas as formas de vida menores, desde camundongos e ratos, passando por sapos e rãs, até minhocas e insetos, não tinham pais. Elas eram criadas espontaneamente pela luz do sol a partir da lama, do lodo, da água estagnada ou da matéria em decomposição da qual pareciam emergir. Então, fiquei imaginando como Nostradamus aparentemente sabia de tais coisas que ele não poderia ter visto. Perguntei se ele havia usado os termos "micróbios e germes" ou se essa era a interpretação de Brenda sobre o que lhe estava sendo mostrado.

B: Ele diz que é geralmente aceito em sua época que essas coisas não existem. Mas ele diz que teve uma primeira ideia de que elas poderiam existir ao ler alguns dos escritos de alguns filósofos gregos. Eles teorizaram que tais coisas existiriam. Que até mesmo as formas de vida podem se tornar cada vez maiores: homens, animais, plantas, o planeta, o espaço, o éter e assim por diante. Por que isso não pode acontecer na direção oposta e as coisas ficarem cada vez menores? Então, ele diz que os gregos acreditavam que existem partículas muito pequenas chamadas "átomos". E por que esses pequenos animais e outros chamados "átomos" não poderiam agir da mesma forma que algumas plantas? Algumas plantas agem como veneno. Bem, ele teorizou, por que alguns animais não poderiam agir dessa forma também? E essa teorização o ajudou a entender o que ele estava vendo sempre que via essas coisas do futuro. Ele descobriu que eu entendia esses conceitos e que havia rótulos para esses conceitos em meu idioma. Por isso, ele me disse para continuar e rotulá-los de micróbios e germes. Em seu próprio entendimento, ele tem palavras diferentes. Às vezes, ele os chama de "átomos", como os gregos faziam. E, às vezes, ele os chama de "os pequenos" e "os pequenos animais" que fazem isso. Ele diz que realmente não tem uma palavra específica para eles porque nunca os viu. Ele realmente não sabe o que são. Portanto, quando ele não está em transe, é apenas um exercício teórico ou mental, uma diversão mental para pensar sobre essas coisas. Assim, sempre que ele vê nas gerações futuras que essas coisas são reconhecidas como existentes, ele tem a mesma sensação que se tem quando se consegue resolver um quebra-cabeça.

D: *Estou muito surpreso que os gregos soubessem dessas coisas. Acho que em nossa época não sabemos que eles tinham tanto conhecimento.*

B: Ele diz que algumas pessoas em seu período de tempo estão cientes de que eles sabiam dessas coisas. Não é de conhecimento geral que os gregos sabiam muitas das coisas que faziam porque havia várias escolas de pensamento na Grécia antiga. E algumas delas não eram populares. As que eram populares, principalmente entre os romanos, eram as escolas de pensamento que foram transmitidas ao longo dos séculos e, em geral, não incluíam o conceito de átomos e coisas do gênero, embora existam evidências escritas dessas escolas de pensamento.

D: *Acredita-se comumente que, como eles não podiam ver essas coisas, não poderiam ter conhecimento delas.*
B: Ele está rindo disso com certo desdém. Ele diz que os cientistas de sua época têm uma mente muito estreita e são estúpidos por pensarem assim. Ele diz que os gregos, acima de tudo, eram pensadores. Eles estavam sempre pensando sobre as coisas e descobrindo-as. Eles não precisavam ver algo para poder concluir logicamente que algo existia.

Outra coisa que me deixou curioso foi sua menção aos Outros. Eu lhe disse que conhecia o termo, mas queria saber o que ele sabia sobre eles.

B: Ele disse que não sabe muito sobre eles. Apenas o que viu em suas visões e o que foi capaz de supor logicamente. Ele diz que eles têm várias crenças heréticas. Que se ele desse voz a metade delas, seria queimado em uma fogueira. A essa altura, ele está ficando animado. Ele diz, por exemplo, que a Terra não é plana, é redonda.
D: *E ele está certo.*
B: Bem, ele diz de forma bastante arrogante: "Eu sei disso!" (Risos) E outra coisa, ele diz que qualquer pessoa com algum conhecimento, qualquer pessoa com olhos para ver pode dizer que a Terra não está no centro do universo. E ele duvida muito que o sol também esteja no centro do universo. Acontece que o sol é o centro dessa porção do universo. Ele diz que, sendo Deus um Deus infinito e infinitamente poderoso, quem pode dizer que somos as únicas criações de Deus? Parece-lhe que, sendo Deus um Deus infinito, deve haver infinitas criações de Deus. Ele tem visto coisas em suas visões que a única maneira de explicar é dizer que são mais algumas criações de Deus: outros homens, animais e seres de outras partes do universo. Ele diz que os sacerdotes considerariam essas coisas heréticas, mas ele pessoalmente considera os sacerdotes heréticos, pois estão tentando limitar a Deus. E a Bíblia diz muito claramente que não há limites para Deus.
D: *Bem, diga a ele que concordo com ele. E ele está fazendo as mesmas perguntas que ainda fazemos hoje, só que agora estamos com a mente um pouco mais aberta para buscar as respostas.*

B: Ele disse que supõe que haverá alguns que não têm a mente tão aberta. Sempre parece haver um segmento da sociedade que tem como prática manter a mente tão estreita quanto possível.

Ao despertar, perguntei a Brenda se ela conhecia o termo "Outros". Ela disse que o termo poderia significar muitas coisas, mas que não o associava particularmente a nada que se destacasse em sua mente. Quando lhe contei o que significava para mim, ela disse que não teria pensado nisso nesse contexto.

B: O homem tem um bom senso de humor quando não está sendo intenso. - Uh oh! Ele acabou de me repreender por ser impertinente.

D: (Risos) Bem, não há nada de errado em ter um bom senso de humor. Isso alivia a tensão.

B: Ah, não era disso que ele estava reclamando. Ele estava me chamando de impertinente por causa do que eu disse sobre ele, quando ele não estava ocupado sendo intenso. Ele disse que haverá sessões futuras. Ele já viu isso. Ele diz que as coisas vão se acomodar em seus padrões. E continuaremos a seguir esses padrões por um tempo, com pequenas mudanças que vão e vêm. Mas, gradualmente, moldaremos nossa vida nas várias direções que ela tomará.

D: O que estou pensando em fazer é, eventualmente, tentar traduzir todas as quadras.

B: Ele diz que se nossos caminhos forem nessa direção, será bom, pois ele gostaria de fazer isso. Ele diz que tem certeza de que conseguiremos traduzir as mais importantes de qualquer forma. Ele diz para nos concentrarmos nas quadras e nas informações que elas contêm, e não nas informações diversas que as cercam. Ele sabe que a maneira como a comunicação foi estabelecida pode parecer incrível para você, mas, para ele, isso não é importante. O importante é que as informações contidas nessas quadras estejam disponíveis para as pessoas. Ele está muito concentrado no trabalho e no propósito. Ele se concentra tanto em fazer o trabalho que se esquece de que você se sente insegura em relação a ele. Ele é como um artista no meio de uma pintura. Ele está se concentrando no final do esforço, em todo o esforço e em levá-lo até o fim. E não se preocupa com o que considera ninharias ao longo do caminho. Ele está se concentrando em um único objetivo. Michel de Notredame percebe que às vezes é frustrante para você por causa dos obstáculos que estão no caminho. Mas, ao sair, ele estava pensando que, quanto mais você tiver que lutar para realizar algo, mais tempo durará a realização.

Imagine um quebra-cabeça composto de várias centenas de peças. Esse é o dilema com o qual me deparei ao tentar organizar as quadras em algum tipo de ordem lógica. Era possível, mas difícil. Especialmente quando há uma peça ocasional que se recusa a se encaixar em qualquer lugar. Decidi confiar em todas as datas fornecidas e no assunto. Depois de muito embaralhar e reorganizar, cheguei à seguinte ordem. É surpreendente e quase inacreditável que, quando os capítulos são combinados, eles fazem sentido e formam uma história contínua. Não parece haver contradições, como se Nostradamus os tivesse colocado em algum tipo de ordem antes de embaralhá-los e misturá-los para sempre. Quando nos lembramos de que eles foram interpretados de forma tão desordenada, as chances de essa continuidade surgir devem ser astronômicas.

CAPÍTULO 10

QUADRAS QUE TRATAM DO PASSADO

B: Ele está em processo de chegada. Você não vê o que eu vejo, portanto, não sabe como é. É como ver alguém saindo da neblina. Quando você começa a vê-los, de certa forma eles estão lá. Mas ela está esclarecendo a conexão ao aparecer da névoa. Portanto, ele já está aqui, só que ainda está chegando.

D: *Então, quando ele se torna claro ou mais próximo, você sabe que ele está lá?*

B: Mais claro. Não existe distância aqui porque há um conjunto diferente de dimensões em ação neste plano. Achei que essa descrição lhe interessaria. Às vezes esqueço que você não consegue vê-las, porque elas aparecem tão claramente para mim. E assim, ele está aqui. - Ele diz que, quando você estava no processo de escolher as quadras para as quais se sentiu atraído, ele sabia que haveria algumas do passado incluídas. Isso foi necessário para ajudar a acrescentar perspectiva àquelas que ainda não aconteceram. Assim, aqueles que estão lendo isso começarão a entender o modo de pensar dele e, portanto, ficarão convencidos dos eventos que ainda estão por vir.

D: *Não tenho como saber se eles se referem ao passado.*

B: Ele diz que isso não é problema. Porque o fato de você se deparar com um evento que já aconteceu o ajudará a verificar a precisão das traduções e interpretações dos vários eventos. Isso também serve para ilustrar como ele quer dizer que as quadras podem se referir a mais de uma coisa. Porque se for uma quadra que já aconteceu, as pessoas podem ter uma visão mais completa do que aconteceu em ambos os eventos e podem ver como uma quadra pode servir para ambos.

À MEDIDA QUE COMEÇAMOS A TRADUZIR mais e mais quadras, descobri que teria de começar a tomar decisões sobre quais incluir neste livro. Eu estava convencido de que teria de haver sequências se quiséssemos imprimir todas elas, pois um livro nunca seria capaz de comportá-las. Nostradamus me aconselhou sobre isso e sugeriu que omitíssemos as que tratavam do passado distante e nos concentrássemos naquelas que descreviam eventos ocorridos nos últimos 100 anos ou mais. Ele queria que eu me concentrasse especialmente naquelas que diziam respeito aos eventos que ocorreriam nos próximos 20 anos. Ele achava que esses eram vitais e o elemento mais importante desse projeto. Achei interessantes as que tratavam do passado e achei que os leitores também achariam, mas concordei que ele provavelmente estava certo. Ele sugeriu que elas fossem incluídas posteriormente em um livro para os historicamente curiosos.

Não quero que o leitor tenha a ideia equivocada de que todas as quadras traduzidas por Nostradamus durante esse experimento tratavam apenas dos tempos modernos. Isso seria um erro grosseiro. As que optei por omitir tratavam da Revolução Francesa, de Napoleão, do destino de várias linhagens da realeza na Europa, da Guerra Civil Espanhola, da Primeira Guerra Mundial, etc. Nostradamus também gostava de prever tendências em religiões e filosofia. Ele achava que isso também tinha um efeito profundo sobre o futuro do mundo. Decidi omitir muitas dessas previsões, pois elas tratavam de culturas do passado.

Incluirei apenas algumas quadras referentes ao passado neste capítulo para mostrar sua linha de pensamento. O restante, algum dia, será incluído em outro livro, onde haverá mais espaço para estudá-las e observar sua notável precisão. Acho que as que decidi incluir neste livro demonstrarão melhor seu profundo uso de simbolismo complexo.

CENTÚRIO I-25

Perdu trouvé, caché de si long siecle,
Sera Pasteur demi Dieu honoré:
Ains que la lune acheve son grand siecle,
Par autres vents sera deshonoré.

A coisa perdida é descoberta, escondida por muitos séculos. Pasteur será celebrado quase como uma figura divina. É quando a lua completa seu grande ciclo, mas, segundo outros rumores, ele será desonrado.

D: *É interessante que ele use esse nome, Pasteur.*
B: Ele diz que o nome se refere a quem você acha que ele se refere. Os segredos farmacológicos que Pasteur descobriu são simplesmente redescobertas de coisas que já eram conhecidas, mas que foram perdidas durante a grande era das trevas. Ele diz que algumas das coisas que Pasteur faz... fez... ele diz que está se confundindo com os tempos verbais.
D: *(risos) Porque está no futuro dele e no nosso passado.*
B: Sim. Ele diz que algumas das coisas que Pasteur faz serão mais tarde substituídas por práticas melhores. E as coisas que ele fez serão conhecidas por não terem sido a melhor maneira de fazer isso. É isso que ele quer dizer com ser insultado, porque serão encontradas maneiras melhores de fazer o que Pasteur descobriu.
D: *É isso que ele quer dizer com "quando a lua completar seu grande ciclo"?*
B: Não. Ele diz que a lua tem muitos ciclos dos quais os cientistas como um todo parecem não estar cientes. Se os cientistas estivessem totalmente cientes dos ciclos da lua, não se confundiriam com o propósito e a construção de estruturas como Stonehenge. Por exemplo, o grande ciclo da lua abrangeu o tempo desde a queda da civilização de Atlântida até a ascensão gradual da civilização novamente e a redescoberta do conhecimento perdido séculos antes.
D: *Então é isso que significa. Pasteur estava apenas redescobrindo coisas que eram conhecidas na época da Atlântida. E "segundo outros rumores, ele será desonrado" significa que eles encontrarão outras maneiras de fazer essas coisas. Os tradutores puderam relacionar essa quadra com Pasteur porque ele usa o nome. Não há muitos casos em que ele de fato dê o nome de alguém.*
B: Às vezes, uma pessoa em particular se destaca. Ele diz que a medicina moderna, como você a conhece, não existiria se não fosse pelo trabalho de Pasteur.

DURANTE OS MESES EM QUE TRABALHAMOS, traduzimos várias quadras que tratavam da Segunda Guerra Mundial. Nostradamus comentou sobre as principais figuras que estavam envolvidas nesse conflito. Estranhamente, quando se referiu ao presidente Franklin Roosevelt, ele pintou um quadro bem diferente do que nós, que estávamos vivos naquela época, vimos. Eu sempre o considerei um grande homem que nos ajudou a atravessar a guerra. Nostradamus se referiu a ele como um homem capaz de manipular seus poderes presidenciais para ser quase um rei. (CENTÚRIO VIII-74) Ele cumpriu mais mandatos do que qualquer outro presidente e, na época, falava-se que ele poderia se tornar semelhante a um rei. Foi nessa época que o Congresso limitou o número de mandatos que um presidente poderia exercer. Ele também se referiu à manipulação de Roosevelt para nos envolver na guerra. Em Centúrio I-23, o leopardo representa a Inglaterra e o javali os nazistas, porque eles eram um bando de porcos. Os Estados Unidos são mencionados como a águia brincando ao redor do sol, indicando que éramos supostamente neutros. Essa quadra menciona um momento, "o terceiro mês ao nascer do sol". Isso não era astrológico, mas se referia à época em que a Inglaterra começou a se sentir ameaçada pela Alemanha e estava tentando envolver os Estados Unidos na guerra. Ele indicou que Roosevelt precisava encontrar uma maneira de entrar na guerra com o apoio do povo. A pesquisa prova que isso é correto. Em março de 1941, Roosevelt ofereceu toda a ajuda "sem guerra" à Inglaterra. Seus oponentes mais poderosos o acusaram de preparar a nação para uma declaração de guerra. O motivo de nosso envolvimento foi ajudar a economia. No CENTÚRIO I-84, Roosevelt foi descrito como o grande oculto nas sombras segurando uma lâmina na ferida sangrenta. Isso significa que ele fez coisas para provocar o Japão. A Inglaterra é mencionada como seu irmão nessa quadra. Houve várias outras ocasiões em que Nostradamus se referiu à Inglaterra como nosso irmão. Roosevelt é novamente mencionado no CENTÚRIO II-9 como o homem magro que governa pacificamente por nove anos antes de desenvolver uma sede de sangue. Ele foi eleito em 1932 e entramos na guerra em dezembro de 1941. Embora esses nove anos tenham abrangido a era da Depressão, eles foram relativamente pacíficos. Havia várias outras quadras, mas essas são suficientes para mostrar a maneira como Nostradamus viu Roosevelt e a entrada de nosso país na Segunda Guerra Mundial.

CENTÚRIO III-75

Pau, Verone, Vicence, Sarragousse,
De glaives loings terroirs de sang humides.
Peste si grance viendra à la grand gousse,
Proche secours, & bien loing les remedes.

Pau, Verona, Vicenza, Saragoça, espadas pingando sangue de terras distantes. Uma praga muito grande virá com um grande projétil, alívio próximo, mas os remédios distantes.

B: Ele diz que essa quadra se refere à Primeira e à Segunda Guerra Mundial. Os nomes dos lugares citados no início se referem a lugares que desempenharam papéis importantes na Primeira Guerra Mundial. A maneira como a política se complicou na Europa foi o que causou a Primeira e a Segunda Guerra Mundial. Ele diz que se a Primeira Guerra Mundial não tivesse ocorrido, a Segunda Guerra Mundial não teria acontecido. A praga liberada pelo grande projétil foram as bombas atômicas lançadas no Japão. Eles tinham um pouco de assistência médica para as vítimas, mas o remédio tinha de ser trazido pelos Estados Unidos, que estava muito longe.

D: *Eles interpretaram isso como algo que aconteceria no futuro. Acharam que ele estava falando de guerra química, gás ou algo do gênero.*

B: Ele diz que pode ver onde eles chegaram com esse aspecto da interpretação por causa da guerra de gás usada na Primeira Guerra Mundial. Ele estava falando de ambos os eventos, a Primeira e a Segunda Guerra Mundial, sendo a Segunda Guerra Mundial a mais calamitosa das duas.

Agora eu podia ver que essa quadra era um exemplo perfeito de que suas profecias tinham duplo sentido. Da história se repetindo ao se referir tanto à guerra química como uma praga quanto à praga da radioatividade.

Nessa quadra, os nomes dos lugares tinham significado, mas, geralmente, quando Nostradamus usava nomes de cidades, eles indicavam um país. As quadras têm sido constantemente mal interpretadas porque os tradutores muitas vezes pensavam que ele estava se referindo a um evento que aconteceria em uma determinada cidade, quando na verdade ele estava usando esses nomes como simbolismo para um país.

A próxima também se referia à bomba atômica.

CENTÚRIO V-8

Sera laissé le feu vif, mort caché,
Dedans les globes horrible espouvantable,
De nuict à classe cité en poudre lasché,
La cite à feu, l'ennemi favorable.

Lá será liberado o fogo vivo e a morte oculta, o medo dentro de globos terríveis. À noite, a cidade será reduzida a escombros pela frota, a cidade em chamas, útil ao inimigo.

B: Fogo vivo dentro dos globos terrestres refere-se à radiação das bombas atômicas lançadas no Japão. Que queimava como fogo, mas as pessoas não morriam imediatamente, como aconteceria com o fogo comum, e teriam de viver a agonia antes de morrer. A frota se refere aos aviões alemães que sobrevoavam e bombardeavam Londres, reduzindo-a a escombros. Os temíveis globos eram bombas incendiárias. Eles queriam fornecer alguma luz para poder encontrar seus alvos. Por isso, lançavam globos de líquidos explosivos que se incendiavam com o contato, para ajudar a fornecer luz para apontar suas outras bombas destrutivas.

D: *Isso faz sentido porque houve apagões durante a Segunda Guerra Mundial.*

Havia muitas quadras que se referiam a Hitler. Muitas delas podiam ser traduzidas com precisão, especialmente quando Nostradamus usava o anagrama "Hister" para se referir a Hitler. Incluirei uma que não era tão óbvia.

CENTÚRIO III-36

Enseveli non mort apopletique,
Sera trouvé avoir les mains mangees:
Quand la cité damnera l'heretique,
Qu'avoit leurs loix se leur sembloit changees.

Queimado, apoplético, mas não morto, ele será encontrado com as mãos roídas; quando a cidade condenará o herege que, ao que parece, mudou suas leis.

B: Isso se refere ao suicídio e à morte de Hitler e à consequente descoberta de seus restos mortais no bunker. O fato de suas mãos parecerem ter sido roídas simboliza o desmoronamento de seu outrora grande poder, onde ele não tem mais o alcance que tinha antes. E os aliados estavam, por assim dizer, mastigando suas fronteiras.

D: *Apoplético geralmente significa alguém em coma ou algo semelhante, não é?*

B: É alguém que está com raiva, alguém que sofre um acidente cerebral devido à pressão alta, possivelmente causada pela perda de controle. Ele diz que esse homem (Hitler) não conseguia controlar suas emoções ou paixões, e que se deixava levar. Ele começava a falar sobre um assunto que o perturbava e deixava que suas emoções o levassem à beira de um colapso nervoso.

D: *Então era assim que Nostradamus o via. Acho que as pessoas já disseram que Hitler era muito instável emocionalmente. - O que significa a segunda parte: "Quando a cidade condenar o herege que, ao que parece, mudou suas leis". Isso também se refere a Hitler?*

B: Com certeza. Ele achou que isso pareceria muito claro para você, por isso não se preocupou em lhe dar a explicação. A cidade estava sempre dizendo "Heil Hitler", emulando-o e dizendo que ele era perfeito e tudo o mais. Mas foi muito rápida em condená-lo após sua morte, pois ele havia mudado a forma de fazer as coisas de uma democracia para uma ditadura.

D: *Sempre houve muita especulação de que Hitler não havia realmente morrido naquele bunker. Havia a ideia de que talvez ele tivesse escapado de alguma forma e outra pessoa tivesse morrido em seu lugar.*
B: Ele realmente morreu lá. Os figurões do partido nazista que sobreviveram e fugiram para a América do Sul e outros locais mantiveram essa ideia circulando para ajudá-los a manter o controle do que restou do partido nazista. E também para dar esperança aos seguidores que restaram de que eles voltariam a subir ao poder e à glória.

CENTÚRIO IV-95

La regne à deux laissé bien peu tiendront,
Trois and sept mois passés feront la guerre.
Les deux vestales contre eux rebelleront,
Victor puis nay en Armorique terre.

A regra deixada para dois, eles a manterão por muito pouco tempo. Passados três anos e sete meses, eles entrarão em guerra. As duas vestais se rebelarão contra eles; o vencedor, então, nascerá em solo americano.

D: *Os tradutores não conseguiram entender a palavra "vestais". Eles acham que é uma corruptela de outra palavra.*
B: Ele diz que essa quadra tem vários significados, mas todos eles se referem à mesma série de eventos relacionados à Segunda Guerra Mundial. A regra deixada para dois refere-se aos dois principais ditadores que estavam tentando conquistar o mundo, o líder do Império Alemão e o líder do Império Japonês. Entre esses dois, eles estavam tentando dominar o mundo. Hitler estava tentando dominar a Rússia e a Europa e, por fim, tentaria dominar os Estados Unidos. Os japoneses estavam dominando a Mongólia, a Sibéria, a China, a Índia, a Austrália e essa parte do mundo. Eles planejavam ajudar a dominar as Américas a partir da outra costa, para que o povo do Hemisfério Ocidental tivesse uma batalha de duas frentes para lutar. No entanto, ele diz que, enquanto isso, na América, o vencedor, o elemento que determinaria qual lado desse

conflito venceria, já estava sendo desenvolvido. Era a bomba atômica. Havia dois cientistas principais cujos cérebros descobriram as informações teóricas necessárias para desenvolver a bomba. Nessa quadra, ele datou esse conflito. O elemento temporal envolvido foi a partir do momento em que os americanos se envolveram na Segunda Guerra Mundial. Ele está dizendo que três anos e sete meses depois seria quando os americanos, como vencedores, terminariam a guerra lançando a bomba.

D: *Os tradutores dizem que "passados três anos e sete meses, eles entrarão em guerra." significa que é quando alguém iniciará uma guerra.*

B: Ele diz que eles estão interpretando errado. Ele sabe do que está falando. Três anos e sete meses depois é quando o vencedor entra em guerra. É quando a bomba entra na guerra e muda o conceito de violência para sempre. Três anos e sete meses depois, é quando a bomba é lançada pela primeira vez. A bomba é representada metaforicamente como um cavaleiro campeão que vai para a batalha pelos aliados. Esse campeão, a bomba, entra na guerra pela primeira vez três anos e sete meses depois. E esse cavaleiro em particular, por assim dizer, estaria presente para afetar a política de guerra e a face da batalha para sempre. Porque, após o término da Segunda Guerra Mundial, os efeitos da bomba ainda eram sentidos pela guerra fria e pela forma como as coisas ainda estavam tensas. Assim, o mundo não estava em paz como antes. Porque a ameaça de guerra ainda estava presente por causa desse cavaleiro que representava a bomba.

D: *As "duas vestais que se rebelarão contra eles" são os dois cientistas?*

B: Sim. Esses dois cientistas não apenas se rebelaram contra os ditadores que estavam tentando dominar o mundo, mas também se rebelaram contra as ideias convencionais da época. Dizendo que a maneira como os cientistas imaginavam o mundo não era a maneira como a existência realmente era. Eles foram capazes de romper com o pensamento convencional e apresentar as várias teorias e mecanizações da energia nuclear.

Isso explica o fato de ele usar a palavra "vestais" para representar os cientistas. Descobri que, de acordo com a mitologia romana, Vesta era a deusa da lareira e do fogo da lareira. Na Roma antiga, havia seis virgens vestais que cuidavam do fogo sagrado em seu templo. Esse é outro exemplo notável da maneira inteligente como Nostradamus usou as palavras e a mitologia para criar a imagem dentro do quebra-cabeça que ele queria criar. Os cientistas poderiam ser comparados às vestais, pois estavam cuidando de um fogo sagrado quando inventaram a bomba. A bomba também poderia ser considerada uma virgem vestal na época, pois seu sucesso nunca havia sido comprovado.

D: *Os tradutores dizem que as duas potências serão a América e a Rússia e que elas entrarão em guerra em algum momento no futuro.*

B: Os Estados Unidos e a Rússia entrarão em guerra no futuro, mas essa quadra em particular não se refere a isso.

CENTÚRIO II-89

Un jour seront demis les deux grand maistres,
Leur grand pouvoir se verra augmenté:
Le terre neufue sera en ses hauts estres,
Au sanguinaire le nombre recompté.

Um dia, os dois grandes líderes serão amigos; seu grande poder será visto crescer. A nova terra estará no auge de seu poder, para o homem de sangue o número é relatado.

B: Isso se refere ao evento em que o presidente Nixon estabeleceu contato diplomático com a China comunista. Ele diz que eles são os dois homens do poder. E, naquela época, a nova terra - ou seja, os Estados Unidos - estava no auge de seu poder militar. Em termos econômicos e monetários, o dólar americano ainda era muito poderoso no mercado internacional. Ele diz que o número que está sendo relatado ao homem de sangue são as baixas da guerra do Vietnã que estão sendo relatadas ao presidente Nixon. Em especial, os números finais informados a ele após o término do envolvimento americano naquele conflito.

D: *Então ele é chamado de "homem de sangue" porque eles acham que ele é o maior responsável?*
B: Ele não é o maior responsável por isso. Isso recai sobre os ombros do presidente que o precedeu, o presidente Johnson. Mas eles o chamam de homem de sangue porque ele foi o chefe comandante durante os anos mais sangrentos daquela guerra, embora tenha conseguido acabar com o envolvimento americano admitido abertamente naquele conflito.
D: *Admitido abertamente. O senhor quer dizer que ele não terminou de fato.*
B: Não só isso, mas organizações secretas de controle americano ainda estão envolvidas. Elas nunca deixaram de estar envolvidas nesse conflito.
D: *Ainda está ocorrendo como uma guerra silenciosa, por assim dizer. É isso mesmo?*
B: Sim. É por isso que há descobertas esporádicas de prisioneiros americanos que ainda estão sendo mantidos lá. Porque, embora os Estados Unidos tenham supostamente interrompido seu envolvimento e o público americano não esteja ciente das organizações secretas envolvidas, as pessoas de lá estão cientes dessas organizações. E sabem que são organizações americanas. Portanto, eles ainda consideram que os americanos estão envolvidos e, assim, consideram correto e adequado manter prisioneiros americanos.
D: *Por que essas organizações secretas ainda estão envolvidas?*
B: A razão tem a ver com as esferas imaginárias de poder entre o que é rotulado como "democracia" e o que é rotulado como "comunismo". Os líderes dessas organizações acham que, se elas se retirarem completamente, isso causará uma ameaça ao equilíbrio de poder nessa área do mundo. E eles não querem que isso aconteça.
D: *Eles traduziram essa quadra como se referindo aos Estados Unidos e à Rússia. Que em algum momento no futuro eles poderão se tornar amigos. E eles acham que o homem de sangue pode ser o anticristo.*
B: Ele diz que é verdade que algum dia os Estados Unidos e a Rússia se tornarão amigos. Mas isso será devido aos esforços do homem que virá depois do anticristo.

CENTÚRIO V-78

Les deux unis ne tiendront longuement,
Et dans treize ans au Barbare Satrappe:
Au deux costez seront tel perdement,
Qu'un benira le Barque & sa cappe.

Os dois não permanecerão aliados por muito tempo; dentro de treze anos eles cederão ao poder bárbaro. Haverá uma perda tão grande em ambos os lados, que um deles abençoará a casca (de Pedro) e seu líder.

B: Ele diz que isso já aconteceu. Isso se refere aos Estados Unidos e à Rússia após a Segunda Guerra Mundial. Embora tenham se aliado durante a Segunda Guerra Mundial e logo depois durante a ocupação da Alemanha, cinco anos após o término da guerra essas duas potências haviam se separado e estavam em lados opostos da cerca. Os 13 anos se referem... ele diz para começar a datar a partir de 1950 ou por aí, a partir do momento em que essas duas potências dividiram o cobertor, por assim dizer. Os 13 anos se referem ao período mais intenso da guerra fria - Desde o momento em que eles dividiram o cobertor até a época da crise dos mísseis cubanos, em que a guerra quase explodiu em uma guerra aberta. Esse foi um período de grande agitação em ambos os países. Um dos países, a Rússia, estava tentando reconstruir os danos da guerra e se modernizar simultaneamente, o que causava muito estresse social. Stalin estava realizando seus expurgos na época, e as pessoas continuavam sendo mortas sem motivo pela polícia secreta, que matava inimigos imaginários do Estado. Nessa época, os Estados Unidos também estavam passando por uma grande agitação social devido à paranoia sobre o comunismo, provocada por McCarthy e outros que pensavam da mesma forma. Ambos os países estavam construindo a paranoia. Naquela época, as pessoas perceberam que estavam muito perto de entrar em um conflito aberto, mas ninguém nesse nível consegue perceber o quão perto estavam de se envolver em uma guerra aberta. Ele diz que esse foi um grande ponto de virada ao longo dos ramos do tempo. Um grande ramo divisor, no qual eles poderiam ir por um lado e começar a resolver seus problemas e chegar à paz ou, pelo menos, a falar em termos, como fazem hoje. Ou eles poderiam ter entrado em guerra e, no processo, destruído a maior parte da Europa jogando armas e bombas uns nos outros. Ele diz que, como esse foi um ponto de ramificação importante ao longo dos caminhos do tempo, ele se destacou muito claramente e foi bastante fácil para ele identificar. Isso também demonstra claramente que o homem pode mudar as consequências de seu futuro, especialmente se ele souber quais são essas consequências.

ATUALIZAÇÃO: Essas observações nos foram dadas em 1986 durante a interpretação das quadras. Mas, em janeiro de 1992, finalmente veio à tona que Nostradamus estava correto. A crise de 1962 foi desencadeada pela instalação de mísseis nucleares soviéticos com alcance de 800 a 1.000 milhas. Kennedy viu isso como uma ameaça definitiva para os Estados Unidos. Esses mísseis acabaram sendo retirados após dias de tensão, período em que Kennedy estava sob forte pressão para invadir Cuba. O general soviético A.I. Gribkov anunciou, durante a crise dos mísseis cubanos, que a União Soviética também enviou armas nucleares de curto alcance para Cuba (com alcance de cerca de 40 milhas) e autorizou seu uso contra qualquer força invasora dos EUA. Ele disse que as duas superpotências estavam mais próximas de uma guerra nuclear naquela época do que se pensava anteriormente. Robert McNamara, secretário de defesa do presidente John F. Kennedy, disse que não tinha conhecimento da presença dos mísseis de curto alcance em Cuba naquela época. Mas ele estava absolutamente certo de que Kennedy teria ordenado uma retaliação nuclear contra Cuba - e talvez contra a União Soviética também - se armas nucleares tivessem sido usadas contra as forças dos EUA. Um porta-voz disse: "Chegamos mais perto de uma guerra nuclear do que qualquer um jamais imaginou. Não há dúvida alguma de que estivemos à beira do abismo".

D: Em francês, a palavra Barque está em letra maiúscula. Ela diz: "eles abençoarão a casca".
B: Ele diz que um homem que um país levará para os Estados Unidos aprovaria os esforços do papa da Igreja Católica para tentar estabelecer a paz entre as duas nações, além de tentar intervir em

outros conflitos armados. A Rússia, que afirma ser um país ateu, desconfiaria de qualquer coisa que a Igreja Católica fizesse, achando que é um truque capitalista. Por outro lado, os Estados Unidos, país capitalista e dito cristão, aprovaria os esforços, pensando que se trata de uma terceira parte que poderia ser um pouco objetiva e ajudá-los a resolver seus problemas. Tenho a impressão de que o papa a que ele está se referindo é o papa atual, que parece estar bastante envolvido com a política e tentando promover a paz mundial. Sim, ele diz que minha impressão está correta. Outra razão pela qual ele diz que o representou como sendo um Barque é porque esse é um tipo de barco, algo que viaja. E esse papa não ficará enclausurado no Vaticano.

D: Sim, isso faz sentido. Ele viaja para todos os lugares.

ATUALIZAÇÃO: Em 1992, foi revelado que o atual papa esteve envolvido em negociações políticas com os Estados Unidos e países comunistas no passado. Essa descoberta dá mais plausibilidade a essa quadra. Foi revelado que o presidente Reagan aprovou um programa secreto de ajuda ao movimento Solidariedade, proibido na Polônia, há uma década, depois de consultar o papa João Paulo II e de uma discussão acalorada entre os funcionários do governo.

D: Eles interpretaram esse fato como uma aliança entre os EUA e a Rússia, em vez de como se eles estivessem em seu momento de maior divisão.
B: Ele diz para irmos para a próxima quadra, essas interpretações são ridículas.

CENTÚRIO IV-28

Lors que Venus du Sol sera couvert,
Soubs l'esplendeur sera forme occulte:
Mercure au feu les aura descouvert,
Par bruit bellique sera mis à l'insulte.

Quando Vênus for coberta pelo Sol, sob o esplendor haverá uma forma oculta. Mercúrio os terá exposto ao fogo, por um rumor de guerra será afrontado.

B: Ele diz que, nessa quadra específica, nem todas as referências que soam astrológicas são necessariamente assim. Ele está tendo dificuldade para entender os conceitos, mas tentará. Ele diz que essa quadra tem um significado múltiplo. Uma das interpretações se refere a um evento que já aconteceu. É um evento que realmente aconteceu, mas que, na época, foi considerado um rumor e não um evento real. Um aspecto dessa quadra tem a ver com o programa espacial russo. Ele diz que, no início dos anos 70, quando a Rússia e os Estados Unidos estavam tentando superar um ao outro no que diz respeito a realizações em voos espaciais, especialmente voos espaciais tripulados, a Rússia embarcou em um projeto ambicioso. Eles decidiram que, como não tinham sido bem-sucedidos em um voo tripulado para a Lua, no processo de tentar aliviar seu orgulho ferido, pensaram em fazer algo melhor e não se preocupar com a Lua. Eles tentaram enviar um voo tripulado para Vênus. Ele diz que, quando fizeram isso, o contato foi interrompido por um período de tempo e presumiu-se que a nave estava perdida ou destruída. No último minuto, a comunicação foi restabelecida pouco antes de a nave se incendiar na atmosfera de Vênus. Ele diz que, na época, os Estados Unidos suspeitavam que isso havia acontecido, mas achavam que poderia ser apenas um truque de propaganda dos russos. Isso ocorreu em uma época em que as relações diplomáticas entre os dois países eram muito delicadas.

Nostradamus percebeu que o acidente da Challenger não era um incidente isolado de tragédia espacial. Foi apenas o mais divulgado. Ele viu que astronautas haviam se perdido desde o início da exploração espacial, não apenas pelos Estados Unidos, mas pela Rússia e outros países. Ele disse que, sem o conhecimento do mundo exterior, outros países além das duas superpotências estavam realizando experimentos espaciais nos primeiros dias da viagem espacial. Muitos deles interromperam os experimentos após resultados desastrosos. Nostradamus relatou que muitos dos chamados voos "não tripulados" na verdade continham astronautas que morreram ou se perderam no espaço durante missões malsucedidas. Esses acidentes nunca foram tornados públicos por motivos óbvios. Quando pensei nisso, lembrei-me de rumores no início da década de 1970 de que os primeiros pousos suaves soviéticos em Vênus na verdade continham astronautas que morreram. Houve muita especulação na época por causa de misteriosas transmissões de rádio, mas nenhuma prova jamais foi apresentada e essas especulações continuaram sendo apenas rumores. Será que Nostradamus viu o que de fato aconteceu em algumas dessas missões espaciais?

CAPÍTULO 11

O TEMPO PRESENTE

B: Ele disse para lhe contar que tem suas ferramentas e instrumentos, seu pote de tinta e seus pergaminhos com ele.
D: *Ele tem? Por que ele os trouxe dessa vez?*
B: Em sentido figurado. Uma figura de linguagem. Ele diz que sempre os traz. Além disso, ele traz seu ... ele o chama de livro de perguntas. E está me mostrando a imagem de um livro que não tem nada além de pontos de interrogação.

(Era óbvio que ele estava brincando comigo).

D: *(Risos) Certo. Diga a ele que tenho meus pergaminhos, meus instrumentos de escrita e minha caixinha preta.*
B: Ele diz que você é uma mentirosa. Você não tem nada além de sua caixa preta.
D: *(Risos) Peço perdão. Eu tenho o livro dele.*
B: Ele diz que isso não conta, porque o livro é dele e ele também o tem. Mas você não tem um pote de tinta nem um livro de perguntas. Ele apenas acrescentou, entretanto, que a mulher infernal faz perguntas suficientes. Ela não precisa de um livro de perguntas. (Risos) Acho que ele está brincando com você.
D: *Tenho a impressão de que ele está. (Risos) Sim, sou cheia de perguntas. Tenho uma curiosidade terrível.*
B: Ele diz que terrível é a palavra certa para isso.
D: *(Risos) Bem, fico feliz que ele me ature. Foi ele quem começou tudo isso.*
B: Ele diz que a roda do carma é infinita. Ela não começa e não termina. Portanto, você não pode acusá-lo de ter começado tudo, pois as coisas são infinitas. Ele diz que poderia facilmente dizer que você começou tudo ao se envolver com a hipnose regressiva,

para começar, então você vê que é infinito. Se todos se dessem conta disso, os tribunais e a lei se tornariam obsoletos.

D: Bem, se ele terminou de brincar conosco, está preparado para continuar o trabalho de tradução de suas quadras?

B: Ele diz, com um grande gesto de mão, que está sempre pronto para continuar o trabalho. Ele diz, vamos fazer isso. (sorrindo amplamente) Ele parece estar de muito bom humor.

Durante os meses em que trabalhamos juntos, Nostradamus me deu a tradução de muitas quadras que se aplicam ao nosso tempo presente. Incluirei aqui as mais singulares.

CENTÚRIO III-13

Par fouldre en l'arche or & argent fondu,
De deux captifs l'un l'autre mangera:
De la cité le plus grand estendu,
Quend submergee la classe nagera.

Através de um relâmpago na caixa, o ouro e a prata são derretidos, os dois cativos se devorarão um ao outro. O maior da cidade se estendeu quando a frota viajou para debaixo d'água.

B: Ele diz que essa quadra se refere a algumas invenções que você chamaria de invenções "modernas". Essas, é claro, terão aplicações militares. Ele diz, por exemplo, que a caixa com a luz tremeluzente se refere à domesticação e ao controle da eletricidade. O ouro e a prata na caixa que está sendo derretida se referem a algumas das aplicações da tecnologia elétrica, como a galvanização de objetos com ouro e coisas do gênero. E como isso, por sua vez, levou à tecnologia, como a tecnologia de comunicação que usa microchips e outras coisas, que por sua vez é usada para se comunicar com o que vocês chamam de "submarinos" - a frota de submarinos que cada país tem. Portanto, ele diz que estava simplesmente tentando produzir uma imagem de todas as maravilhosas invenções que via para o futuro.

D: *E isso está de acordo com a parte que diz: "os dois cativos se devorarão um ao outro".*

B: Ele diz que isso tem a ver, sim, com as energias envolvidas porque elas precisam ser equilibradas. São energias opostas, mas precisam estar equilibradas para funcionar. Assim, de certa forma, eles se devoram um ao outro, pois estão equilibrados.

D: *Os tradutores pensaram que ele estava falando sobre alquimia.*

B: Ele diz que a prática da alquimia deu origem à química e à astronomia, e que a astrologia também contribuiu para isso. E ele diz que a física também foi afetada. Ele diz que alguns dos primeiros alquimistas estavam buscando conhecimento metafísico e outros estavam simplesmente buscando conhecimento físico. Isso acabou levando ao que você chamaria de ciências modernas, que inventaram todas essas coisas.

D: *Então, de uma forma indireta, ele está se referindo à alquimia. Embora os tradutores achem que ele está falando de algum tipo de processo que ele usou em sua época.*

B: Ele diz que pode ver de onde eles tirariam essa interpretação, já que insistem em colocá-lo em uma posição cega.

Muitas vezes ele não me dava todas as respostas. Mesmo assim, ele nos deixava com uma parte do quebra-cabeça para resolvermos sozinhos.

B: Ele diz que isso é para você descobrir. Ele não vai lhe contar tudo. Agora que ele deu as pistas, devemos ser capazes de encontrá-las. Ele diz que é preciso exercitar a mente para que ela cresça, caso contrário, a pessoa se tornará um ignorante. (Risos do grupo).

D: *Então ele quer que eu use meu próprio cérebro.*

B: Ele diz que você não gostaria de ter grandes quantidades de queijo suíço nessa região do corpo.

D: *(Risos) É verdade. Não quero ter um cérebro esburacado. Você não pode ter todas as respostas entregues a você, não é mesmo?*

B: Ele diz que tem muita prática em ser misterioso. É difícil se abrir completamente.

Havia várias quadras que se referiam à deposição do Xá do Irã e à ascensão ao poder do Aiatolá Khomeni, porque esses eram eventos precursores do terrível "tempo de angústia". (CENTÚRIO II-10 e I-70)

CENTÚRIO VI-34

Du feu volant la machination,
Viendra troubler au grand chef assiegez:
Dedans sera telle sedition,
Qu'en desespoir seront les profligez.

A máquina de fogo voador virá para perturbar o grande chefe sitiado. Lá dentro haverá tanta sedição que os abandonados ficarão em desespero.

B: Ele diz que essa foi uma previsão do acidente que aconteceu no início deste ano na NASA com a equipe do Challenger. (Isso ocorreu no final de janeiro de 1986.) Ele diz que os efeitos posteriores desse trágico acidente causaram uma grande divisão de opiniões no poder, tanto na NASA quanto no Comando Aéreo Estratégico, com relação aos objetivos e metas do programa espacial americano. Ele diz que há muito tempo existe uma facção fermentando em favor de sondas não tripuladas com instrumentos sofisticados. Esse acidente deu a eles o combustível necessário para iniciar uma fogueira de discórdia. E os idealistas que defendem o sonho de o homem explorar o espaço diretamente ficaram muito desanimados com o desenvolvimento do assunto. Pois eles estavam querendo construir estações espaciais e desenvolver a energia solar para ajudar a aliviar as necessidades energéticas da Terra.

D: *"Isso virá a incomodar o grande chefe sitiado", com isso ele se refere aos líderes da NASA?*

B: Ele diz que o grande chefe sitiado é tanto o líder da NASA quanto o presidente dos Estados Unidos.

D: *Ele é capaz de ver o que causou o acidente?*

B: Vou perguntar a ele. (Pausa) Ele diz que é difícil ver claramente, mas uma das principais causas que contribuíram para o acidente parece ter sido um erro de computador.

D: *É claro que ele não saberia o que são computadores, não é? Ele viu algo com máquinas ou o quê?*

B: Bem, ele observou a situação e pegou o conceito da mente desse veículo. Ele estava pensando em matemáticos e pensadores, e estava pensando em máquinas. Ele estava pensando em máquinas que pensavam como os matemáticos e pensadores. E o que aconteceria se um sistema que dependesse de uma máquina dessas falhasse e cometesse um erro como os humanos fazem. E ele, em vez de pedir um coloquialismo, pediu um termo que se encaixasse nesse conceito. Ele ficou satisfeito com o termo "erro de computador".

D: Isso foi feito de forma muito inteligente.

B: Ele diz que, embora a maioria das evidências tenha sido destruída na conflagração, as peças que forem encontradas e a história que for montada não serão divulgadas ao público. Isso será mantido dentro dos círculos mais altos da NASA, enquanto eles tentam descobrir o que causou um acidente tão horrível.

D: Eles divulgaram algumas coisas, mas nunca sabemos se é a verdade ou não.

B: Ele diz que o que eles divulgaram é propaganda.

D: Isso será um retrocesso para o nosso programa espacial?

B: Sim, será... um pouco. Ele diz que o retrocesso será temporário. Mas o período de tempo envolvido será maior do que o previsto inicialmente. Porque, no momento, isso causou uma grande divisão nas fileiras. É como uma serpente de duas cabeças lutando contra si mesma. Cada divisão está tentando levar a melhor para direcionar o programa espacial na direção que deseja. Quando isso for resolvido, a implementação da decisão será adiada pela guerra. Somente depois que a guerra terminar, as coisas se acalmarem e o país se recuperar da guerra, é que o programa espacial será implementado na direção do desenvolvimento da energia solar e das estações espaciais. Os idealistas acabarão vencendo, mas será uma decisão muito apertada. O advento da guerra ajudará a fortalecer sua posição.

CENTÚRIO IV-30

Plus onze fois Luna Sol ne voudra,
Tous augmenté & baissez de degré:
Et si bas mis que peu or on cendra,

Qu'apres faim, peste, descouvert le secret.

Mais de onze vezes a Lua não quer o Sol, tanto aumentado quanto diminuído em grau. Colocado tão baixo que se costurará pouco ouro: depois da fome e da peste, o segredo será descoberto.

B: Ele diz que essa quadra se refere a um evento cujas raízes já foram lançadas, mas o resultado não virá à tona por algum tempo. Ele diz que a frase "mais de onze vezes a lua não vai querer o sol" refere-se ao programa espacial dos Estados Unidos e aos voos tripulados para a lua. Naquela época, a lua era muito proeminente nos pensamentos dos homens, sendo assim elevada em glória e mais importante. Portanto, ela não estava precisando ou querendo a influência do sol para aumentar sua glória. Mas, então, o programa espacial cairá em desgraça, de modo que a glória da lua será diminuída por meio de mudanças na política do governo e a ênfase será deslocada em uma direção diferente. E a mudança de ênfase se deve a algumas - ele insiste em usar a palavra "nefasta" - políticas nefastas nos bastidores das quais o público votante não está ciente, mas que não aprovaria se soubesse. Essas mudanças na política de redirecionar o dinheiro para fins militares em vez de científicos contribuirão para os horrores das mudanças que estão por vir. Mas as maquinações nos bastidores não serão expostas até uma data posterior.

ATUALIZAÇÃO: Um de meus leitores identificou algo nessa quadra que eu não vi. Citando a carta dele: "As missões lunares foram até o número onze antes de Neil Armstrong aterrissar na superfície. As missões foram, é claro, batizadas em homenagem a Apolo, o deus romano do sol."

D: Qual é o significado de "se costurará pouco ouro"?
B: Quando ocorre a mudança de ênfase da política, ela afeta o dinheiro disponível para contribuir com a glória da lua, ou seja, o dinheiro disponível para os programas espaciais. Ele é desviado para outros usos e, como não há contribuição de dinheiro para o programa espacial, não há retorno em espécie. Porque quando se contribui com dinheiro para a pesquisa em que o programa espacial está

envolvido, o retorno é dez vezes maior com as descobertas que são feitas para ajudar a melhorar o destino da humanidade.

D: *"Depois da fome e da peste, o segredo será descoberto."*
B: Após o período de dificuldades.
D: *Estou pensando em outra quadra que falamos sobre a tragédia do Challenger e que eles estavam tentando colocar estações espaciais no espaço. Ele disse que tudo seria adiado por causa de uma guerra. Você acha que essas duas coisas estão relacionadas?*
B: Sim. Ele diz que essa situação relativa à exploração espacial é muito complicada e emaranhada.

D: *A próxima pergunta tem alguns signos astrológicos. Quero lhe dizer que encontrei um jovem que é um astrólogo especialista. Ele quer trabalhar comigo para determinar os sinais mencionados por Nostradamus.*
B: Ele diz que isso será bom se o jovem mantiver a mente aberta a novas interpretações do que vê e não for muito rígido e rápido com as regras estabelecidas da astrologia. Os planetas formam seus padrões e, se tiverem tempo suficiente, voltarão a esses padrões novamente. Portanto, mais de um caminho será indicado, assim como mais de uma interpretação pode ser dada às quadras.
D: *O jovem sugeriu que, às vezes, eu pedisse mais informações astrológicas.*
B: Ele disse que fará o possível para ajudar. Às vezes é difícil traduzir os conceitos com precisão suficiente para ajudar de fato. Mas ele fará o que puder.

John estava presente e queria fazer uma pergunta sobre uma quadra que eu havia recebido de Elena. Pedi a ele que procurasse os signos astrológicos e ele queria obter mais informações sobre ela. Ele estava preocupado porque o evento deveria acontecer muito em breve, em 22 de dezembro de 1986, ou seja, daqui a dois meses. Elena havia interpretado, por meio de Dionísio, que a quadra se referia a naves espaciais. John não concordou com isso.

CENTÚRIO II-48

La grand copie qui passera les monts,

Saturne en l'Arq tournant du poisson Mars:
Venins caches soubs testes de saulmons,
Leur chef pendu à fil de polemars.

O grande exército que passará pelas montanhas quando Saturno estiver em Sagitário e Marte estiver se movendo para Peixes. Veneno escondido sob as cabeças dos salmões, seu chefe de guerra enforcado com uma corda.

B: Ele diz mais uma vez que essa quadra tem mais de um significado. Devido a um erro cometido por um líder, ocorrerá um incidente internacional. Ele diz que o principal problema da situação será causado por uma falha na comunicação entre as duas potências envolvidas.

John: Sabemos que, durante esse período, Marte e Saturno estarão em aspecto quadrado. "Veneno escondido sob as cabeças de salmão. Seu chefe de guerra enforcado com uma corda." Isso significa que o chefe se enforcará? Que ele cometerá suicídio por causa do erro?

B: "O chefe de guerra enforcado com uma corda". Ele diz que a situação é muito mais complicada do que parece à primeira vista, simbolizada pelo nó presumido na corda. Para se pendurar com uma corda, é preciso dar um nó em algum lugar. Ele diz que o chefe, o líder envolvido, sentirá grande arrependimento pelo que aconteceu e desejará continuar sua carreira e ajudar a corrigir a situação, para ajudar a compensar os efeitos adversos do ocorrido. Entretanto, ele será simbolicamente enforcado por outros que desejam assumir sua posição na organização. Ele será enforcado no que diz respeito à política e à sua carreira. Será quase como se ele estivesse cometendo suicídio, pois o resultado final será um homem destruído, sem poder fazer nada a respeito da situação. Ele diz que, no fim das contas, o evento inteiro acabará sendo um fiasco, visto de ambos os lados. Mas isso terá consequências cataclísmicas e muito prejudiciais. Há outra palavra que ele está querendo usar aqui, mas não consigo encontrá-la. Terá consequências muito... profundas para os dois países envolvidos.

D: "De longo alcance" seria uma boa palavra?

B: Não. Profundas, de grande alcance, que atingem profundamente, porque afetarão a política mundial em geral para muitas nações.
D: *Gostaríamos de esclarecer essa primeira parte novamente. "O grande exército". Em uma tradução francesa, estava: "A grande horda que passará pelas montanhas".*
B: Ele diz que a palavra "horda" está mais próxima da descrição do que "exército". Da forma como a situação se desenvolve, um inimigo ou alguém que não deseja o bem dos Estados Unidos se aproveitará da situação ampliando seu poder de forma antiética. E eles farão isso enviando uma horda de agentes que trabalham para eles nessa área. Ele diz que isso não está claro para ele, mas esse aspecto da situação só virá à tona um pouco mais tarde. E grande parte do mundo se sentirá ofendida por essa ação. - Michel de Notredame pergunta se você tem algo que gostaria de acrescentar.
D: *Bem, essa data, 22 de dezembro de 1986, está correta?*
B: Ele diz que sim, ou tão próxima que não faz diferença.
D: *Ficamos interessados porque isso vai acontecer muito em breve em nosso futuro. (Estávamos fazendo essas perguntas em outubro de 1986).*
B: Sim. Ele diz que, de sua perspectiva, parece tão imediato que a época em que estamos falando hoje e a época em que isso vai acontecer parecem quase simultâneas.

A Sra. Cheetham traduziu os sinais astrológicos mencionados na quadra como uma conjunção, mas isso não é verdade. John descobriu que esses sinais ocorreriam da última semana de novembro de 1986 até a primeira semana de janeiro de 1987. É interessante o fato de Elena ter inventado essa data para essa quadra quando não sabia nada sobre astrologia.

Acredito que essa quadra se refere ao problema que o presidente Reagan teve com a descoberta do acordo de armas com o Irã. Esse fiasco começou a se desenrolar por volta do final de novembro e continuou durante dezembro e janeiro. O resto da nação assistiu ao desenrolar da história pela TV e provavelmente sentiu as emoções de descrença, raiva ou frustração. Alguns podem ter sentido que todo o cenário estava sendo exagerado. Essa parte do drama não me tocou. Com um senso de distanciamento, ouvi quando um senador sugeriu que o Presidente Reagan renunciasse e nomeasse um sucessor. A frase "seu chefe de guerra enforcado por uma corda" não parava de passar pela minha cabeça. É verdade, o presidente é certamente o chefe das forças armadas. Minha simpatia pelo presidente que estava sendo simbolicamente enforcado foi substituída pelo espanto e admiração de ver a profecia de 400 anos de Nostradamus ganhar vida diante dos meus olhos. Então, um arrepio frio percorreu meu corpo. Se ele estivesse certo sobre essa previsão, suas visões horríveis do anticristo também se cumpririam?

A Sra. Cheetham diz em seu livro que "saumon" significa cabeça de burro em provençal. Ela não conseguiu ver nenhuma maneira de traduzir isso para fazer sentido nessa quadra, então usou a palavra "salmão". Mas eu me pergunto: isso poderia estar se referindo ao burro, o símbolo do partido democrata? Ao dizer "veneno escondido sob a cabeça do burro", poderia significar que os democratas eram de alguma forma responsáveis pela negatividade das notícias sobre esse evento? John disse também que a cabeça de burro era o tipo de máscara preferido usado em festivais na França. - Mais uma vez, isso sugere que algo oculto estava acontecendo. Essas são minhas observações e não as de Nostradamus, mas ele me disse para tentar usar meus próprios poderes dedutivos na tentativa de resolver esses enigmas.

J: Você disse que essa quadra pode ter mais de um significado. Para mim, Saturno em Sagitário representa quase como uma flecha de fogo. E Marte em Peixes representa a água, como os oceanos. Isso tem algo a ver com problemas no mar ou com batalhas com navios de guerra?
D: Ou quer explicar isso com suas próprias palavras?
B: Ele diz que não se importa com suas perguntas desse tipo porque é disso que se trata a discussão. Dar e receber. Ele estava ansioso para discutir com esse jovem em vez de simplesmente se comunicar com ele. Ele diz que há uma diferença entre discussão e comunicação. Uma coisa que parece particularmente agradável para ele é que a linha pela qual você parece estar pensando parece ser paralela à linha de pensamento dele. Isso torna a discussão muito mais fácil e direta. Ele diz que você está certo em seguir seus sentimentos sobre o assunto ao interpretar símbolos astrológicos. Seus sentimentos são seus guias psíquicos que o

ajudam enquanto observam de seus planos superiores. Assim, eles contribuem para sua perspicácia no assunto. Ele diz que esse evento específico envolverá o oceano. Ele está me dando uma imagem do que interpreto como um submarino. Ele estará envolvido, assim como navios armados na superfície do oceano.
D: *Qual é o país que está envolvido?*
B: Ele não diz com certeza. A sensação que ele está transmitindo é que ele acha que haverá um americano envolvido e que isso ocorrerá no Oceano Atlântico. A imagem que Michel de Notredame projeta em minha mente é como olhar para um mapa, cujo centro é o Oceano Atlântico. E vejo o que parecem ser mísseis cilíndricos espirrando na água e o que parece ser um navio parcialmente submerso e um submarino próximo. É como se eu estivesse vendo uma fotografia sobreposta ao mapa do Oceano Atlântico, de modo que os objetos nesta fotografia estão desproporcionais em seu tamanho em relação ao oceano. Mas sua localização é no hemisfério norte do Oceano Atlântico, no quadrante sudoeste. Tenho a sensação de que é nesse local que o incidente ocorrerá.

É interessante que os mísseis tenham sido mencionados, porque eles também estavam envolvidos no escândalo das armas do Irã. Ele poderia estar se referindo novamente aos dois incidentes

D: *A razão pela qual estamos perguntando sobre essa quadra é porque o outro veículo pensou que se tratava de naves espaciais. Era Dionísio quem estava nos dizendo isso e, pessoalmente, acho que ele pode ter interpretado mal o que estava vendo.*
B: Ele diz que isso é perfeitamente razoável devido à grande preponderância de objetos cilíndricos na imagem, o submarino e os mísseis. Ele poderia ter confundido esses objetos com veículos espaciais, já que eles também tendem a ser cilíndricos.
J: *O que significa "o veneno escondido sob as cabeças do salmão"?*
B: Ele diz que isso representa uma coisa dupla. O veneno escondido nas cabeças do salmão se refere a um submarino nuclear, bem como às tendências bélicas dos comandantes desses submarinos. Eles ficarão um tanto ansiosos para apertar o botão, por assim dizer. Ambos os incidentes mencionados nesta quadra resultam em um fiasco.

J: *Acho que o quadrante sudoeste seria perto de Cuba ou nessa área. Isso poderia significar que um submarino soviético fazendo manobras na costa poderia ameaçar ou até bombardear os Estados Unidos?*
B: Sim. Ele diz que, particularmente, haverá um navio de superfície americano em perigo. O comandante soviético desse submarino terá ordens secretas que o resto da tripulação não conhece, basicamente dizendo para antagonizar e instigar o máximo que puderem, sem necessariamente ultrapassar os limites. O que acontece é que ele se deixa levar e vai longe demais, mas não tem medo de punição devido à natureza geral de suas ordens. O comandante americano, por outro lado, está em uma situação em que recebeu ordens para defender a costa dos Estados Unidos, mas não para fazer nada que inicie uma guerra. O comandante, no processo de defesa de seu navio contra o submarino, consegue atingir o submarino e sente que pode tê-lo afundado. Ele sente que está de mãos atadas, que talvez isso possa ser interpretado como uma ação para iniciar uma guerra em vez de uma ação para defender os Estados Unidos.
J: *Isso levará à guerra?*
B: Será um dos eventos que levarão a um conflito, preparatório para o período de angústia. Não será uma guerra total nesse momento, mas apenas um dos eventos que a antecederão. Ele diz, por exemplo, que há várias coisas que aconteceram antes da Segunda Guerra Mundial que, na época, foram consideradas incidentes isolados, mas que mais tarde foram percebidas como um conjunto de eventos que levaram à Segunda Guerra Mundial. Ele diz que é esse tipo de situação. É difícil para ele dizer a partir de sua perspectiva, mas quando a época de problemas terminar e estivermos olhando para trás e documentando esse período, a conexão se tornará aparente.

Essa previsão poderia ter alguma relação com o submarino soviético que afundou no oceano, de 3 a 6 de outubro de 1986? Foi dito que houve um incêndio e uma explosão nuclear a bordo do submarino e que ele afundou a leste das Bermudas enquanto estava sendo rebocado de volta para a Rússia. Nossa ajuda foi recusada, e os aviões e navios dos EUA receberam ordens para se manterem afastados. Será que houve mais envolvimento do que foi divulgado? Além disso, quando este livro estava indo para as editoras, houve um incidente envolvendo o submarino americano Bonefish em abril de 1988. O navio foi desativado devido a uma explosão de origem indeterminada exatamente na área do oceano indicada por Nostradamus. Haviam alguns outros paralelos com a quadra. "Veneno escondido sob as cabeças de salmão", nesse caso, poderia se referir à fumaça tóxica que foi liberada dentro do submarino e que ameaçou a vida de todos a bordo. Além disso, a palavra "salmão" poderia se referir ao submarino (um peixe) e seu nome incomum Bonefish. Os navios de superfície também estavam envolvidos nos exercícios de rotina que estavam ocorrendo naquela área do Atlântico. O Bonefish era um submarino diesel-elétrico ultrapassado que deveria ser desativado em breve. Restam apenas quatro desse tipo em serviço ativo. A Marinha usa esse tipo de submarino para simular submarinos soviéticos nesses exercícios porque os russos têm muitos desse tipo ainda em operação. Será que é por isso que Nostradamus indicou a Brenda que se tratava de um submarino soviético? Será que ele estava mostrando a ela um acidente que ocorreu durante os "jogos" de guerra e não um confronto real? Teria sido difícil para ele distinguir a diferença e para Brenda tirar qualquer outra conclusão das imagens que estavam sendo mostradas. Mais uma vez, eu me pergunto se ele não estava vendo mais do que jamais saberemos.

B: Ele diz que foi muito difícil se comunicar por meio de Dionísio. Por um lado, ele não pensava em francês tão bem quanto Michel de Notredame. Ele diz que muitas vezes não entendia os conceitos que estava tentando transmitir. Ele também diz que era uma maneira muito indireta de se comunicar. Mas ele tinha que estabelecer a comunicação de alguma forma, e essa foi a maneira mais primária que ele conseguiu pensar para fazer isso. Porque ele sabia que isso se transformaria nesse tipo de comunicação. Ele achava que era muito importante abrir um caminho porque, no momento atual, é muito importante. Vocês estão no ponto em que essas coisas acontecerão em suas vidas. Elas terão um efeito muito profundo em suas vidas e na vida de todos. Ele quer tentar divulgar as informações para tentar, pelo menos, ajudar algumas pessoas. - Ele espera que o jovem astrólogo que ele conheceu hoje não fique muito desapontado com a falta de referências astrológicas definitivas até o momento. Mas ele diz que ficará feliz em continuar trabalhando com esse jovem por esse meio. Trabalhar juntos nessa questão para ajudar a trazer à luz os enigmas envolvidos. - Ele sabe que em seu próprio tempo há vários dialetos do francês em seu país e, embora seu país seja relativamente jovem, ele acha divertido que vários dialetos de seu idioma pareçam existir em seu tempo e em seu país também. Ele disse que notou que o jovem astrólogo fala de forma diferente da que ele está acostumado a ouvir nesse idioma em sua dimensão.

Nós rimos. John é de Boston. Eu não achava que o sotaque dele fosse tão perceptível, mas aparentemente Nostradamus achou que sim.

CENTÚRIO VII-41

Les oz des piedz & des main enserrés,
Par bruit maison long temps inhabitee:
Seront par songes concavent deterrés,
Maison salubre & sans bruit habitee.

Os ossos dos pés e das mãos trancadas, por causa do barulho a casa fica desabitada por muito tempo. Cavando em sonhos, eles serão desenterrados, a casa estará saudável e habitada sem barulho.

B: Ele está dizendo que isso se refere a vários eventos da história americana e a alguns eventos que estão por vir. Essa é uma daquelas quadras com várias interpretações. Ele diz que a casa se refere à Casa Branca. Uma das associações com essa quadra, uma das coisas que ele estava vendo e que não destacou com muita ênfase, foram os eventos de Watergate. A razão pela qual ele não destacou isso com muita ênfase é que a quadra está associada a outros eventos que parecem ser mais importantes. Ele achava que as pessoas precisavam ser advertidas contra esses eventos, e não apenas contra os acontecimentos de Watergate. Ele queria dar a eles uma dica sobre o Watergate porque isso seria uma coisa ruim de acontecer, mas não necessariamente evitável. Em segredo, os presidentes do país supostamente livre têm abusado cada vez mais do poder. E algo precisava acontecer para sacudi-los e sacudir as pessoas para que não fossem tão complacentes. Mas ele diz que isso também se refere a eventos no futuro. Haverá um momento em outro período de grande agitação social, ainda mais importante do que a agitação social que ocorreu durante a era do Vietnã, em que, devido a um - o conceito que ele está tentando transmitir é uma combinação de dois conceitos que não podem ser explicados em uma ou duas palavras. Primeiro, ele mostra o conceito de um júri suspenso, de modo que uma sentença não pode ser decidida no tribunal, mas ele está aplicando esse conceito a uma eleição. Um júri suspenso, com a nação sendo o júri suspenso e com o voto muito bem dividido entre dois homens diferentes para presidente. O colégio eleitoral também não será capaz de tomar a decisão porque o voto será tão uniforme, tão finamente dividido em toda a nação, que congelará temporariamente os processos da democracia. As mãos e os pés, o cerne da operação, que é a eleição, ficarão trancados, congelados. Ele diz que as pessoas estarão clamando pelo candidato em que votaram e isso causará um grande barulho em toda a nação. Será um assunto delicado devido à situação mundial em geral na época. Portanto, se um ou outro candidato for colocado no cargo, haverá o risco de causar outra guerra civil ou, pelo menos, uma revolução. Ele diz que será um período de grande pressão social, agitação social e ainda mais explosivo do que na época do Vietnã. Levará algum tempo até que eles cheguem a um acordo e realizem outra eleição para encontrar um candidato aceitável para todos, um candidato que possa ser instalado na Casa Branca sem a ameaça de todo o barulho e confusão causados por uma revolução, uma guerra civil ou o que quer que seja.

D: *O que significa "cavar nos sonhos"?*

B: Ele diz que, no processo de tentar encontrar uma solução para o problema, haverá muita oratória. Ele traz muitos conceitos sobre patriotismo, amor à pátria e coisas do gênero, além de trazer à tona os sonhos dos fundadores da nação.

Achei que isso poderia acontecer na eleição presidencial de 1988. Em 1987, não havia um candidato favorito claro que pudesse levar uma eleição a bom termo. Quando Bush e Dukakis foram anunciados, o entusiasmo foi morno. Mas o conceito de júri suspenso não se concretizou, pois George Bush foi eleito para o cargo de presidente. Portanto, parece que essa estranha profecia descreve um evento que ainda está em nosso futuro. Até onde podemos apenas especular.

D: *Mas você disse que ela também poderia se referir a Watergate por causa da confusão?*
B: Sim. Ele disse que, se você quiser, ele dará algumas das associações de Watergate, mas não acha que isso seja essencial. Ele diz que, no caso de Watergate, os ossos das mãos e dos pés presos juntos se referem ao fato de o presidente abusar dos poderes da CIA para defender os interesses de seu partido político contra o outro partido político. Foi como cortar a mão ou cortar o nariz para defender o rosto, pois ambos os partidos querem trabalhar para o bem do país. E eles deixaram que coisas insignificantes, diferenças partidárias, atrapalhassem e se tornassem grandes demais. O presidente abusou de seus poderes na época da eleição contra o outro partido, o que gerou um grande barulho. Watergate, em outras palavras. (Um jogo de palavras. A abertura de uma comporta de água faria um grande barulho.) Isso não foi resolvido até que o presidente deixasse seu cargo para que as coisas pudessem ser acalmadas e outro fosse colocado em seu lugar.

Agora eu conseguia entender a comparação. Em ambos os casos, alguém teria de ser nomeado para ocupar o cargo até que um presidente pudesse ser devidamente eleito. Foi isso que ele quis dizer com o fato de a casa estar desabitada. Houve um período de tempo, em Watergate e nesse futuro caso, em que o país estava sendo administrado por alguém que não havia sido eleito pelo povo.

B: Ele diz que o homem que assumiu o cargo (Gerald Ford) estava em uma posição muito delicada, pois havia sido nomeado vice-presidente depois que o outro havia sofrido impeachment. Então o presidente renunciou e ele se tornou presidente sem nunca ter recebido um voto de ninguém, exceto de seu eleitorado em Michigan. Ele diz que aquele homem em particular (Ford) estava em uma posição muito desconfortável. Ele não pediu que isso acontecesse com ele. Ele não tinha como objetivo a presidência. O homem se saiu bem nas circunstâncias e a maneira como lidou com toda a situação causou muitas boas causas para seu carma.

D: *Entendo. A casa estava habitada, mas não era habitada por um presidente eleito. Esse outro significado sobre a eleição é mais importante porque o episódio de Watergate já passou.* - Ele provavelmente *ficará bravo novamente se eu lhe contar a tradução dessa quadra. Ela diz: "Nostradamus parece ter acreditado em fantasmas, porque essa é a descrição de uma casa assombrada que é exorcizada quando os ossos da vítima são removidos. Talvez um ocupante da casa tenha sonhado com a sepultura, o que levou à descoberta de um esqueleto?"*

B: Ele não está louco a essa altura. A imagem que ele está projetando é a de que ele está rolando pelo chão de tanto rir. Ele diz que se ela quiser fantasmas, ele lhe mostrará os fantasmas. Ele virá e a assombrará em seus sonhos.

D: *Ela interpretou isso de forma bastante literal, não foi?*

B: Sim. Ele diz que é por isso que esse projeto foi instituído. Ele sabia que isso aconteceria.

Para ser justo com a Sra. Cheetham, muitos outros tradutores também acharam que essa quadra se referia a uma casa mal-assombrada. Acho que esse é um exemplo fantástico do uso maravilhoso do simbolismo por Nostradamus.

A próxima quadra é muito surpreendente porque parece ter se tornado realidade enquanto este livro estava sendo escrito. Essa tradução foi recebida em dezembro de 1986 e parece ser uma referência óbvia aos Bakkers e seus problemas com o PTL Club, que começaram em março de 1987. Ela também parece estar relacionada aos problemas de Jimmy Swaggart no início de 1988. Aparentemente, Nostradamus achou importante comentar o fato porque acreditava que ele teria uma influência negativa sobre a igreja em geral. Acredito que ele tenha visto consequências de maior alcance do que as que conhecemos agora.

CENTÚRIO II-27

Le devin verbe sera du ciel frappé,
Qui ne pourra proceder plus avant:
Du reserant, le secret estoupé
Qu'on marchera par dessus & devant.

A voz divina será atingida pelo céu e ele não poderá prosseguir. O segredo está oculto com a revelação para que as pessoas caminhem por cima e à frente.

Ele disse que isso tem um duplo significado. O primeiro significado não se aplica a este capítulo, portanto, incluirei apenas o segundo aqui.

B: Ele disse que isso também se refere a um evento em que, devido às pressões da época, os grandes poderes que o fundamentalismo terá atraído para si serão removidos por causa das informações reveladas sobre os líderes. Informações desagradáveis tirarão o vento de suas velas, por assim dizer, e eles perderão o apoio ao seu movimento. As pessoas seguirão em frente e a vida continuará como se eles nunca tivessem existido. Ele pede que você não ignore essa interpretação da quadra. Você deve mantê-la em mente e se interessar por ela, pois é muito mais imediata e próxima do futuro. Para ter certeza de que sua mente não a ignorou. Para que você possa refletir sobre ela depois.

CENTÚRIO I-40

La trombe fausse dissimulant folie,
Fera Bisance un changement de loix:
Istra d'Egypte qui veut que l'on deslie,
Edict changeant monnaies & alois.

A falsa trombeta que oculta a loucura fará com que Bizâncio mude suas leis. Do Egito sairá um homem que quer que o decreto seja retirado, mudando o dinheiro e os padrões.

B: Ele diz que essa é uma quadra de múltiplos significados. Um dos significados se refere a eventos passados, mas também se aplica a eventos futuros que serão de ajuda para você. Ele diz que a falsa trombeta se refere a líderes poderosos, tanto religiosos quanto políticos. Homens que ganharam a vida envolvidos com a religião e que, no auge da vida, se envolvem com a política. Ele diz que poderia citar nomes, mas que os céticos de seu livro não se importarão muito com isso. Para sua própria informação pessoal, ele está disposto a lhe dizer alguns nomes se você não os publicar. Ele diz que não pode deixar de pensar que ainda existem vestígios da Inquisição em sua época.

D: *Talvez não tão ruim, mas ainda assim....*

B: Ele diz que isso vai piorar com o passar do tempo. Primeiro, ele diz que, nas frases em que ele não os chama pelo nome, você pode usá-las porque são informações necessárias. Em parte, isso também é para sua própria proteção, pois esses homens são poderosos o suficiente para lhe causar sofrimento por meio de processos por difamação e outros. Outros como você, como esta embarcação e outras diferentes, saberão de quem você está falando sem precisar citar nomes, pois esses homens são fáceis de encontrar com seus dispositivos de comunicação. (Concordei com suas restrições.) Ele diz que a falsa trombeta se refere a homens religiosos do tipo fundamentalista que distorcem a palavra de Deus e a usam para seus próprios fins. Ele diz que vários desses homens estão lutando pelo poder político e estão se unindo para ajudar o maior número possível deles a alcançar cargos importantes no governo. Muitos desses cargos não são necessariamente chamativos ou públicos. Talvez um cargo discreto, escondido na burocracia, em algum lugar que esteja em um ponto-chave no que diz respeito ao fluxo de informações e poder, onde eles possam usá-lo para seus próprios fins e sutilmente afetar os eventos mundiais a seu favor. Ele diz que o fato de esses homens alcançarem o poder político terá repercussões em todo o mundo. Isso fará com que muitos países no meio - ele está chamando isso de Terra Média, e está me mostrando uma imagem da Europa Oriental, da Ásia Ocidental e do Oriente Médio, toda a região. Os líderes dessa parte do mundo ficarão muito alarmados com o desenvolvimento das coisas. Eles começarão a mudar suas leis em reação a isso, tornando mais difícil para os americanos viajarem para essa parte do mundo. Algumas leis que serão alteradas, em especial, serão aquelas relacionadas à conversão de dinheiro americano em outras moedas e ao comércio com os Estados Unidos. Isso terá repercussões negativas. Ele diz que, como resultado, isso acabará afetando o jovem Anti-Cristo, chamado de Bizâncio. O jovem anticristo em seu próprio país, no processo de construção de uma base de poder, será influenciado pelas ações pervertidas desses fundamentalistas. Influenciado de tal forma que, mais tarde, dificultará as coisas para a cristandade em geral. Dessa forma, os fundamentalistas serão um elemento de sua própria ruína. Ele diz que esses homens que parecem ser muito religiosos são muito astutos e calculistas. Quando vão para os seminários para aprender a ser um reverendo e coisas do gênero, muitas das coisas que aprendem podem ser usadas para controlar multidões, fazer lavagem cerebral e manipular as pessoas. Isso é basicamente o que eles estão fazendo, mas para coisas privadas e seculares, e não apenas para coisas religiosas.

D: *Então, o que eles realmente querem é poder.*
B: Exatamente, ele diz.

O restante desta quadra será interpretado no Capítulo 17, "O monstro aparece", pág. 222.

CENTÚRIO VI-62

Trop tard tous deux les fleurs seront perdues,
Contre la loi serpent ne voudra faire:
Des ligueurs forces par gallots confondues,
Savone, Albinque par monech grand martyre.

Tarde demais ambas as flores estarão perdidas, a serpente não vai querer agir contra a lei; as forças das ligas confundidas pelos franceses, Savona, Albenga através de Mônaco grande martírio.

B: Ele diz que essa quadra diz respeito à Irlanda. As duas flores podem ser consideradas como referentes à Irlanda e à Irlanda do Norte, ou à Irlanda protestante e à Irlanda católica. Ele diz que a pobre Irlanda, essa pobre ilha, está tão dividida contra si mesma que é melhor representada por duas flores do que por uma. Ambos os grupos na Irlanda acham que estão lutando pelo bem de seu amado país. E quando for tarde demais, eles perceberão que a estão destruindo, de modo que ela se perderá totalmente. Ele diz que, no último minuto, eles tentarão se comprometer em uma tentativa de salvar a situação. A serpente se refere ao líder das forças rebeldes e a lei se refere às forças que estão cooperando com a Grã-Bretanha. Mas eles terão sido frustrados em seus esforços por vários esquemas implementados por membros do submundo nos vários locais citados na quadra. Eles estarão destruindo a situação, tanto com o fornecimento de armas defeituosas para ambos os lados quanto com o contrabando de drogas pesadas e afins para confundir as mentes das pessoas que estão lutando. Mônaco é o ponto de onde o dinheiro está sendo canalizado para a Irlanda. Ele diz que os membros do submundo estão nos vários locais descritos na quadra, mas coordenam seus esforços e canalizam o que deve ser feito por meio de Mônaco. Ele diz que parece uma maneira ilógica de fazer isso, mas, por meio das tênues conexões do submundo, é a maneira mais direta e lógica de fazê-lo.

D: *O tradutor chamou isso de "quadra errônea".*

B: Ele diz que não existe tal coisa. Não posso repetir exatamente sua resposta a isso, mas foi um ruído rude não verbal. Ele disse: "Tente um erro da parte daquela mulher".

D: *A tradutora acha que ele estava falando de algum tipo de liga entre países. Ela diz: "Nostradamus parecia pretender uma liga contra os franceses nesse verso, na qual os franceses triunfam. Mas Mônaco estava ligado aos espanhóis por um tratado e Savona e Albenga pertencem a Gênova. Nostradamus provavelmente tinha em mente uma das ligas italianas do século XVI, mas, nesse caso, de forma errada."*

B: Ele está balançando a cabeça em leve exasperação. Ele está dizendo que a garota impertinente deveria voltar para a escola e aprender os três R's novamente. Ele diz que, de vez em quando, fazia uma quadra que se referia claramente a algo de sua própria época, simplesmente para manter suas credenciais. Mas a situação política de sua época era tão mesquinha e impermanente em comparação com os eventos futuros que ele não se preocupou muito com isso. Os eventos que estão por vir são muito mais trágicos e abalam o mundo. - Ele diz que, se ela insiste em associá-lo a uma liga, a quadra poderia ser associada, de certa forma, à Liga das Nações. Sua concepção errônea na Primeira Guerra Mundial e sua dissolução na Segunda Guerra Mundial. Talvez ela possa associar isso logicamente. Ele diz que ela insiste em pensar 400 anos tarde demais, mas esse é o problema dela.

D: *Tentaram limitá-lo dizendo que ele estava mais interessado em seu próprio período de tempo, e é a isso que muitas de suas quadras se referem.*

B: Ele diz que vê muito, muito longe no tempo e na distância. Ele viu até o fim da Terra e até o fim deste sistema solar. Ele diz que por que deveria se preocupar apenas com as coisas insignificantes que aconteciam no sul da Europa em sua época? - Vou acrescentar algo. Sugiro que mudemos de assunto. Ele está ficando um pouco irritado. Estou me comunicando com ele no plano espiritual e ele pode projetar imagens que não seriam literalmente verdadeiras. Ele está projetando uma imagem dele batendo os pés e com fumaça saindo pelos ouvidos.

D: *(Risos) Então acho que você tem razão, é melhor passarmos para outra quadra.*

CENTÚRIO V-75

Montera haut sur le bien plus à dextre,
Demourra assis sur la pierre quarree:
Vers le midi posé à la fenestre,
Baston tortu en main, bouche serree.

Ele se elevará acima de sua riqueza, mais à direita, permanecerá sentado na pedra quadrada; em direção ao sul, posicionado na em direção ao sul, posicionado na janela, um bastão torto em sua mão, sua boca selada.

B: Ele diz que isso se refere a um homem nos Estados Unidos. Um homem que é muito rico. Rico a ponto de que qualquer coisa que ele queira que seja feita pode ser feita instantaneamente, pois ele tem o dinheiro para realizá-la. Ele diz que esse homem será bem conhecido e famoso por causa de sua riqueza, mas sua verdadeira missão na vida será secreta, pois esse homem será uma espécie de fanático. Ele estará envolvido com organizações como o Partido Nazista Americano e a Ku Klux Klan. É por isso que ele colocou a frase "o bastão torto" para representar as cruzes em chamas da Ku Klux Klan e a suástica do Partido Nazista. A única ambição desse homem na vida é a derrubada do governo americano como está constituído atualmente no século XX. Ele diz que esse homem, naturalmente, também se envolverá na política. Mas mesmo que sua principal ambição seja mudar a forma do governo americano, ele precisa manter-se discreto na política para que possa continuar a tecer suas teias de poder e continuar a fazer novos contatos e a expandir seu alcance de influência. O trabalho de base que ele estabeleceu se concretizará na época dos problemas causados pelo anticristo.

D: *No momento atual, alguém sabe quem ele é?*
B: Aqueles que o seguem sabem quem ele é.
D: *Mas as outras pessoas não sabem o perigo que ele representa?*
B: Não, pois ele tem sido muito astuto, muito cuidadoso.
D: *Isso explicaria a frase "ele permanecerá sentado na pedra quadrada"?*
B: Sim. Ele estará no centro de toda a organização, mas não será a figura de poder que as pessoas vêem. Ele terá um fantoche, alguém que parecerá ser o detentor do poder, mas estará puxando as cordas. Ele terá uma figura de proa, mas permanecerá sentado atrás, na pedra quadrada, ou seja, no centro dessa organização.
D: *"Sua boca selada" significaria que ele é secreto.*
B: Sim, ele é secreto. A frase "em direção ao sul, na janela" significa que, devido às suas crenças políticas, as atividades abertas às quais ele se entrega e o caos que gosta de causar aparecem com mais frequência na parte sul do país, onde esse caos tem sido um tanto tradicional.
D: *Então ninguém saberá quem ele é até que venha à tona na época do anticristo.*
B: Isso é verdade. - Ele diz que espera que essas mensagens que está tentando transmitir sejam realizadas a tempo. Ele espera que as pessoas estejam abertas o suficiente para aceitar isso e talvez

ajudem a disseminar esse núcleo de conhecimento para ajudar a evitar os desastres que ele viu, pois eles podem ser evitados. É por isso que ele está sempre disposto a se comunicar.
D: *Tivemos uma pergunta sobre algo que não sei se você saberia sobre. Era sobre o mercado de ações. Ele conhece o nosso mercado de ações?*
B: Ele disse que ouviu histórias de que em Florença os comerciantes compram e vendem coisas de acordo com o que obterão em futuras viagens comerciais e não com o que têm em mãos imediatamente. Ele pergunta se é assim mesmo?
J: *O mercado de ações é assim. O que eu queria saber é: em 31 de outubro de 1988, os planetas estarão no mesmo alinhamento que estavam em 29 de outubro de 1929. Esse foi o crash do mercado de ações em 1929. Acontecerá algo semelhante em 1988 devido à semelhança dos signos?*
B: As vibrações ecoarão através dele. Ele diz que não tem certeza do que você está perguntando sobre o mercado de ações, mas pode dizer que os efeitos que você está perguntando sobre o que ocorreu em 1929 acontecerão novamente, no que diz respeito à sociedade em geral. Isso terá grandes efeitos sociais e econômicos. Ele não sabe nada sobre o mercado de ações em si, mas diz que o que o prejudicou daquela vez o prejudicará novamente.
D: *Teve um grande efeito sobre a economia do mundo na última vez que aconteceu.*

Posteriormente, nos perguntamos se isso poderia significar a possibilidade de falência de bancos, pois o mercado de ações estaria supostamente protegido contra uma ocorrência semelhante. Durante esse período, as corporações de empréstimo e poupança estavam enfrentando problemas. A semelhança dos sinais pode se referir a um problema monetário ou financeiro, aparentemente de grandes proporções.

Observação: No final de outubro de 1987, o mercado de ações sofreu uma queda recorde. Ficamos esperando para ver se isso se repetiria em outubro de 1988. Naquela época, começaram as grandes aquisições de empresas, compras e leilões de proporções enormes, envolvendo grandes somas de dinheiro emprestado. O mercado vacilou quando isso começou, mas não foi nada comparado a depressão do ano anterior. Essa foi a data que John encontrou em seus cálculos astrológicos. Não era a previsão de Nostradamus. Nostradamus apenas confirmou que a similaridade dos signos poderia significar um evento semelhante.

CAPÍTULO 12

O FUTURO PRÓXIMO

ALGUMAS DAS QUADRAS eram difíceis de datar, mas pareciam estar relacionadas a eventos que aconteceriam em breve ou em um futuro não muito distante. Eu as incluí neste capítulo.

CENTÚRIO II-53

La grande peste de cité maritime,
Ne cessera que mort ne soit vengée,
Du juste sang par pris damné sans crime,
De la grand dame par feincte n'outragée.

A grande praga na cidade marítima não cessará até que a morte seja vingada pelo sangue de um homem justo, preso e condenado sem crime; a grande dama fica indignada com o fingimento.

B: Ele diz que isso se refere a dois eventos diferentes. Ele viu - de seu ponto de vista, no futuro de sua época - que Londres teria outro surto de peste negra. Mas ele diz que isso já está muito no passado para nós, portanto, ele não tocará nesse assunto neste momento. O outro evento também se refere a uma grande praga. Ele diz que sempre que usa a frase "a cidade marítima", às vezes está se referindo a Londres e às vezes a Nova York. Porque ambas são, pelo menos em sua época, duas das maiores cidades da Terra e são portos. Ele as chama de cidades marítimas porque são portos e também grandes cidades. Ele diz que devemos estar atentos ao fato de que, antes e durante o período de angústia, haverá muitas doenças, epidemias e pragas. Especialmente a que vocês chamaram de "AIDS". Ele diz que ela se espalhará das cidades e crescerá como um incêndio em todo o país, afetando uma boa parte da população.

D: Ele diz que "a praga não cessará até que a morte seja vingada com o sangue de um homem justo, preso e condenado por nenhum crime". Ele pode esclarecer essa parte?

B: Ele diz que, se tentasse explicar essa parte, ela realmente não faria sentido, mas ficará clara com o tempo. Ele pede desculpas por ter sido tão vago sobre essa parte.

D: Terá algo a ver com uma cura ou algo do gênero?

B: Ele diz que não haverá uma cura a tempo para essa praga. A morte terá de seguir seu curso.

D: Os tradutores identificaram esse fato como a Grande Praga de Londres.

OBSERVAÇÃO: *Essa Quadra é mais bem esclarecida no Volume Dois.*

CENTÚRIO II-35

Dans deux logis de nuict le feu prendra,
Plusieurs dedans estouffes & rostis:
Pres de deux fleuves pour seul il adviendra:
Sol, l'Arq & Caper tous seront amortis.

O fogo tomará conta de duas casas à noite, com várias pessoas sufocadas ou queimadas. Isso acontecerá perto de dois rios, com certeza, quando o Sol, Sagitário e Capricórnio estiverem diminuídos.

B: Ele diz que essa quadra contém uma data na última linha. O fogo que se instala em duas casas indica um colapso na comunicação entre duas grandes potências, especialmente nesse caso, referindo-se aos Estados Unidos e à Rússia. O fogo que se alastra em duas casas será a eclosão de ressentimentos devido a um mal-entendido nos dois edifícios do Capitólio, o Kremlin e a Casa Branca. O fato de as pessoas serem sufocadas ou queimadas indica que haverá pessoas em ambos os lugares querendo evitar que os ânimos se exaltem, tentando manter as coisas em um equilíbrio, conversando. Algumas pessoas simplesmente serão colocadas em uma posição em que ninguém ouvirá o que elas têm a dizer e, portanto, serão sufocadas, por assim dizer. Outros falarão de qualquer maneira e suas carreiras serão arruinadas. Eles arriscarão suas carreiras tentando evitar que a situação piore e, assim, terão se queimado, por assim dizer.

D: *Ele diz: "isso acontecerá perto de dois rios, com certeza".*

B: Ele diz que o Potomac é um dos rios, e o outro rio é o da Rússia, simbólico de uma forma semelhante na história russa.

D: *"O Sol, Sagitário e Capricórnio estão todos diminuídos." Você pode me dar alguma informação sobre isso?*

B: Ele diz que isso ocorre em um momento em que essas três forças zodiacais não estão em suas casas e, portanto, não estão exercendo influência sobre os assuntos do homem. Cada um dos signos do zodíaco exerce influência em maior ou menor grau, dependendo de sua relação com os outros signos do zodíaco. Nesse momento, outros signos estarão exercendo mais poder, mais influência, e esses três signos estarão exercendo menos. Portanto, as influências que eles teriam sobre a situação serão reduzidas. Ele diz para imaginar um horóscopo para o mundo em geral e, em um momento desse horóscopo em que a influência desses três signos esteja em baixa, isso deve lhe dar uma ideia de aproximadamente quando isso ocorrerá. Principalmente com relação aos horóscopos dos dois países envolvidos.

D: *Rússia e Estados Unidos? Eu estava pensando que seria muito difícil fazer um horóscopo para o mundo inteiro.*

B: Ele diz que isso pode ser feito, mas é muito complicado. Você teria que ter o espelho dele para poder fazer isso.

D: *(Risos) John, o astrólogo, não poderia fazer isso, mas poderia fazer um para a Rússia e os Estados Unidos.*

B: Ele diz para ele fazer um horóscopo comparativo entre os dois países, usando a data de início dos sistemas políticos atuais. Isso é 2 de julho de 1776 para os Estados Unidos e a data apropriada para a Rússia, perto do início deste século. Ele diz que será uma coisa divertida para ele fazer, pois gostará de fazê-lo.

De acordo com as instruções de Nostradamus, John fez uma análise comparativa dos horóscopos dos Estados Unidos e da Rússia. A seguir, sua própria descrição do que ele encontrou:

O horóscopo mais amplamente usado para os Estados Unidos tem Gêmeos no Ascendente, a Lua no signo de Aquário e o Sol no signo de Câncer. O ascendente Gêmeos mostra que somos um povo que gosta de novidades, modismos, conhecimento e comunicação. Marte em Gêmeos significa que podemos mostrar ao mundo nosso dualismo em muitos assuntos de forma agressiva. Vênus em Câncer, no mesmo quadrante, indica nosso amor pela maternidade, pelas crianças, pelo glamour e pela nostalgia. Também revela nossa natureza nutritiva e protetora em relação ao resto do mundo. Júpiter, o Sol e Mercúrio estão todos no signo de Câncer, na casa 2 do dinheiro e dos valores. Nossa ênfase está na riqueza material e no acúmulo de bens. Com Júpiter nesta casa, é muito fácil fazermos isso. Mercúrio, nosso intelecto, está voltado para os avanços científicos, desde que o resultado seja uma recompensa material. Como temos o Nodo Norte no signo de Leão na casa 3, devemos nos concentrar em nossos problemas em vez de nos envolvermos em assuntos de outros países. Isso levou à nossa queda (Vietnã) e pode ser o nosso desastre final. Netuno e Saturno ocorrem na casa 5. Netuno em Virgem aponta para os enormes avanços que fizemos na assistência médica, na preservação de alimentos e nas indústrias eletrônicas. Saturno em Libra influencia nosso sistema judiciário, que é muito brando em comparação com outros países. Esses planetas também mostram nossa obsessão por todas as formas de esportes e entretenimento. Plutão em Capricórnio na casa 9 nos adverte para não nos envolvermos com outros países. Isso pode levar à nossa destruição. A Lua em Aquário, na casa 10, influencia nossa inconstante popularização das celebridades. Somos uma nação facilmente influenciável e nossa mídia explora esse fato. Urano em Gêmeos, na casa 12, é nosso talento oculto, nosso gênio para produzir novas e maravilhosas invenções que revolucionaram o mundo. Em comparação com o horóscopo da Rússia, somos mais adaptáveis e não temos uma ideologia tão fixa.

O horóscopo da União Soviética (7 de novembro de 1917) tem o Sol no signo de Escorpião e a Lua em Leão, bem como um Ascendente Leão, todos signos muito fixos e determinados a seguir seu próprio caminho. Saturno no Ascendente em Leão indica que o nascimento do Estado soviético foi difícil e cheio de tensão. Saturno aqui mostra um início problemático seguido de uma maturidade que alivia a tensão. A Lua em Leão com Marte em Virgem na casa 2 revela que as pessoas que estão no poder manterão os cordões à bolsa da nação. À medida que o dinheiro entra, ele é gasto, com Marte aqui talvez para acompanhar as últimas inovações. O Sol e Mercúrio estão em Escorpião na casa 4, o que aponta para a riqueza abundante que esse, que é o maior país, tem escondida sob sua vasta tundra. Essa grande riqueza pode ser a esperança do futuro para essa nação. Vênus e o Nodo Norte estão no quinto setor, indicando que o entretenimento das pessoas é muito sério e conservador. A esperança para essa terra está na criatividade e na desenvoltura de seu povo. Com Urano em Aquário na casa 7, isso prenuncia relações incomuns e às vezes hostis com outros países. Júpiter em Gêmeos e Plutão em Câncer na casa 11 alertam que as relações com outros países amigos podem se transformar em uma "punhalada nas costas". Netuno em Leão na casa 12 mostra que os líderes não devem negar a forte natureza espiritual do povo. O misticismo e o espiritualismo, bem como a ineficiência, são mostrados por Netuno em sua posição dominante.

Há aspectos positivos e negativos entre os dois mapas dessas potências mundiais, mas com cooperação e melhor compreensão; talvez possamos construir juntos um amanhã melhor.

CENTÚRIO I-21

Profonde argille blanche nourrit rochier,
Qui d'un abisme istra lactineuse:
En vain troublez ne l'oseront toucher,
Ignorans estre au fond terre argilleuse.

A rocha contém em suas profundezas argila branca que sairá branca como leite de uma fenda. As pessoas desnecessariamente perturbadas não se atreverão a tocá-la, sem saber que o alicerce da terra é de argila.

B: Ele diz que isso se refere a um evento. Em algum lugar no oeste da América do Norte, haverá alguns mineiros cavando em busca de minério. E o minério que encontrarem será diferente daquele que estavam procurando. Eles terão medo de que seja algum tipo de material radioativo trazido ou introduzido por um meteorito séculos atrás. Mas ele diz que não há necessidade de alarme porque esse material, embora acabe sendo um novo elemento a ser colocado na tabela periódica, não será prejudicial para a humanidade e pode ser bem aproveitado.

D: *Ele foi trazido por um meteorito?*
B: Foi o que ele disse.
D: *Os tradutores se perguntaram se essa quadra poderia ser alquímica.*
B: Ele disse que você poderia ver dessa forma. Mas, como o público leitor em geral não entenderia suas teorias sobre alquimia, ele disse que não as forneceria a vocês neste momento.

CENTÚRIO X-49

Jardin du monde au pres du cité neufve,
Dans le chemin des montaignes cavees,
Sera saisi & plongé dans la Cuve,
Beuvant par force eaux soulfre envenimees.

Jardim do mundo perto da Nova Cidade, na estrada das montanhas ocas. Ele será preso e mergulhado em um tanque, forçado a beber água envenenada com enxofre.

B: Ele diz que, por "jardim do mundo", ele se refere ao Novo Mundo, já que muitos alimentos crescem lá e temos tantos excedentes que poderíamos alimentar o mundo inteiro. Ele está me mostrando uma foto dos Estados Unidos. Nas Montanhas Rochosas, recentemente houve ou haverá uma cidade sendo construída como parte de um projeto do governo. Será uma cidade completa, com todos os serviços necessários para as pessoas que moram lá. Ela será adjacente a extensas câmaras subterrâneas escavadas nas montanhas para o armazenamento de registros secretos e outros. O que acontecerá é que ... ok, as fotos que ele está me mostrando são de um reator nuclear. Aparentemente, haverá algum tipo de derretimento. Ele diz que a água que está sendo bombeada para o reator para resfriá-lo não será totalmente purificada. Haverá um erro e um elemento na água reagirá com os elementos radioativos do reator e causará um acidente. A parte do veneno a que ele se refere na quadra está se referindo ao veneno radioativo em vez do veneno convencional.
D: *Ele o chama de reator nuclear?*

B: Ele não o chama de nada. Ele não tem uma palavra para isso. Mas ele está me dando uma imagem do que está vendo. Ele a mostra em camadas. Primeiro, ele mostra uma imagem de um átomo estilizado. Em seguida, mostra uma imagem de um aglomerado de minério que brilha à noite. Em seguida, ele mostra uma série de aparelhos ao redor desse aglomerado de minério e tudo isso banhado por uma luz azul. Ele mostra tudo isso submerso em um enorme tanque de água.

D: *Então esse reator nuclear está dentro dessa montanha oca, ou você disse que era uma cidade?*

B: Ele diz que o reator está dentro da montanha escavada, mas como a cidade está bem ao lado dela, pode ser um perigo para os habitantes da cidade. A cidade está lá por causa do reator, com os técnicos e coisas do gênero.

D: *Então é isso que ele quer dizer com a Cidade Nova. Eles interpretaram a Cidade Nova como Nova York e as montanhas ocas seriam os prédios altos de Nova York.*

B: Ele está rindo a essa altura. O fato de um lugar ser chamado de "novo", como Nova York, não o torna novo. Ele diz que, pelo que viu por meio de seu espelho, ele entende que, na sua época, Nova York é uma cidade bastante antiga. Ele diz que teve algumas visões sobre Nova York e que haverá calamidades sobre essa cidade. Mas essa quadra em particular não se refere a elas.

Eu nunca tinha ouvido falar de nenhuma cidade desse tipo, o que não seria incomum se fosse de fato um projeto secreto do governo. Desde então, foi sugerido que ele poderia estar se referindo às instalações do NORAD nas Montanhas Rochosas do Colorado. Em seguida, descobri que no livro Bigger Secrets (Secretos Maiores), de William Poundstone, ele menciona a cidade secreta que será usada para abrigar as principais autoridades do governo em caso de ataque nuclear. Ela está localizada dentro do Mount Weather, 45 milhas a oeste de Washington, D.C. É uma verdadeira cidade subterrânea composta por prédios de escritórios, cafeterias e hospitais. É totalmente autônoma, com seu próprio sistema de abastecimento de água, armazenamento de alimentos e usina de energia. Atualmente, conta com centenas de funcionários do governo e de manutenção. Há até mesmo um lago artificial alimentado por uma fonte subterrânea.

Tudo isso parece muito com a descrição de Nostradamus para ser coincidência. Será que essa pode ser a cidade que ele imaginou? É verdade que Brenda mencionou as Montanhas Rochosas, mas pode haver mais de uma dessas cidades subterrâneas secretas do governo sobre as quais não sabemos nada.

CENTÚRIO III-21

Au Crustamin par mer Hadriatique,
Apparoistra un horrible poisson
De face humaine & la fin aquatique,
Qui se prendra dehors de l'amacon.

Perto do (rio) Conca, no Mar Adriático, aparecerá um peixe horrível com características humanas e finalidade aquática, que será pescado sem o anzol.

B: Ele diz que isso se refere a um escândalo que ocorrerá com relação a segredos militares. Em caráter experimental, os soviéticos construíram uma cúpula submarina e uma base submarina no Mar Adriático. Ele diz que eles estão usando esse local subterrâneo para enviar seus submarinos para fins subversivos. Quando isso for descoberto, devido à pressão de estadistas, diplomatas e políticos, tudo isso será trazido à tona. E os submarinos serão retirados de lá sem o uso do gancho, por assim dizer. Porque, em vez de retirar os submarinos destruindo-os com armas, eles os retirarão por meio de manobras políticas.

D: *"O peixe horrível com características humanas" significa as pessoas envolvidas?*

B: Sim. Ele diz que isso se refere tanto à base quanto ao fato de haver submarinos envolvidos. Eles precisam ter pessoas para administrar ambos.

D: *A tradução deles realmente me incomoda. Eles acham que ele pode estar se referindo a uma criatura real, algo semelhante a uma sereia ou algo do gênero.*

B: Ele colocou os dedos indicadores nos ouvidos. E está bufando e soprando e fazendo sua barba balançar para frente e para trás. Ele está dizendo: "Não vou ouvir isso! Não vim aqui para ouvir isso!"

(Risos) Ele diz que se eles acharem que ele está falando de uma sereia, então ele lhes mostrará um modelo genuíno da Terra plana. Ele diz que qualquer pessoa instruída sabe que a Terra é redonda. Portanto, se acharem que ele está falando de uma sereia, ele tem certeza de que também ficarão felizes em receber dele um modelo da Terra plana, porque provavelmente também acreditam nisso.

D: Sim, isso também parece ridículo para mim. Eles acham que pode ter sido uma criatura que se parece com uma sereia. Disseram que há algumas criaturas aquáticas que se assemelham a uma sereia até certo ponto. Algo como uma foca. (Na verdade, eles estão se referindo a um peixe-boi ou a um dugongo. Achei que ele não conheceria essas palavras). Eles acham que ele quer dizer algo nesse sentido.

B: Ele diz que não os descreveria como sendo horríveis porque as criaturas naturais são uma beleza a ser contemplada.

D: (Risos) Ele faz mais sentido do que eles.

B: Ele diz: "É claro!"

D: É engraçado como as únicas explicações que eles conseguem encontrar são geralmente algo literal como isso.

B: Ele diz que eles simplesmente se recusam a acreditar que ele está realmente vendo algumas das coisas que vê e não confiam nos poderes com os quais ele está trabalhando.

D: Eles acham que ele está preso em seu próprio tempo.

CENTÚRIO I-22

Ce que vivra & n'ayant ancien sens,
Viendra leser à mort son artifice:
Austun, Chalan, Langres & les deux Sens,
La gresle & glace fera grand malefice.

Uma coisa que existe sem nenhum sentido causará seu próprio fim por meio de um artifício. Em Autun, Chalan, Langres e nos dois Sens haverá grandes danos causados por granizo e gelo.

D: *Os tradutores acham que, por ele ser médico, está falando de algo médico aqui.*

B: Não. Ele diz que esse é um evento no futuro. Que a humanidade terá desenvolvido alguns dispositivos para moderar o clima e poderá ter alguma palavra a dizer sobre como será o clima. As máquinas responsáveis por essas computações e cálculos se tornarão inteligentes demais para seu próprio bem, pois não terão bom senso. O bom senso é o que se adquire com a experiência de viver. Consequentemente, devido a uma falha em sua programação, que não será detectada até que seja tarde demais, elas acidentalmente farão com que o clima funcione mal, causando muitos danos por meio de gelo e granizo fora de época. Os homens que comandam isso não perceberão que, se alguém tentar forçar o clima a fazer uma coisa por muito tempo, o padrão natural finalmente superará a interferência e talvez cause algum clima fora de época no processo de tentar equilibrar as coisas novamente. Como resultado, esses computadores, ao tentarem superar as forças naturais que estão tentando reequilibrar as coisas, queimarão um fusível, por assim dizer, e ficarão danificados e sem condições de uso.

D: *O que significam esses nomes?*

B: Ele estava nomeando os locais que sofrerão os maiores danos devido ao clima fora de época.

D: *Essa é uma que os tradutores não conseguiram entender de jeito nenhum.*

B: Ele diz que escreveu de forma bastante clara porque sabia que os conceitos envolvidos já eram obscuros o suficiente para que ninguém em sua época fosse capaz de entendê-los.

D: *Eles não estavam pensando em máquinas de forma alguma. Como ele era médico, pensaram que se tratava de algo médico, como um embrião petrificado retirado do útero de uma mulher. Isso seria uma coisa existente sem nenhum sentido.*

B: Ele diz que isso é verdade. Isso seria uma coisa sem sentido. Entretanto, ele diz que os dispositivos do homem, como computadores e outros, também não têm sentidos. Ele simplesmente deu de ombros e disse: "Bem, se as pessoas insistem em ser limitadas, essa é a escolha delas".

CENTÚRIO II-2

La teste bleu fera la tete blanche
Autant de mal que France a faict leur bien,
Mort à l'anthene grand pendu sus la branche,
Quand prins des siens le Roy dira combien.

O líder azul infligirá ao líder branco tantos danos quanto a França lhes fez bem. Morte pela grande antena pendurada no galho, quando o rei perguntará quantos de seus homens foram capturados.

B: Ele diz que isso se refere a eventos que ocorrerão durante o período de revoltas. Haverá um acidente, uma grande tragédia. Tudo começará como planos para um jogo de guerra, planos para um incidente "no caso de". Do tipo "caso isso e aquilo aconteça, estas são as medidas defensivas que tomaremos". Nesse jogo de guerra específico, as equipes são rotuladas como equipe branca e equipe azul, com um líder branco e um líder azul, como é a maneira de estratégia e planejamento militar. Os vários lados são rotulados com cores para que haja uma situação genérica. Ele continua dizendo que a Grã-Bretanha estará envolvida nisso e que os líderes estarão comandando esse jogo de guerra nos computadores. Haverá um circuito defeituoso no computador que falhará de tal forma que o computador pense que se trata de uma situação da vida real em vez de um jogo de guerra. Assim, o computador acionará as defesas e as armas envolvidas e começará a lançar bombas de verdade nas áreas envolvidas, causando um trágico incidente internacional. Ele diz que esse incidente específico lançará a Europa no caos, tentando descobrir o que aconteceu e por quê.

D: Isso envolverá tropas dos EUA e tropas européias?

B: Não. Ele diz que serão basicamente tropas européias. As únicas tropas dos EUA que estarão envolvidas serão as que estiverem estacionadas naquela parte do mundo naquele momento. Não serão convocadas tropas extras dos EUA naquele momento. Como a ação que está ocorrendo é tão sem sentido e tão bizarra, será óbvio que ou um louco se soltou com as armas ou que foi um acidente estranho. E não há razão para chamar tropas extras para fins de combate. Ele diz que, depois que a poeira começar a baixar, por assim dizer, algumas tropas de manutenção da paz poderão ser chamadas para ajudar a restabelecer a ordem civil.

D: *"Morte pela grande antena pendurada no galho".* Eu queria esclarecer essa parte.

B: Ele diz que isso tem um significado múltiplo. Por um lado, refere-se a um novo tipo de arma que será desenvolvida. Um tipo de onda de rádio que, em determinadas frequências e intensidades, pode ser letal. Ela pode causar dor intensa nas terminações nervosas e destruir certas partes do cérebro. Ao mesmo tempo, ele diz que isso também se refere ao fato de as ordens serem transmitidas por rádio a partir do computador. A "ramificação" refere-se à parte do computador que funciona mal e se ramifica em uma direção diferente da que deveria. Ele diz que os dois países mais envolvidos serão a Grã-Bretanha e a França. A Grã-Bretanha será agressiva com a França sem motivo aparente, e a França será muito prejudicada por isso, tanto física quanto econômica e politicamente. As relações entre a França e a Grã-Bretanha ficarão muito tensas até que se descubra o que deu errado.

CENTÚRIO II-14

A Tours, Gien, gardé seront yeux penetrans,
Descouvriront de loing la grand seraine:
Elle & sa suitte au port seront entrans.
Combat, poussez, puissance souveraine.

Em Tours e Gien, olhos atentos estarão guardados, eles espiarão de longe a serena Alteza. Ela e sua suíte entrarão no porto, combate unido, poder soberano.

B: Ele diz que isso se refere a um evento que deve ocorrer em um futuro próximo, no mais tardar em 1991. Refere-se a um incidente entre a Marinha britânica e uma potência do norte da África e do Oriente Médio. Acredito que ele possa estar se referindo à Líbia. Ele está me mostrando um mapa e está se concentrando na parte que está identificada em seus mapas como Líbia. Embora esse mapa que ele me mostra não tenha países delineados, a parte da África em que seu olhar está centrado é rotulada como "Líbia" nos mapas do século XX. Ele diz que as pessoas nesses portos da França, com seus radares, terão uma imagem da situação e verão seu desenvolvimento e desdobramento. Um navio-chefe da marinha, um dos principais navios da linha, é chamado de "ela", já que os navios são chamados no feminino. Como ela é a capitânia dessa frota específica, ela é a rainha dessa frota de navios. Ele diz que essa capitânia encontrará alguns navios de uma potência estrangeira e que haverá um confronto. Isso acontecerá na parte noroeste do Mediterrâneo. Será um confronto menor no que diz respeito à luta, pois ninguém será morto. Serão principalmente projéteis e torpedos lançados de um lado para o outro, mas será transformado em um incidente internacional pela imprensa e pelo mundo diplomático. Nesse incidente específico, a Grã-Bretanha sairá como a líder da situação, a vencedora, por assim dizer.

Isso parece muito possível desde que os problemas com navios de guerra no Golfo Pérsico começaram em 1988.

ATUALIZAÇÃO: Foi sugerido que essa quadra se referia ao envolvimento britânico na Guerra do Golfo Pérsico em 1990 e 1991. Brenda pensou que ele estava se referindo à Líbia, mas ela estava adivinhando porque Nostradamus lhe mostrou um mapa sem nenhum país delineado. Também poderia se referir a um incidente futuro envolvendo a Líbia, causado pela crescente tensão no Oriente Médio.

CAPÍTULO 13

O TEMPO DAS REVOLTAS

NOSTRADAMUS PREVIU um tempo de mudanças dramáticas e violentas na Terra, a que chamou "o tempo das revoltas". Algumas delas eram difíceis de datar, porque ele também previu um tempo ainda mais terrível num futuro distante, em que as mudanças na Terra seriam muito drásticas. Por vezes, não conseguia distinguir de que período de tempo ele estava falando. Tentei categorizá-los da melhor forma possível.

CENTÚRIO VIII-29

Au quart pillier l'on sacre à Saturne.
Par tremblant terre & deluge fendu
Soubz l'edifice Saturnin trouvee urne,
D'or Capion ravi & puis rendu.

No quarto pilar que dedica-se a Saturno, fendido pelo terramoto e pelo dilúvio, sob o edifício de Saturno encontra-se uma urna, ouro levado por Caepio e depois restituído.

B: Diz que esta quadra se refere a dois acontecimentos diferentes. Não esclarece se estes dois acontecimentos estão ou não relacionados. Os quatro pilares representam quatro grandes nações. Cada nação, por si só, é um pilar da cultura que essas nações partilham em geral. Uma dessas nações, a que está sob os auspícios de Saturno, sofrerá grandes catástrofes naturais, como mencionado na quadra, terramotos e inundações. A nação será devastada de ponta a ponta e haverá grande clamor. Haverá também o colapso dos serviços gerais que causará muitos conflitos e dor. A grande urna cheia de ouro é levada e depois restaurada, ele diz que essa linha tem um duplo significado. O primeiro significado é a nação que é dilacerada pelo terramoto e pelas inundações. É uma nação rica, mas esses desastres naturais esvaziarão seus cofres no processo de tentar lidar com esses desastres naturais. Depois de ter esgotado os seus próprios recursos, vai recorrer a outras nações para pedir ajuda. E os outros três pilares enviarão ajuda para restaurar os cofres, para que as pessoas possam sobreviver.

Atualização: Esta situação começou a concretizar-se. No final da década de 1980 e no início da década de 1990, assistiu-se a uma série de terríveis e devastadores terremotos em todo o mundo, bem como ao despertar de vulcões há muito tempo adormecidos. Isso certamente "esvaziou os cofres dessas nações". Nostradamus disse que não seria necessária uma guerra para esvaziar a economia; isso poderia ser feito muito facilmente por esses desastres naturais.

B: Outro significado para esta última linha refere-se ao ouro saqueado da América Central por certos países europeus durante a época da colonização. Parte dele foi levada para a Europa e outra parte foi parar no fundo do mar. Ele está a dizer que, no futuro, com o avanço da tecnologia, haverá mais sucesso na procura desses tesouros que foram parar no fundo do mar. Estes tesouros e artefatos serão devolvidos aos países de onde foram roubados.
D: Está a falar do tempo de Cortez e dos Conquistadores?
B: Sim. Ele estava a falar especificamente de Espanha e da sua violação e despojamento da América Central e da América do Sul dos seus tesouros de ouro e prata.

Há um paralelo espantoso entre esta definição e o simbolismo utilizado na quadra. "Ouro levado por Caepio e depois restaurado." De acordo com a Sra. Cheetham, Caepio era um cônsul romano que saqueou Toulouse em 106 AC. No entanto, o tesouro nunca chegou a Roma, e Caepio foi destituído e expulso do Senado. Torna-se óbvio que Nostradamus usou mais uma vez a simbologia baseada num acontecimento da história romana. Ele explicou que o fazia frequentemente para confundir a Inquisição.

D: *Então, de fato, tem um duplo significado. Será que ele me pode dizer quais são os quatro países representados pelos quatro pilares?*

B: Ele está a dizer que é difícil dizer, porque entre o presente e o momento em que o acontecimento ocorrerá, alguns dos países terão mudado de nome, embora a nacionalidade permaneça a mesma. Mas ele dirá que os quatro pilares têm a ver com a cultura ocidental.

CENTÚRIO IX-31

Le tremblement de terre à Montara
Cassich saint George à demi perfondrez,
Paix assoupie, la guerre esveillera,
Dans temple à Pasques abismes enfondrez.

O tremor da terra em Montara a ilha de estanho de São Jorge meio afundada; sonolenta com a paz, a guerra surgirá, na Páscoa no templo abismos abriram.

B: Diz que a terra, depois de um período de paz, como indicado na linha "sonolenta com a paz", sofrerá uma grande catástrofe natural. A terra sofrerá alguns terremotos particularmente graves. Tão fortes que a crosta se rasgará até ao manto e a lava quente será expelida. Esse terremoto em particular será tão desastroso que desencadeará terremotos por onde os terremotos acontecem. Estes terramotos serão tão grandes e perigosos que destruirão coisas a torto e a direito. Ele diz que metade da Ilha Inglesa será arrancada e enterrada no mar. Como resultado de todo este desastre, a fome instalar-se-á quase de imediato e as pessoas começarão a lutar. A guerra lutará pelos poucos recursos da terra que restarão depois desta catástrofe. Não haverá comida suficiente para todos, e as pessoas, dos países que estão a passar fome, marcharão contra as pessoas dos países que têm excedentes alimentares. Ele diz que o país em que vives terá a sorte de estar protegido por oceanos. Mas mesmo assim, o país mal conseguirá sobreviver porque será um dos mais atingidos pelos terremotos. Como tem um excedente de alimentos, não será afetado pela fome. Será apenas um problema de distribuição. Outros países, como a Índia e a China, também serão atingidos pelos terramotos, mas têm demasiada gente e pouca comida. E eles vão voltar-se para a Rússia e para a Europa de Leste, onde estão os campos de milho e de trigo.

D: *Essas palavras (Mortara e Cassich) são nomes ou anagramas de países?*

B: Ele diz que são anagramas de algo que, na altura, lhe pareceu muito intrigante. Mas, ao associar-se a uma pessoa do século XX, ele começa a compreender. Diz que parecia haver lugares na Terra que tinham nomes associados, mas que ele não conseguia discernir como sendo um país ou o que quer que fosse. E agora descobre que, através do trabalho de cientistas posteriores ao seu tempo, há lugares na Terra que têm nomes que os identificam, não por serem países, mas por serem uma caraterística geológica. A Falha de San Andreas (pronunciado estranhamente), por exemplo, tem um nome próprio mas não é um país. Ele disse que estes nomes são anagramas que se referem às principais falhas que serão cruciais neste evento.

D: *Identificaram São Jorge como referindo-se a Inglaterra.*

B: Sim, é uma referência clara, uma vez que se trata de uma catástrofe natural e não de uma catástrofe provocada pelo homem. Ele só queria disfarçar o suficiente para passar pela Inquisição, mas não para tornar o assunto demasiado confuso para as gerações futuras.

D: *"Na Páscoa, no templo, os abismos abriram-se." Isso diz quando é que isso vai acontecer?*

B: Ele diz que se trata de uma alegoria. Devido a esta grande catástrofe, em que as comunicações e outras coisas do gênero se interrompem e as pessoas marcham para outros países para lutar, etc., os abismos que se abrem na Páscoa, nos templos, referem-se ao fato de que, como os sacerdotes não são capazes de dar ao povo uma explicação reconfortante para estas coisas, perderão o crédito do povo e os abismos abrir-se-ão nos alicerces da religião. Ele diz que o cristianismo vacilará sobre os cacos dos seus próprios alicerces.

CENTÚRIO IV-67

L'an que Saturne & Mars esgaux combuste,

L'air fort seiché longue trajection:
Par feux secrets, d'ardeur grand lieu adust
Peu pluie, vent chault, guerres, incursions.

No ano em que Saturno e Marte são igualmente ardentes, o ar é muito seco, um longo meteoro. De fogos ocultos um grande lugar arde de calor, pouca chuva, vento quente, guerras e incursões.

B: Ele diz que pessoalmente se refere a esta quadra como a quadra seca. (Ela riu.) Acho que ele está a tentar ser bem-humorado. Ele diz que neste ano está a falar de... ele vai lhe dar as circunstâncias e talvez o John consiga encontrar o ano em questão. Ele diz que é num futuro não muito distante. Quando Saturno estiver num signo de fogo e na altura em que o Sol se deslocar para um signo de fogo, haverá um cometa. Será um cometa muito brilhante e fácil de ver. Mas talvez seja um cometa até então desconhecido. Isto coincide com a época de grandes problemas geológicos. Haverá terramotos e vulcões em erupção, o que irá afetar os sistemas meteorológicos e, por isso, haverá grande fome e seca. Ele diz que isso causará uma convulsão social em lugares inesperados. Nações consideradas prósperas e poderosas, especialmente as ocidentais, serão reveladas como não sendo tão prósperas como todos pensavam. E elas serão dilaceradas por conflitos civis e tumultos, à medida que as pessoas tentarem sair das áreas de seca em direção a áreas que ainda têm alguma água e onde podem cultivar alimentos. Ele diz que isso já foi mencionado antes, e que será um período muito traumático. Isso causará transtornos em várias partes do mundo porque será uma condição difundida. A agitação social causada por isso ajudará o Anticristo a ganhar poder em certas áreas do mundo. Será um dos fatores que contribuirá para que as coisas fiquem enfraquecidas e prontas para serem tomadas pelo Anti-Cristo.

J: *(Ele estava procurando estes sinais.) Marte e Saturno farão uma conjunção em Sagitário muito em breve, algures em ... fevereiro de 1988.*

D: *Ora, isso é só daqui a alguns anos!*

B: Ele diz que, pelo que pode ver, isso parece estar muito próximo do tempo que ele está a ver. Será uma época muito ardente, muito seca, muito quente e ardente do ponto de vista astrológico. E ele diz que as pessoas comuns do dia a dia se sentirão maltratadas mental e espiritualmente por causa de todos esses desastres cosmológicos que virão um após o outro, de todas as direcções, batendo nelas.

Isto soou muito semelhante à "Quadra do Arco-Íris" (CENTÚRIO I-17) que é abordada no Capítulo 25, "O Futuro Distante", pág. 307. Nostradamus indicou que um dos sinais de que o Anti-Cristo estava a chegar seria um ano inteiro sem arco-íris. Isso soou mais simbólico do que real. Nostradamus disse que haveria secas com pouca chuva até esse ano dramático sem arco-íris, indicando extrema secura. Esse ano seria o sinal de que o Anti-Cristo tinha chegado e as previsões sobre ele começariam a concretizar-se. Estas duas quadras estão ligadas desta forma simbólica.

J: *A conjunção de Marte e Saturno em Sagitário também nos mostraria algum tipo de conflito religioso ou algum tipo de fervor religioso ou fanatismo que poderia ser muito prejudicial para os outros. Esta quadra também se refere a isso?*
B: Sim, ele diz que é uma das convulsões sociais que contribuirá para abrir caminho para o Anti-Cristo tomar o poder. Em certos países, a sua estrutura social e política será totalmente virada do avesso. E que os fanáticos religiosos - ele diz que não se refere a pessoas espirituais, mas a fanáticos religiosos. Ele está fazendo a distinção: pólos separados, isto é muito definido e claro. Ele diz que os fanáticos religiosos chegarão ao poder e acreditarão que estão a fazer o que deve ser feito. Já houve outros grupos que chegaram ao poder acreditando que estavam fazendo o que devia ser feito, mesmo que isso implicasse meios drásticos, e tiveram sempre um mau fim. Segundo ele, este fervor religioso também afeta o lado anti-cristão das coisas. Isso ajuda-o a chegar ao poder, pois tem uma língua muito astuta. E as pessoas que ele influencia também o veneram como uma figura religiosa.
D: *É interessante que ele chame a isto a sua quadra seca.*
B: Ele diz que o mundo terá muita sede. Terá sede de água e terá sede de conforto - conforto espiritual. Porque os fanáticos religiosos não oferecerão nenhum conforto espiritual, apenas jogos de poder.

A data, fevereiro de 1988, chegou enquanto este livro estava na editora e pudemos ver mais uma das quadras de Nostradamus concretizada. Não creio que ele quisesse dizer que todas as partes da sua explicação se concretizariam neste mês, ou mesmo neste ano. Penso que ele deu os signos astrológicos para datar o início da sua visão. O inverno de 1987 e 1988 foi declarado como um dos mais estranhos dos últimos 100 anos. O verão de 1988 foi considerado o mais seco dos últimos 50 anos. Estávamos no meio de uma seca terrível que igualava, se não ultrapassava, a seca da era da Depressão. Pela primeira vez na história da navegação, as barcaças não puderam navegar no Mississipi, ficado encalhadas quando o rio recuou para os níveis mais baixos de que há registro. No rio Arkansas, naufrágios com 100 anos foram expostos à luz do dia e os arqueólogos puderam examiná-los. Terá sido tudo isto uma coincidência? Ou será o início dos tempos que conduzem ao ano sem arco-íris?

Também ninguém pode contestar que o ano de 1988 foi um ano de agitação religiosa, provocada pelos escândalos Bakker e Swaggart. Um sentimento geral de desconfiança estava a espalhar-se pela comunidade eclesiástica.

CENTÚRIO III-3

Mars and Mercure & l'argent joint ensemble,
Vers le midi extreme siccité:
Au fond d'Asie on dira terre tremble,
Corinthe, Esphese lors en perplexité.

Marte, Mercúrio e a Lua em conjunção em direção ao sul, haverá uma grande seca. Um terramoto será relatado a partir das profundezas da Ásia, tanto Corinto como Éfeso estarão então em estado de perturbação.

B: Ele diz que esses acontecimentos se referem àquilo que consideraria o estado atual do mundo. Se queres uma data para isso, procura essa conjunção de planetas em particular.

John queria saber em que signo se daria a conjunção.

B: Um momento, por favor. (Pausa) Ele está a dar-me dois signos. Ele está dizendo Câncer e Leão. (John estava ocupado a consultar a sua efeméride.) Está a queixar-se do meu subconsciente. Está balançando a cabeça com perplexidade. (Ri) Podem ser duas datas diferentes, mas ele diz que estes acontecimentos vão ter lugar num futuro muito próximo.

D: *A quadra diz que "em direção ao sul haverá uma grande seca" durante esse tempo.*
B: Diz que isto se refere à seca em África.
D: *"Um terremoto será relatado das profundezas da Ásia".*
B: Sim. Ele diz que são os grandes terramotos da China, matando muitas pessoas.
D: *"Corinto e Éfeso, então, num estado conturbado".*
B: (Ele corrigiu a minha pronúncia.) Ele diz que isso se refere ao fato de sempre haver problemas no Mediterrâneo oriental, nessa parte do mundo. Será muito vulnerável para o Anti-Cristo exercitar os seus músculos nessa direção.

Estas cidades referem-se, de fato, ao extremo oriental do Mediterrâneo. Corinto fica na Grécia e Éfeso faz parte da atual Turquia; as suas ruínas estão localizadas perto de Izmir. Nos capítulos seguintes, o Anti-Cristo é repetidamente associado a estes dois países.

J: *(entusiasmado) Já tenho a data. 13 de julho de 1991, em Leão.*
B: Ele diz que faltam apenas cinco anos para o vosso tempo. E, do ponto de vista dele, isso parece ser quase simultâneo.
D: *Parece que o Anti-Cristo vai chegar ao poder quando todas estas mudanças na Terra também estiverem acontecendo.*
B: Ele diz que sim, que será uma época muito traumática para todos.

ATUALIZAÇÃO: No início da década de 1990, houve muitos relatos de um aumento da atividade sísmica violenta em toda a Ásia. Termos como "o mais forte, o pior", eram descrições comuns. No verão de 1991, houve inundações terríveis que provocaram enormes deslizamentos de terra na China, que mataram milhares de pessoas e deixaram milhões de pessoas sem casa. Eu classificaria certamente os deslizamentos de terra na mesma categoria dos terramotos, porque a terra moveu-se, literalmente.

Mais tarde, quando o astrólogo teve tempo para estudar em pormenor estas colocações planetárias, disse que esta combinação ocorreria em outras datas durante os anos 90. A única outra em Leão seria em 21 de agosto de 1998. Pode ser útil listar as outras possibilidades, porque Brenda tinha muitos problemas com informações astrológicas, e Nostradamus parecia estar a dar-lhe mais do que uma data. Para os curiosos em astrologia: 3 de janeiro de 1992, 16 de outubro de 1993, 11 de janeiro de 1994, 8 de abril de 1994, 22 de dezembro de 1995, 16 de maio de 1996, 12 de junho de 1996, 3 de dezembro de 1997, 27 de fevereiro de 1998 e 28 de março de 1998 são também possibilidades, de acordo com os signos indicados nesta quadra. Pessoalmente, o astrólogo achou que o dia 22 de dezembro de 1995 seria a melhor escolha, porque tinha os graus de conjunção mais próximos. Essa data também se encaixaria melhor com a fruição do "tempo de problemas".

CENTÚRIO III-12

Par la tumeur de Heb, Po, Tag, Timbre & Rome
Et par l'estang leman & Arentin
Les deux grands chefs & citez de Garonne,
Prins mors noyez. Partir humain butin.

Devido ao transbordamento dos rios Ebro, Po, Tejo, Tibre e Ródano e pelos lagos de Genebra e Arezzo, as duas grandes e principais cidades do Garonne foram tomadas, mortas, afogadas. Espólio humano dividido.

B: Ele diz que isto se refere às mudanças terrestres que estarão a ocorrer, das quais o Anti-Cristo se aproveitará no processo da sua conquista mundial. Na Europa Central, no Sul da Europa e no Próximo Oriente, especialmente na zona oriental do Mediterrâneo, haverá várias inundações graves. Como resultado da perturbação dos governos locais e afins devido aos desastres naturais, o Anti-Cristo deslocará as suas tropas sob o disfarce de ajudar as pessoas a restaurar a ordem civil na sequência desses desastres. Ele usará isso como um dispositivo para tomar conta dos países e usar a população como escravos e coisas do gênero. É por isso que são designados como espólio humano. Ele diz que este será também um tempo de problemas econômicos, e esta será uma das coisas que contribuirá para o tempo de angústia. Com as coisas em grande agitação, com as coisas a não funcionarem bem e a falharem por todo o lado, isso contribuirá para que o Anti-Cristo chegue facilmente ao poder. Ele diz que será uma altura em que jovens dinâmicos com línguas de ouro poderão influenciar a população para a sua maneira de pensar, porque a população está querendo algo em que possa ter esperança.

D: *Parece que tudo vai desmoronar nessa altura.*

B: Ele diz que vai ser um tempo muito traumático. As almas que estão na Terra nesta altura estavam cientes dessas consequências antes de virem para esta vida. É por isso que há mais almas velhas em proporção às almas jovens que vivem hoje do que em qualquer outro tempo da história. As pessoas vão precisar de firmeza de propósito para atravessar estes tempos.

D: *Tenho algumas perguntas que gostaria de lhe fazer. Quero esclarecer algumas das quadras que já analisamos.*

B: Ele diz que é esse o objetivo, clarificar.

D: *A maior parte delas diz respeito a previsões sobre terremotos. Só gostaria de saber se vão acontecer antes do anticristo ou durante o tempo do anticristo.*

B: Ele diz que as mudanças na terra se referem aos terramotos e aos vulcões, às mudanças no nível dos oceanos e às diferentes quantidades de glaciares e coisas do gênero. Isso acontecerá no final da década de 1980, início da década de 1990. Ele diz que estes acontecimentos são distintos. São atos de Deus, não estão relacionados com o Anti-Cristo. Mas o Anticristo vai usá-los a seu favor porque vários países ficarão desorganizados devido à gravidade dos desastres naturais. Isso tornará mais fácil para o Anticristo conseguir espiões e pessoas que trabalhem a partir de dentro, para ajudá-lo a derrubar o país mais tarde. Na altura em que estes eventos estiverem a acontecer, o Anti-Cristo já terá começado a construir a sua base de poder na sua área do mundo. Mas esses desastres naturais estarão a ocorrer em todo o mundo e, em vários casos, ajudarão o Anticristo a lançar as bases para assumir o controle de certos países mais tarde na sua carreira, como em meados e finais da década de 1990.

Enquanto isto estava sendo publicado, um terremoto desastroso atingiu a Armênia em dezembro de 1988. A quantidade de pessoas mortas e os danos causados foram incompreensíveis. Cidades inteiras foram destruídas. O número de mortos foi estimado em 55.000 pessoas e os sobreviventes estavam morrendo devido ao frio terrível. Países de todo o mundo enviaram mantimentos e, pela primeira vez, os soviéticos estavam aceitando a ajuda oferecida. Será este o início da realização das terríveis profecias de Nostradamus sobre as catástrofes naturais?

D: No início do nosso trabalho, tínhamos quadras que diziam respeito aos terremotos que iam atingir os Estados Unidos. Ele nos disse isso através de Dionísio. Havia alguma coisa sobre um triângulo. Haveria três cidades na Costa Oeste que formavam um triângulo e que seriam atingidas por terremotos. Pode nos dar alguma informação sobre isso?

B: Ele diz que, como poderá facilmente verificar, dois dos pontos do triângulo estão no lugar chamado "Califórnia". O terceiro - ele diz que não está muito familiarizado com a tentativa de colocar nomes de lugares para essa parte do mundo, já que é o Novo Mundo - mas tu poderás fazê-lo sozinho. Ele diz para encontrar um lugar não muito longe do leste que também tenha sido propenso a terremotos no passado.

D: Está bem. Foi isso que ele disse antes, que eles formavam um triângulo. Ele também mencionou que haveria terremotos na cidade de Nova Iorque.

B: Ele diz que isso fará parte das mudanças terrestres mais drásticas que ocorrerão mais tarde.

D: As da Califórnia vão acontecer primeiro?

B: Sim. Estarão mais próximas da ordem mais natural das coisas, porque esse lugar já é propenso a terremotos. Por isso, os lugares que são propensos a terremotos ou que estão em áreas que têm terremotos esporádicos mas muito violentos, vão tê-los primeiro. E depois os locais que não deveriam ter sismos também os terão.

D: *Tem havido muita teoria de que o eixo vai se inclinar na mesma altura. Ele vê alguma coisa a esse respeito?*

B: Ele diz que é difícil de dizer. Muitas coisas estão muito nebulosas nesta altura, mas ele não ficaria surpreendido se isso acontecesse. Esta deslocação do eixo não é uma coisa gradual como alguns dizem. Ele diz que acontece de repente. E quando acontece, pode ser muito catastrófico.

D: *Mas ele pensa que estes acontecimentos com o Anti-Cristo são tão predominantes nas linhas do tempo que vão acontecer de qualquer maneira, independentemente das mudanças na Terra ou de uma deslocação?*

B: Isso é verdade. Ele diz que na parte da terra em que o Anti-Cristo está, haverá menos danos do que em outras partes da terra. Estas mudanças afetarão a sua terra, mas não a devastarão como acontecerá com outras terras. Por isso, ele conseguirá tirar vantagem disso. Um pouco mais tarde, quando os outros países ainda estão a tentar recuperar, ele oferece ajuda. E quando eles aceitam a ajuda, é demasiado tarde para eles, pois ele acaba apunhalando-os pelas costas.

D: *Foi o que eu pensei. Se os países estivessem todos devastados por terramotos e afins, o dele também estaria. E não poderia pensar em conquistar.*

B: O dele também terá os seus problemas, mas estará num estado de lei marcial forte, então já estarão organizados e poderão unir-se, enquanto que os outros países estarão sob a lei civil no tempo dos terramotos. Depois da catástrofe, a lei marcial é declarada para pôr ordem nas ruas e acabar com os saques.

Penso que estas declarações não contradizem realmente nada do que Dionísio me disse através de Elena. Penso que apenas mostram que ele não compreendia totalmente o que estava vendo, e que pode ter confundido as sequências temporais entre estes primeiros acontecimentos e as mudanças terrestres mais radicais que Nostradamus viu no futuro distante (que são relatadas no capítulo 25).

Penso que ouvir tantas previsões terríveis de um acontecimento horrível após o outro teria me perturbado muito se eu não tivesse já me adaptado com isso nesta noite, depois de ter saído de casa de Elena. Quando Nostradamus começou a me falar destas visões espantosas que parecem preencher o nosso futuro, o meu lado humano sentiu-se naturalmente repelido. Mas agora que aceitei o meu papel em algo que não tenho poder para mudar, posso agir como uma repórter objetiva, por mais desagradável que a tarefa possa ser.

CAPÍTULO 14

A VINDA DO ANTICRISTO

AO LONGO DAS SESSÕES foram revelados pequenos fragmentos sobre essa personalidade conhecida como o anticristo. Ele parecia ser uma figura secreta e sombria até para o próprio Nostradamus. Tentei incluir neste capítulo os detalhes que pudemos descobrir sobre ele, a fim de tentar compreender esta pessoa que está destinada a marcar o futuro da humanidade.

D: *Quando os tradutores se referem ao anticristo de que tanto falamos, dizem que Nostradamus lhe chamou o terceiro anticristo. Isso está correto?*
B: Ele diz que depende do ponto de vista de cada um se ele seria o segundo ou o terceiro anticristo. De um ponto de vista europeu, ele seria considerado o terceiro anticristo. Do outro ponto de vista, haveria apenas dois anticristos e não três.
D: *De que ponto de vista?*
B: Ele diz que qualquer pessoa não europeia. Os asiáticos, os países do terceiro mundo, as Américas.
D: *Pensei que talvez ele tivesse dito alguma coisa em suas quadras que os fizesse pensar que seriam três.*
B: Ele diz que há quadras que se referem ao terceiro anticristo. Diz que não as enumera especificamente, mas houve quadras que se concretizaram e as pessoas perceberam que a quadra se aplicava a um determinado acontecimento, e puderam interpretar que ele estava a falar de três homens diferentes quando falava do anticristo.
D: *Pelas suas definições, quem eram os outros anticristo?*
B: Ele diz que Napoleão era um deles, mas isso é estritamente do ponto de vista europeu. Porque Napoleão afetou sobretudo a Europa e foi só isso, embora tenha sido bastante devastador. Por isso, só os europeus considerariam Napoleão um anticristo. Mas

o outro anticristo, independentemente do vosso ponto de vista, é muito claro. Ele diz que seria Adolf Hitler. O que Hitler fez e o que o futuro anticristo fará afetará o mundo inteiro e não apenas a Europa.

D: *E ele considera que o anticristo que está a chegar é o terceiro.*
B: Sim, e diz que ele é ainda pior do que Adolf Hitler.
D: *Há alguma informação que nos seja permitido obter sobre o anticristo?*
B: Como assim? Que tipo de informações?
D: *Identificando, talvez, o local onde ele se encontra atualmente no nosso mundo e, talvez, a sua idade.*
B: Ele diz que é difícil para ele identificar a localização por causa do tumulto das linhas do tempo neste momento. Como estamos nos aproximando dos acontecimentos, isso causa um efeito semelhante a uma trovoada nas linhas do tempo. Ele sabe que o anticristo está em algum lugar no Oriente Médio. Não consegue localizá-lo exatamente devido a toda a violência e aos acontecimentos negativos nessa parte do mundo, que lhe embaça um pouco a visão. Ele diz que o anticristo, atualmente, é um jovem que se encontra numa fase crucial da sua vida. Quaisquer impressões fortes que ele receba nesta altura terão um efeito no seu percurso de vida futuro. E onde ele se encontra neste momento, no Oriente Médio, há muitas manobras políticas, violência e corrupção. Devido à atmosfera que se vive neste tempo crucial da sua vida, isso está a afetá-lo e ele está a perceber o destino da sua vida.
D: *Mas disse que ele era uma figura tão importante que seria muito difícil impedi-lo de chegar ao poder.*
B: Isso é verdade. Os acontecimentos que conduziram à sua chegada ao poder foram desencadeados há séculos, desde o primeiro conceito e início do Império Otomano.

CENTÚRIO I-76

D'un nom farouche tel proferé sera,
Que les trois soeurs auront fato le nom:
Puis grand peuple par langue & faict dira
Plus que nul autre bruit & renom.

Este homem será chamado por um nome bárbaro que três irmãs receberão do destino. Ele falará então a um grande povo por palavras e ações, mais do que qualquer outro homem terá fama e renome.

B: Ele diz que isto se refere ao anticristo. As três irmãs referem-se a três destinos: uma que faz girar a linha da vida, outra que mede a duração da vida e a terceira que corta no comprimento correto. Diz que este homem está destinado a tornar-se um líder mundial, embora vá fazer mau uso desse poder. O seu nome, à maneira de alguns países, será um pouco longo. E alguns dos nomes que ele tem, se procurarem os seus significados de raíz, darão alguma pista sobre o que ele está destinado a ser. Ele diz que vários nomes significam várias coisas: por exemplo, nomes como Leonard e Leo referem-se a qualidades de leão, qualidades régias e coisas do gênero. O nome deste homem, apesar de soar um pouco bárbaro aos ouvidos europeus, terá também significados de raíz que darão algumas pistas sobre o que ele será capaz de realizar. Independentemente de escolher tornar-se bom ou mau, será capaz de realizar muito de qualquer forma. É apenas uma questão de saber se escolheu uma direção positiva ou negativa.

D: *Então, na altura em que começamos a ouvir falar dessas pessoas, devemos procurar os seus nomes completos e ver se encontramos alguma pista?*

B: Sem dúvida. - Ele diz que este homem será influenciado por certos costumes antigos que foram um pouco esquecidos. Ainda são conhecidos na literatura, mas já não são seguidos. Mas não consegue ser mais específico do que isso.

D: *Os tradutores dizem que esta quadra se refere a Napoleão. Dizem que o seu nome deriva de uma palavra grega que significa "destruidor" ou "exterminador".*

B: Ele diz que isso ilustra o que ele está querendo dizer sobre o anticristo.

CENTÚRIO I-50

De l'aquatique triplicité naistra.
D'un qui fera le jeudi pour sa feste:

Son bruit, loz, regne, sa puissance croistra,
Par terre & mer aux Oriens tempeste.

Dos três signos de água nascerá um homem que celebrará a quinta-feira como seu feriado. A sua fama, o seu louvor, o seu domínio e o seu poder crescerão em terra e no mar, trazendo problemas ao Oriente.

D: *"Dos três signos de água", isso significa que serão esses os signos do seu horóscopo?*
B: Ele diz que isso tem um significado múltiplo. Esses sinais serão predominantes no seu horóscopo, mas ele também estava a usar isso para indicar de que parte do mundo viria o anticristo. Porque haverá três grandes massas de água nas proximidades - principalmente o Mar Mediterrâneo, o Mar Vermelho e o Mar Arábico.
D: *Vejo agora que ele tenta colocar o máximo que pode nestas quadras. Condensa muita coisa em apenas algumas linhas. Deve ser muito difícil para ele fazer isso.*
B: Ele diz que depois de algum tempo se ganha jeito para isso. A Inquisição faz coisas espantosas para nos levar a desenvolver aptidões para as coisas. - Esta quadra refere-se a este homem e à forma como ele será bem sucedido na obtenção de imenso poder mundial. Diz que, tal como indicou nas suas quadras, a quinta-feira será um dia importante para ele e para os seus seguidores. Ele será uma ameaça para todos, mas particularmente para o Oriente, porque conseguirá conquistar a China e a Rússia, e terá todo o continente asiático sob o seu controle. Diz que esta será a primeira e única vez que todo o continente estará sob o controle de um só líder.

Levei esta quadra ao John, o astrólogo, e lhe perguntei se conseguia retirar alguma informação dela. Ele pensou que os três signos de água poderiam referir-se a um grande trígono. Disse que isso teria uma influência considerável se estivessem localizados num horóscopo. Ao pesquisar na sua efeméride, conseguiu descobrir que um grande trígono de signos de água ocorrerá em 1 de julho de 1994. John acha que esta pode ser a data em que o anticristo atingirá o seu poder máximo.

D: *Temos falado muito sobre a vinda do anticristo e sobre a tentativa de juntar as peças da sua história. Perguntamos se o anticristo tem alguma ligação com a cidade de Damasco.*
B: Um momento, por favor. Ele diz que tem de olhar para as brumas do tempo para lhe dizer. (Pausa) Diz que esteve em Damasco, mas que não é de lá originalmente. É de outro sítio. Ele vai manter as suas origens obscuras por razões de segurança. Vai usar isso como parte da sua mística. Mas terá ligações com a Líbia e com a Síria. Utilizará muitos canais para chegar ao poder. Tirará vantagem de todos os canais que estiverem disponíveis para ele. E se houver canais a utilizar em Damasco, pode ter a certeza de que ele os utilizará.
D: *Mas isso elimina uma possibilidade de onde ele se encontra agora, nesta altura da sua vida.*
B: Ele passou toda a sua vida na área cultural conhecida como Oriente Médio. Conheceu vários sistemas políticos e um sistema político que o influenciou particularmente foi o da Líbia. Enquadra-se nos seus estudos sobre Adolf Hitler. A sua perspetiva é muito ditatorial. (Pausa) Neste momento, está no Egito.

Foi uma surpresa inesperada, porque antes ele disse que não conseguia ver onde estava.

D: *Vivendo no Egito neste momento?*
B: Sim. Este período da vida dele é passado no Egito, aprendendo, porque o Egito está bem localizado no que diz respeito ao mundo árabe. A partir do Egito, tem acesso ao Oriente Médio e ao Norte de África, bem como à cultura que existe no Egito. Além disso, o Egito é suficientemente forte para se proteger dos outros países, pelo que não é suscetível de ser atropelado por exércitos.
D: *Então ele não é natural do Egito, está apenas estudando lá. Suponho que quando chegar a altura de ele começar a chegar ao poder, regressará ao seu país. Estou só adivinhando.*
B: Não. Quando chegar a altura de ele chegar ao poder, irá para o sítio onde vê fendas na armadura. Irá para um sítio onde possa tirar vantagem do sistema político de forma que começará a ganhar poder para si próprio. Não se preocupará se é ou não natural do

país. Vai encontrar formas de se apoderar de países e tirar vantagem das lacunas do seu sistema e transformar o seu poder nos seus próprios meios.

D: *Pensei que seria difícil para uma pessoa comum fazer isto. Teria de estar já numa posição de poder - através da família ou assim.*

B: Ele será capaz de arranjar posições.

D: *O anticristo vai substituir um membro da família que morre e depois coloca-o no poder?*

B: Ele diz que o anticristo terá vários caminhos a escolher para chegar ao poder. Esse caminho seria o mais fácil para ele chegar ao poder, e as possibilidades de que ele use esse método são mais fortes. Onde ele estiver, a chave é que será socialmente aceitável chegar ao poder desta forma, para tomar o lugar de um membro morto da família.

D: *Uma linha de sucessão?*

B: Não necessariamente uma linha de sucessão. Ele diz para pararmos de tirar conclusões precipitadas. Trata-se de uma ditadura militar. Pode ser um caso de poder, com o sobrinho que faz parte da organização militar e o tio morrendo. E o sobrinho, através de uma manobra muito agressiva e audaciosa, apodera-se das propriedades e dos poderes do tio e subjuga toda a gente a ele.

D: *Então não tem de ser necessariamente um filho.*

B: O caminho que lhe abrir primeiro. Se for através do pai, que seja. Se for através do tio, que seja. Ou se for por outra via qualquer. Ele diz que o jovem está obcecado com o poder e com a sua obtenção.

D: *Bem, ganhamos mais algumas pequenas peças. Estamos tentando compreender a sua personalidade.*

B: É difícil. Ele é uma pessoa complexa.

CENTÚRIO II-3

Pour la chaleur solaire sus la mer
De Negrepont les poissons demi cuits:
Les habitans les viendront entamer,
Quand Rhod, & Gannes leur faudra le biscuit.

Devido ao calor como o do sol sobre o mar, os peixes à volta de Negrepont ficarão meio cozidos. Os habitantes locais comerão quando em Rodes e Gênova houver falta de comida.

B: Ele diz que nos tempos futuros haverá armas terríveis e assombrosas. E um tipo dessas armas é como trazer um pedaço do sol para a terra, em sua intensidade e poder. Sempre que uma dessas armas é acionada, a destruição espalha-se por quilômetros de distância. Ele diz que esta quadra se refere ao fato da agitação continuar no Oriente Médio. Como resultado dessa agitação, haverá uma escalada para mais uma das guerras que ocorrem. Um dos líderes conseguirá obter... o termo moderno para isso é arma atômica. Primeiro, mostra um longo cilindro cinzento e depois mostra uma imagem de uma nuvem em forma de cogumelo.

D: *Assim, não restam muitas dúvidas a que ele se refere.*

B: Exatamente. Foi por isso que não hesitei em chamar de arma atômica. Ele diz que há um líder nessa parte da Terra que ficará louco e fará tudo por uma coisa mínima. E esse líder não hesitará em usar armas tão terríveis porque usará métodos terríveis na guerra. Então, o povo contra o qual ele está em guerra retalia com uma arma atômica. O país está ali mesmo, tem uma costa no Mediterrâneo. E quando este país é bombardeado, uma das bombas vai cair no Mediterrâneo em vez de cair em terra. Quando explodir, vai envenenar quase todos os peixes do Mediterrâneo e matar muitos deles por causa do calor. Devido a esta guerra, as trocas comerciais regulares serão interrompidas, então as pessoas da outra costa do Mediterrâneo ficarão tão desesperadas por comida que comerão o peixe do mesmo jeito, mesmo sabendo que não deveriam.

D: *O que é que ele quer dizer com "Negrepont"?*

B: Diz que se refere a um lugar característico do Mediterrâneo. Ele tem a forte ideia de que esse lugar, Negrepont, fica no extremo oriente do Mediterrâneo. Há um sítio na costa onde há umas falésias de cor escura. Por isso, a população local tem um nome particular para os penhascos: O ponto escuro - "Negrepont".

D: *Isso é interessante, porque eu pensava que Negre significava normalmente preto ou escuro em latim.*

B: Ele diz que é a palavra para escuro ou negro em muitas línguas, a maior parte delas relacionadas de alguma forma com o latim. - Vou tomar a liberdade de lhe fazer uma pergunta. Só por curiosidade da minha parte. E, dependendo da resposta dele... se ele responder "não", vou me sentir idiota e não vou querer que você saiba a pergunta.
D: *Oh, não; não se sinta tolo. Nenhum conhecimento é tolo. Pode me contar o que lhe perguntou.*

Mais tarde, quando a Brenda acordou, lhe contei sobre este incidente e ela achou interessante que o seu subconsciente também estivesse curioso.

B: Quando ele dizia que o líder se esforçaria muito para fazer qualquer coisa, me lembrou de um líder do seu tempo que é conhecido por fazer a mesma coisa, que está nessa parte do mundo. Eu lhe perguntei se era a mesma pessoa. E ele disse que não, mas que era alguém muito parecido com essa pessoa.
D: *Em que pessoa pensou?*
B: O líder da Líbia. Kadaffi. Ele disse que não acha que seja ele; o elemento temporal está um pouco errado. Mas diz que é alguém muito parecido com ele, talvez alguém relacionado com ele.
D: *É uma boa pergunta porque muitas pessoas pensam que este líder, Kadaffi, é louco.*
B: Michel de Notredame diz que ele é de fato louco. (Risos) Diz que tem sífilis no cérebro.
D: *Os líderes mundiais estão descobrindo que ele é muito difícil de comunicar e de resolver qualquer problema.*
B: Ele diz que Kadaffi pode fazer parte da causa original do conflito, mas quando chegar a esse ponto, será muitos anos mais tarde. Ele diz que Kadaffi fará parte da causa principal. As suas ações atuais, as coisas que ele está fazendo estão conduzindo a este conflito. Mas à medida que os anos avançam, ele se tornará cada vez mais louco, de tal forma que, quando chegar o grande conflito, já não será capaz de lidar com nada e nem funcionará direito. Ele continuará a pensar que está no poder, mas os seus homens à sua volta estarão, na verdade, protegendo-o do resto do mundo. A

forma como o vão tratar será uma maneira diplomática de mantê-lo numa cela almofadada, assim por dizer.

D: Nessa altura, não o deixarão tomar decisões?

B: Oh, ele vai pensar que está tomando decisões; simplesmente não vão realizá-las. E assim o conflito passará das mãos deles para outras mãos.

D: Muitas pessoas têm pensado que Kadaffi é o terceiro anticristo de quem Nostradamus falou.

B: Ele diz que Kadaffi é um tolo. Se tivesse jogado bem as suas cartas, poderia ter sido o terceiro anticristo para alcançar o poder que desejava, mas está sempre sabotando a si mesmo. Haverá outra pessoa da mesma cultura, da mesma parte do mundo, que aprenderá as lições que Kadaffi não aprendeu.

D: Há outro líder dessa parte do mundo que também é temido neste tempo, o Ayatollah Khomeni.

B: Ele diz que, mais uma vez, o Ayatollah Khomeni irá contribuir para o início deste problema, assim como Kadaffi. O Ayatollah tem a capacidade de realizar, mas o seu problema são os seus grandes anos. Ele diz que o conflito será levado até o fim por mãos mais jovens.

D: Isso faz sentido. Pensei em perguntar porque são dois líderes dessa parte do mundo que estão criando muitos problemas neste momento. Mas isso vai acontecer depois do tempo deles.

B: Sim, um já terá morrido e o outro já terá saído do poder.

(O Ayatollah Khomeni morreu em 1989.)

D: A quadra que segue esta foi interpretada como referindo-se à mesma coisa. Pensa-se que vão juntas.

CENTÚRIO II-4

Depuis Monach jusque aupres de Sicile
Toute la plage demourra desolée:
Il n'y aura fauxbourg, cité ne ville,
Que par Barbares pillé soit & volée.

Do Mónaco até à Sicília, toda a costa ficará deserta. Não haverá subúrbios, cidades ou vilas que não tenham sido saqueadas e roubadas pelos bárbaros.

B: Ele diz que é a mesma parte do mundo, ou melhor, diz que também tem a ver com o Mediterrâneo. Não é exatamente o mesmo acontecimento. Diz que o primeiro acontecimento, o lançamento da arma atômica por um dos países do Oriente Médio, vai desencadear uma nova guerra em cima dessa guerra e eles vão lutar entre si. Outros países, particularmente os europeus e ocidentais, sentirão necessidade de interferir para tentar parar a guerra por causa do fornecimento de combustível. Assim, quando os países europeus tentarem interferir, o mesmo líder louco que lançou uma arma atômica anteriormente, usará o resto do seu arsenal na Europa. A maior parte do seu arsenal atingirá o sul da Europa, uma vez que essa é a parte mais próxima da Europa. Como resultado, a costa mediterrânea europeia, em particular a de França e a de Itália, ficará quase inabitável, e a Itália será a principal afetada. Ele diz que os bárbaros são as pessoas sob o comando desse líder louco. Este líder não é o anticristo. O propósito deste líder, uma vez que é louco e usa as suas armas de forma imprudente e envolve o mundo na guerra, é enfraquecer as principais nações de modo que o terceiro anticristo possa subir ao poder com pouca ou nenhuma oposição. Ele prepara o palco para o terceiro anticristo. Ele subirá ao poder nessa parte do mundo, mas ninguém saberá realmente de onde ele vem. Será uma figura misteriosa, e ninguém saberá muito sobre ele. Tudo o que se sabe é que tem um grande poder e que ninguém o pode contrariar.

D: *Parece que há muitas quadras sobre o Oriente Médio.*

B: Ele diz que o Oriente Médio é um lugar de conflitos. Parece ser o carma deles ou algo do gênero.

CENTÚRIO III-60

Par toute Asie grande proscription,
Mesme en Mysie, Lysie & Pamphylie:
Sang versera par absolution,
D'un jeune noir rempli de felonnie.

Em toda a Ásia haverá grande proscrição, também em Mísia, Lícia e Panfília. O sangue correrá por causa da absolvição de um jovem negro, cheio de maldades.

D: *Perdoa a minha pronúncia, faço o melhor que posso.*
B: Ele percebe que os padrões educacionais do seu tempo não são tão elevados como deveriam ser; por isso, as pessoas não estão familiarizadas com os clássicos. Ele diz que os nomes em que têm tido dificuldade em pronunciar são dos clássicos. Se tivesse estudado os clássicos, saberia como pronunciá-los. Por isso, ele sabe que não foi abençoada com um nível de educação elevado.
D: *A culpa não é minha. É que não nos ensinam em nosso tempo. Não lhes dão ênfase - digamos assim. (Risos) É por isso que é preciso tanto para tentar compreender estas profecias. Ele deve ser muito conhecedor.*
B: Ele diz que não é uma questão de ser conhecedor. É apenas uma questão do que se sabe. O corpo de conhecimentos que ele tem engloba sabedorias diferentes do corpo de conhecimentos que você tem.

Isso estava certamente correto, porque para mim eram apenas nomes que soavam estranhos.

D: *Pelo menos, ele sabe do que estou a falar.*
B: Razoavelmente. (Risos) Ele diz que esses nomes são equivalentes ao que se chamava a essas zonas do país no tempo da civilização grega. Ele estava usando as referências clássicas para que a Inquisição pensasse que ele estava apenas fazendo um comentário sobre a história. Ele diz que um líder surgirá nessa área do mundo a qual vocês se referem como países do Terceiro Mundo. O principal objetivo de vida deste líder será unir os países do Terceiro Mundo de todo o mundo, mas particularmente os do velho mundo, numa força a ter em conta, a fim de lutar contra as chamadas "super" potências. A zona de conflito será a zona cinzenta entre o que se considera a Europa oriental e o que se considera o Oriente Médio, particularmente em torno dos mares Adriático e Cáspio e do Mediterrâneo oriental. Diz que será um

conflito infrutífero. Não haverá qualquer resultado definitivo. Não haverá um vencedor ou um perdedor, apenas um monte de conflitos à volta. Ele diz que esta série de acontecimentos que aí ocorrerão terá alguma relação com algumas das profecias da Bíblia.

D: A quais profecias bíblicas ele se refere?

B: Ele diz que algumas das do Apocalipse se aplicarão, mas não todas, assim como algumas dos profetas menores do Antigo Testamento e algumas de Isaías. O que as pessoas não percebem é que, quando São João estava a escrever o Apocalipse, ele era da mesma espécie de Michel de Notredame, na medida em que não escreveu sobre somente uma série contínua de eventos ou um grande acontecimento. Escreveu sobre várias coisas diferentes que irão acontecer no futuro, independentes umas das outras. Na sua perspetiva, pode ter sido difícil ou pode não ter querido diferenciá-las. Tudo o que ele sabia era que todas elas estariam acontecendo num futuro distante. Por isso, pode não ter sentido necessidade de distinguir o fato de que este acontecimento irá se realizar aqui, mas não está necessariamente relacionado com este outro acontecimento que estará acontecendo aqui.

D: Sempre nos disseram que o Apocalipse era uma grande visão, com cada um destes acontecimentos a seguir em sequência.

B: Isso é verdade. Ele as recebeu numa só visão, mas não é uma sequência de acontecimentos. É apenas uma visão de muitas coisas que vão acontecer no futuro. Ele diz que algumas das descrições que John faz no Apocalipse, particularmente a do Armagedom, se aplicam a esta quadra, a este acontecimento na Europa Oriental, na região do Oriente Médio. Por exemplo, haverá tanto sangue correndo que chegará aos freios dos cavalos, e algo assim, pois haverá muito derramamento de sangue.

D: Creio que os acadêmicos pensam que todas as profecias do Antigo Testamento dizem sempre respeito a Israel. Nunca pensam que elas se referem a qualquer outra coisa.

B: Israel estará envolvido nisso. As profecias bíblicas podem ter sido orientadas para Israel ou centradas em Israel simplesmente porque foram feitas por profetas hebreus. Mas ele diz que isso não significa que eles profetizaram apenas sobre Israel. As profecias do Antigo Testamento tinham a ver com muitas coisas. Ele salienta que alguns dos dispositivos prodigiosos presentes no século XX e, no futuro, foram previstos por pessoas como Ezequiel e Isaías e vários profetas desse gênero.

D: Mas não foram reconhecidos como tal.

B: Não por todos.

D: Nesta quadra, este jovem moreno cheio de maldades é o anticristo ou outro líder?

B: Ele diz que é um líder que vai surgir. De certo modo, pode ser chamado anticristo, na medida em que a sua principal ambição seria destruir o Cristianismo, pois não será cristão. Mas não será o anticristo no sentido do outro líder que ele mencionou, a quem chama anticristo porque é contra a humanidade em geral e a humanidade é Cristo.

D: Este jovem negro virá antes desse tempo?

B: Ele está pensando nisso. Um momento. (Pausa) Este jovem negro virá pouco antes do anticristo. E ele me encoraja a usar um coloquialismo aqui. O tumulto que este jovem levanta vai ajudar a preparar o palco para o anticristo assumir o controle.

D: Estou a pensar em Kadaffi. Não é assim tão jovem, mas é sombrio.

B: Ele diz que Kadaffi ou alguém parecido com ele é um bom candidato para isso, mas não diz nomes.

A minha investigação revelou que a Mísia, a Lícia e a Panfília se situavam, nos tempos da Grécia antiga, nas costas ocidental e meridional da Turquia, onde se encontram o Mar Egeu e o Mar Mediterrâneo. Assim, penso que, ao mencionar estes nomes, ele está a referir-se à Turquia moderna. Este é um exemplo notável de Nostradamus a transmitir informação correta que não estava disponível nem na minha mente nem na de Brenda, uma vez que temos muito pouco conhecimento da história da Grécia antiga.

ATUALIZAÇÃO: Nostradamus disse que este jovem sombrio seria um líder que surgiria pouco antes do anticristo. Poderá ser Saddam Hussein? A zona de conflito referida como estando à volta do Mar Cáspio e do Mediterrâneo Oriental esteve definitivamente envolvida na Guerra do Golfo Pérsico. As áreas cinzentas entre a Europa Oriental e o Oriente Médio, em torno do Mar Adriático, apontam definitivamente para a Jugoslávia e os países satélites. Estas zonas estavam em conflito em 1991.

CENTÚRIO II-98

*Celui de sang reperse le visage,
De la victime proche sacrifiée,
Tonant en Leo augure par presage,
Mis estra à mort lors pour la fiancée.*

Aquele cujo rosto está salpicado com o sangue de uma vítima recentemente sacrificada. Júpiter em Leão avisa através de uma previsão. Ele será morto por causa da promessa.

B: Ele diz que isto se refere ao anticristo. A promessa a que se refere é, por um lado, a promessa que ele fez a si mesmo de dominar o mundo. E a promessa, por outro lado, da grande roda cármica do qual seu poder para o mal será contrabalançado por um poder para o bem. Se compararmos o efeito de Júpiter em Leão com o seu horóscopo, este é o aviso prévio através da visão que podemos ter.

J: *(depois de estudar a sua efeméride) Júpiter está em Leão de agosto de 1990 a setembro de 1991. Será este o período em que o anticristo tomará o poder?*

B: Ele diz que é quando ele começa a realizar a sua ambição. É nesta altura que ele pode começar a sua carreira política, por assim dizer. Começará no chamado nível "local", isto é, no seu próprio país. A partir daí, continuará a crescer e a tornar-se cada vez mais ganancioso.

D: *Estamos a começar a juntar todas estas datas. Vamos poder ter um calendário, assim por dizer, passo a passo do que ele vai fazer.*

B: Ele diz que é esse o objetivo deste projeto. Se as pessoas puderem saber com antecedência o que vai acontecer, talvez algumas coisas possam ser alteradas para evitar os piores efeitos. Porque se estivermos totalmente despreparados, as coisas más que vão acontecer nos deixam de rastos. Mas se estivermos preparados com antecedência, teremos - como ele diz - um monte de feno atrás de nós para cair. (Risos do grupo).

Atualização: É indiscutível que as datas indicadas (agosto de 1990 a setembro de 1991) coincidem de forma notável com a Guerra do Golfo Pérsico. De quem é o "rosto salpicado com o sangue de uma vítima recém-sacrificada"? O de Saddam Hussein ou o de George Bush? É possível especular.

Nos foram dadas várias quadras que detalhavam os planos de invasão do anticristo. Estas continham várias referências simbólicas a nomes gregos. Uma dessas referências foi feita no CENTÚRIO V-27. Dizia que o Mar Adriático ficaria coberto de sangue árabe porque haveria combates em toda a extremidade oriental do Mediterrâneo, incluindo as zonas do Mar Adriático, do Mar Negro e do Mar Cáspio. Ele disse que o líder da Pérsia era aquele que acabaria criando problemas para o resto do mundo, mas no início, ele não é levado a sério porque parece ser "apenas mais um a balançar no monte de lama". Ele me disse para procurar os nomes modernos de Trebizond, Pharos e Mytilene para ter localizações mais claras.

A minha pesquisa mostra que Trebizond é um nome antigo para a cidade de Trabzon, localizada na costa norte (Mar Negro) da Turquia. Pharos é uma ilha ao largo de Alexandria, no Egito. E Mitilene é uma cidade na ilha grega de Lesbos, ao largo da costa da Turquia. Assim, eu interpretaria estas referências como significando que o anticristo viria da Pérsia para ocupar a Turquia enquanto o Egito e a Grécia tremiam. (Ver também CENTÚRIO II 86.)

Ele explicou que muitas vezes disfarçava as suas quadras desta forma, para que a Inquisição pensasse que ele estava apenas fazendo referências à história antiga.

CENTÚRIO X-75

Tant attendu ne reviendra jamais
Dedans l'Europe, en Asie apparoistra
Un de la ligue islu du grand Hermes,
Et sur tous rois des orientz croistra.

Há muito esperado, ele nunca voltará à Europa, ele aparecerá na Ásia; Um da liga emitida pelo grande Hermes, ele crescerá acima de todos os outros poderes no Oriente.

B: Diz que esta quadra relaciona as futuras alterações do equilíbrio político provocadas pelo anticristo com o desenvolvimento do comunismo. Aquele que nunca reaparece na Europa se refere à filosofia e ao sistema de pensamento de Marx e Engels, que desenvolveram a base teórica do comunismo. Eles esperavam que esse sistema se impusesse no mundo industrial, mas o seu principal reduto é o continente asiático. Segundo ele, essa filosofia desenvolveu-se mais fortemente na Rússia e na China. O anticristo, embora seja do Oriente Médio, aproveitará os aspectos desta filosofia que permitem o controle total de uma população. Ele se aproveitará disso e desenvolverá um sistema de pensamento próprio baseado no comunismo. Mas será capaz de trabalhar de forma a subir no poder e a unir todo o continente asiático antes de tentar conquistar o resto do mundo.

D: *O que significa o nome Hermes? "Uma das ligas emanadas do grande Hermes."*

B: Ele está dizendo que há muitas pessoas que seguirão o sistema filosófico tal como foi pensado por Marx e Engels, e todas elas acreditarão que têm interpretações verdadeiras do que estes homens estavam imaginando em seu sistema político. Considerarão estes dois homens como seus, como seus profetas, e acreditarão no seu sistema. Os seus escritos se comunicarão, tornando-os assim grandes Hermes. O grande Hermes se refere a um dos deuses gregos que tinha a seu cargo a comunicação. Ele diz que o nome é usado metaforicamente para se referir aos fundadores da filosofia que essas pessoas seguirão. "Ele crescerá acima de todos os outros poderes no Oriente." Um homem entre todos esses (o anticristo) se elevará acima deles e chegará ao poder devido às suas próprias manipulações particulares de diferentes instituições no poder político.

CENTÚRIO III-95

La loy Moricque on verra deffaillir,
Apres un autre beaucoup plus seductive:
Boristhenes premier viendra faillir,
Par dons & langue une plus attractive.

A lei moura será vista a falhar, seguida por outra que é mais agradável. O rio Dnieper será o primeiro a dar lugar, através de dons e línguas, a outro mais atraente.

B: Isto tem a ver, mais uma vez, com o início da carreira do anticristo. "A lei dos mouros será vista a fracassar", indica que o anticristo, para além de abalar a religião cristã e ajudar a destruí-la, abalará também a religião islâmica. A maneira de viver e de conquistar que este anticristo tem será um substituto da religião, e isso o ajudará na sua conquista. O Dnieper representa a Rússia porque é um rio na Rússia. A Rússia será a sua primeira grande conquista asiática e ele não a fará pela força, mas pela astúcia, pela fluidez da sua língua. Enganará os russos para que fiquem sob o seu poder e não haja nada que eles possam fazer. Como ele vem do Oriente Médio, essa zona já estará bastante sob o seu poder antes dele atacar a Rússia. Depois, se virará para a China e colocará a China e o resto do continente asiático sob o seu controle. Nessa altura, ele sabe que estará em posição de dominar o resto do mundo.

D: Disse anteriormente que ele iria dominar a Rússia e a China e que seria a primeira vez que a Ásia estaria sob um único governante. Estava pensando como é que ele faria isso, uma vez que a Rússia é tão poderosa.

B: O fará através de truques e artimanhas. Enganará os russos para que pensem que estão a fazer o que querem, até ser tarde demais para se libertarem. Mas ele sabe que isso não vai funcionar com os chineses, uma vez que eles próprios são mestres da astúcia. Terá de utilizar um método diferente com os chineses.

D: Ele sabe qual é o método?

B: Isso está em outra quadra. Ele diz que lhe dará a informação a tempo.

Atualização: Em 1991, a Rússia e os seus satélites começaram a sofrer mudanças radicais. Trata-se de uma evolução natural ou há um poder por trás dos bastidores a manipular os acontecimentos através de "truques e artimanhas", fazendo-os pensar que "estão a fazer o que querem fazer, até ser demasiado tarde para se libertarem"?

Conversas com Nostradamus, Volume 1

CENTÚRIO IV-50

Libra verra regner les Hesperies,
De ciel & terre tenir la monarchie:
D'Asie forces nul ne verra paries,
Que sept ne tiennent par rang le hierarchie.

A Libra será vista a reinar no Ocidente, detendo o domínio sobre os céus e a terra. Ninguém verá a força da Ásia destruída até que sete detenham a hierarquia em sucessão.

B: Ele diz que "a força da Ásia destruída", se refere ao anticristo que se apoderará da Ásia através dos seus métodos de astúcia. Ele nomeará subcomandantes para governar essas vastas extensões de terra para ele. E o mundo em geral não percebe que eles são meros fantoches e não percebem o que se passa até observar uma sucessão deles a serem chamados de "despedidos e contratados".

Há definitivamente sete ou mais líderes naquela região que podem ser considerados fantoches: Kadaffi, o Ayatollah, Arafat, e muitos outros. Mas até onde devemos recuar para começar a contar? Talvez até ao Xá do Irão?

B: "Libra será vista a reinar no Ocidente" é o sentido de equidade e justiça, tal como é sinônimo da Constituição dos Estados Unidos. No início não irão interferir porque sentirão que este tipo de governo foi escolhido livremente pelo povo e que é isso que querem na Ásia. Depois verão que isto lhes está sendo imposto e que uma sucessão de líderes será nomeada como porta-voz deste anticristo.

O CENTÚRIO III-34 também se refere ao fato do anticristo passar muitos anos a trabalhar silenciosamente nos bastidores para consolidar o seu poder. Depois, quando a estrutura estiver construída, ele fará a sua aparição na arena internacional. Terá planejado tão bem que os países contra os quais se vai opor estarão totalmente despreparados para o homem da língua de ouro.

CENTÚRIO VIII-77

L'antechrist trois bien tost anniehilez,
Vingt & sept ans sang durera sa guerre.
Les heretiques mortz, captifs, exilez.
Sang corps humain eau rougi gresler terre.

O anticristo aniquila muito em breve os três, 27 anos durará a sua guerra. Os incrédulos estão mortos, cativos, exilados; com sangue, corpos humanos, água e granizo vermelho cobrindo a terra.

B: Isto se refere ao anticristo, o único, o poder por detrás dos poderes neste momento. Ele não está no poder neste momento. Ele diz que está por trás dos poderes, mexendo os pauzinhos. Ele ainda não fez a sua jogada para se revelar. Diz que é como uma aranha à espera de sua hora. Irá se aproveitar da situação mundial para fazer a sua jogada de poder. E será bem sucedido. Mas haverá muito derramamento de sangue e guerras terríveis no processo. O anticristo, surpreendentemente, se recusará a usar armas nucleares e fará isso através da guerra convencional. Ele guarda as armas nucleares para outros atos indescritíveis. É por isso que também mencionou todo o sangue na quadra. Haverá tantas pessoas a serem mortas que os detalhes do enterro não serão capazes de as transportar com rapidez suficiente. Ele diz que toda a gente no mundo se acostumará a ver cadáveres e que a visão da morte não causará o mesmo medo que causa atualmente. Ficarão entorpecidas com ela, porque estará sempre presente.
D: Isso parece horrível.
B: Ele encolheu os ombros e disse: "A guerra é assim".
D: Esta guerra vai se limitar à parte do mundo em que vivem?
B: Ele diz que o mundo inteiro vai estar envolvido nela numa altura ou em outra. Mais cedo ou mais tarde, envolverá todo o globo.

CAPÍTULO 15

OS TRÊS ÚLTIMOS PAPAS

Estranhamente, embora o anticristo devesse emergir de um país muçulmano, a Igreja Católica deveria desempenhar um papel importante nos seus planos desonestos. Ele usaria a igreja para os seus próprios fins, da mesma forma que usaria outros países para obter o poder que desejava. Ele parecia ter uma mente muito distorcida e diabólica. Sem os avisos de Nostradamus através destas previsões, creio que teria sido impossível imaginar que qualquer ser humano pudesse ser capaz de um pensamento tão distorcido. Tentei organizá-las numa sequência cronológica. Esta é uma tarefa difícil, porque muitas vezes se referem a vários acontecimentos separados no tempo.

CENTÚRIO VIII-46

Pol mensolee mourra trois lieus du Rosne
Fuis les deux prochains tarasc destrois:
Car Mars fera le plus horrible trosne,
De coq & d'aigle de France, freres trois.

Paulo, o celibatário, morrerá a três léguas de Roma, os dois mais próximos fogem do monstro oprimido. Quando Marte ocupar o seu horrível trono, o Galo e a Águia, a França e os três irmãos.

B: Ele diz que o atual Papa estará numa das suas muitas viagens quando morrer. Estará fora do Vaticano, em uma de suas viagens, quando a sua vida deixará de existir. Isso acontecerá na altura em que o anticristo começar a se agitar e a exercer o seu poder. Os dois cardeais mais próximos do Papa perceberão o perigo para a sua Igreja e se fecharão no Vaticano para se protegerem do que está para vir.

D: *Então o monstro oprimido é o anticristo. Isto quer dizer que tudo isto vai acontecer durante a vida do papa atual?*

B - Ele diz que estes acontecimentos vão começar no fim da sua vida. Ele morrerá quando tudo isto começar a acontecer. Diz que é por isso que só faltam dois papas para a destruição da Igreja.

D: *(Isto foi uma surpresa.) Então a maioria destas profecias sobre o anticristo terá lugar depois da morte do papa atual. E só há mais dois papas depois disso?*

B: Ele diz que nenhum dos papas durará muito tempo, devido aos tempos difíceis. Um momento, por favor. (Pausa) Ele diz que o papa atual será assassinado. Ele é um bom homem e está a lutar honestamente pela paz mundial. No entanto, não está em contato com o seu centro espiritual como deveria estar para esta posição. Mas está suficientemente desejoso da paz mundial, de modo que - sem que o mundo em geral saiba - está trabalhando contra alguns partidos de poder estabelecidos dentro da Igreja Romana. Assim, chegará um ponto em que aqueles que, na igreja romana querem manter a sua riqueza e poder, aconselharão o Papa - aconselharão mal o Papa - de modo que ele será colocado numa situação que é perigosa para ele, mas não estará ciente do perigo. Devido a este assassinato do papa atual, haverá muita agitação, tumultos e coisas do gênero em Roma. E diz que o próximo papa não durará muito tempo.

(O resto desta quadra será interpretado no Capítulo 22, pág. 273).

CENTÚRIO II-97

Romain Pontife garde de t'approcher,
De la cité que deux fleuves arrouse,
Ton sang viendras aupres de là cracher,
Toi & les tiens quand fleurira la rose.

Pontífice romano, cuidado ao aproximar-se de uma cidade regada por dois rios. Cuspirá sangue nesse lugar, tu e os teus, quando as rosas florescerem.

B: (Triste) Ele diz que esta quadra devia ser gravada em metal e enviada ao atual papa. Porque numa cidade regada por dois rios, no tempo do fim da primavera, quando as rosas florescem, é aí que ele será assassinado. Ele e vários membros da sua comitiva serão mortos.

D: *Disse antes que ele seria assassinado quando estivesse fazendo uma das suas viagens.*

B: Sim. Ele diz para encontrarmos uma grande cidade europeia que esteja na junção de dois grandes rios e dizer ao Papa para ter cuidado com esse sítio. Ele diz que é fácil de encontrar em qualquer mapa decente da Europa.

D: *Mas há muitas cidades que ficam junto a rios.*

B: Ele diz que é uma grande cidade na junção de dois rios. Isso restringe a escolha mais do que se possa imaginar. Será uma grande cidade que vai se destacar.

D: *É tudo o que podemos fazer, suponho, tentar avisá-lo. A quadra era bastante clara. Era apenas uma questão de a relacionar com o papa correto.*

CENTÚRIO I-4

Par l'univers sera faict un monarque,
Qu'en paix et vie ne sera longuement,
Lors se perdra la piscature barque,
Sera regie en plus grand detriment.

No mundo será feito um rei que terá pouca paz e uma vida curta. Nessa altura, o navio do Papado estará perdida, governada em seu maior detrimento.

B: Ele diz que, embora esta quadra tenha vários significados, o principal de que deve ter consciência é que se refere ao papa que virá entre o papa atual e o último papa. Este terá um reinado curto. Ele diz que alguns dos erros políticos cometidos por este papa é o que torna mais fácil para o último papa ser um instrumento do anticristo. Diz que se aplicar o que aprendeu nas outras quadras a esta, obterá o suficiente. Ele estava apenas querendo chamar a atenção para o fato de que o reinado será muito curto e que não será bom para a Igreja, porque provocará a queda final.

CENTÚRIO X-70

L'œil par object ferra telle excroissance,
Tant & ardente que tumbera la neige,
Champ arrousé viendra en descroissance,
Que le primat succumbera à Rege.

Por causa de um objeto o olho inchará tanto, arderá tanto que a neve cairá. Os campos regados começarão a encolher quando o Primaz morrer em Reggio.

Perguntou-me qual era a grafia de Reggio e eu disse-lhe que era Rege em francês.

B: Sim, ele diz que está correto. - Ele diz que, como é habitual, isto tem um significado múltiplo. Uma coisa a que ele se referia era o objeto que faz com que o olho inche e arda tanto. Trata-se de um tipo de dispositivo atômico, não exatamente uma bomba, que quando é ativado provoca alterações no clima do planeta. Deslocará uma massa de ar que perturbará o equilíbrio entre o quente e o frio, de modo que o efeito estufa se desequilibrará e chegará ao extremo, provocando alterações drásticas no clima, o que, por sua vez, afetará a agricultura.

Isto se parece com o conceito moderno chamado "inverno nuclear". Trata-se da teoria segundo a qual, se tivéssemos uma guerra nuclear maciça, as nuvens de poeira e radioatividade circundariam a Terra e interfeririam com o clima de tal forma que criariam um inverno perpétuo.

B: Ele diz que isso aconteceria na altura em que o papa morresse em Reggio ou Rege.
D: É isso que ele quer dizer com "quando o Primaz morrer"? Pensei que ele estava usando um simbolismo porque eu penso num primata como um macaco.

B: Ele diz que isso se refere ao papa da Igreja Católica porque outra palavra para papa é Primaz. Diz que se procurarem no dicionário, para além de significar macaco, encontrarão outra definição que é papa da Igreja Católica.

D: *Reggio é uma cidade ou quê?*

B: Sim, é um lugar na Itália.

Presumo que se trata da morte do segundo Papa, porque ele indicou que o atual papa estaria fazendo uma das suas viagens quando foi assassinado.

B: Ele diz que o significado alternativo para este versículo é de tipo metafísico. Está também a predizer alguma ruína para a Igreja Católica. Ela se tornará novamente ambiciosa e procurará obter mais poder do que deveria. Os seus olhos se encherão de orgulho e de vaidade, pensando que podem fazer tudo o que querem, e essa será a sua ruína. A luz que brilha tão intensamente serão as ambições a que se agarram. A neve que cai é o arrefecimento dessas ambições quando elas falham, e isso causará uma grande agitação na estrutura da Igreja Católica, com um papa sendo destronado. Ele diz que, em consequência disso, os membros, as pessoas que seguem a Igreja Católica, vão se afastar em grande número, de tal modo que a influência da Igreja Católica vai diminuir. E os seus campos irrigados, por assim dizer, a sua esfera de influência, se tornará muito menor.

D: *Sim, estou vendo que esta quadra tem dois significados. Será que ele pensa que os dois vão acontecer ao mesmo tempo?*

B: De fato, ele não pensa assim.

D: *Mas as colocou na mesma quadra porque têm um significado semelhante. Acho que estou começando a compreender a lógica de seus pensamentos.*

Quando estas quadras começaram a ser divulgadas, não conseguia imaginar como é que a Igreja se poderia meter em tais problemas. É uma instituição forte e poderosa. Mas depois os acontecimentos relativos a Jim Bakker e ao Clube PTL começaram a vir à tona, e os problemas com Jimmy Swaggart vieram logo a seguir. Isso foi previsto nas quadras de Nostradamus sobre a falsa trombeta.

(CENTÚRIO II-27 e CENTÚRIO I-40 no Capítulo 11.) O alvoroço que esses eventos criaram dentro da igreja faz com que pareça bem dentro do reino da possibilidade que Nostradamus poderia estar correto com essas previsões drásticas a respeito da igreja.

CENTÚRIO X-71

La terre et l'air gelleront si grand eau,
Lors qu'on viendra pour jeudi venererer,
Ce qui sera jamais ne feut si beau,
Des quatre pars le viendront honnorer.

A terra e o ar congelarão tanta água quando vierem venerar às quintas-feiras. Aquele que virá nunca será tão justo como os poucos parceiros que o vêm honrar.

B: Ele diz que a primeira parte desta quadra está relacionada com um dos significados da outra quadra. A segunda parte desta quadra está relacionada com algumas outras quadras que ele já traduziu para ti. Ele diz que você saberá quais são quando ele acabar de falar. O congelamento da terra e do ar é outro efeito do engenho atômico que vai desequilibrar tudo, mencionado na quadra anterior que ele acabou de traduzir para ti. Ele diz que todas as formas de soluções serão tentadas para contrariar o que aconteceu, mas que não terão êxito, apesar das palavras justas dos governos aos seus povos para tentar evitar que entrem em pânico. Diz que a outra parte da quadra - a pessoa referida que virá e que não será tão justa como aqueles que dão honra - se refere ao líder do qual falou e que surgirá no Oriente Médio. Apesar das suas forças de propaganda divulgarem todas as palavras justas e falsas sobre as coisas grandiosas e maravilhosas que ele fará pelo mundo, isso não disfarçará completamente o fato do homem ser um anticristo e estar fazendo todo o tipo de coisas hediondas. O homem não será capaz de corresponder à imagem que os seus seguidores tentam fazer dele.

D: *Esse homem aparecerá ao mesmo tempo que as mudanças climáticas?*

B: Não. Ele diz que se os acontecimentos forem acontecer ao mesmo tempo, ele avisa. Se ele não disser nada, pode assumir que se trata de dois tempos diferentes.

CENTÚRIO II-15

Un peu devant monarque trucidé
Castor, Pollux en nef, estre crinite
L'erain public par terre & mer vuidé,
Pise, Ast, Ferrare, Turin, terre interdicte.

Pouco tempo antes de um rei ser assassinado, Castor e Pólux em um navio, uma estrela barbuda. O tesouro público é esvaziado em terra e no mar, Pisa, Asti, Terrara e Turim são terras interditas.

B: Ele diz que isto se refere a acontecimentos que ocorrerão devido à intervenção do anticristo. Castor e Pólux, que são os gêmeos, representam aqui o primeiro ministro da Grã-Bretanha e o presidente dos Estados Unidos.
D: Então não se trata de uma quadra astrológica?
B: Neste caso, não. Mas a estrela barbuda refere-se a um cometa.
D: É o que me parecia. Também descobriram essa parte.
B: Ele diz que se trata de um grande cometa que será claramente visível no céu do hemisfério norte. Diz que, de fato, são sinais que conduzem ao assassinato do papa.
D: Ah? O papa atual?
B: Não, o seguinte.
D: Quer dizer que o seguinte também vai ser assassinado?
B: Aparentemente. É isso que ele está me mostrando. Ele diz que o papa atual será assassinado, mas isso será antes da chegada do cometa. Este papa atual será assassinado simplesmente porque se preocupa com a condição humana e viaja tanto que se mete em situações perigosas. O próximo papa será assassinado porque estará no caminho do anticristo e não se curvará às suas exigências. Então, o anticristo manda assassiná-lo para que o seu instrumento seja colocado no cargo.
D: Disseste que ele teria um reinado curto.

B: É por esta razão. Na altura em que o segundo papa for assassinado, o anticristo começará a sua campanha europeia. Na sequência destes acontecimentos, o primeiro-ministro e o presidente se consultarão sobre o assunto. Se encontrarão no mar, como fizeram Churchill e Roosevelt, para maior segurança e sigilo dos seus encontros.
D: *Esta última parte, "tesouro público esvaziado e...."*
B: (Interrompendo) Ele diz que isso se refere à guerra. O esvaziamento do tesouro público em terra e no mar se refere a todas as armas que são retiradas e destruídas no decurso da guerra.
D: *E aquela parte em que se diz que os países são terras proibidas. Parece que se trata de cidades na Itália.*
B - Sim, são. Ele já interpretou isso. Diz que isso se refere ao início da sua campanha europeia.

CENTÚRIO II-36

Du grand Prophete les lettres seront prinses,
Entre les mains du tyran deviendront:
Frauder son Roy seront ses entreprinses,
Mais ses rapines bien tost le troubleront.

As cartas do grande profeta serão interpretadas e cairão nas mãos do tirano. Os seus esforços serão para enganar o seu rei, mas em breve os seus roubos o perturbarão.

B: Ele diz que isto se refere a alguns incidentes que terão lugar durante o tempo de angústia. Antes do anticristo chegar ao poder total, quando ainda está subindo no poder e ainda está a maquinar, para o resto do mundo vai parecer que ainda há outros homens acima dele no que diz respeito à estrutura do poder. Na realidade, o anticristo estará apenas os usando como trampolins em seu caminho para o topo da pilha, assim por dizer. E enquanto estiver fazendo isto, uma das coisas que fará é ter alguns cardeais traidores no seu bolso. E um deles estará a espiar o Papa.
D: *Este não será o último papa?*
B: Não, será o penúltimo papa. O cardeal que está a espiar o papa vai lhe roubar informações e vai alterar a correspondência do papa.

Sempre que o papa recebe uma carta, altera um pouco a redação da mesma, para que o papa pense que a carta diz outra coisa que não a que diz realmente. Ele faz isso para piorar a situação, para que o papa reaja de forma inadequada às várias situações. Assim, as pessoas pensarão que ele é um papa mau, e é mais provável que seja assassinado ou algo do gênero mais cedo. Este cardeal ficará perturbado com o que está fazendo, porque parece estar trazendo dissensão à sua amada igreja, mas está fazendo porque está do lado do anticristo.

D: Então, "as cartas do grande profeta" referem-se ao papa. Os tradutores pensaram que esta quadra se referia a Nostradamus ou a um dos seus intérpretes. Diz: "Pode muito bem ser Nostradamus falando de uma vingança pessoal sua".

B: Ele diz que não vai perder o seu tempo e esforço escrevendo quadras sobre coisas tão insignificantes como essa, quando há toda a situação mundial com que se preocupar.

D: Pensavam que ele era o grande profeta a que se referia.

B: Ele diz que é bajulador que pensem que ele é um grande profeta, mas quando ele está a olhar para o futuro, não se projeta no futuro. Apenas escreve o que vê.

CENTÚRIO III-65

Quand le sepulcre du grand Romain trouvé,
Le jour apres sera esleu Pontife:
Du Senat gueres il ne sera prouvé,
Empoisonné son sang au sacré scyphe.

Quando o túmulo do grande romano for encontrado, será eleito um papa no dia seguinte; ele não será aprovado pelo Senado, o seu sangue envenenado no cálice sagrado.

B: Ele colocou essa frase sobre o túmulo do grande romano para ajudar o comum dos mortais a identificar o papa do qual está falando. O túmulo se encontra em Roma, entre camadas e camadas de ruínas arqueológicas, por baixo dos edifícios atuais.

D: Ele sabe quem é o grande romano que está no túmulo?

B: Ele diz que não consegue saber o nome, porque sempre aparecem vários nomes na cabeça. Mas este romano era um filósofo famoso e teorizava sobre todas as coisas. É sobretudo conhecido pela sua filosofia e pelos seus discursos sobre a natureza das coisas. Teve um efeito profundo no pensamento ocidental e os seus escritos ainda existem hoje. Por conseguinte, os arqueólogos saberão quem ele é e o que fez. Foi por isso que o chamou de grande romano. Ele diz que quando isso acontecer e um papa for eleito imediatamente depois, será um sinal claro. Não será necessariamente no dia seguinte. Isso simboliza um período muito curto de tempo após a descoberta do túmulo. Em menos de um ano um papa será eleito. E quando isso acontecer, saberá que este é o último papa que trará a destruição da Igreja Católica. Quando ele for eleito, verão que é um instrumento do anticristo. Esta será a razão pela qual os corpos governantes não aprovarão esta escolha de papa. O fato dele ajudar a derrubar a Igreja Católica é o que significa com "o seu sangue ser venenoso no cálice". O cálice representa a Igreja e o sangue venenoso representa o mal que ele fará a esta organização.

CENTÚRIO IV-86

L'an que Saturne en eau sera conjoinct,
Avecques Sol, le Roi fort & puissant:
A Reims & Aix sera reçeu & oingt,
Apres conquestes meurtrira innocens.

No ano em que Saturno está em conjunção com Aquário, e com o Sol, o rei muito poderoso será recebido e ungido em Reims e Aix. Depois das conquistas, assassinará pessoas inocentes.

B: Ele diz que isto se refere ao último papa da Igreja Católica. Este acontecimento acontecerá durante a próxima década do seu ponto de vista, os anos 1990. Ele diz para usar a sua tabela de estrelas para traçarem essas posições, a fim de obterem a data desse acontecimento, para lhes dar uma ideia do que vai acontecer nesse domínio de poder.

John não perdeu tempo e já tinha consultado a sua efeméride.

J: Saturno e o Sol estão em conjunção em Aquário em 30 de janeiro de 1992.

B: Diz que o papa atual será assassinado e que o próximo papa não durará muito tempo. Então, o papa seguinte já deverá ser papa ou será empossado, na data ou por volta da data que você encontrou.

ATUALIZAÇÃO: Como esta data se aproximava rapidamente (em 1991, quando este livro estava sendo reeditado), e o atual Papa João II ainda estava bem vivo, parecia impossível que tanta coisa pudesse acontecer em tão pouco tempo. Pedi ao astrólogo que consultasse a efeméride novamente. Ele disse que essa era a única data durante os anos 90 em que estes planetas estariam em conjunção com Aquário. Então, me lembrei de um problema semelhante que tivemos ao escrever o Volume Dois desta obra. Descobrimos que a Sra. Cheetham tinha cometido um erro na tradução do francês para o inglês, o que afetou a datação de uma forma dramática. Foi necessário um capítulo inteiro para desvendar e explicar este fato. (Ver Volume Dois, Capítulo 29, "Encontrando a Data do Deslocamento".) De repente, me ocorreu que este poderia ser um caso semelhante. Quando verifiquei a parte francesa com um dicionário, fiquei espantada ao descobrir que ela tinha de fato cometido o mesmo erro. Em ambos os casos, ela tinha traduzido "eau" ou "água" como se referindo a Aquário. Aquário não é um signo de água. É chamado o "Portador da Água", mas é um signo de ar. A astróloga disse que este fato, naturalmente, faria uma diferença dramática na datação desta importante quadra. Ao verificar as efemérides, descobriu que esta conjunção só ocorreria num signo de água, Peixes, durante o resto do século. Haveria apenas duas vezes em que o Sol e Saturno se conjugariam em Peixes: 5 de março de 1995 e 17 de março de 1996. Pessoalmente, prefiro a data de 1995 porque coincide com outras previsões que afirmam que o anticristo poderia ser reconhecido em 1995 por aqueles que estão conscientes. Isso definitivamente dá mais tempo para que esses importantes eventos papais ocorram. É lamentável que nós, humanos, não sejamos tão exatos em nossos relatos como o Mestre em si. Isso mostra que somos muito capazes de cometer um erro; neste caso, um erro em relação ao francês original.

D: *Antes disse que este último papa seria o instrumento do anticristo.*
B: Está correto. Ele diz que a Igreja Romana já é um instrumento do anticristo. Podem ainda não ter consciência disso, mas estão ajudando a facilitar o caminho do anticristo, durante algum tempo. Eles já estão predispostos a trabalhar na mão de cartas do anticristo. E ele diz que está se referindo às cartas de Tarot, não a cartas de póquer.
D: *(Isto foi uma surpresa.) Oh, ele está familiarizado com as cartas de Tarot?*
B: Sim, ele diz que sim. Ele diz que quando vê imagens, quando tem visões do anticristo, por vezes o vê segurar uma mão de cartas.
D: *Consegues ver o que são as cartas?*
B: Ele diz que vai tentar me mostrar o que são. Uma carta é o Enforcado, está invertida. Há o Valete de Bastões, está na vertical. Há o Imperador invertido e o Hierofante invertido. E há o Dez de Espadas invertido e a Justiça invertida. E a Roda da Fortuna, está na vertical.
D: *A maioria dessas cartas está invertida.*
B: Isso é verdade.
D: *Acho que podemos fazer uma leitura com base nisso.*
B: Ele diz que, às vezes, as cartas mudam, mas neste momento, quando está a comunicar conosco, vê ele segurando esta mão de cartas. O que o preocupa é que, na maior parte das vezes, a mão de cartas que ele segura são geralmente arcanos maiores. Ocasionalmente, pode haver alguns arcanos menores. Ele diz que isto é muito invulgar. Normalmente, uma mão de cartas é de arcanos menores com a influência de um ou dois arcanos maiores para indicar o seu padrão geral. Mas o anticristo, sendo uma figura tão crucial nesta confluência de história e tempo, a sua mão de cartas tende a ser majoritariamente de arcanos maiores com alguns, talvez alguns arcanos menores para ajudar a fornecer alguns detalhes.

O baralho de Tarot é essencialmente dois baralhos de cartas num só. Tem 78 cartas e está dividido em arcanos maiores e arcanos menores. O nosso baralho moderno de cartas de jogar, com os seus quatro naipes, evoluiu a partir dos arcanos menores. Os arcanos

maiores têm 22 cartas ilustradas e a sua presença num baralho acrescenta mais importância e significado à leitura.
   Uma vez que Nostradamus estava aparentemente familiarizado com o Tarot, me perguntei se, quando ele via uma figura importante nas suas visões, não faria uma leitura de Tarot sobre essa pessoa para obter mais informações sobre a sua personalidade e as ações que iria realizar. Era uma possibilidade, uma vez que o Tarot é muito antigo, remontando à antiguidade. Sabe-se que é utilizado desde os tempos dos egípcios. Pelas cartas que ele mencionou, parece que o baralho que ele conhecia era muito semelhante ao nosso nos tempos modernos.

B: Ele diz que o baralho de Tarot é uma ferramenta muito valiosa. É muito bom para desenvolver o nosso eu psíquico e o nosso ser espiritual. E é bom para se comunicar. No seu tempo, os símbolos do Tarot eram muitas vezes utilizados para comunicar mensagens secretas por correspondência. Ele diz que o Tarot é muito versátil e que será muito importante durante os tempos difíceis. Aqueles que têm alguma familiaridade com o Tarot serão muito úteis, especialmente se trabalharem em movimentos clandestinos, para ajudar a manter a comunicação clara, porque estarão contando com a comunicação psíquica, bem como com a comunicação física. O Tarot desempenhará um papel importante em ambos.

D: *Ainda temos as cartas nos nossos dias e no nosso tempo.*

B: Ele sabe disso e sabe que as cartas foram diversificadas em vários sistemas, usando vários símbolos, para que cada pessoa possa encontrar mais facilmente os símbolos com os quais se pode relacionar claramente a nível psíquico. E assim obter uma imagem mais clara do que é necessário saber.

D: *No futuro, seria muito bom se ele me pudesse dizer quando ver símbolos como este, porque assim poderemos compreender esses símbolos.*

B: Sim, ele diz que não está ciente de tudo, mas quanto mais esta comunicação continua, mais familiarizado ele fica com a nave. Ele diz que, enquanto estava explorando o subconsciente do recipiente, percebeu que estava familiarizado com os símbolos do Tarot. E percebeu que podia usar este simbolismo para se transportar do lugar dele para o seu lugar.

D: *Sim, John e eu também estamos familiarizados com os símbolos do Tarô.*
B: Ele diz que isso é bom. Isto ajuda a tornar a comunicação ainda mais clara. Embora ele seja conhecido como astrólogo e médico, não é só isso que ele sabe. Está ciente também de outros sistemas de conhecimento. Ele se sente à vontade para recorrer a esses outros sistemas de conhecimento, se eles puderem ser integrados no conhecimento que nós compreendemos.
D: *Suponho que este conhecimento era perigoso no seu tempo.*
B: Ele diz que também é um conhecimento perigoso no seu tempo, mas vocês ainda não estão cientes disso. Ele diz que o tempo da supressão está muito próximo e que qualquer conhecimento que expanda a mente e leve as pessoas a pensar será considerado perigoso. Da maneira como ele diz, os acontecimentos do passado recente do seu século, que pareciam muito horríveis, irão parecer uma brincadeira de crianças em comparação com o que está para vir.

Ri nervosamente. Não gostava mesmo de imaginar o que ele estava descrevendo.

B: Ele diz que você escolheu estar aqui neste tempo. Há agora uma proporção maior de almas velhas no mundo do que em qualquer outro tempo antes, porque as almas velhas serão necessárias para ajudar o mundo a sobreviver. Irá encontrá-las por toda a parte, permeadas nos lugares mais estranhos. As almas velhas vão estar em comunicação umas com as outras e são elas que vão ajudar as coisas a se manterem unidas e a sobreviverem.
D: *Só espero que estes livros possam sair antes de tudo isto começar a acontecer.*
B: Ele diz que é uma coisa muito próxima. É por isso que ele está tão ansioso por tentar passar a informação, mesmo que pare assim para divagar de vez em quando, ele sente que isso também tem um lugar e uma importância para além da interpretação das quadras.
J: *Este último Papa será francês?*
B - Ele diz que tem um forte pressentimento de que será. O homem será de pele morena e o seu carácter pode ser comparado ao da

carta de Tarot "Hierofante invertido". Ele diz que este homem é um homem de mistério, de águas escuras. Este homem terá uma espécie de deformidade física. Não tem a certeza se terá um ombro ligeiramente torto ou encurvado, ou um pé boto, mas será uma deformidade dessa natureza, seja do ombro ou do pé. Será um defeito congênito no osso. Não será causado por uma lesão, mas ele nasceu assim. Consequentemente, a sua mente foi marcada por isso, pela crueldade e insensibilidade das pessoas com aqueles que são diferentes. Ele diz que este homem de pele morena e olhos azuis entrou para a igreja quando era jovem, por amargura e desespero, porque sabia que nunca conseguiria uma mulher que o amasse e casasse com ele. Entrou para a igreja para não ter que lidar com isso. Os seus pais estavam envolvidos no movimento nazista na França. Por isso, também ficou marcado por esse fato. Diz que, nos anos que seguiram à Segunda Guerra Mundial, teve que suportar os insultos dos seus colegas de escola, que lhe chamavam "amante dos nazistas" e coisas do gênero. Diz que, se não fosse a crueldade e a insensibilidade das pessoas a que esteve exposto no seu ambiente, poderia se tornar um homem bom, talvez até bondoso. Mas, tal como aconteceu, foi deformado na crueldade pela dor e quer se vingar do mundo por causa da dor que sofreu quando era jovem.

D: É por isso que é mais fácil para ele tornar-se um instrumento do Anti-Cristo?

B: Sim. Isso o torna muito suscetível a isso.

D: O que significa esta última parte: "Depois das conquistas, ele assassinará pessoas inocentes"? Creio que não se refere ao papa mas ao anticristo. Está correto?

B: Ele diz que se refere ao papa em sentido figurativo, na medida em que o papa, devido a essas feridas da sua infância, vai querer mostrá-las, dizendo: "Olhem para mim, sou poderoso. Sou capaz de fazer. Sou melhor do que vocês". E "depois das conquistas" significa que, depois de atingir o poder que deseja, ele será responsável pelo assassinato de pessoas inocentes, apenas por ser a ferramenta do anticristo. Não será ele mesmo assassinando as pessoas, mas fará com que se abram caminhos através dos quais as pessoas serão assassinadas. Particularmente, ele verá uma oportunidade de magoar aqueles que o magoaram quando era jovem. Ele diz que este papa tem a aparência de ser um homem bondoso na atualidade, pois isso é vantajoso para ele. Mas o oculto é muito proeminente na sua maquiagem.

CENTÚRIO II-57

Avant conflict le grand tombera,
Le grand à mort, mort, trop subite & plainte,
Nay imparfaict: la plus part nagera,
Aupres du fleuve de sang la terre tainte.

Antes da batalha o grande homem cairá, o grande à morte, morte demasiado súbita e lamentada. Nascido imperfeito, ele percorrerá a maior parte do caminho; perto do rio de sangue o chão está manchado.

B: Ele diz que isso se refere aos três últimos papas da Igreja Católica. Diz que o penúltimo cairá com a bala de um assassino. Diz que o penúltimo será engolido pelas maquinações do anticristo. E o último é aquele que ele já mencionou antes, que nasceu deformado. O papa que estará à frente da igreja durante o tempo que lhe resta. Ele percorrerá a maior parte do caminho. Mas também ele cairá no final, porque foi um instrumento. O anticristo irá usá-lo enquanto precisar dele, até que ele entre no caminho e depois se livrará dele. E quando ele se livrar dele, isso vai essencialmente acabar com a igreja também.

D: *Quando li isto, "nascido imperfeito", pensei que poderia referir-se ao último papa, porque ele disse que teria um tipo de defeito. Isto resume os três numa só quadra.*

CENTÚRIO II-76

Foudre en Bourgongne fera cas portenteux,
Que par engin oncques ne pourrait faire,
De leur senat sacriste fait boiteux
Fera scavoir aux ennemis l'affaire.

Os relâmpagos na Borgonha revelarão acontecimentos portentosos. Uma coisa que nunca poderia ter sido feita por truques. O padre coxo revelará ao inimigo os assuntos do senado.

Fiquei entusiasmada porque senti que se tratava do último papa.

B: Ele diz que, sem necessidade de dizer, que o padre coxo se refere ao papa francês que está ao serviço do anticristo, designado por inimigo. Os atos praticados por este homem são feitos porque ele contribui voluntariamente com os recursos internos da informação a que ele, como papa, tem acesso. Informações que o anticristo não poderia ter obtido num milhão de anos apenas através dos seus espiões, se o papa tivesse permanecido fiel ao outro lado. Ele acha que, com as outras informações que deu, esta quadra deve ser bastante simples.

D: Sim, está relacionada. "O relâmpago na Borgonha" é o início da guerra. Está correto?

B: Não. O relâmpago na Borgonha refere-se ao fato da traição ter vindo anteriormente da Borgonha e este papa em particular tem as suas raízes eclesiásticas na Borgonha. Se ele tivesse as suas preferências, preferiria que o papado tivesse a sua sede na França e não no Vaticano.

CENTÚRIO IX-36

Un grand Roi prins entre les mains d'un Joine,
Non loing de Pasque confusion coup coultre:
Perpet. captifs temps que fouldre en la husne,
Lorsque trois freres se blesseront et meutre.

Um grande rei capturado pelas mãos de um jovem, não muito longe da Páscoa, confusão, um estado de faca. Cativos eternos, tempos em que o relâmpago está no topo, em que três irmãos serão feridos e assassinados.

B: Ele diz que esta quadra se refere, na sua maior parte, a acontecimentos que ainda estão por vir. No entanto, também se refere a alguns acontecimentos que já ocorreram e que, por assim dizer, deram início ao processo. Que iniciaram a cadeia de acontecimentos que conduziram a estes acontecimentos. O grande rei representa o papa e o jovem é o anticristo. Isto se refere ao fato do último papa ser um instrumento do anticristo. Ele é capturado pela sua influência, assim por dizer. Será um tempo de grande agitação, de guerra e desolação. Haverá muitas coisas horríveis acontecendo. Ele diz que toda a segunda metade deste século - ou seja, este período de tempo em que você se encontra - tem sido uma série de acontecimentos catastróficos, cada um deles superando os anteriores, conduzindo ao tempo de angústia. Durante o tempo de angústia, o assassinato de líderes mundiais se tornará tão comum que as pessoas nem sequer se darão ao trabalho de saber o nome do atual líder. Porque em breve ele será assassinado e um novo líder ocupará o seu lugar. Ele diz que foi por isso que se referiu aos três irmãos que foram feridos e depois assassinados. Em tempos, era considerado muito horrível, por exemplo, no seu caso, muito horrível que um presidente fosse assassinado. Como o seu presidente Kennedy e outros que foram assassinados a essa altura. Mas ele diz que, no final deste século, as pessoas olharão para trás e pensarão: "Bem, isso não é nada. Isso acontece a toda a hora". E diz que "o relâmpago para o alto" se refere à guerra que está ocorrendo e ao grande perigo que correm a todos os que têm ambições de liderar, com exceção do anticristo, uma vez que ele será a força motriz por detrás da maioria desses assassinatos.

D: *O tradutor relaciona esta quadra com os Kennedys. Foi a única ligação que fizeram.*

B: Ele diz que está correto, porque essa linha refere-se aos Kennedys. Ele estava usando isso como exemplo do horror que a nação sentiu quando esses assassinatos aconteceram.

Pode ser interessante conjecturar que Martin Luther King possa ser um dos irmãos a que Nostradamus se refere como tendo sido assassinado ao mesmo tempo que John e Robert Kennedy. Ele pode ter usado isso metaforicamente. Estes eram três líderes e irmãos no sentido daquilo em que acreditavam.

D: Ocorreu-me algo sobre a frase "o relâmpago no topo". Me fez lembrar o símbolo da Torre do Tarot.

A Torre é uma carta de aspecto dramático. Mostra o topo de uma torre alta a ser atingida por um raio e simboliza a mudança e a destruição.

B: Ele diz que é muito astuto da sua parte ter reparado nisso. Esse símbolo se relaciona de fato com isso, porque todo o tempo de problemas pode ser representado pelo poder dominante da Torre. Haverá outras cartas com os poderes que elas representam influenciando os acontecimentos, mas será uma época de mudanças dramáticas e traumáticas.

D: O que é que significa a referência à Páscoa?

B: Ele diz que a frase "não muito longe da Páscoa" se refere à posição religiosa do papa e não a um tempo específico. Diz que este homem parecerá estar muito próximo dos preceitos da Igreja Católica. Mas, no seu íntimo, continuará a se manter muito próximo das ideias pagãs em que os cristãos acreditavam desde o início. Ele diz que a Páscoa começou sendo uma celebração pagã que os padres cristianizaram para ajudar a converter os bárbaros à igreja. E este homem será basicamente um bárbaro com trajes cristãos.

B: Ele diz que tentar usar símbolos astrológicos é muito difícil com este veículo. Não é por medo da parte do veículo, é por ignorância. Mas usando este tipo de comunicação simbólica, com a qual este veículo está familiarizada, como o Tarot, é muito fácil comunicar os conceitos que ele precisa de transmitir de uma forma muito eficiente. Porque ele também se sente à vontade com o Tarot, e pode vir a se referir a ele mais pesadamente no futuro, em vez de símbolos astrológicos, para poder se comunicar mais facilmente. Ele diz que vai deixar algumas imagens de mãos de cartas de Tarot com o veículo para que ela possa escolher de um baralho para todos os envolvidos, para que as leituras possam ser feitas. Depois de acordar, ela poderá escolher as mãos das cartas de Tarot para o anticristo, para o papa e para outras figuras importantes que lhe perguntarem. Ele diz que isto vai funcionar muito bem. Está muito entusiasmado. Está saltando para cima e para baixo e a sua barba está balançando para trás e para a frente enquanto ele salta. Está dizendo que já devia ter pensado nisso há muito tempo. É uma questão de sentir o seu caminho e encontrar a forma mais fácil de comunicar. Lembra do tempo que demorou a estabelecer contato quando começamos a nos comunicar. Ele tem sentido o seu caminho e explorado o subconsciente deste veículo e diz que agora encontrou algumas avenidas abertas, com seis faixas de largura, para se comunicar através. Desta forma, ele vai poder se comunicar durante mais tempo porque não será necessário tanto esforço da sua parte. Ele está tão entusiasmado que mal consegue se conter. Diz que está pronto para que volte e comunique de novo agora mesmo.

Eu ri porque ele nunca tinha conseguido ficar tanto tempo connosco. Talvez tivesse encontrado uma forma mais fácil.
Ao acordar, Brenda tinha imagens vívidas em sua mente. Ela descreveu a cena.

B: Tenho esta imagem; é como se eu estivesse flutuando no limbo, num lugar onde o tempo, o espaço e o lugar não existem. E neste lugar, vejo um tampo de mesa redondo. Eu digo tampo de mesa porque é o que me parece, embora não tenha pernas para o segurar. A mesa é branca, mas parece feita de pérola ou madrepérola. E nesta mesa está gravado um círculo central com raios que irradiam para fora.
D: *Como uma roda de horóscopo?*
B: Pode dizer-se que sim, mas os símbolos que vejo são como os símbolos que os alquimistas utilizam. Esse tipo de símbolos está gravado nesta mesa em vários lugares. E à volta desta mesa vejo quatro figuras encapuzadas sentadas.Cada uma destas figuras segura uma mão de cartas de Tarot, mas cada mão é individual e se aplica a elas. É como se cada figura tivesse um baralho completo para lidar e esta é a mão que eles escolheram para vir a esta mesa. Nesta mesa à volta da qual estão sentados, parece haver uma disposição de Tarot em curso, mas envolvendo vários baralhos. Eu nunca seria capaz de o reproduzir, nem que a minha vida dependesse disso. É muito complexo e as cartas estão

posicionadas de acordo com o lugar onde devem estar nesta roda. Tenho a sensação de que estão representando algum acontecimento mundial. As únicas cartas que consigo identificar são as que as figuras têm nas mãos.

Ela começou imediatamente a tirar as cartas do baralho para a primeira mão de que se lembrava e colocou-as na mesa para o John interpretar. A disposição das cartas era estranha e não se parecia com nenhuma que eu já tivesse visto, mas acabou sendo muito simbólica. Era óbvio para nós que estas primeiras cartas eram as mesmas cartas que Nostradamus tinha mencionado como representativas do anticristo. Brenda disse que tinha colocado as cartas da mesma forma que a figura estava as segurando na mão.

J: Posso fazer um comentário? Esta disposição também é estranha para mim. Mas já vi leituras francesas, do tipo cigano tradicional, das cartomantes de antigamente. É parecido com a forma como eles dispunham as cartas.

D: Será que era este o padrão que Nostradamus conhecia?

J: Possivelmente, sim, porque eles não usavam os padrões complexos do Tarot que nós conhecemos. Só usam o passado, o presente e o futuro.

Por estranho que pareça, a única explicação seria que estas cartas tivessem saído diretamente da mente de Nostradamus.

Pedi a Brenda que lesse as cartas para o gravador.

B: Coloquei um Enforcado invertido, um Valete de Bastões em posição vertical, um Hierofante invertido, um Imperador invertido que está numa posição superior (em cima) dos outros. Um Dez de Espadas invertido que é ofuscado (por baixo) pelo Imperador. Uma Justiça invertida e uma Roda da Fortuna vertical que, de certa forma, culmina toda a mão.

Estas cartas foram colocadas como uma mão de jogo típica, com a exceção de algumas (as mencionadas) estarem à frente ou atrás das outras. John prosseguiu com a interpretação.

J: Eu interpretaria isso como à forma de que o anticristo está a surgir. (Apontou para as diferentes cartas.) É o que está acontecendo neste momento e é o que vai acontecer à medida que a vida dele for avançando. E realmente se encaixa. Antes de tudo, vemos o Enforcado invertido. Quando vejo o Enforcado na sua posição vertical, ele representa a circunspecção, a sabedoria vinda de cima. Representa aprender a confiar no espírito interior que guia a todos. Na sua posição invertida, representa a confiança no espírito interior que seria uma luta para baixo em vez de algo positivo. Depois temos o Valete de Bastões que representaria um jovem. Representaria para mim um viajante na vida, alguém que está começando a jornada da vida. O bastão representaria um corte de uma árvore. Se coloca o bastão (ou a pessoa) em qualquer tipo de meio e ele crescerá. Mas ele está crescendo no sentido da descida espiritual por causa do Enforcado invertido. Eu vejo o Enforcado como uma carta muito espiritual porque representa que estamos pegando o nosso corpo e sacrificando-o para nos tornarmos mais espirituais. Quando está invertida, estamos sacrificando-o, mas talvez pelas razões erradas. É assim que eu veria que ele está tirando a sua vida neste momento. Depois, passando para as duas cartas seguintes, isto provavelmente representa a sua ascensão. Vemos o Hierofante e o Imperador, e ambos estão invertidos. Para mim, o Hierofante na sua posição vertical representa se conformar com o que o mundo quer. Mas na sua posição invertida representa querer governar o mundo. O Hierofante era como um símbolo para um papa ou um sacerdote muito elevado. Assim, o Hierofante invertido representa um sacerdote que usa forças negativas. É como se fosse um sacerdote de algumas energias superiores que não fazem parte da fonte da vida. E depois a carta do Imperador invertida representa um grande poder, mas um mau uso desse poder.

Isto foi espantoso. De todas as cartas do baralho, Brenda tinha escolhido aquelas que realmente se encaixavam no que Nostradamus nos tinha dito sobre a personalidade do anticristo.

J: Depois chegamos ao Dez de Espadas invertido. Quando esta carta está na vertical, representa: "São tempos maus, são más notícias para ti". Mas na sua posição invertida representa: "À tua volta está a morte, à tua volta está o desespero e a desolação".

D: *Bem, ele estaria causando isso; não lhe tocaria.*

J: Não lhe tocaria porque temos a Roda da Fortuna na vertical, o que significa: "Este é o dia; isto faz parte do destino. A roda do destino fez com que isto acontecesse". E a Justiça invertida significa perversão da justiça. Criar e viver segundo as suas próprias leis. Ele não sentirá qualquer obrigação com a justiça; esta não pode o tocar. Por isso, se encaixa realmente naquilo em que o anticristo supostamente se mete.

D: *Me pergunto se Nostradamus não terá feito uma leitura por conta própria para descobrir o anticristo, e foi esta a leitura a que chegou.*

J: É uma possibilidade.

Continuou a jogar a mão de cartas que representavam o último papa.

B: Uma coisa interessante sobre esta carta é que se vê o que está visível, mas há uma carta aqui atrás (atrás das outras) que está totalmente escondida por estas duas outras cartas. Há o Julgamento invertido, o Mago na vertical e o Dez de Copas na vertical. A Rainha das Moedas invertida está quase, mas não totalmente, escondida pela Justiça invertida. A próxima carta visível é o Oito de Bastões invertido. E por detrás da Justiça e do Oito de Bastões invertido, temos a Sacerdotisa invertida, totalmente escondida, mas que influencia estas cartas. E a mão termina com o Mundo invertido.

J: Este é outro esquema interessante. Quando o Julgamento aparece no Tarot tradicional, representa o despertar de uma mudança de consciência, uma nova forma de começar as coisas. Representa uma consciência pronta para se misturar com o universal. Bem, na sua posição inversa, seria o inverso disso. Representa uma consciência que não quer se misturar com o universal, mas quer se misturar com o seu próprio poder. E esse poder seria a carta do Mago. Por outras palavras, "O que eu manifesto, o que eu faço, o que eu tiro de cima e faço em baixo". E com a boa sorte do Dez de Copas acompanhando-o. Penso que o Dez de Copas representa a satisfação dos nossos desejos materiais. Para mim, representa uma grande satisfação, uma grande felicidade para a pessoa. Quando o vejo numa leitura, representa ter o desejo do coração. Ele vai ficar satisfeito com o que conseguiu. E vai haver uma influência de uma mulher de dinheiro e poder na vida dele. Ela será provavelmente de cor escura. Será como uma mãe da terra. Ela vai ter alimentado a carreira dele ou vai ser um tipo de apoio. Não acho que seja uma mulher santa, mas é uma mulher de poder, posição e dinheiro. Ela definitivamente vai ter algum tipo de influência na vida dele. Sinto psiquicamente que ela é provavelmente uma das suas almas gêmeas ou uma companheira espiritual de outra vida. Se reencontram e não podem ser amantes, mas podem ser confederados. Por isso, ela é mais uma mentora para ele. A Justiça na vertical representa normalmente forças equilibradas porque representa a balança, mantendo as coisas em equilíbrio e sob controle. No Tarot tradicional a espada é de dois gumes, pode ser usada para matar, mutilar, ferir ou machucar no grito de Justiça. (Na carta, uma mulher com os olhos vendados segura uma balança numa mão e uma enorme espada na outra). Ele pode, sem saber, ter feito julgamentos muito maus durante a sua carreira. Esta mulher pode ter algo a ver com isso, com o fato de ele tomar as suas más decisões. Ela é como alguém que está por trás das coisas. Apesar do Vaticano ser um lugar tão preservado de masculinidade, ela vai estar muito envolvida na vida dele de alguma forma. Não acho que ela seja a mãe dele. Sinto que há uma ligação cármica espiritual. - É interessante o fato da Sumo-Sacerdotisa estar completamente tapada e invertida. Para mim, numa posição vertical, ela representa o conhecimento secreto que está escondido, que só é revelado aos iniciados. E aqui vamos ver o conhecimento secreto revelado a todos.

A implicação completa desta interpretação será revelada no próximo capítulo, "A devastação da Igreja", e a forma como o anticristo usa este papa para a sua causa.

J: O Oito de Bastões representa coisas que são um grande fardo. Não gosto do Oito de Bastões. Representa ter mais problemas do que deveríamos nos envolver. Mas está invertido, por isso talvez ele possa passar a responsabilidade do fardo para outros. Depois, o Mundo invertido representa um mundo em caos em vez de iluminação. Um mundo que se descontrola. O poder do anticristo virá através de pessoas assim. Acho que este papa vai causar muita desgraça e infortúnio. - É muito estranho que a Rainha das Moedas tenha aparecido ali. Vejo isso e sinto que vai ser uma coisa secreta que ninguém sabe, porque ela está parcialmente escondida, e a Sumo-Sacerdotisa está escondida. Ele não quer que ninguém saiba o que ele vai fazer até chegar a altura. Mas tenho a sensação de que talvez Nostradamus tenha feito leituras para o ajudar com as suas visões.

A terceira mão de cartas pertencia ao papa atual. Não vou repetir a leitura aqui porque não acredito que contenha algo essencial para os horrores vindos do anticristo. Mas foi novamente interessante o fato das cartas serem muito apropriadas. A maior parte delas tratava da sua personalidade e das suas viagens. O seu retrato é fiel ao de um homem bom e justo, com os motivos certos.

A quarta mão de cartas será interpretada no Capítulo 22, "A virada da maré", pois representa o homem que irá liderar a luta contra o anticristo.

Incluí todas as cartas aqui para que outras pessoas que estejam familiarizadas com os símbolos do Tarô possam ver o que podem obter sobre as personalidades desses dois personagens principais no cenário do nosso futuro.

ATUALIZAÇÃO 1999

A implicação de que um papa da Igreja Católica poderia ser usado e manipulado por uma personalidade tão extrema como o anticristo se tornou mais credível quando um livro foi escrito em 1999 indicando que isso já aconteceu antes. O Papa de Hitler: A História Secreta de Pius XII, das crônicas do acadêmico católico britânico John Cornwell, relata os acontecimentos durante a Segunda Guerra Mundial, quando o papa conscientemente ajudou Hitler na sua perseguição aos judeus. A sua associação começou em 1933, quando Hitler controlava a Alemanha e Pacelli (Pius) era o secretário de Estado do Vaticano. As acusações foram chocantes para a atual Igreja

Católica, mas foram apoiadas pela localização de documentos e cartas pertinentes. A explicação da igreja: "Pacelli era um homem do seu tempo, educado nos ensinamentos anteriores ao Vaticano II, segundo os quais todas as outras fés eram errôneas." Será que isto também explica porque é que o próximo papa será arrastado para a teia do terceiro anticristo? Ele será "um homem do seu tempo", pensando que está a fazer a coisa certa. Se já aconteceu uma vez, será que vai acontecer de novo? Será este mais um exemplo de Nostradamus se referindo a dois acontecimentos semelhantes nas mesmas quadras? Dois papas a ajudar inadvertidamente dois anticristos em tempos conturbados.

CAPÍTULO 16

A DEVASTAÇÃO DA IGREJA

AS COISAS TERRÍVEIS que Nostradamus viu o anticristo fazendo ao Vaticano e aos centros culturais da Europa eram quase inacreditáveis. Eu esperava que o homem tivesse se tornado civilizado demais para tais atos horríveis. Mas talvez seja essa inacreditabilidade que lhes dá o toque de possibilidade, porque são realmente o trabalho de um louco demente e sedento de poder. Deve ter incomodado Nostradamus tanto quanto a mim ver o patrimônio cultural, o conhecimento e a religião, os pilares da civilização, serem destruídos arbitrariamente em nome do controle. O anticristo havia aprendido bem suas lições. Ele sabia como minar completamente a moral das pessoas; ele atacaria o coração de seu sistema de crenças.

Listarei os eventos separadamente aqui, embora, na sequência temporal, eles deviam estar dispersos entre os eventos dos capítulos seguintes.

A seguinte quadra foi parcialmente interpretada no Capítulo 14, pág. 189.

CENTÚRIO V-25

Le prince Arabe Mars, Sol, Venus, Lyon
Regne d'Eglise par mer succombera:
Devers la Perse bien pres d'un million,
Bisance, Egypte, ver. serp invadera.

O príncipe árabe, Marte, o Sol, Vênus e Leão, o governo da Igreja sucumbirá ao mar. Em direção à Pérsia, quase um milhão de homens invadirão o Egito e Bizâncio, a verdadeira serpente.

B: Ele diz que a igreja sucumbindo ao mar se refere a um acidente que ocorrerá em Roma. Não estou conseguindo receber claramente as imagens de como isso acontecerá. Mas, de alguma forma, no processo desse acidente, a base da Igreja Católica será totalmente destruída, como se a cidade afundasse no mar e não existisse mais, ou nunca tivesse existido. Pelo que ele está mostrando, tenho a sensação de que esse será um evento separado dos eventos ocorrendo no Oriente Médio.

D: *Você acha que eles acontecerão ao mesmo tempo?*

B: Não exatamente ao mesmo tempo. Ele diz que acontecerão bem próximos, de modo que algumas pessoas conectarão os dois eventos em suas mentes, pensando: "Bem, os árabes sempre foram contra o cristianismo". Mas, na verdade, as causas serão separadas uma da outra. Os árabes se aproveitarão rapidamente da situação, mas não foram eles que a causaram originalmente. Ele diz que as restrições do Vaticano farão com que a estrutura da igreja desmorone. Embora eles possam se unir, será um golpe do qual a igreja nunca se recuperará totalmente. Isso acabará sendo visto nas eras futuras como o início do fim da igreja. Será visto como o motivo pelo qual a igreja entrou em colapso depois de sobreviver com sucesso por tantos séculos.

D: *Isso pode ficar mais claro? Ele acha que isso será um acidente natural ou um acidente causado pelo homem?*

B: (pausa) Ele parece achar que será uma combinação dos dois. Um acidente do tipo causado pelo homem que desencadeia um acidente natural ou vice-versa. As imagens não estão aparecendo claramente hoje.

D: *Mas tem a ver com o mar.*

B: Sim. E não apenas com o mar, mas também com algum tipo de força terrível que desce do céu. Estou falando de uma força de energia, não uma força do exército, mas algum tipo de força de energia que desce do céu... e dissolve as coisas. Isso será chamado de desastre natural porque está além da capacidade técnica de qualquer pessoa na Terra de produzir essa força. Portanto, terá que ser chamado de acidente natural porque não será possível encontrar nenhuma causa para isso.

D: *Na parte francesa da quadra, ele abreviou: "ver. serp.", e eles traduziram isso como "a verdadeira serpente". O que ele quis dizer com isso?*

B: Ele está dizendo que, embora as pessoas se preocupem principalmente com o que aconteceu com a igreja e tentem descobrir a causa disso, o que elas realmente devem observar são os acontecimentos no Oriente Médio. Especialmente aquele líder que estaria invadindo Bizâncio. Porque ele diz que os eventos futuros mostrarão que esse líder é um homem muito perigoso.

Quando ele menciona Bizâncio, ele se refere à Turquia. Istambul (Constantinopla) foi construída no local dessa cidade antiga. Ficou cada vez mais evidente que, quando ele mencionava o nome de um lugar em suas quadras, muitas vezes não estava se referindo à cidade em si, mas ao país em que ela estava localizada.

CENTÚRIO II-81

Par feu du ciel la cité presque aduste,
L'urne menace encor Ceucalion,
Vexée Sardaigne par la Punique fuste,
Apres que Libra lairra son Phœton.

A cidade é quase queimada pelo fogo do céu, a água novamente ameaça Deucalião. A Sardenha é afrontada pela frota africana depois que Libra deixou Leão.

D: *Nessa quadra, eles acham que houve um erro de ortografia no francês original.*
B: Ele diz que isso é perfeitamente possível, pois às vezes os impressores são descuidadosos.
D: *A palavra que eles acham que está mal escrita é "Deucalion". Os franceses a escreveram com um "C", "Ceu" em vez de "Deu".*
B: Ele diz que, sim, como C e D são quase imagens espelhadas uma da outra, se os olhos do impressor estivessem cansados na hora, seria fácil substituir uma pela outra e não perceber o erro. Ie diz que é verdade que deveria ser um "D".
D: *Esses nomes não são as mesmas palavras que estão no francês.*

B: Quais são os nomes em francês?
D: *Sardenha é Sardaigne. É o mesmo que Sardenha?*
B: (Ele corrigiu minha pronúncia com um sotaque francês bem definido.) Ele diz que essa é a pronúncia mais próxima que ele consegue fazer com que o veículo a pronuncie, já que o veículo também não sabe francês. Sardenha é a forma como é chamada em sua época, em seu idioma.
D: *Eles traduziram Tunique para significar africano.*
B: (Ele me corrigiu novamente.) Ele diz que isso está correto.
D: *Eles traduziram Phaeton para significar Leão. (Ele me corrigiu, e eu tentei várias vezes até acertar).*
B: Phaeton (Fee-ton), com um "F". Ele diz que essa é a versão grega, a concepção grega, dessa entidade específica. Phaeton era responsável pelo sol e pelo fogo, e o símbolo maior de Leão é o sol. As traduções estão corretas. Ele diz que inicialmente o anticristo obterá poder dentro de sua esfera, ou seja, na Ásia, no Oriente Médio. Quando ele começar a subir em poder fora de sua esfera, ou seja, na Europa, o primeiro lugar de agitação será a área do Mediterrâneo. Pois será melhor para ele se aproximar da Europa pelo sul, a partir de sua orientação geográfica. E devido à sua herança do Oriente Médio, ele já terá unido o norte da África, que é culturalmente simpático, ao seu conglomerado asiático e do Oriente Médio. Portanto, ele está em uma posição forte e segura para enfrentar a Europa pelo sul, já que suas próprias forças estão em sua retaguarda. Devido às armas que usa e à devastação da guerra, o anticristo sabe que uma forma de colocar um inimigo em potencial sob controle é ameaçar com a destruição cultural, em vez de apenas com a destruição física estrita. Pois os objetos culturais têm grande significado para uma cultura, e as pessoas se esforçam ao máximo para tentar preservar determinados lugares e coisas. Sua principal ferramenta será o uso de táticas terroristas, mas em uma escala maior. O que ele fará para colocar a Europa em seu choque inicial, para facilitar a tomada de controle, é começar a destruir a cidade de Roma. Ele começará rompendo-a sistematicamente em escombros usando vários tipos de bombas lançadas de aviões. Ele a destruirá a tal ponto que as sete colinas de Roma serão arrasadas. Esse será seu desejo, não apenas destruir os objetos culturais que Roma contém, mas nivelar as colinas

sobre as quais Roma foi construída para tentar destruir totalmente a cidade. Ele fará um trabalho tão bom que Roma será ameaçada pela invasão do mar, destruindo o que restar. Além de tentar destruir Roma, ele também ameaçará os grandes centros culturais da Grécia, representados por Deucalião na quadra. (Deucalião era o equivalente a Noé na mitologia grega.) Ele diz que também destruirá lugares como Atenas e os grandes centros culturais gregos de aprendizado e história. O mundo ficará tão chocado com essas ações que ficará momentaneamente paralisado. Assim, ele poderá fazer grandes progressos para assumir o controle e obter o poder antes que os outros governos descubram como querem reagir e de forma drástica. Ele diz que esse homem usará essas táticas durante todo o conflito. Que ele sempre estará fazendo coisas ousadas e chocantes para conseguir o que quer.

D: *E onde entra Leão? Diz: "depois que Libra tiver deixado Leão".*

B: Ele diz que, mais uma vez, essa é uma frase com vários significados. É difícil explicar essa frase porque as situações envolvidas ainda não aconteceram para torná-la clara. Ele diz que os signos de Libra e Leão estarão representando localizações geográficas e também forças políticas envolvidas nesse conflito. Um certo aspecto das forças desse homem será representado por Libra. E quando as forças políticas representadas por Libra tiverem feito o que decidiram fazer com as forças políticas representadas por Leão, ele iniciará sua campanha na Europa. Ele diz que, no momento em que esses eventos começarem a se configurar, as implicações astrológicas também ficarão claras. Mas quando ele vê esse momento, é como uma nuvem de tempestade que está se formando sobre si mesma e lançando raios em todas as direções. É difícil descrever realmente o que está acontecendo nesse momento porque é muito tumultuado. Os conceitos envolvidos não são claros o suficiente para aplicar um vocabulário preciso para uma descrição verbal. A única coisa que está clara é que haverá grande destruição em Roma e em outras grandes cidades da península que contêm tesouros culturais. Pois o anticristo tem em mente acabar com a cultura estabelecida e suplantá-la com a sua própria, de modo semelhante ao que os mouros tentaram fazer quando invadiram a Espanha. Esse homem tentará fazer isso em todo o continente.

CENTÚRIO II-93 e III-17 também se referem a essa destruição.

CENTÚRIO V-86

Par les deux testes, & trois bras separés,
Le cité grande par eaux sera vexee:
Des grands d'entre eux par exile esgarés,
Par teste perse Bisance fort pressee.

Dividida pelas duas cabeças e três braços, a grande cidade será perturbada pelas águas. Alguns dos grandes homens entre eles, vagando no exílio; Bizâncio é duramente pressionado pelo líder da Pérsia.

B: Ele diz que isso se refere à mesma situação, mas de um ponto de vista diferente. Ele diz que a ajuda que poderia ter salvado a situação não chegou a tempo. Isso se deve às classificações políticas e diplomáticas entre as potências ocidentais que poderiam ter cortado a situação pela raiz, assim por dizer. Ele diz que haverá dois países - ele parece estar se referindo à Inglaterra e aos Estados Unidos - trabalhando juntos, que são igualmente poderosos no que diz respeito ao poderio militar. Mas ele diz que, quando se trata de uma operação militar, deve haver um líder à frente para tomar as decisões. E se houver dois líderes discutindo sobre elas, elas podem não ser tomadas a tempo. Nesse caso, essa aliança militar específica entre os Estados Unidos e a Inglaterra será uma aliança recém-criada para ser usada em momentos de emergência. Eles ainda não terão definido quem está no comando e quem irá recuar. Portanto, eles estão discutindo sobre o que devem fazer nessa situação. Os três braços se referem aos três ramos básicos do serviço militar: mar, ar e terra. Eles não conseguirão fazer com que seus estrategistas decidam qual será a melhor maneira de lidar com a situação. Enquanto isso, o anticristo estará progredindo aos trancos e barrancos, do seu ponto de vista.

D: *"A grande cidade será perturbada pelas águas".* Ele já escreveu outras quadras sobre a água que invade Roma sempre que ele a bombardeia. Ela se refere a isso?

B: Sim. Ele diz que, em meio à confusão, alguns dos pensadores que poderiam dar respostas aos líderes, para ajudá-los a entender a situação, não conseguirão chegar a eles a tempo devido a falhas na comunicação, no transporte e assim por diante. Ele disse que gostaria de acrescentar uma observação aqui. Ao trabalhar conosco, ele percebeu que, muitas vezes, quando usa termos como "a grande cidade", os intérpretes de suas quadras pensam que ele está se referindo a Nova York, nos Estados Unidos. Ele diz que não é necessariamente assim, pois nunca tinha ouvido falar dela em sua vida. Muitas vezes, quando ele se refere à grande cidade, ele se refere a uma cidade que é grande em termos de tempo e realização, não apenas em tamanho. Nessa quadra, ele está se referindo a Roma.

CENTÚRIO V-43

La grande ruine des sacrez ne s'esloigne,
Provence, Naples, Sicille, Seez & Ponce:
En Germanie, au Rhin & la Cologne,
Vexez à mort par ceux de Magonce.

A grande ruína do clero não está longe, Provence, Nápoles, Sicília, Sees e Pons. Na Alemanha, no Reno e em Colônia, vexado até a morte pelos do Maine.

B: Ele mencionou a você anteriormente que esse homem destruirá os centros culturais da Europa Ocidental para ajudar a intimidar o povo e que tentará nivelar as sete colinas de Roma. Outra coisa que ele fará no processo de toda essa destruição é saquear o Vaticano totalmente e destruir a biblioteca. Ele fará isso principalmente para minar a autoridade e dividir a Igreja Católica em pequenos pedaços. Pois isso será um grande obstáculo em seus planos. Uma maneira de fazer isso é revelando todas as coisas controversas que ele encontrar e que estão escondidas na biblioteca do Vaticano. Coisas que a igreja declarou que as pessoas não deveriam ler, pois isso seria uma ameaça à sua fé. Ele se certificará de que essas coisas sejam distribuídas. Isso causará muita discórdia na igreja. Teólogos, padres e estudantes se voltarão uns contra os outros, cada um com suas próprias teorias e interpretações a respeito dessas novas informações. E tudo será uma confusão. Dessa forma, a Igreja Católica não representará mais o obstáculo que representava antes para esse homem e seus planos.

Quando Nostradamus disse que o anticristo saquearia a biblioteca do Vaticano e roubaria documentos importantes relacionados à igreja, fiquei imaginando como isso seria possível. Então me ocorreu que, se esse último papa fosse um instrumento do anticristo, ele poderia permitir que ele entrasse nos arquivos mais sagrados e secretos. Isso explicaria a traição que o papa poderia fazer para causar a queda da igreja. O Vaticano não saberia que o traidor estava em seu meio, no mais alto cargo, até que o terrível evento tivesse ocorrido.

D: *Nesses nomes, achei estranho o fato de ele ter mencionado o Maine.*
B: Ele disse para não confiar muito no que os tradutores fazem. Não é o estado do seu país que você está pensando. É outro nome de lugar junto com os outros, que são vários centros importantes de aprendizado na Europa.

Acho que Maine é um erro tipográfico, como Nostradamus indicou. O livro da Sra. Cheetham diz que Magonce se traduz em Mainz ou Mayenze. Essa é uma cidade na Alemanha Ocidental, lar de Johann Gutenberg, o primeiro impressor do tipo móvel e da Bíblia. Por meio de suas atividades, Mainz tornou-se o centro da impressão no final do século XIV. Nesse contexto, faz todo o sentido que essa quadra seja um simbolismo de educação e aprendizado. Se a mente de Brenda estivesse envolvida nisso, ela teria percebido o estado e não uma cidade estrangeira obscura, porque foi assim que li para ela.

D: *Falando dos tradutores, o intérprete chama essa de "uma quadra totalmente mal sucedida".*

B: Uh-oh! Seus olhos estão brilhando, e minha analogia é: você já viu esses pôsteres do Tio Sam com o dedo apontando para você? (Eu ri.) Ele está apontando para o livro dessa maneira e está dizendo: "Quem são eles para dizer isso?" Ele continua dizendo: "Me dê tempo. Preciso de mais tempo". Ele está dizendo que os tradutores que disseram isso não têm tantos séculos no caminho de sua compreensão quanto ele. - Isso faz sentido? - Tentei lembrá-lo de que conseguimos chegar à fonte e eles não conseguiram.

O CENTÚRIO II-5 se referiu a submarinos, simbolizados por um peixe. Em um duplo sentido, eles se referiam ao uso deles pelos alemães na Segunda Guerra Mundial, mas também pelo anticristo em sua guerra. Ele usaria os submarinos para levar os documentos do Vaticano para além das frotas italianas.

As pessoas que são verdadeiramente líderes religiosos são chamadas de "uma vítima, com seus chifres dourados" em CENTÚRIO III-26. Elas são o oposto dos "sacerdotes ocos". "As entranhas serão interpretadas" refere-se novamente aos registros secretos da Igreja Católica sendo expostos à luz do dia. Ele disse que usou esse simbolismo porque os sacerdotes costumavam abrir animais e expor suas entranhas à luz do dia para tentar acessar os mistérios metafísicos.

No CENTÚRIO III-6, a destruição de Roma e o saque da biblioteca do Vaticano são novamente mencionadas, como "um raio atingindo o interior do templo fechado".

CENTÚRIO I-62

Le grand parte las que feront les lettres
Avant le cycle de Latona parfaict:
Feu grand deluge plus par ignares sceptres,
Que de long siecle ne se verra refaict.

Infelizmente, que grande perda haverá para o aprendizado antes que o ciclo da Lua se complete. Incêndio, grandes inundações, por governantes mais ignorantes; quanto tempo passarão os séculos até que se veja a restauração.

B: Ele diz que isso tem um significado múltiplo. Um significado é que, durante o período de problemas, durante as mudanças na Terra, em todos os países, as seitas fundamentalistas das várias religiões se tornarão muito poderosas, alegando oferecer às pessoas o conforto de que precisam para superar os tempos difíceis. Ele diz que não se importa com a religião à qual essas seitas estão afiliadas, seja ela muçulmana, cristã, xintoísta ou qualquer outra. Essas seitas fundamentalistas sempre suprimem o aprendizado e a educação, portanto, haverá grande censura de livros e coisas do gênero. Ele diz que esse é um dos significados da quadra. Outro significado dessa quadra refere-se ao saque da biblioteca do Vaticano pelo anticristo. Isso trará à tona informações, fatos e conhecimentos que foram suprimidos por vários séculos. Ele diz que, ironicamente, de certa forma, o anticristo estará fazendo uma coisa boa ao saquear a Biblioteca do Vaticano porque, mais tarde, esse conhecimento, que foi suprimido por séculos, será aberto ao mundo inteiro e estará disponível para todos usarem. Ele diz que, mesmo que o anticristo faça isso da maneira errada e use a violência para atingir seus objetivos, o fato dele liberar esse conhecimento para o mundo o ajudará a iniciar o ciclo de seu carma e trabalhar em direção a um nível mais elevado de carma.

D: *Suponho que isso seja algo a seu favor, de qualquer forma.*

CENTÚRIO II-12

Yeux clos, ouverts d'antique fantasie,
L'habit des seuls seront mis à neant:
Le grand monarque chastiera leur frenaisie,
Ravir des temples le tresor par devant.

Com os olhos fechados, abertos à antiga fantasia, o hábito dos sacerdotes será abolido. O grande monarca punirá o frenesi deles, roubando o tesouro em frente aos templos.

B: Ele diz que isso se refere ao anticristo e à destruição da Igreja Católica. As pessoas envolvidas com a Igreja Católica, especialmente os sacerdotes e outros, não estarão cientes dos ventos da mudança e se agarrarão à velha ordem, embora ela não seja mais viável e esteja morta, no que diz respeito à capacidade de trabalhar dentro da estrutura da realidade. Ele diz que "grande monarca" tem um duplo significado. Está se referindo ao anticristo e também ao papa, que é a ferramenta do anticristo, porque o papa é o grande monarca da igreja. Eles estarão roubando a igreja às cegas, assim por dizer. Porque o anticristo, além de se apoderar dos bens materiais da igreja para ajudar a financiar seus exércitos, também estará profanando e invadindo a biblioteca do Vaticano.

D: *Não quero que ele fique com raiva, mas quero lhe perguntar uma coisa.*
B: Ele disse, pergunte.
D: *Sei que ele está sendo perseguido pela igreja e pela Inquisição devido ao período em que vive. Foi sugerido que, quando ele fala da completa dissolução, da completa destruição da Igreja Católica em nosso futuro, isso pode ser, em grande parte, uma ilusão por causa da perseguição a que está sujeito.*
B: Ele diz que tem feito muitos desejos nessa direção; isso é verdade. Entretanto, ele pede que você observe a natureza básica do universo. Quando o pêndulo oscila para um lado, em uma direção extrema, ele deve oscilar novamente na outra direção para equilibrar-se. E ele diz que quando o pêndulo oscilar na outra direção, fará com que essa Igreja Católica deixe de existir. O pêndulo que controla a ascensão e a queda da Igreja Católica se estende por um período de tempo mais longo, mas o resultado acabará ocorrendo. Porque a Igreja Católica se tornará totalmente supérflua, o que contribuirá para sua dissolução.
D: *Achei que ele poderia ficar com raiva se eu sugerisse que ele estava inventando quadras como um desejo e não como algo que ele realmente tivesse visto.*
B: Não, ele está encarando isso com muita calma. Ele diz que consegue entender como alguém poderia pensar nisso, já que ele tem muitos problemas com a Igreja Católica.

CAPÍTULO 17

O MONSTRO APARECE

CENTÚRIO II-23

Palais, oiseaux, par oiseau deschassé,
Bien tost apres le prince parvenu:
Combien que hors fleuve ennemi repoulsé,
Dehors sousi trait d'oiseau soustenu.

Pássaros no palácio, perseguidos por um pássaro logo após o príncipe arrogante. Quantos inimigos são repelidos para além do rio, o pássaro que se mantém firme é capturado de fora por um truque.

B: Ele diz que isso se refere a quando o anticristo assumir o controle do Irã. Para poder assumir o controle do país, ele precisa usar uma isca para enganar o Aiatolá que está no comando. Os pássaros representam os parasitas na corte, as pegas tagarelas, os bajuladores, os que dizem ao líder o que ele quer ouvir. O pássaro que é sustentado é a isca que o anticristo usa. Quando começar a dominar o Irã, ele afastará os partidários internos do Aiatolá iniciando uma guerra civil. Em seguida, ele apresentará um homem como líder. Um homem no qual os iranianos leais ao Aiatolá concentrarão seu ódio. Esse homem acabará sendo assassinado durante o processo de tomada do Irã, e eles pensarão que conseguiram impedir a tentativa ao assassiná-lo. Só que descobrirão que ele era uma isca o tempo todo e que entraram no jogo do anticristo.

O CENTÚRIO 1-40, que foi interpretado no Capítulo 11, pág. 155, tinha uma parte que se aplica aqui.

D: *"Do Egito sairá um homem que quer que o édito seja retirado". Você pode fazer algum comentário sobre essa frase?*

B: Ele diz que, mais tarde, no decorrer dos eventos, o anticristo começará a unir as moedas dos vários países do mundo para facilitar a submersão deles em uma única entidade política. Como sua ambição é dominar o mundo, uma das maneiras de conseguir isso é tentar fazer com que uma moeda circule em toda a área e que as outras moedas se tornem obsoletas. Haverá aqueles que protestarão contra isso. Um líder popular carismático do Egito, em especial, resistirá a isso. Ele desejará que esse decreto ou lei específica seja revogado para que todos os países dessa liga de nações árabes possam manter suas próprias moedas e seu próprio comércio, em vez de serem submissos a essa entidade política.

ATUALIZAÇÃO: Com relação ao CENTÚRIO 1-40, houve muita discussão durante a década de 1990, tanto a favor quanto contra, sobre a substituição das moedas da Europa por uma única moeda. Os líderes mundiais acreditam que isso será inevitável.

CENTÚRIO I-61

La republique miserable infelice
Sera vastee de nouveau magistrat:
Leur grand amus de l'exile malefice,
Fera Sueve ravir leur grand contracts.

A república miserável e infeliz será novamente arruinada por uma nova autoridade. A grande quantidade de má vontade acumulada no exílio fará com que os suíços rompam seu importante acordo.

B: Ele diz que isso ocorrerá quando o anticristo estiver no processo de tomar conta da Europa. A segunda república miserável refere-se à Alemanha. Ele diz que ela é chamada de república miserável porque está dividida em seu coração. Ele está me mostrando uma imagem da Alemanha Oriental e Ocidental, a terra da Alemanha sendo dividida. Ele diz que aqueles que estão no exílio acumulando ressentimentos se refere ao fato de que, para seus próprios propósitos, o anticristo colocará o partido nazista de volta ao poder na Alemanha. O movimento na Alemanha nos dias de hoje, a popularidade do nazismo entre os jovens alemães, está preparando o terreno para isso. Como resultado, isso fará com que a Suíça quebre sua neutralidade secular. E o rompimento desse acordo de longa data será a tomada de partido contra o anticristo e a luta ativa.

ATUALIZAÇÃO: Em 1991, houve um interesse renovado em reviver o Partido Nazista na Alemanha, especialmente entre os jovens daquele país.

CENTÚRIO II-96

Flambeau ardent au ciel soir sera veu,
Pres de la fin & principe du Rosne:
Famine, glaive: tard le secours pourveu,
La Perse tourne envahir Macedoine.

Uma tocha acesa será vista no céu à noite perto do final e da fonte de Ródano. Fome e armas; ajuda fornecida tarde demais, a Pérsia se voltará e invadirá a Macedônia.

B: Ele diz que a interpretação dessa quadra é um tanto complicada porque se refere a uma situação complicada durante tempos conturbados, o que tende a tornar complicadas até mesmo as situações comuns. Isso se refere a algumas das falhas diplomáticas que levam o anticristo a obter mais poder. Isso ocorre no início, quando ele ainda não tem uma ampla base de poder, mas está construindo-a. A tocha vista no céu à noite se refere ao seu ódio demoníaco e ao seu magnetismo. Essa combinação o ajudará a se tornar poderoso. Ele diz que essa tocha vista queimando à noite indica que as pessoas verão que ele tem poder e estarão cientes de que ele o usa para o lado negro e não para as forças da luz. Os detentores do poder que podem fazer algo a respeito perceberão que algo precisa ser feito, mas só chegarão a uma decisão tarde demais. Enquanto isso, ele já terá começado sua campanha invadindo países vizinhos e assumindo o controle deles,

construindo uma base de poder mais ampla com a qual poderá atacar outros países. E, por fim, dominar o continente asiático.
D: *Por que a Pérsia é mencionada especificamente?*
B: Porque essa é a parte do mundo a partir da qual ele iniciará sua campanha de poder.
D: *Em várias quadras, ele mencionou a palavra "Perse". John pensou que "Perse" poderia ser um nome ou um anagrama relacionado ao anticristo.*
B: Às vezes, ela é usada como nome e, às vezes, como alegoria. Nesse caso, é principalmente uma indicação da parte do mundo em que há turbulência política suficiente para que alguém possa assumir o controle rapidamente, por meio de um golpe militar ou algo parecido. E, a partir daí, tirar proveito da agitação nos países vizinhos para se tornar mais poderoso.

John não estava presente quando as quadras referentes à destruição dos centros culturais foram traduzidas. Ele percebeu a menção da Macedônia e perguntou se o anticristo invadiria a Grécia. Nos tempos antigos, a Macedônia era composta por partes da atual Grécia, Bulgária e Iugoslávia. Nostradamus explicou a John sobre o plano do anticristo de desmoralizar a Europa e a cultura ocidental destruindo locais respeitados. Ele também invadiria essa região primeiro porque achava que poderia lidar com as forças militares disponíveis nessa parte da Europa.

ATUALIZAÇÃO: Essa quadra é uma indicação de que o anticristo está de alguma forma envolvido no conflito interno na Iugoslávia? Esse conflito entrou em guerra em 1991.

B: Michel de Notredame diz que não se importa em expor para esclarecer as coisas. Ele está tão feliz em se comunicar com um espírito solidário em outro plano do tempo que não se importa em voltar um pouco às coisas que disse antes, a fim de explicar.
D: *Certa vez, ele disse que não gostava de se repetir.*
B: Bem, ele está dizendo que quando está falando diretamente com a caixa preta, a repetição desnecessária é um tanto entediante. Mas quando ele está falando com uma pessoa que não está a par de toda a história, ele não se importa em dar um pouco de explicação

para ajudá-la a entender melhor o quadro, para que eles possam se comunicar melhor.
J: *A tocha acesa tem algum simbolismo astrológico?*
B: Ele diz que sim, é verdade. Agora o principal problema é tentar transmitir isso. Talvez ele tenha que colocar isso em uma alegoria para que soe como linguagem comum para o meu subconsciente teimoso. E John pode usar sua perspicácia para aplicar isso ao simbolismo astrológico. Ele diz que sempre que ele mesmo imagina uma tocha acesa no céu à noite, também está falando de um cometa que é visível. Nesse caso, particularmente visível para o Hemisfério Norte, já que esses eventos ocorrerão predominantemente no Hemisfério Norte. Ele diz que, por uma boa razão, os cometas têm sido tradicionalmente usados como arautos da desgraça e, nesse caso, isso será particularmente aplicável. Ele continua me dando a data de 1997. Não sei se isso se aplica a esta quadra ou não, mas continuo vendo esse número no céu e acho que está vindo de Nostradamus. Ele diz que Marte está muito vermelho nesse momento, muito próximo do poder. Que Marte, a carruagem do sol e o poder do fogo estão trabalhando juntos para a destruição neste momento. Ele está dizendo que talvez tenha de colocar informações astrológicas nesse formato para facilitar a comunicação. Sua principal preocupação é garantir que as informações sejam transmitidas de uma forma que faça sentido para John em termos astrológicos. Quando ele coloca as informações em uma linguagem figurativa como essa, é muito mais fácil passar pelo meu subconsciente, já que esse veículo tem plena consciência de sua ignorância nesse assunto. Ela está preocupada em influenciá-lo subconscientemente com seu conhecimento de outras áreas.
J: *(Ele estava ocupado procurando esses signos em sua Efeméride.) Marte está no signo de Sagitário em outubro de 1997 e o Sol está em seu outono no signo de Libra. Seria essa a época em que isso acontece?*
B: Ele diz que isso parece bom.
D: *Mas, nessa época, o anticristo já terá chegado ao poder.*
B: Pelo menos em uma parte do mundo. Ele diz que haverá muita coisa acontecendo nessa época. Suas preocupações são muito reais e suas imaginações mais loucas sobre esses assuntos não estarão

muito fora de lugar em comparação com o que estará acontecendo. Ele diz que é muito importante tentar reunir a maior parte do conhecimento e divulgá-lo antes que a supressão tenha a chance de ocorrer.

Os CENTÚRIOS II-29 e V-54 se referiram à estratégia de guerra do anticristo em sua invasão da Europa. Após a destruição da Itália, ele subiria as montanhas para chegar à França, usando "um tapete voador", palavra de Nostradamus para avião. Seria muito lógico que ele atacasse a Europa pelo sul por meio do Mediterrâneo, pois teria o apoio sólido do mundo islâmico. Ele já terá conquistado o norte da África e o Oriente Médio. Ele estabelecerá uma sede regional em Bizâncio (Turquia) para governar essa parte do mundo enquanto continua sua conquista. Ele continuará estabelecendo esses postos avançados regionais em vários lugares. Sua "vara sangrenta" (mencionada em ambas as quadras) representa a dureza de seu governo.

CENTÚRIO IV-33

Jupiter joinct plus Venus qu'à la Lune,
Apparoissant de plenitude blanche:
Venus cachée souz la blancheur Neptune
De Mars frappée par la gravée branche.

Júpiter uniu-se mais a Vênus do que à Lua, aparecendo em uma plenitude branca. Vênus escondida sob a brancura de Netuno, atingida por Marte pela varinha gravada.

B: Ele diz que isso se refere às posições dos planetas em relação aos signos astrológicos. Em outras palavras, trata-se de uma quadra astrológica. (Suspiro) Vejo uma imagem dele passando os dedos pela barba, tentando descobrir uma maneira de transmitir os conceitos.

John estava ansioso para intervir, mas eu sussurrei para ele esperar até que ela terminasse sua interpretação.

B: A influência de Vênus, ou seja, do amor e da compreensão, será temporariamente obscurecida devido a outras considerações, especialmente a força de Marte, ou seja, da guerra. Ele diz que a varinha gravada representa um símbolo de poder e armas. Ela tem a ver com uma tecnologia avançada que está sendo desenvolvida atualmente, mas que vocês não conhecem. Ele diz que já se referiu a essa tecnologia antes. Durante o período de dificuldades, no momento em que Vênus e Júpiter estão em Sagitário - creio que é isso que ele está tentando me dizer - e com Vênus sendo parcialmente obscurecido por Netuno. - Ele está tendo dificuldade para explicar isso. Ele diz que isso indica o momento do início da grande guerra que causará destruição, fome e as pragas que ele mencionou em várias outras quadras. Ele diz que está tendo dificuldades para transmitir os conceitos e conseguir me comunicar o que está tentando dizer, mas o jovem astrólogo pode fazer perguntas para tentar esclarecer. Talvez suas perguntas ajudem Michel de Notredame a pensar em maneiras de comunicar o que ele está tentando dizer.

J: *Ok. Na astrologia tradicional, Vênus em conjunção com Júpiter é um aspecto benéfico e, em Sagitário, é um signo de religião, filosofia e abriria mais canais espirituais e centros espirituais, na minha opinião. Netuno, como o descrevemos na astrologia esotérica, é a oitava superior de Vênus. Isso significa que, por um lado, é o amor espiritual do universo, mas, por outro lado, Netuno pode ser o grande sensualista ou enganador, ou o grande desperdiçador de tempo. Assim é com a conjunção de Vênus com Júpiter no signo da filosofia obscurecida por Netuno, ocorrendo agora no final do século em Capricórnio, o signo mais materialista. Isso significa que haverá um raio de esperança vindo de um sistema de valores mais espirituais para a humanidade, a fim de evitar esse grande cataclismo que estará ocorrendo?*

B: Ele diz que o raio de esperança está lá e que seu objetivo ao se comunicar com essas quadras é tentar pelo menos alterar, se não impedir, os piores aspectos desses eventos. Mesmo os eventos sendo alterados ou não, mesmo que aconteça o pior que pode acontecer, ainda assim haverá um grande renascimento espiritual em todo o mundo. E durante o período de dificuldades, as pessoas terão a oportunidade de entrar em contato consigo mesmas e perceber que os valores materialistas eram falsos. Após o período de dificuldades, quando as pessoas começarem a se comunicar novamente, elas descobrirão que outras pessoas também perceberam isso. Isso causará um grande renascimento da filosofia e uma grande combinação dos melhores aspectos das religiões orientais e ocidentais. Isso resultará em um movimento mundial de pensamento filosófico que está de acordo com o que as pessoas sabem e sentem como verdadeiro. Isso trará os melhores aspectos da Era de Aquário. Se as pessoas pudessem perceber isso com antecedência e se agarrar a esse raio de esperança, poderiam aliviar alguns dos piores aspectos dessa época de problemas que estão chegando. Mas ele teme que seja improvável que isso aconteça de forma generalizada, devido aos valores materialistas defendidos pela maioria da população.

CENTÚRIO III-7

Les fugitifs, feu du ciel sus les piques.
Conflict prochain des corbeaux s'esbatans.
De terre on crie aide secours celiques,
Quand pres des murs seront les combatants.

Os fugitivos, fogo do céu em suas armas, o próximo conflito será o dos corvos. Eles pedem socorro à Terra e ajuda celestial quando os agressores se aproximam das muralhas.

B: Ele diz que isso se refere aos vários países que pedem ajuda aos países mais poderosos durante esse período do anticristo. Particularmente, eles estarão pedindo ajuda a países como os Estados Unidos, que ainda estarão neutros e não estarão comprometidos com a situação.
D: Qual é o significado de "o próximo conflito será o dos corvos"?
B: Ele diz que se refere a uma batalha aérea com aviões não identificados. O anticristo tentará dominar uma parte do mundo usando aviões. E haverá outros aviões que sairão da noite para combatê-los. Mas eles não estarão identificados, de modo que ninguém saberá a quem pertencem. Haverá uma forte suspeita de

que eles vêm de uma forte potência ocidental que ainda é oficialmente neutra. (Ela estava sorrindo, então era óbvio a quem ele estava se referindo.) Ele diz que esse país que quer permanecer neutro e sem nome já foi famoso por fazer essas coisas antes - fornecer aviões, armas e coisas do gênero para o lado ao qual são favoráveis, embora sejam oficialmente neutros. Ele diz, sem mencionar nomes, mas suas iniciais são U.S.

D: *Foi isso que imaginei. Porque ele disse antes que eles tentariam permanecer neutros o máximo que pudessem.*

B: Ele diz que os Estados Unidos são famosos por sempre seguirem essa política, mas, ao mesmo tempo, ajudam de todas as formas possíveis.

Durante sua ousada campanha no Mediterrâneo, ele toma Mônaco e sabe que precisa se livrar do Príncipe de Mônaco para poder ser o governante oficial. O motivo pelo qual Mônaco é tão importante é a sua posição estratégica em relação à Itália e ao sul da Europa. Em CENTÚRIO III-10, ele se refere ao "grande dourado preso em uma gaiola de ferro" e diz que esse é o sucessor do Príncipe Ranier (aparentemente um de seus filhos), que será preso após a tomada do poder.

CENTÚRIO I-37

Un peu devant que le soleil s'excuse,
Conflict donné grand peuple dubiteux:
Profliges, port marin ne faict response,
Pont & sepulchre en deux estranges lieux.

Pouco antes do pôr do sol, a batalha é comprometida. Uma grande nação está incerta. Vencido, o porto marítimo não responde, a ponte e o túmulo estão em lugares estrangeiros.

B: Ele diz que essa quadra tem vários significados, mas um dos significados tem algo a ver com o que você precisa saber. Isso retrata o vai-e-vem pelo qual os Estados Unidos passarão antes de se envolverem nesse conflito com o anticristo. Ele diz que "pouco antes do pôr do sol" significa que, nessa situação, sabe-se que os

Estados Unidos não estão no auge de seus poderes como estavam anos antes. Será no seu pôr do sol, assim por dizer, no que diz respeito à sua influência e poder. Sua estrela está diminuindo um pouco. Ainda há alguma influência e poder, mas ela não está conseguindo fazer tanto quanto poderia ter feito nos anos anteriores. Ele diz que "a nação está incerta", referindo-se à divisão de opinião entre o povo dos Estados Unidos quanto a se envolver ou não nesse conflito. O porto marítimo que está sendo tomado refere-se ao fato de que o transporte marítimo e afins será muito perigoso durante esse período, porque o "peixe prateado" do anticristo - ele está se referindo aos submarinos - tornará os mares muito ameaçadores. Há soldados inimigos no porto, atrapalhando a navegação. Ele diz que muitas das batalhas decisivas serão batalhas relacionadas à tomada de portos marítimos também.

ATUALIZAÇÃO: Quando essa quadra foi traduzida em 1986, parecia difícil imaginar de onde esses países do Oriente Médio obteriam sua marinha, especialmente submarinos. Uma possível resposta veio em 1992, após a dissolução da União Soviética. Relatórios da inteligência dos EUA indicaram que o Irã estava comprando submarinos russos com o objetivo aparente de controlar os estreitos que levam ao Golfo Pérsico. Isso significava que eles poderiam controlar todo o tráfego marítimo que entrava no golfo. O Irã e outros países do Oriente Médio também estavam comprando outras armas, inclusive nucleares, e os cientistas nucleares soviéticos estavam agora procurando emprego com a melhor oferta. O impensável agora se tornara possível, por meio de circunstâncias extraordinárias e imprevistas.

B: Com relação à "ponte e o túmulo estão em lugares estrangeiros", ele diz que a palavra (ponte) também se refere ao papa e que ele estará em uma terra estrangeira. Ou seja, ele estará olhando para as coisas de forma diferente da igreja e estará alheio à igreja.
D: Esse é o último papa?
B: Sim. E ele diz que o túmulo estar em uma terra estrangeira se refere a um: o fato de que muitas pessoas morrerão longe de casa durante o conflito. E segundo: ele está tentando apontar tanto para o povo

da igreja de sua época quanto para o povo da igreja atual que, do outro lado do véu, é muito diferente do que eles imaginam que seja. Portanto, será muito estranho para seus conceitos. Ele diz que esse significado realmente não se relaciona com o restante da quadra, mas ele ainda estava tentando transmitir essa informação.

CAPÍTULO 18

EUROPA, O ETERNO CAMPO DE BATALHA

D: *Ele parece um pouco irritado hoje. Ele está se sentindo bem?*
B: Ele diz que não é uma questão de estar irritado; é que ele conhece a pressão do tempo, como você não conhece, e a importância de concluir esse trabalho. E ele diz que os comentários estranhos atrapalham. Ele não tem a intenção de parecer maldoso, mas diz que a pressão do tempo está ficando cada vez mais urgente, como você não imagina. Ele tem tanto medo, para o nosso bem, que está tentando transmitir as informações o máximo que pode. Ele tem uma visão geral da situação que você não tem a menor ideia.

CENTÚRIO II-84

Entre Campaigne, Sienne, Flora, Tustie,
Six mois neuf jours ne ploura une goutte:
L'estrange langue en terre Dalmatie,
Courira sus: vastant la terre toute.

Entre Campania, Sienna, Florença e Toscana, não choverá uma gota sequer por seis meses e nove dias. Uma língua estrangeira será falada na Dalmácia, ela invadirá o país, devastando toda a terra.

B: Ele diz, como deve ser bastante evidente, que isso se refere ao tempo de angústia. A seca se refere às mudanças climáticas que ocorrerão em relação às mudanças na Terra naquela época. A língua estrangeira sendo falada e dominando a terra se refere às forças do anticristo assumindo o controle da Itália e, como mencionado anteriormente, da Grécia, destruindo os centros culturais para ajudar a destruir a moral.

D: *Então esses nomes de cidades são apenas representativos da parte da Europa onde ocorrerá a seca.*

B: Da Itália. Ele diz que, nem é preciso dizer, será muito desastroso para o setor vinícola. Ele diz que está tirando uma imagem do cérebro deste veículo e que, nas próximas décadas, não se irá a um bom restaurante e se pedirá um Lafite '98, ou algo assim. Será um ano muito ruim para o vinho por causa do mau tempo.

Descobri que a Dalmácia, que agora é uma faixa de terra ao longo do Mar Adriático, já pertenceu ao Império Romano. Na época de Nostradamus, ela pertencia a Veneza e era cercada pelo Império Otomano. Isso poderia ser uma referência tanto à Itália quanto à Turquia em seu tipo de simbolismo.

A Campania e a Toscana, na Itália, produzem uvas em grandes quantidades e são famosas por sua produção de vinho. Esses são exemplos de pequenos detalhes fornecidos que não poderiam ter saído da mente de nenhum dos participantes.

CENTÚRIO III-16

Un prince Anglais Mars a son cœur de ciel,
Voudra poursuivre sa fortune prospere:
Des deux duelles l'un percera le fiel,
Hai de lui, bien aimé de sa mere.

Um príncipe inglês, Marte, que tem seu coração nos céus, desejará seguir sua fortuna próspera. Em dois duelos, um deles o perfurará na vesícula biliar, odiado por ele, mas muito amado por sua mãe.

B: Ele diz que esse é um evento que ocorrerá próximo ao início da guerra causada pelo anticristo. Isso precipitará o envolvimento da Inglaterra nessa grande guerra. O príncipe inglês, cujo coração é sustentado por Marte no alto dos céus, é um jovem da casa real inglesa que está ansioso para liderar as tropas na batalha. Ele quer resgatar seus amigos no continente, ou seja, as pessoas com quem a Inglaterra tem tratados diplomáticos. Ele estará ansioso para partir. Participará de dois grandes combates e, em um deles, será derrotado. Ele será flanqueado no campo de batalha e terá de se retirar em desgraça. As tropas contra as quais ele estava lutando cuspirão nele e usarão seu nome como um xingamento, pois ele foi um bom lutador mesmo tendo sido derrotado. Sua precipitação na batalha atrapalha alguns dos planos cuidadosamente traçados para a conquista da Europa. Assim, esse homem retornará à Inglaterra. No entanto, sua terra natal, a Inglaterra, estará torcendo por ele e o amará ainda mais pela demonstração de coragem que fez. Por tentar ajudar e por levar o nome e a honra ingleses para a batalha.

D: *A parte "eles o perfurarão na vesícula biliar" é o que ele quis dizer com "flanquear"?*

B: Sim. Eles o flanquearão e perfurarão suas forças na lateral e, assim, o derrotarão.

D: Os tradutores interpretaram isso muito literalmente como um duelo real e disseram que os duelos não acontecem mais.

CENTÚRIO II-39

Un an devant le conflict Italique,
Germains, Gaulois, Hespaignols pour le fort:
Cherra l'escolle maison de republique,
Ou, hors mis peu, seront soffoque mors.

Um ano antes da guerra na Itália, alemães, franceses e espanhóis estarão a favor do forte; a escola da república cairá, onde, exceto por alguns, eles sufocarão até a morte.

B: Haverá pessoas na Alemanha, França, Espanha e Itália que trabalharão secretamente para o anticristo, ajudando-o a dominar a Europa. O fato dele dominar a Europa e destruir os centros culturais e coisas do gênero afetará a Europa de tal forma que, como eles estarão em estado de guerra, será difícil continuar a educar as crianças por causa dos ataques aéreos e coisas do gênero. Assim, as crianças terão que ficar sem educação até que os problemas acabem. Algumas delas, as que foram referidas como sendo sufocadas até a morte, são aquelas com mentes curiosas que precisam ler e aprender porque têm inteligência acima da média. Elas sentirão que estão sufocando sem a exposição à literatura e afins como estavam acostumadas. A frase "a escola da república cairá" refere-se à incapacidade de educar as crianças devido às condições de guerra.

John estava tendo muito trabalho para datar as quadras astrológicas. Certa vez, comentei com Nostradamus que ele provavelmente teria de voltar e fazer mais perguntas. Era difícil para ele resolver isso tão rapidamente.

B: Ele diz que entende. É preciso manter o tinteiro à mão e evitar que ele seque. Mas, às vezes, é preciso parar para reabastecer o tinteiro, então isso leva tempo. - Ou melhor, o tinteiro de chifre. - Ele diz que usa um tinteiro de chifre. Ele percebeu que o termo "tinteiro" é o que é usado em nossos dias, mas me mostrou uma foto de um chifre usado para segurar a tinta.

D: *(Risos) Bem, em nossa época temos outros dispositivos de escrita. Eles são muito mais fáceis de manter cheios de tinta.*

B: Ele diz que não está interessado nisso. Ele pode ver na mente do veículo reclamações de que ela fica sem tinta com muita frequência. Ele diz que tem a mesma reclamação, que a pena sempre acaba rápido demais.

Na época, não entendi o que ele quis dizer, pois hoje em dia não precisamos nos preocupar com nossos instrumentos de escrita. Isso parecia ser apenas um comentário humorístico antiquado ou uma contradição. Mais tarde, porém, Brenda explicou que faz caligrafia e que, em algumas ocasiões, reclamou do fato das penas ficarem sem tinta muito rapidamente. Estranhamente, ele aparentemente captou esse detalhe da mente dela, pois se encaixava em suas próprias experiências. Parece que ele se associa ao que lhe é familiar quando pode.

CENTÚRIO I-77

Entre deux mers dressera promontaire,
Que plus mourra par le mords du cheval:
Le sien Neptune pliera voile noire,
Par Calpre & classe aupres de Rocheval.

Um promontório fica entre dois mares: Um homem que morrerá mais tarde pela mordida de um cavalo; Netuno desenrola uma vela preta para seu homem; a frota perto de Gibraltar e Rocheval.

B: Ele diz que isso se refere ao papel fundamental que Gibraltar desempenhará na batalha do Mediterrâneo contra o anticristo. Ele diz que o princípio do homem-chave que salvou Gibraltar das forças do anticristo e, portanto, salvou a Península Ibérica, morrerá mais tarde. Ele morrerá em um acidente automobilístico. Ele diz que usou a frase "mordido pelo cavalo" porque não conhecia o conceito de automóveis. Ele diz que esse homem é um oficial da marinha, mas morrerá um pouco jovem. É por isso que ele disse que Netuno havia desenrolado uma vela preta para ele.

D: *A menção a Netuno também se refere ao fato dele ser um homem da marinha. - Então o promontório é o Rochedo de Gibraltar.*

B: Sim. E ele diz que "a frota perto de Gibraltar e Rocheval" se refere a um dos principais locais estratégicos em que a frota precisará estar no processo das batalhas marítimas em andamento.

D: *Eles não sabiam o que significava Rocheval. Acharam que era um anagrama de "rocha".*

B: Ele diz que Rocheval é um anagrama para um pequeno porto obscuro que não fica muito distante do Rochedo de Gibraltar.

CENTÚRIO II-68

De l'aquilon les efforts seront grands.
Sus l'Occean sera la porte ouverte:
Le regne en l'isle sera reintegrand,
Tremblera Londres par voille descouverte.

No Norte, grandes esforços serão feitos, o caminho será aberto através dos mares. O domínio sobre a ilha será restabelecido, Londres temerá a frota quando avistada.

B: Ele diz que isso se refere a dois eventos. Por um lado, ele diz que se refere à maneira como as coisas aconteciam entre os Estados Unidos e a Inglaterra durante a Segunda Guerra Mundial, e como eles conseguiram manter as rotas de navegação abertas entre os dois países. E ele diz que isso também se refere ao tempo do anticristo. O anticristo, durante sua campanha europeia, também tentará dominar a Grã-Bretanha. A Grã-Bretanha, por ser uma potência marítima de primeira linha, pode favorecer muito suas forças. Ele tentará dominar a Inglaterra, mas não será totalmente bem-sucedido. Assim, a Inglaterra conseguirá se reafirmar. Parte das razões para isso será o apoio dos Estados Unidos à Inglaterra, mais uma vez.

D: *Ele acha que a Inglaterra será dominada pelo anticristo?*

B: Ele diz que é difícil dizer com clareza o que vai acontecer porque é uma época confusa. O anticristo tentará assumir o controle uma vez e falhará com certeza na primeira vez. Mas ele diz que, pelo que sabe, o anticristo terá sucesso em assumir o controle da Inglaterra. E os partidários mais obstinados da clandestinidade fugirão para a Irlanda e a Escócia. Ele não conseguirá dominar toda a ilha. Ela será apenas parte da Inglaterra, e ele diz que vocês terão uma espécie de Reino Unido "rump".

D: *(Eu não entendi essa frase.) Um quê?*

B: Ele diz que você entenderá se lembrar da história da Segunda Guerra Mundial, quando os alemães tomaram parte da Tchecoslováquia. Dois terços da Tchecoslováquia faziam parte da Alemanha nazista, e o restante da Tchecoslováquia montou um governo de transição. A Tchecoslováquia era chamada de "rump" porque era apenas uma parte restante do país que ainda era livre.

D: *Nunca ouvi esse termo.*

B: Ele diz que você o encontrará nos livros de história. Portanto, eles terão um Reino Unido em "rump". A maior parte da Inglaterra estará sob o poder do anticristo. Mas o norte da Inglaterra, a Escócia e a Irlanda não estarão sob seu poder. Esperamos que esse evento que está ocorrendo tenha a possibilidade de unir a Irlanda. Porque, se a Inglaterra for dominada, ela não poderá fazer nada em relação à Irlanda do Norte, de modo que a Irlanda poderá se reunir da maneira que vem desejando há séculos.

D: *Percebo que a Irlanda provavelmente pararia de lutar com tudo isso acontecendo.*

B: Ele diz que a principal razão pela qual a Irlanda está lutando é porque... os ingleses podem ser dinâmicos quando querem, mas, na maioria das vezes, optam por ser uns camisas de força. E ele diz que os ingleses da sua época estão sendo "camisas de força" em relação à Irlanda. Quando a Inglaterra for dominada pelo anticristo, eles não terão condições de opinar sobre o que acontece na Irlanda. Assim, a Irlanda poderá aplicar seus próprios remédios para seus problemas e direcionar sua energia dinâmica para outros problemas, como o anticristo. E o espírito irlandês, diz ele, sendo forte e corajoso como é, e a teimosia escocesa desempenharão um bom papel para ajudar o movimento clandestino a sobreviver ao pior dos piores dias e, por fim, conquistar o anticristo. Quando tudo isso terminar, os escoceses e os irlandeses se orgulharão de si, devido ao papel que a Irlanda e a Escócia desempenharão.

CENTÚRIO I-89

Tous ceux de Ilerde seront dans la Moselle,
Mettant à mort tous ceux de Loire & Seine:
Le cours marin viendra pres d'haute velle,
Quand Espagnols ouvrira toute veine.

Os de Lérida estarão no Mosela, matando todos os do Loire e do Sena. A trilha à beira-mar chegará perto do vale alto, quando os espanhóis abrirem todas as rotas.

B: Ele diz que isso se refere a parte do papel que os espanhóis desempenharão nos eventos durante o tempo do anticristo. Eles serão um elo fundamental na organização clandestina que ajudará a ligar a parte central da Europa ao mundo exterior depois que as forças do anticristo assumirem o controle. Ele diz que os espanhóis estarão muito abertos para ajudar o movimento clandestino. E os Pirineus, as montanhas entre a França e a Espanha, desempenharão um papel importante para ajudar as pessoas a se esgueirarem das garras do anticristo.
D: O texto diz: "matando todos aqueles do Loire e do Sena". Sei que esses são dois rios na França.
B: Sim. Haverá muito derramamento de sangue. Ele diz que os rios ficarão vermelhos de sangue. - Ele diz que quando se sabe a direção que a quadra deve seguir, muitas vezes é apenas uma

questão de aplicar a progressão lógica aos eventos. Portanto, elas devem ser fáceis de entender para uma mente lógica.

Eu não concordo. Acho que seu simbolismo é muito complexo.

Em CENTÚRIO II-83, ele diz que, quando o anticristo está fazendo incursões na Europa, a resistência resiste. Eles são chamados de "neblina" na quadra. Ele os chama assim porque eles se retiram para as fortalezas nas montanhas para se protegerem e aparecem muito silenciosamente, como neblina ou fumaça, quando saem para combater o inimigo. Eles também podem se dissipar da mesma maneira. Essa quadra também se refere à ruína dos principais centros comerciais da Europa, seja por meio da destruição direta ou do colapso do comércio.

CENTÚRIO I-98

Le chef qu'aura conduit peuple infiny
Loing de son ciel, de meurs & langue estrange:
Cinq mil en Crete & Thessalie fini
Le chef fuyant, sauvé en marine grange.

O líder que conduzirá um grande número de pessoas para longe de seus céus, para costumes e idiomas estrangeiros. Cinco mil pessoas morrerão em Creta e Tessália, e o líder fugirá em um navio de abastecimento marítimo.

B: Ele diz que, por um lado, isso se refere a alguns eventos durante a Primeira Guerra Mundial, mas também se refere a eventos que ocorrerão durante o tempo do anticristo. Ele está imaginando um grande grupo de navios com muitos homens de combate a bordo, homens que podem lutar tanto na terra quanto no mar. Ele o chama de "exército naval". Acredito que ele esteja se referindo aos fuzileiros navais. Ele diz que haverá uma grande força de fuzileiros navais que tentará impedir um ataque. Muitos serão mortos nas proximidades de Creta e Tessália. Mas ele diz que eles não terão sucesso. Eles terão que se retirar, provavelmente para Gibraltar. Isso é de se esperar porque o anticristo não poderá simplesmente entrar na Europa. Haverá uma luta. Os europeus vão reagir.

D: *Os intérpretes disseram que a quadra é traduzida literalmente como o líder fugindo em um "celeiro" marítimo, e eles interpretaram isso como "navio de suprimentos".*

B: Sim. Ele diz que seu navio de combate será afundado e ele terá de transferir suas cores para um navio de suprimentos, pois será o navio mais próximo que ainda estará em condições de navegar e será grande o suficiente para transportar seus homens. Será uma batalha muito feroz.

D: *Suponho que ele a descreveu como "celeiro" porque era assim que ele a via.*

B: Sim. Ele diz que estava falando em sentido figurado. Um celeiro é um local onde se armazena a ração para os cavalos, mais os cavalos. Esse navio terá embarcações anfíbias, além de gasolina e outras coisas.

CENTÚRIO I-55

Soubs l'opposite climat Babylonique,
Grand sera de sang effusion:
Que terre & mer, air, ciel sera inique,
Sectes, faim, regnes, pestes, confusion.

Na terra com um clima oposto ao da Babilônia, haverá grande derramamento de sangue. O céu parecerá injusto tanto na terra como no mar e no ar. Seitas, fome, reinos, pragas, confusão.

B: Ele diz que os efeitos sociológicos e políticos do anticristo serão particularmente sentidos nos países desenvolvidos, que também são países do norte com climas mais frios. Será particularmente devastador nos principais países do hemisfério norte que têm climas frios. A Babilônia tinha um clima quente. Ele diz que era um país agrário no Oriente Médio, quando as coisas ainda eram férteis e havia chuva. Era muito quente e agradável. Devido à agitação política e social, as coisas estarão divididas e confusas, e as pessoas não saberão para onde ir ou a quem seguir. Será uma época em que muitos pessimista se levantarão e afirmarão ser profetas, alegando ter revelações e salvação para as pessoas. Governos surgirão e cairão. Ele diz que será uma época muito confusa.

CENTÚRIO I-34

L'oiseau de proie volant à la semestre,
Avant conflict faict aux François pareure:
L'un bon prendra l'un ambigue sinistre,
La partie foible tiendra par bon augure.

A ave de rapina voando para a esquerda, antes que a batalha se junte aos franceses, ele faz preparativos. Alguns o considerarão bom, outros, ruim ou incerto. O grupo mais fraco o considerará como um bom presságio.

B: Ele diz que isso mais uma vez se refere a algumas das táticas que o anticristo usará. Ele agitará a rebelião dentro dos países que assumirá o controle. Ele permite que os vários grupos políticos dissidentes acreditem que ele apoia a causa e o ponto de vista deles. Ele permite que pensem que vai ajudá-los a chegar ao poder novamente, embora isso não aconteça, obviamente.
D: Sim, você disse que ele seria muito bom em usar sua língua de ouro para fazê-los acreditar em coisas que não são verdadeiras.
B: Ao fazer isso, ele ajuda a virar o país contra si mesmo por dentro, enfraquecendo-o contra forças externas.
D: Eles relacionam isso a Hitler.
B: Ele diz que pode ver o que eles entenderam, mas ele estava falando principalmente do anticristo. Ele seguirá Hitler muito de perto. Ele usará de astúcia com todos. Ele diz: lembrem-se de seus livros de história. Do seu ponto de vista, é o passado, embora seja o futuro para ele. Lembre-se de como Hitler conseguiu fazer muitas concessões que ninguém mais sonharia em pedir.

CENTÚRIO I-71

La tour marine trois fois prise & reprise,
Par Hespagnols, Barbares, Ligurins:

Conversas com Nostradamus, Volume 1

Marseilles & Aix, Arles par ceux de Pise,
Vast, feu, fer, pillé Avignon des Thurins.

A torre marinha será capturada e retomada três vezes por espanhóis, bárbaros e ligurianos. Marselha e Aix, Arles pelos homens de Pisa, devastação, fogo, espada, pilhagem em Avignon pelos turineses.

B: Ele diz que isso se refere a eventos ocorridos durante a Guerra Civil Espanhola e durante a Segunda Guerra Mundial e também a eventos que ocorrerão no futuro com o anticristo. Ele diz que a torre marítima se refere ao Rochedo de Gibraltar.

D: Os tradutores não sabiam o que isso significava.

B: Ele diz que o Rochedo de Gibraltar é um lugar muito estratégico e, portanto, uma torre de força devido à sua localização estratégica. Além disso, pertence a um país que é basicamente uma potência marítima, ou seja, a Grã-Bretanha com sua marinha.

CAPÍTULO 19

EXPERIMENTAÇÃO

NOSTRADAMUS VIU que, durante o período de problemas, as nações ficariam desesperadas por qualquer solução para deter o monstro. Assim, essa também se tornou uma época de experimentos. Os cientistas buscaram armas novas e mais radicais e outros métodos de guerra que desafiavam a crença. Alguns deles parecem ter levado a imaginação do homem aos limites.

A primeira delas tem suas raízes em nosso tempo presente.

CENTÚRIO IX-83

Sol vingt de Taurus si fort terre trembler.
Le grand theatre rempli ruinera,
L'air ciel & terre obscurcir & troubler
Lors l'infidelle Dieu & sainctz voguera.

O sol em vinte graus de Touro, haverá um grande terremoto; o grande teatro cheio será arruinado. Trevas e problemas no ar, no céu e na terra, quando o infiel invocar Deus e os santos.

B: Ele diz que esse tem um significado múltiplo. É muito fácil interpretar esse tipo de versículo em vários significados por causa dos desastres que acontecem de tempos em tempos na história da Terra. Ele diz que uma das implicações menores dessa quadra aconteceu no que você consideraria o passado recente, ou seja, o terremoto na Cidade do México (setembro de 1985). Mas ele diz que esse não é o principal ímpeto da quadra. Esse será um terremoto desencadeado por uma arma que está sendo desenvolvida atualmente em laboratórios subterrâneos secretos. Ele não pode apresentar as imagens de como essa arma funciona, pois os conceitos não estão presentes em seu vocabulário e também não estão presentes no vocabulário desse veículo. Aparentemente, ele estará funcionando com base em algum princípio científico descoberto recentemente e que ainda não foi realmente desenvolvido. Portanto, o conceito não está disponível para ser aprendido.

D: *Ele tem alguma imagem mental que possa nos ajudar?*

B: A única coisa que ele está expressando claramente é a parte operacional dessa arma, a parte que realmente aciona o terremoto. Ele não tem certeza, ou melhor, os conceitos não estão claros, se é algo que é lançado ou algo que é projetado como um raio laser, mas qualquer que seja o ponto de operação real da lança, assim por dizer, ela é transportada pelo ar. Alguma extensão do dispositivo é transportada em um avião e o avião deve sobrevoar a área onde ocorrerá o terremoto ou, pelo menos, sobrevoar a área onde o terremoto deve ser desencadeado, independentemente da área que o terremoto acabar afetando. Mas esse não será o dispositivo completo. Isso será simplesmente como a ponta da lança, apenas a parte operacional dela. A energia por trás da arma e a ciência por trás dela serão baseadas em um laboratório subterrâneo secreto em outro lugar. De alguma forma, a energia do laboratório subterrâneo estará ligada ao dispositivo aéreo de modo que possa canalizá-la para o efeito desejado de um terremoto desencadeado.

Isso poderia ser feito de alguma forma sofisticada, direcionando as ondas sonoras para o alvo?

B: O país que desenvolver esse dispositivo poderá considerá-lo uma grande ameaça para todas as nações importantes. Qualquer nação que tenha falhas geológicas em seu país e que seja suscetível a terremotos pode ser intimidada. Ele diz que será muito semelhante à situação imediatamente após a Segunda Guerra Mundial, em que os Estados Unidos eram o único país com energia nuclear. Esse será um avanço semelhante em termos de armamento, e o país que o desenvolver terá o poder de controlar os outros países. Ele diz que o conceito disso será tão inspirador e assustador, da mesma forma que a energia nuclear foi no início para o mundo, que fará com que todos, inclusive os infiéis, clamem aos santos por proteção.

D: *"O grande teatro lotado será arruinado".*

B: Ele diz que, devido ao desenvolvimento dessa arma e à desintegração das relações diplomáticas em decorrência disso, as Nações Unidas serão dissolvidas. Pois essa nação não vai querer se sentar e compartilhar esse poder com as outras nações, como os Estados Unidos fizeram com a energia nuclear. Embora os Estados Unidos tenham feito isso com relutância, essa nação nem sequer considerará a ideia. Pelos conceitos que ele está apresentando, temos a impressão de que pode ser uma nação como a Rússia, ou uma nação com poder para realizar pesquisas militares secretas em grande escala. A atitude que essa nação terá é a seguinte: "A arma é minha. Vou guardá-la para mim". É uma nação paranoica que a terá e isso causará a desintegração das Nações Unidas.

D: *"O sol em vinte graus de Touro", é quando isso deve acontecer?*

B: Ele diz que isso se refere ao momento em que a arma se torna de conhecimento geral. Ela já está em processo de desenvolvimento, mas é extremamente secreta. Quando ela se tornar mais conhecida, será nessa data.

D: *Os tradutores acham que é quando ocorrerá o terremoto.*

B: Haverá um terremoto associado a ele. É assim que as pessoas perceberão que há algo estranho acontecendo. Pois começarão a ocorrer muitos terremotos sem o acúmulo anterior de pressão associado a eles. Ele diz que um efeito colateral dessa arma é que ela criará instabilidade suficiente para desencadear outros terremotos que, de qualquer forma, podem ocorrer a qualquer momento. Ele está imaginando dois grandes sistemas de falhas nos Estados Unidos. Um deles é particularmente instável. O outro permanece estável, mas depois se torna explosivo. As falhas de San Andreas e de New Madrid. Ele diz que os terremotos desencadeados por essa arma farão com que a falha de San Andreas fique em constante estrondo. A falha de New Madrid sempre foi ruim para aumentar a pressão e resulta em tremores explosivos. Portanto, com a falha de San Andreas continuamente roncando e vibrando, a falha de New Madrid provocará um grande terremoto. Quando esses terremotos começarem a acontecer, os geólogos pensarão que é por causas naturais, mas algumas informações não apontarão para causas naturais e eles começarão a suspeitar de algo. À medida que mais terremotos acontecem, por meio da ciência, eles reúnem mais informações e confrontam o mundo científico com as evidências que têm de que não se trata de terremotos naturais.

Em outra sessão, eu queria saber mais sobre essa máquina e se ela estaria relacionada ao anticristo e ao tempo de angústia.

D: *Eu queria perguntar sobre a quadra que tratava de um país que desenvolveria uma máquina de terremotos. Além disso, na mesma quadra, dizia que as Nações Unidas se desintegrariam por causa disso.*

B: Ele diz que se lembra de tê-la interpretado.

D: *Isso acontece antes ou durante a época do anticristo?*

B: Ele diz que esse dispositivo de terremoto, que esse país tem para concentrar um determinado tipo de ondas de energia em certas partes da crosta terrestre para provocar terremotos, já está em processo de desenvolvimento. Ele será usado durante a época das mudanças na Terra para provocar muitos terremotos. Isso ocorrerá basicamente antes de o anticristo chegar ao poder. Isso contribuirá para o desmoronamento das Nações Unidas, o que, por sua vez, facilitará as coisas para o anticristo. Ele diz que a nação que desenvolverá essa máquina a desenvolverá independentemente da ascensão do anticristo ao poder, mas mais tarde, quando ele assumir um certo poder, poderá começar a adquirir coisas como essa. Então, o anticristo assumirá o controle dessa máquina e começará a usá-la para seus próprios fins.

D: *Foi isso que me deixou confusa. Pensei que se alguém tivesse uma máquina tão poderosa, como o anticristo poderia assumir o controle desse país.*

B: O anticristo adquirirá essa máquina por meio de artimanhas e truques, espiões, suborno e todos os outros meios nefastos conhecidos pelo homem.

CENTÚRIO I-6

L'œil de Ravenne sera destitué,
Quand à ses pieds les ailles failliront:
Les deux de Bresse auront constitué.
Turin, Derseil que Gaulois fouleront.

O olho de Ravenna será abandonado, quando suas asas falharem a seus pés. Os dois de Bresse terão feito uma constituição para Turim e Vercelli, que os franceses pisotearão.

B: Ele diz que isso se refere a alguns eventos da Segunda Guerra Mundial, mas também se refere a alguns eventos que estão por vir. Haverá algumas pesquisas sendo feitas em um tipo de radar mais sofisticado para transformá-lo em um dispositivo de detecção que fornecerá informações mais detalhadas para o operador. Eles tentarão desenvolver esse dispositivo para que ele possa ser usado em aeronaves. Mas os primeiros experimentos com isso serão um fracasso. De alguma forma, o dispositivo emitirá o tipo certo de vibração simpática que fará com que a estrutura do avião se enfraqueça e se torne perigosa, devido à dissolução das ligações entre algumas moléculas do metal.

D: *É isso que significa "o olho de Ravenna"? Isso seria um anagrama para "radar"?*

B: Ele diz que é um anagrama para uma figura mitológica que tinha grandes poderes, poderes quase psíquicos de conhecimento e observação.

Em minha pesquisa, consegui encontrar uma figura mitológica que acho que poderia ser a figura mencionada aqui no simbolismo. Na tradição indiana, há uma história sobre Visnu e o grande demônio Ravana. Citado em Mitologia de todas as raças, Volume VI: "Naquela época, os deuses temiam o demônio Ravana, a quem Brahma havia concedido o dom da invulnerabilidade, e procuravam um meio de matá-lo.... De todos os Raksasas (demônios) individuais, o maior é, de longe, Ravana.... Por mais malignos que sejam, os demônios são lutadores formidáveis. Além de serem numerosos, são hábeis em feitiçaria e em todas as artes mágicas, transformando-se em todos os tipos de formas, como as usadas por Ravana no rapto de Sita, e espalhando o terror universal por meio de seus rugidos assustadores."

Isso certamente poderia se encaixar nas qualificações de Nostradamus como uma figura simbólica da mitologia, e Ravenna poderia ser um anagrama para Ravana.

D: *"Quando suas asas falharem a seus pés" tem a ver com a aeronave?*
B: Sim. Ele diz que, nesse momento, os cientistas terão de abandonar temporariamente a pesquisa nesse projeto devido a falhas diplomáticas e à ameaça de guerra, etc.
D: *Isso ocorrerá antes, durante ou depois do tempo do anticristo?*
B: Ele diz que isso ocorrerá na época do anticristo, mas antes que o anticristo chegue ao poder total. Isso acontecerá na Europa no momento em que o anticristo estiver ganhando uma base de poder no Oriente Médio, portanto, os dois eventos não estarão realmente relacionados. Mas será um dos eventos na Europa que facilitará a tomada da Europa pelo anticristo.
D: *Você sabe se eles estão fazendo experimentos com esse tipo de radar atualmente?*
B: Ele diz que está sendo desenvolvido, mas ainda não está sendo experimentado.
D: *Seria bom se eles soubessem que isso pode ser perigoso.*
B: Ele diz que não há como avisá-los sobre isso porque é um segredo militar. Eles descobrirão em breve que é perigoso.

Ravenna também foi mencionada na seguinte quadra. O anagrama poderia se referir a um local onde os laboratórios estão escondidos e onde as experiências estão sendo realizadas, bem como ao demônio Ravana?

Perto do fim da vida do inventor Nicola Tesla, ele afirmou ser capaz de criar um escudo na atmosfera superior que destruiria qualquer aeronave que se aproximasse. Os russos desenvolveram uma máquina (chamada "gyrotron"), baseada na invenção de Tesla, projetada para "varrer o céu de aviões de guerra" usando microondas de alta energia. Essas armas de microondas de alta potência dariam ao operador a mesma capacidade de destruir circuitos eletrônicos que uma explosão nuclear proporcionaria. A principal diferença é que essa nova tecnologia é controlável e pode ser usada sem violar os tratados sobre armas nucleares. Tesla descreveu seu sistema de velocidade da luz como sendo capaz de derreter aeronaves a centenas de quilômetros de distância. Outra quadra que soa como o "gyrotron" é CENTÚRIO II-91 na pág. 127. Nostradamus descreve a pesquisa de armas secretas feita pelos soviéticos. Eles desenvolvem campos de energia que protegem seus corredores de aproximação ao norte.

CENTÚRIO II-32

Laict, sant grenouilles escoudre en Dalmatie,
Conflict donné, peste pres de Balennes
Cri sera grand par toute Esclavonie,
Lors naistra monstre pres & dedans Ravenne.

Leite, sangue e rãs serão preparados na Dalmácia: batalha travada, peste perto de Balennes. Um grande grito se elevará por toda a Eslavônia, então um monstro nascerá perto de Ravena.

B: Ele diz que essa quadra tem a ver com o uso de dispositivos nucleares durante a época do anticristo. O leite, o sangue e os sapos que estão sendo preparados referem-se tanto aos instrumentos de morte em si - ou seja, várias armas atômicas - quanto aos laboratórios próximos onde novas armas estão sendo desenvolvidas. Ele diz que a última frase "então o monstro nascerá" se refere ao momento em que eles desenvolverão essa monstruosidade suprema em armas perto de Ravenna. Essa pesquisa já está em andamento em nosso presente. Ela se concretizará durante o período de angústia.
D: *Ele sabe que tipo de arma será?*
B: Ele pode ver como ela é, mas é tão horrível e fantástica que ele não quer descrevê-la. E ele está tendo dificuldade em conectar os conceitos na mente desse veículo porque, basicamente, esse veículo também não é favorável à guerra.
D: *Então não é uma arma atômica?*
B: Sim, é, mas é totalmente diferente de qualquer arma atômica já inventada antes.
D: *Não vou pedir que ele descreva mais nada se não se sentir confortável com isso. Mas a parte sobre os sapos sendo*

preparados, como isso se relaciona com isso? Posso entender o leite e o sangue, mas qual é o significado da palavra "rãs"?

B: Isso indica que, devido aos horrores da guerra, ela perturba a ecologia a ponto de haver pragas de várias criaturas e animais em toda a terra, porque tudo está fora de equilíbrio.

D: *Ele pode dizer qual lado da guerra usará essas armas?*

B: Ele diz que todos os lados do conflito que se aproxima terão seu quinhão de armas horríveis.

CENTÚRIO II-6

Aupres des portes & dedans deux cités
Seront deux fléaux & oncques n'apperceu un tel:
Faim, dedans peste, de fer hors gens boutés,
Crier secours au grand Dieu immortel.

Perto do porto e em duas cidades haverá duas pragas que nunca foram vistas. A fome, a peste interna, as pessoas expulsas pela espada clamarão pela ajuda do grande Deus imortal.

B: Ele diz que essa quadra tem um significado múltiplo. Além disso, ele supõe que a tradução esteja um pouco errada. Ele está dizendo que a palavra "porto" não significa necessariamente um porto no sentido estrito da palavra, mas simplesmente um corpo de água que separa duas grandes cidades. Uma dessas cidades é Londres e a outra cidade ... Acho que ele está tentando me dar uma imagem de Nova York. Ele diz que estava se referindo a uma gíria da Segunda Guerra Mundial que se referia ao Atlântico como "lagoa". Portanto, essas duas cidades estão separadas por um lago, embora não estejamos falando de um porto ou de um lago, mas sim de um oceano. As pragas que atingirão essas duas cidades serão resultado de uma pesquisa secreta sobre guerra bacteriológica. Um inseto muito mortal. Ele quis que eu usasse a palavra "inseto" porque não tem certeza se serão bactérias ou vírus, mas será algum tipo de organismo causador de doenças. No final, ele será liberado na atmosfera de forma a afetar a população de Nova York e Londres. Mas haverá algumas mutações nos organismos, de modo que eles afetarão as duas populações de maneiras diferentes, pois haverá diferentes conjuntos de genes envolvidos. Como os organismos estão separados uns dos outros, eles sofrerão algumas mutações espontâneas e se desenvolverão em duas direções diferentes. Parecerão ser duas doenças diferentes, embora tenham sido causadas pelo mesmo organismo. Ele diz que, como resultado dessa praga, os sistemas de serviço dentro dessas grandes metrópoles entrarão em colapso. As pessoas da zona rural ao redor entrarão em pânico e se afastarão voluntariamente da cidade, colocando-se, de fato, em quarentena. Eles se recusarão a entregar qualquer coisa para as cidades, de modo que as pessoas dentro das cidades morrerão de fome por falta de alimentos. Não porque não haja comida, mas porque ninguém a entregará e correrá o risco de ser exposto à peste. Portanto, todos os serviços que a cidade oferece à população se desintegrarão e desmoronarão. As pessoas morrerão em pilhas, diz ele. As pessoas estarão saqueando e invadindo lojas e afins na cidade, tentando encontrar alimentos e coisas para comer, e haverá soldados esfaqueando-as na ponta da baioneta.

D: *Isso explica a referência à espada. Eles estão lutando contra eles com baionetas para mantê-los longe dos estoques de alimentos?*

B: Para que eles possam ser distribuídos. O governo gostaria de tentar distribuir uniformemente os alimentos que sobraram na cidade entre a população, mas os membros da população entram em pânico e se revoltam para tentar pegar tudo para si. Então, eles são combatidos com baioneta. E toda a população das duas cidades clama a Deus por alívio de sua miséria.

D: *Você disse que essa quadra também tem um duplo significado? Porque eles têm outra interpretação para ela.*

B: Ele diz que esse é o principal significado com o qual devemos nos preocupar, pois ainda não aconteceu. Mas, por curiosidade, ele gostaria de ouvir a interpretação deles.

D: *Eles acham que se trata do bombardeio de Hiroshima e Nagasaki porque também eram duas cidades portuárias. As duas pestes eram as duas bombas e a praga que nunca havia sido vista antes era a radioatividade. Como a radiação deixava as pessoas negras, eles achavam que isso seria semelhante à peste negra da época de Nostradamus.*

B: Ele diz que é uma boa interpretação, mas o que ele estava imaginando era o resultado devastador de vírus descontrolados de laboratórios de guerra bacteriológica.

CENTÚRIO I-46

Tout aupres d'Aux, de Lestoure & Mirande,
Grand feu du ciel en trois nuicts tumbera:
Cause adviendra bien stupende & mirande,
Bien peu aupres la terre tremblera.

Muito perto de Auch, Lectoure e Mirande, um grande fogo cairá do céu por três noites. A causa parecerá tanto estupefata quanto maravilhosa; logo depois haverá um terremoto.

B: Ele diz que essa quadra se refere a um evento que será inicialmente provocado pela mão do homem, mas que será basicamente um desastre natural. Ele está usando a palavra "médicos", mas perguntei a ele e ele está se referindo a cientistas, aqueles que buscam conhecimento, cientistas pesquisadores. E ele se apressa em explicar que, em sua época, os médicos faziam ambos e todos os tipos.
D: Em nossa época, eles são especializados.
B: Sim, ele diz que eles não são homens do Renascimento. Haverá um grupo de médicos pesquisando os poderes dos vários campos de energia da Terra. Eles tentarão aproveitar esses poderes e usá-los para várias coisas, inclusive para a guerra. No momento em que finalmente começarem a fazer experimentos diretos no mundo físico, eles acidentalmente romperão um dos campos da Terra de tal forma que um feixe de energia será disparado para o espaço e atrairá um fluxo de meteoritos em direção à Terra. Isso acontecerá ao redor do Mar do Norte. Os meteoritos serão atraídos para a Terra devido a essa alteração dos campos de energia ao redor da Terra. E como eles estão por toda parte, continuarão a vir até que os cientistas consigam reparar os danos. Sua ruptura no campo desequilibra tudo. Como a instrumentação deles ainda é experimental, não está ajustada o suficiente para que as coisas voltem ao equilíbrio. Assim, no processo de tentar reparar os

danos, ocorre um terremoto logo em seguida, quando a tensão já se acumulou.

D: *Por que ele usa esses três nomes?*

B: Ele diz que essas três palavras eram, em parte, lembretes para si mesmo sobre o que estava falando e, em parte, para que houvesse algumas palavras-chave que fizessem sentido com o passar do tempo.Como esse projeto será muito perigoso, será um projeto secreto do governo. Haverá palavras de código envolvidas e ele está usando alguns anagramas dos nomes de código do projeto. Um dos nomes de código que ele anagramatizou - essa é uma palavra que acabei de inventar. Colocar algo em anagramas é anagramizá-lo, certo? - Uma das palavras-código que ele anagramatizou em Mirande era uma palavra-código relacionada ao local da instalação principal desse experimento. Ele diz que as pessoas em geral talvez nunca saibam a conexão dessas palavras com o evento, simplesmente porque o governo tentará manter todo o evento em segredo. Eles não conseguirão ocultar os meteoritos que entram repetidamente na atmosfera terrestre naquele momento, mas ele diz que sempre será um tanto intrigante para as pessoas em geral saber por que isso continua acontecendo.

D: *Então haverá pessoas em algum lugar que reconhecerão essas palavras de código.*

B: Certo. Ele diz que é possível que algumas delas já sejam reconhecidas em vários círculos governamentais. Essas palavras de código não serão necessariamente traduzidas para o inglês porque não serão necessariamente governos de língua inglesa que estarão envolvidos nisso.

D: *Eles traduziram isso para significar algo sobre meteoritos, mas estão pensando em um fenômeno natural.*

B: Ele diz que, para o mundo em geral, isso aparecerá como um fenômeno natural. Ele será registrado dessa forma em futuros textos de história porque o papel desempenhado pelos cientistas é um segredo tão importante para os governos envolvidos que eles não permitirão que esse conhecimento seja divulgado.

ATUALIZAÇÃO: Consulte o Adendo para obter mais informações sobre o programa secreto HAARP e sua conexão com essa quadra.

CENTÚRIO X-72

L'an mil neuf cens nonante neuf sept mois,
Du ciel viendra un grand Roi deffraieur.
Resusciter le grand Roi d'Angolmois.
Avant que Mars regner par bonheur.

No ano de 1999, e sete meses, virá do céu o grande Rei do Terror. Ele trará de volta à vida o grande rei dos mongóis. Antes e depois da guerra, ele reina feliz.

Essa é uma das poucas quadras em que Nostradamus realmente fornece uma data.

B: Ele diz que a data está correta. Durante esse período de guerra, há muitos experimentos sendo feitos e pesquisas sobre coisas que normalmente são horríveis demais para serem investigadas em tempos de paz. Ele diz que os experimentos têm a ver com eugenia.

Essa era uma palavra desconhecida para mim. Presumi que fosse algo relacionado à genética. Perguntei a ele o que significava.

B: Ele disse que é a criação de pessoas como se criam animais para obter características especiais.
D: *Essa é a palavra dele ou a sua?*
B: É a palavra que ele usou. Ele diz que é um programa de longo alcance que está sendo realizado secretamente há várias décadas ou na maior parte deste século. Durante essa guerra, eles decidiram testar alguns de seus produtos para ver o que acontecia. Um experimento que fizeram foi tentar reproduzir alguns dos tipos de seres humanos mais antigos, menos civilizados e mais ferozes, ainda inteligentes, mas muito astutos e fortes. Ele diz que isso é revelado em tempos de guerra e que essas pessoas infelizes são usadas em combates para ver o quanto se saem melhor do que os soldados comuns. Eles estão mantendo registros de tudo isso. Nesta época do mundo, haverá guerras por toda parte e serão

tempos de grande agitação. Ele diz que o século XX é um dos séculos mais devastados pela guerra.

D: *Acredito nisso. Quem são as pessoas que estão fazendo esse experimento?*

B: (Pausa) Ele não consegue ver com certeza. Aparentemente, é algum tipo de esforço conjunto, especialmente entre as grandes potências. As grandes potências teriam o dinheiro para investir em um projeto como esse. Na verdade, ele disse, quem teria o ouro para investir em um projeto como esse?

D: *Ele acha que os Estados Unidos estão envolvidos nisso?*

B: Sim, ele acha. Ele acha que são os Estados Unidos, a Rússia, o Japão e alguns países europeus.

D: *Nunca ouvimos falar de algo assim.*

B: Ele diz que é um projeto muito secreto. É feito com base na necessidade de conhecimento.

D: *A quem ele se refere quando fala do Rei do Terror?*

B: Ele diz que a pessoa que está no comando geral desse projeto é tão poderosa que é capaz de afetar e influenciar as decisões políticas tomadas em vários países. Ele é como se fosse o poder por trás do trono e todos têm medo dele. Portanto, ele é o verdadeiro rei, e não o líder. Ele diz que há uma possibilidade de você ter ouvido o nome dele em uma conexão diferente, mas é altamente improvável. Essa pessoa é muito reservada e ninguém está ciente do poder que ela exerce.

Por eugenia, eu me pergunto se Nostradamus poderia estar vendo a possibilidade de manipulação genética ou clonagem. Isso tem sido feito com sucesso com animais. Os cientistas têm negado sistematicamente que isso esteja sendo feito com seres humanos. Será que isso pode estar acontecendo em segredo? A criação de um determinado tipo de ser humano que seria programado para a guerra. Nostradamus parece insinuar que essas pessoas poderiam ser usadas em batalhas em vez dos jovens do mundo. Esse tipo de ser humano poderia ser criado por meio da manipulação dos genes e, em seguida, da clonagem para produzir um exército pronto, cujo único pensamento e desejo seria matar? Essas criaturas seriam consideradas humanas? Eu entendia o que ele queria dizer com o fato de tais experimentos serem realizados somente em tempos de guerra. Em tempos de paz, seria considerado terrivelmente imoral sequer pensar em criar tais seres em um laboratório.

Isso também poderia estar se referindo ao que Hitler estava fazendo durante a Segunda Guerra Mundial, quando tentava criar uma super raça por meio de reprodução seletiva. Talvez esse seja outro caso em que uma quadra se refere a duas circunstâncias diferentes, porém semelhantes.

Quando Brenda leu minhas explicações, ela não concordou que se referia à clonagem. Ela se lembrou de algumas das cenas que ele estava mostrando a ela e acha que ele foi muito claro e positivo ao dizer que se tratava de reprodução seletiva humana. Ela achava que ele estava se referindo a um projeto de gerações que começou na década de 1930 e continuou em extremo sigilo desde então, de modo que, por meio de gerações curtas (pais adolescentes) e reprodução seletiva, muito "progresso" poderia ter sido feito em um período de mais de 70 anos. Ela pode estar certa. Afinal de contas, era ela quem estava vendo os bastidores. A criação seletiva de pessoas como se fossem animais com pedigree é horrível por si só, mas ainda acho que houve tantos avanços na manipulação de genes que isso também pode ter uma participação nisso. Isso pode ter sido tão complicado de entender que Nostradamus não conseguiu formar uma imagem clara para transmitir a Brenda.

D: *A próxima é uma quadra estranha porque ele usa algumas letras do alfabeto grego. Espero que eu consiga pronunciá-las; não conheço as letras gregas.*
B: Ele diz para não se angustiar com isso. Faça o melhor que puder e não se interrompa com pedidos de desculpas. Além disso, não se sinta ofendida se ele a interromper com correções.

CENTÚRIO I-81

D'humain troupeau neuf seront mis à part,
De jugement & conseil separez:
Leur sort sera divisé en depart,
Kappa, Theta, Lambda, mors bannis esgarez.

Nove serão separados do rebanho humano, separados do julgamento e do conselho. Seu destino será dividido quando eles partirem. K. Th. L. mortos, banidos e dispersos.

B: Ele diz que essa quadra ainda não se concretizou e tem uma aplicação múltipla. Por um lado, ela se refere ao destino da Igreja Católica e, por outro, a um evento que ocorrerá perto do fim do período de angústia.

Omitirei a referência à igreja porque acho que ela é irrelevante para nossa história neste momento, além de ser repetitiva em relação a outras quadras semelhantes que tratam de sua visão do futuro da igreja.

B: A outra aplicação dessa quadra diz que, perto do fim do período de angústia, haverá um painel de cientistas muito - ele insiste em dizer - muito inteligentes, muito desenvolvidos em seus campos específicos. Eles serão reunidos como estrategistas, assim por dizer, para desenvolver super armas nesse período de dificuldades. É muito parecido com o painel de cientistas que desenvolveu armas nucleares durante a Segunda Guerra Mundial, mas ele diz que essas armas serão ainda piores. Os cientistas estarão isolados, trabalhando sozinhos e, portanto, não estarão cientes do desenvolvimento das guerras ou de qualquer coisa do gênero. Eles desenvolverão essas armas, mas, quando estiverem prontas, a maré da guerra terá mudado e eles não estarão mais do lado vencedor, mas do lado perdedor. Como consequência, seu lado perde, e o lado vencedor descobre quem eles são. Seu destino será determinado de acordo com o papel que desempenharam nisso. Alguns deles terão mortes muito horríveis. Ele diz que cada uma das letras gregas mencionadas aqui representa uma inicial, representando três desses cientistas cujos destinos serão particularmente dramáticos.

D: Em outras quadras, ele falou de cientistas fazendo experimentos com campos de energia, até mesmo trabalhando com o tempo e coisas desse tipo que poderiam ser usadas na guerra. E havia também aquela sobre eugenia.

B: Sim, é a esses que ele estava se referindo. Esses cientistas estarão preocupados principalmente com o aspecto eugênico, e é por isso que a reação das pessoas ao que eles estão fazendo será tão extrema. Embora haja muitos cientistas envolvidos, há nove à frente do projeto. Esse projeto foi iniciado na década de 1930 e tem sido conduzido em segredo em vários países ao longo das décadas. Ele atingirá seu ápice durante o período de dificuldades.

Essa data (década de 1930) coincide com o programa de Hitler que trata da criação controlada de uma super-raça. Talvez ele não tenha sido encerrado após a Segunda Guerra Mundial, mas tenha continuado e se expandido em segredo, sem que o resto do mundo soubesse.

D: Em outra quadra, creio que a data que nos foi dada foi julho de 1999.

B: Ele diz que cabe a você juntar as quadras para saber o que ele lhe disse. Ele está apenas lhe contando informações que vê nessa quadra.

D: Então, essas pessoas são as que estão trabalhando nos bastidores, desconhecidas por todos.

B: Ele diz que acha que você está fazendo uma conexão incorreta. Essas pessoas, esses nove cientistas, serão conhecidos pelo mundo em geral porque serão eles que estarão no comando. Enquanto isso, sim, os outros nos bastidores têm refúgio dado por grupos simpáticos espalhados pelo mundo. Apoiadores simpáticos, homens ricos e poderosos.

D: Então, esses serão os cientistas que podemos reconhecer por essas iniciais. (K, T, L.)

B: Sim. Ele diz que, quando chegar a hora, as iniciais serão aplicadas aos cientistas envolvidos.

Em muitas quadras, Nostradamus se referiu ao anticristo como o mundo, já que, no auge de seu poder, ele havia conquistado tanto o mundo que ninguém ousava desafiá-lo. Acho que a frase "O mundo está próximo de seu período final" em CENTÚRIO III-92 significa que os eventos mencionados nessa quadra acontecerão quando o anticristo estiver começando a enfraquecer.

ATUALIZAÇÃO: Consulte o Adendo para obter mais informações sobre a ciência da nanotecnologia e sua conexão com o CENTÚRIO X-72 (pág. 246-247) e a quadra acima.

CAPÍTULO 20

O TEMPO DE ANGÚSTIA

HOUVE UM GRANDE NÚMERO DE QUADRAS que traduzimos que eram tão gerais que se aplicavam a muitas guerras do passado e também podiam se referir ao tempo de angústia. Nostradamus explicou que as guerras geralmente seguem um padrão previsível. Estou incluindo aqui as mais pertinentes e omitindo aquelas que não eram específicas.

CENTÚRIO I-92

Sons un la paix par tout sera clamee
Mais non long temps pillé & rebellion:
Par refus ville, terre, & mer entamee,
Mors & captifs le tiers d un million.

Sob o comando de um homem, a paz será proclamada em todos os lugares, mas não muito tempo depois haverá saques e rebeliões. Por causa de uma recusa, a cidade, a terra e o mar serão invadidos. Cerca de um terço de um milhão de mortos ou capturados.

B: Ele diz que isso se refere a algumas das condições que estarão presentes durante o tempo do anticristo. Dentro de seu reino não haverá luta, simplesmente porque ele tem todos sob seu controle. Mas isso não durará muito, porque as pessoas que experimentaram o gosto da liberdade não suportarão tanta opressão.

D: Um terço de um milhão; é muita gente que vai morrer ou ser capturada.

B: Ele diz que haverá muitas mortes. Haverá muita luta e muita gente morrendo pela causa, seja qual for o lado em que estejam, seja qual for o lado em que acreditem. Ele diz que as descrições do livro do Apocalipse se encaixam muito bem, sobre o sangue até os arreios dos cavalos e os rios que correm com sangue e assim por diante. Haverá muito derramamento de sangue. Será muito violento e muito traumático.

CENTÚRIO VI-97

Cinq & quarante degrés ciel bruslera,
Feu approcher de la grand cité neufve,
Instant grand flamme esparse sautera,
Quand on voudra des Normans faire preuve.

O céu arderá a quarenta e cinco graus, o fogo se aproxima da grande Cidade Nova. Imediatamente, uma chama enorme e dispersa salta quando eles querem ter provas dos normandos.

B: Esse é um evento que ocorrerá na guerra que está por vir. Ele diz que nessa guerra vários laços diplomáticos que estão em vigor atualmente não existirão. Haverá um conjunto diferente de laços diplomáticos, mas um que ainda será válido é a amizade entre o povo da França e o povo da América.

D: *Isso são os normandos?*

B: Sim. Ele diz que, nesse evento específico, um país do outro lado do conflito enviará uma bomba para a cidade de Nova York. Ela será vista no céu e será observada chegando. Acredito que ele queira dizer que ela será rastreada pelo radar, mas ele diz que os observadores estarão atentos. O sistema de defesa dos Estados Unidos se concentrará em tentar desviar ou desativar a bomba para que eles não possam retaliar o país (que disparou a bomba). Como prova de sua amizade, será solicitado aos franceses que retaliem os Estados Unidos, o que eles farão com várias bombas e armas.

D: *O que significa a frase "Imediatamente, uma chama enorme e dispersa salta"?*

B: São as várias bombas e armas dos franceses saltando e voando em direção ao território inimigo porque a resposta será imediata. Quando o líder americano usar a linha direta descrevendo a situação e o problema, o marechal francês entrará em contato imediatamente com suas bases armadas, de onde aviões e bombas autopropelidas saltarão em línguas de fogo e voarão em direção ao autor do evento.

D: Você disse que a bomba estava se aproximando e que eles estavam observando. Ela vai atingir Nova York?
B: (Pausa) Ele está tentando ver com certeza. Ele está dizendo que, nessa guerra em particular, algumas das bombas atingirão Nova York e outras serão desviadas. Às vezes é difícil descobrir o que acontecerá com quais bombas. Essa bomba em particular, diz ele, será prematuramente detonada no caminho para não destruir a cidade. Mas ceifará muitas vidas humanas ao destruir os aviões que estão voando ao redor dela para tentar desviá-la ou desativá-la.

Aparentemente, eles serão destruídos pela explosão quando a bomba for detonada.

D: "45 graus" se refere ao local?
B: Ele diz que se refere ao ângulo acima do horizonte em que ela será avistada pela primeira vez, para que os aviões possam ser enviados atrás dela.

CENTÚRIO V-98

A quarante huict degré climaterique,
A fin de Cancer si grande seicheresse:
Poisson en mer, fleuve, lac cuit hectique,
Bearn, Bigorre par feu ciel en destresse.

No quadragésimo oitavo grau do climatério, o final de Câncer, há uma seca muito grande. Os peixes no mar, nos rios e nos lagos fervem de forma agitada, Bearn e Bigorre estão em perigo por causa do fogo no céu.

Tive problemas com a pronúncia dos nomes dos lugares e também com a palavra "climatério". Ele me corrigiu enquanto eu lia.

B: Ele diz que esse evento se refere a algo que o anticristo fará. Não é o mesmo evento que aconteceu no Ponto Negro. (CENTÚRIO II-3, explicado no Capítulo 14). É um evento mais adiante na linha, mas conectado por uma série de eventos intermediários.

D: *E quanto a Bearn e Bigorre, são nomes de países?*

B: Sim, são nomes de lugares. Ele diz que é difícil dizer quais são os países porque o mapa estará mudando muito nessa época. Os países como os conhecemos agora não se aplicarão da mesma forma. Isso acontecerá no continente europeu.

D: *O que ele quer dizer com o 48° grau do climatério?*

B: Ele diz que o círculo de constelações pode ser dividido em graus. Cada um desses graus corresponde a determinados períodos de tempo, bem como a determinados lugares na Terra.

D: *O tradutor interpretou como sendo um local na Terra.*

B: Sim, ele diz que se aplica a ambos. Ele mencionou o 48° grau do climatério para indicar um lugar e, em conexão com a referência a Câncer, para indicar um tempo também.

Essa foi uma das primeiras quadras que levei para John interpretar. Ele também ficou confuso com a palavra "climatério". Não é um termo usado na astrologia moderna e ele não conseguiu encontrá-lo em nenhum dicionário astrológico. Ele parecia se lembrar de tê-la visto em alguns de seus livros sobre astrologia antiga e foi ali que a encontrou. É definido como um termo antigo, que significa o ponto culminante de um aspecto importante. Esse é outro dos pontos surpreendentes que continuaram a aparecer durante esse experimento. Ele acrescenta uma validade incrível às traduções se um termo como esse for usado. Ele não poderia ter vindo de nenhuma de nossas mentes modernas, mas apenas da mente de um astrólogo familiarizado com a terminologia antiga. Nem mesmo os tradutores conseguiram associar o termo à astrologia, apenas à latitude.

B: Todos os países estarão envolvidos nisso, mas a Europa suportará a maior parte da luta. Ele diz que a Europa é o eterno campo de batalha. Os primeiros eventos que levam a isso ocorrerão durante suas vidas. Os eventos mencionados na primeira quadra (CENTÚRIO II-3), que se refere ao cozimento de peixes no mar ao redor de Negrepont, ocorrerão durante sua vida. Ele diz que será uma época muito complicada.

CENTÚRIO II-40

Un pres apres non point longue intervalle
Par mer & terre sera faict grand tumulte:
Beaucoup plus grande sera pugne navalle,
Feux, animaux, qui feront plus d'insulte.

Pouco tempo depois, em um intervalo não muito longo, haverá um grande tumulto em terra e no mar. As batalhas navais serão maiores do que nunca. Incêndios, criaturas que causarão mais tumulto.

B: Ele diz que essa quadra descreve as condições durante o período de problemas. Haverá grandes e fantásticas batalhas navais, bem como batalhas terrestres e aéreas. Ele diz que a parte referente às batalhas navais também se refere às batalhas aéreas, porque uma coisa que ele acha confusa é que os termos de navegação são usados tanto para navegar no mar quanto para navegar no ar. Portanto, sempre que ele vê essas coisas simbolicamente do futuro, às vezes obtém imagens conflitantes porque elas se referem a ambas, embora seja usada uma fraseologia comum.

D: O que ele quer dizer com "fogo, criaturas, causarão mais tumulto"?

B: Essas serão algumas das armas fantásticas que são ultrassecretas e ultra-restritas no momento. Quando elas forem lançadas para uso na guerra, todos ficarão maravilhados com elas.

CENTÚRIO II-60

La foy Punicque en Orient rompue
Grand Jud. & Rosne, Loire & Tag changeront
Quand du mulet la faim sera repue,
Classe espargie, sang & corps nageront.

Fé com a África quebrada no Oriente, Grande Jordão, Rosne, Loire & Tagus mudarão. Quando a fome da mula é saciada, a frota se dispersa e os corpos nadam em sangue.

B: Isso se refere a alguns dos terríveis combates que estarão ocorrendo. "O destino está quebrado no leste da África" refere-se ao Oriente Médio e a essa parte do mundo. Haverá um confronto nuclear lá. É assim que a fé será quebrada, porque eles terão dito em um acordo que não usariam essas armas na guerra. Mas eles dão meia-volta e fazem isso de qualquer maneira. Ele diz que pode ver claramente que as principais potências de nossos dias mantêm frotas navais nessa área porque é uma área inquieta do mundo. As frotas ficarão espalhadas em ruínas devido à violência da explosão. Devido à combinação entre a precipitação radioativa e o efeito que ela tem sobre as pessoas, os animais e o clima, além do efeito de quaisquer vulcões que possam explodir, a água dessa parte do oceano ficará com uma cor vermelha lamacenta. Assim, os corpos das pessoas mortas estarão flutuando no que parece ser sangue.

D: O que ele quer dizer com "quando a fome da mula for saciada"?

B: Ele está dizendo que vocês rirão quando ouvirem isso. Isso ocorrerá quando os Estados Unidos tiverem um presidente democrata. Ele viu o mesmo padrão observado em seu país, em que os presidentes republicanos colocam o país em depressão e os presidentes democratas o tiram de lá envolvendo-o em uma guerra. Ele diz que, neste momento, os Estados Unidos terão um presidente democrata e se envolverão nesse conflito como uma forma de tentar estimular a economia.

D: Não estou rindo porque isso faria sentido, já que a mula é um símbolo dos democratas.

B: Ele se refere aos nomes de todos os rios porque, devido à violência da explosão nuclear e das mudanças na terra, esses rios mudarão seus cursos. E os países que usam alguns desses rios como linhas de fronteira terão de redesenhar suas fronteiras nos mapas. Ele diz que, nessa parte do mundo, os sistemas hídricos ficarão muito bagunçados.

O CENTÚRIO II-74 descreve as grandes migrações de pessoas pelo continente europeu. A maioria estará fugindo dos lugares que foram destruídos pela agressão militar. Haveria também longas colunas de soldados se movendo em direção ao local da batalha.

CENTÚRIO III-18

Apres la pluie laict assez longuette
En plusieurs lieux de Reims le ciel touché:
O quel conflict de sang pres d'eux s'appreste,
Peres & fils Rois n'oseront approcher.

Após a longa chuva leitosa, vários lugares em Reims serão tocados por raios. Oh, que batalha sangrenta está se aproximando deles, os pais, filhos e reis não ousarão se aproximar.

B: Ele diz que isso se refere a um evento durante o período em que o anticristo estiver dominando a Europa. A longa chuva leitosa e o fato de ser tocado por um raio são efeitos do uso de armas nucleares nessa guerra. Serão usadas outras armas fantásticas, com base em conceitos que estão sendo desenvolvidos atualmente, dos quais você e este veículo não têm a menor ideia, e elas terão resultados devastadores. Haverá cadáveres por toda parte. Os tempos serão muito difíceis. É por isso que a própria Terra gritará de dor. Ele afetou a linha do tempo tão fortemente que os profetas puderam vê-lo com milhares de anos de antecedência.

D: Em seguida, diz: "Pais, filhos e reis não ousarão se aproximar".
B: Ele diz que esse homem será tão terrível, tão horrível e tão poderoso que as pessoas que são os governantes legítimos dos países serão intimidadas pelo medo e não ousarão fazer nada para ajudar a deter a devastação desse homem. Dinastias inteiras serão dizimadas.

Isso poderia estar ocorrendo simultaneamente ou após os assassinatos de líderes mundiais? Se sim, isso explicaria a relutância dos governantes em desafiá-lo.

D: *Os tradutores conseguem entender uma chuva de sangue e coisas do gênero, mas não entendem o que ele quer dizer com a chuva de leite.*
B: Ele diz que usa a chuva de leite para representar os efeitos adversos que essas fantásticas armas nucleares terão sobre o clima, incluindo coisas como chuva de radiação. Essas armas usarão uma combinação dos piores aspectos do armamento nuclear e do armamento a laser, e alguns dos armamentos a laser, quando lançados sobre as pessoas, se assemelharão a uma substância branca caindo.
A seguinte quadra também trata de uma chuva de leite.

CENTÚRIO III-19

En Luques sant & laict viendra plouvoir,
Un peu devant changement de preteur:
Grand peste & guerre, faim & soif fera voir.
Loing où mourra leur Prince recteur.

Em Lucca, choverá sangue e leite, pouco antes de uma mudança de governador. Haverá grande praga e guerra, fome e seca, longe do local onde o príncipe e governante morre.

D: *Os especialistas acham que isso está relacionado à quadra anterior.*
B: Ele diz que isso de fato se refere à mesma guerra. Antes que o anticristo assuma o controle de qualquer lugar, não apenas do lugar que ele menciona aqui, ele primeiro faz chover sobre eles morte e destruição para que seja mais fácil para ele assumir o controle. Ao fazer isso, ele viajará para longe de seu local de descanso final. Alguns dos eventos que ocorrerão farão com que acontecimentos hediondos do passado pareçam brincadeira de criança em comparação. Outro aspecto da história que se move em espiral é que parte disso foi parcialmente feito pelo homem chamado Hitler quando ele assumiu o controle da Europa. Só que ele estava usando chuva de sangue em vez de chuva de sangue e leite, pois não tinha o armamento descrito nessas quadras. Mas ele também fazia chover destruição antes de assumir o controle de um

lugar. Uma das coisas que esse anticristo fará é descobrir por que Hitler fracassou. É por isso que ele planeja ter sucesso, pois aprenderá com os erros de Hitler.

Um pensamento arrepiante, porque Hitler quase teve sucesso em seu reinado de terror.

B: Ele terá acesso a livros que geralmente não estão disponíveis ou não são conhecidos pelo público leitor em geral. Será possível ele obter documentos nazistas secretos sobre Hitler. Ele aprenderá bem suas lições.

CENTÚRIO I-64

De nuict soleil penseront avoir veu,
Quand le pourceau demi-homme on verra:
Bruict, chant, bataille, au ciel battre aperceu:
Et bestes brutes à parler lon orra.

À noite, eles pensarão que viram o sol, quando virem o homem meio porco: Barulho, gritos, batalhas vistas lutando nos céus. As bestas brutas serão ouvidas falando.

B: Ele diz que isso se refere a alguns eventos futuros e também parcialmente ao presente. Cada linha tem quase um significado diferente. Ele lhe dará os significados, mas não necessariamente na ordem em que as linhas estão escritas. "A besta bruta será vista falando." Os animais, de fato, falarão com a humanidade e lhes darão conhecimento por meio de pesquisas feitas para o avanço do conhecimento médico. Ele diz que isso continuará a ser verdade. "Eles pensarão que viram o sol à noite", refere-se à detonação de uma bomba atômica ou de uma arma a laser durante a noite. Ele não é muito claro na descrição, mas a arma produz uma enorme explosão de luz. Isso estará envolvido com a guerra e os resultados dessa arma, além de causar mudanças climáticas, também produzirão defeitos congênitos monstruosos que resultarão em mudanças na aparência das crianças, incluindo algumas que parecem quase suínas. Os cientistas estarão pesquisando freneticamente para tentar encontrar uma maneira de alterar os efeitos dessa arma, no que diz respeito às crianças recém-nascidas. E quando houver uma descoberta, ela virá de uma fonte inesperada do reino animal.

D: *Isso se refere à última linha novamente.*

B: Sim, ela tem um significado múltiplo. "Barulho, gritos, batalhas vistas lutando nos céus." Ele percebeu que uma extensão lógica de viajar pelos céus é poder lutar nos céus. As próprias armas farão um barulho do tipo grito quando passarem correndo. Isso será muito assustador para as pessoas que estão embaixo e muito mortal.

D: *O intérprete achou que isso poderia se referir à Segunda Guerra Mundial.*

B: Não. Embora muitos combates tenham sido travados no ar naquela guerra, ela foi basicamente uma guerra terrestre. E nesta guerra, embora haja alguns combates no solo para manter a posição, as principais batalhas decisivas serão no ar.

D: *A interpretação mais próxima que eles encontraram para o homem parecido com um porco foi a dos pilotos usando capacetes e máscaras de oxigênio durante a Segunda Guerra Mundial. Eles acharam que isso poderia se assemelhar a um porco para Nostradamus.*

B: Ele diz que essa foi uma interpretação lógica, mas eles estão sempre se esquecendo de ter em mente que ele tenta dar mais de um significado a cada linha quando pode.

Isso pode significar que essas linhas também poderiam se referir à Segunda Guerra Mundial, como os intérpretes pensaram, mas Nostradamus achou que a tradução para o futuro era a mais importante para nos relacionar neste momento.

CENTÚRIO I-80

De la sixieme claire splendeur celeste,
Viendra tonner si fort en la Bourgongne:
Puis naistra monstre de treshideuse beste,
Mars, Avril, Mai, Juin grand charpin & rongne.

A partir da sexta luz celestial brilhante, haverá um trovão muito forte na Borgonha. Então, um monstro nascerá de uma besta muito hedionda: Em março, abril, maio e junho, grandes ferimentos e preocupações.

B: Ele diz que a sexta luz celestial se refere a Júpiter. Isso foi uma surpresa porque o livro mencionava Saturno como o sexto planeta.

B: Ele diz que enfatiza a referência a Júpiter acrescentando a noção de trovão porque o dia de Thor, que é quinta-feira, será o dia do anticristo. E Thor é o equivalente nórdico do Júpiter romano. Ele diz que durante esses meses do ano (março, abril, maio e junho), ou melhor, durante os signos astrológicos que representam esses meses do ano, quando Júpiter estiver atravessando esses signos, conforme visto da Borgonha, haverá tempos de grandes problemas. Haverá muito derramamento de sangue e guerra e, devido à natureza horrível das armas, muitas coisas terríveis estarão ocorrendo. O que ele está me mostrando parece ser os efeitos da radiação intensa.

D: *Queimaduras por radiação?*

B: Não. Deformidades grosseiras causadas pela exposição dos pais à radiação. Mutações terríveis na natureza, em plantas e animais, bem como as cicatrizes no seio da Mãe Terra causadas por essas armas. Ele diz que o anticristo será a causa de tudo isso. Ele é o monstro por trás dessas monstruosidades que estão surgindo.

D: *Então, "o monstro nascerá de uma besta muito horrenda" tem um duplo significado.*

J: *(Ele estava examinando sua efeméride.) Júpiter estará nesses signos durante os anos de 1997 a 2001.*

B: Nesse momento, Michel de Notredame fez um gesto muito grandioso e disse: "Precisamente!"

D: *Ah, sim! Não é bom ter um amigo do lado de cá que pode ajudar com isso? - Tenho uma dúvida. O tradutor diz que Saturno é o sexto planeta.*

B: Ele diz que esse é um erro muito natural. Ele tem fontes de documentos antigos que muito possivelmente se desintegraram entre a época dele e o que vocês consideram ser o presente. Ele diz que uma das grandes luzes, devido a uma guerra nos céus, foi destruída. A que estava entre Marte e Júpiter não existe mais. Ele estava contando essa quando contava as grandes luzes do céu para despistar a Inquisição.

D: *Seria esse o cinturão de asteroides atual?*

B: Ele diz que isso está correto.

D: *Isso é muito inteligente. Acho que a Inquisição ou qualquer outra pessoa não teria sido capaz de perceber isso.*

B: Ele diz que tem de ser sorrateiro às vezes.

D: *Eles pensaram que era Saturno e, dessa forma, estavam com a previsão totalmente errada.*

B: Ele diz que está curioso. Quais são as datas que eles encontraram?

D: *Eles disseram Primavera de 1918.*

B: Ele diz que teve outras visões sobre as guerras mundiais, mas essa não é uma delas.

Para mim, a seguinte quadra é um exemplo notável do funcionamento da mente de Nostradamus e ilustra os métodos que ele usou para fornecer uma descrição simbólica de algo que não conseguia entender.

D: *Essa quadra tem causado muitos problemas aos tradutores. Todos eles discordam sobre a tradução de uma linha do francês para o inglês. Eles dizem que a tradução literal não faz nenhum sentido.*

B: Ele diz que a tradução literal não faz mal, pois o veículo compreende inglês e isso o ajudará a lembrar o que ele escreveu em francês.

D: *Devo ler o texto da forma como foi traduzido primeiro?*

B: Ele diz, por curiosidade, que sim.

CENTÚRIO II-75

La voix ouie de l'insolite oiseau,
Sur le carron de respiral estage:
Si hault viendra du froment le boisseau,

Conversas com Nostradamus, Volume 1

Que l'homme de l'homme fera Antropophage.

O chamado do pássaro indesejado sendo ouvido na chaminé; alqueires de trigo subirão tão alto que o homem devorará seu semelhante.

A primeira linha é a que tem causado problemas. Ela foi traduzida de forma diferente em outros livros. Um deles diz: "O som de um pássaro raro será ouvido no cano do andar mais alto", o que não faz mais sentido do que o pássaro indesejado na chaminé. Ele me pediu para ler a quadra novamente, dessa vez substituindo essa linha pela tradução literal.

D: *"O chamado do pássaro indesejado sendo ouvido na tubulação do piso de respiração. Os alqueires de trigo se elevarão tanto que o homem devorará seu semelhante."*
B: Ele diz que vai usar a tradução literal porque a tradução interpretativa não leva em conta a coisa espantosa que ele viu no futuro distante. Ele diz que a expressão "to tubo do piso de respiração", embora seja estranha, é o mais próximo que ele conseguiu chegar do que estava vendo de um dispositivo futuro.
D: *Então a "chaminé" está errada.*
B: Isso é verdade. Ele diz que é uma interpretação razoável, dada a visão limitada média das pessoas. Esse evento ocorrerá em uma época de guerra e grande agitação. O chamado do pássaro indesejado será um evento em que um avião estará chegando para pousar no convés de um porta-aviões - o convés do porta-aviões é o piso de respiração.

Que brilhante! Uma excelente analogia comparativa. Um porta-aviões pareceria naturalmente um piso para ele se não houvesse uma palavra para isso.

B: Ele o chamou assim porque haverá o movimento dele com as ondas, semelhante ao movimento da respiração, além de haver almas vivas embaixo dele também. Esse também é outro significado de "piso respiratório". Ele diz que um avião chegará à terra, mas esse avião não pertencerá ao porta-aviões. É uma situação muito complexa porque, nessa guerra, o equilíbrio dos poderes políticos de cada lado é muito complexo e delicado. E esse avião é de uma potência que está um pouco mais alinhada com o outro lado, embora ainda seja basicamente neutra. Mas estar em contato com essa nação em particular teria repercussões políticas generalizadas no que diz respeito a essa guerra. Portanto, as pessoas nesse porta-aviões não estão realmente querendo entrar em contato com esse avião. "A chamada indesejada no cano do piso respiratório" é o avião se comunicando com eles por meio das antenas de rádio. Ele usou o termo "tubo" porque seria algo que transportaria som e comunicação, e esse foi o conceito mais próximo que ele conseguiu encontrar em seu idioma na época. O avião vai querer pousar nesse porta-aviões porque há um líder importante, um general ou algo do gênero, no navio. E o avião leva um emissário importante, alguém próximo ao líder do país, que precisa entregar documentos e mensagens importantes. Será uma situação muito complexa.

D: Esse emissário terá permissão para aterrissar?

B: Ele diz que é difícil prever porque a linha do tempo se divide ali e pode acontecer qualquer coisa. E qualquer um dos caminhos terá repercussões. Nesse momento, ele não é capaz de ver qual linha do tempo provavelmente predominará, qual será a direção do evento. Esse é um evento específico durante esse período. As condições do trigo são uma condição geral que perdura durante um grande período dessa guerra. Como resultado dessa guerra, o comércio normal será interrompido entre todos os países. Alguns países terão excesso de alimentos, como alqueires de trigo, mas o preço deles será tão desproporcional que ninguém poderá comprar o trigo. Nos países onde não for possível obter o trigo, as pessoas estarão recorrendo ao canibalismo apenas para se manterem vivas. E o trigo, enquanto isso, será armazenado em silos e apodrecerá simplesmente porque eles não conseguem se livrar dele, não conseguem vendê-lo. O preço do trigo também é alto em vidas humanas, pois eles tentam transportá-lo para outros países. Será muito perigoso porque o transporte marítimo será totalmente interrompido, portanto, não só o preço será desproporcional, mas o perigo de tentar entregar o trigo também será desproporcional. Assim, ele não poderá chegar onde é necessário para as pessoas comerem.

D: *Eles interpretaram a quadra inteira como significando uma fome que fará com que os homens se tornem canibais.*
B: Ele diz que, se eles interpretaram dessa forma, isso implica em uma fome natural oriunda de causas naturais. Mas não era isso que ele estava vendo. Ele estava vendo uma fome forçada causada pelas barreiras da guerra, e não por causa da falta de chuva ou coisa parecida.
D: *Dizem que o pássaro indesejado na chaminé é uma coruja ou outro pássaro de mau agouro e está avisando que a fome e os preços altos estão chegando.*
B: Ele diz que essa é uma interpretação razoável, pois os intérpretes não estão cientes das imagens detalhadas que ele vê. Ele diz que às vezes tem uma visão que mostra apenas um pequeno incidente em um acontecimento maior. Ele vê tudo até o último detalhe e escreve isso. Mas é difícil para uma pessoa de fora conseguir associar isso ao quadro maior.

Esse foi um exemplo perfeito de uma quadra obscura e complicada que teria sido impossível decifrar sem a ajuda dele. Mais uma vez, é absolutamente incrível como tudo fica claro quando ele explica cada ponto. Para mim, essa é a prova de que estamos realmente em contato com Nostradamus porque, nesses casos, somente o autor saberia os verdadeiros significados que estava tentando transmitir.

CENTÚRIO I-67

La grande famine que je sens approcher,
Souvent tourner, puis estre universelle:
Si grand & long qu'un viendra arracher,
Du bois racine & l'enfant de mamelle.

A grande fome que sinto que está se aproximando, muitas vezes, se transformará (em várias áreas) e depois se tornará mundial. Ela será tão vasta e duradoura que (eles) arrancarão as raízes das árvores e as crianças do peito.

B: Ele diz que isso tem a ver com as mudanças climáticas que ocorrem após o lançamento desse terrível dispositivo que ele já mencionou.

Ele diz que a frase "os campos regados encolhem" (referindo-se ao CENTÚRIO X-70, que foi abordado no Capítulo 15) significa que a fome começará em áreas dispersas. Depois, as condições continuarão a piorar e não melhorarão. A fome em diferentes áreas continuará a crescer até que as áreas se conectem e cubram grandes superfícies das massas de terra da Terra, de modo que a maior parte do mundo estará sofrendo. Isso afetará todos os habitantes do mundo, pois as necessidades de alimentos serão muito escassas e difíceis de obter. As pessoas ficarão tão desesperadas por comida que começarão a tentar comer qualquer coisa, qualquer tecido vivo como alimento, inclusive, como ele escreveu, raízes de árvores que normalmente não se comem. E, em algumas partes do mundo, especialmente em lugares com muita gente, como a Índia, elas também se alimentam de bebês recém-nascidos.

D: *Isso parece horrível. É revoltante!*
B: Será um período muito sombrio.

ATUALIZAÇÃO: Em 1992, foi anunciado que o sul da África estava enfrentando a pior seca deste século. Os meteorologistas alertaram que ela estava se espalhando para o norte e engolindo todo o lado oriental do continente. Embora a seca seja comum em certas regiões da África, os especialistas em clima e alimentos disseram que o período de seca deste ano é extraordinário por ter varrido os países exportadores de alimentos, que normalmente escapam de secas severas. Os especialistas exclamaram que esta foi uma grande seca do Cabo ao Cairo, e todos esses países estariam importando grãos este ano. O assunto era muito sério. O fracasso das chuvas, acompanhado de temperaturas excepcionalmente quentes para as estações de plantio, fez com que a África do Sul e o Zimbábue importassem grandes quantidades de grãos pela primeira vez na história. De onde viriam os alimentos, agora que a antiga União Soviética também estava fazendo grandes exigências ao suprimento gratuito de alimentos do Ocidente? Esse é o início do cumprimento dessa horrível quadra?

D: *É bastante deprimente para muitas pessoas que muitas de suas quadras tratem de tragédia.*

B: Ele diz que esses eventos devem ser vividos se quisermos atingir o objetivo final para o qual estamos trabalhando. Se sobrevivermos a todos esses eventos ruins, então, depois disso, seremos realmente um povo pacifista, um povo pacífico. E nossa filosofia terá mudado o suficiente para que essa parte de nosso caminho seja diferente, e seguiremos um caminho holístico em vez de um caminho tecnológico.

D: *As pessoas dizem que não gostam de ler suas quadras porque elas são muito perturbadoras.*

B: Ele olha com os olhos e diz: "Elas devem ser perturbadoras. Tento mostrar a eles o pior do que pode acontecer para que talvez possam evitar algumas coisas".

D: *Mas acho que as pessoas não gostam de pensar que o homem é capaz de tais coisas.*

B: Ele diz, olhe para a contagem de mortes da Segunda Guerra Mundial e me diga que o homem não é capaz de nada.

D: *Eles não gostam de pensar que nosso futuro reserva tanto horror.*

B: Ele está balançando a cabeça e murmurando sobre a estupidez e a falta de visão da humanidade em geral.

D: *Essa é uma das razões pelas quais eles hesitam em ler suas quadras. Eles dizem que preferem não pensar nessas coisas. Você sabe, a atitude do "avestruz com a cabeça na areia".*

B: Fiz a analogia para ele, e ele disse que é uma boa analogia. Ele disse que nunca ouviu falar de avestruzes em sua vida, mas eu a imaginei.

D: *Significa se esconder de algo que é ....*

B: Sem estar em perspectiva, sim. Imaginei a analogia para ele como o comunicador. Ele vê a imagem e a acha divertida, mas muito verdadeira.

D: *As pessoas acham que, se não souberem de algo, isso não as prejudicará, irá embora.*

B: Ele comenta que há um ditado que vocês parecem ter: "O que você não sabe não pode machucá-lo". Ele diz que, infelizmente, isso não é verdade.

D: *Parece que muitas dessas quadras tratam do anticristo. Nostradamus deve ter visto muito sobre ele.*

B: Ele diz que esse homem causa alguns dos eventos mais terríveis da história da humanidade. Você notará que ele também viu muito sobre a Revolução Francesa porque foi outro momento crucial e instável no que diz respeito ao seu país. Esses eventos futuros dizem respeito ao mundo inteiro e não apenas ao seu país, portanto, naturalmente, ele teria muitas visões sobre isso.

D: *Eu queria perguntar uma coisa. Me parece que muitas dessas previsões se referem a muitos eventos diferentes. Eu me perguntei se talvez ele estivesse vendo várias possibilidades que poderiam acontecer e que nem todas necessariamente se tornariam realidade.*

B: Ele diz que o principal motivo pelo qual quis essa comunicação foi para evitar o pior do que ele já viu. Alguns dos chamados "piores cenários" poderiam facilmente acontecer, mas, com muita determinação e solução, poderiam ser alterados para melhor. Infelizmente, neste momento, as piores coisas que ele viu seriam os eventos mais fáceis de acontecer. E ele sabe que deve dar o melhor de si para ajudar a diminuir a destruição.

D: *Ele disse uma vez que às vezes via um nexo no tempo e que poderia haver muitos caminhos diferentes e, portanto, muitas possibilidades.*

B: Isso está correto. Ele diz que, neste momento, por ser um nexo tão importante, não importa qual caminho escolhemos, ele ainda parece conter a maioria dessas visões. Mas há outros caminhos em que várias dessas visões podem ser evitadas. Ele diz que o tempo de angústia será um período muito difícil e de provação. Os espíritos na Terra neste momento estão aqui porque escolheram estar aqui, porque sabiam que qualquer espírito na Terra neste momento estará trabalhando com grandes quantidades de carma importante. Ele está me mostrando uma imagem. Não está me dando palavras. É uma grande roda cármica dividida em seções maiores em vez de seções menores e há pessoas trabalhando nessas seções maiores como se fossem as seções menores. É como trabalhar com o carma concentrado. Ele diz que a quantidade de carma que os espíritos que viverem durante esses tempos serão capazes de trabalhar seria o equivalente a dez vidas em qualquer outro momento da história da Terra.

D: *É por isso que ele acha que eles se ofereceram para voltar nessa época?*

B: Ele diz que muitos deles se ofereceram, como os espíritos mais velhos e mais avançados que são necessários aqui para ajudar todos a superar a situação. Há também alguns espíritos mais jovens aqui neste momento que estavam simplesmente se sentindo aventureiros. Entretanto, há alguns espíritos que estão aqui não necessariamente porque quiseram vir em seus corações, mas porque sabiam que tinham de vir ou seria o fim da linha para eles, no que diz respeito ao desenvolvimento espiritual. Portanto, eles não são totalmente voluntários, mas apenas voluntários forçados, por assim dizer, porque sabiam que não tinham outra escolha.

D: *Acho que esse tipo de pessoa seria infeliz aqui.*

B: Ele diz que sim, mas alguns deles conseguem tirar o melhor proveito da situação e outros não, e essa é a escolha deles.

CENTÚRIO IV-28

Lors que Venus du Sol sera couvert,
Soubs l'esplendeur sera forme occulte:
Mercure au feu les aura descouvert,
Par bruit bellique sera mis à l'insulte.

Quando Vênus for coberta pelo Sol, sob o esplendor haverá uma forma oculta. Mercúrio os terá exposto ao fogo, por um rumor de guerra serão afrontados.

Um dos significados dessa quadra foi abordado no Capítulo 11, pág. 140.

B: Ele diz que a outra interpretação tem a ver com um evento que trata do tipo de problemas que virão perto do fim deste milênio. Nesse período de dificuldades, haverá muitas coisas confusas acontecendo. Ele diz que, nessa interpretação, a quadra contém várias referências astrológicas. Ele está reclamando da minha própria ignorância pessoal nesse ponto. Ele está tendo dificuldade em transmitir os conceitos de uma forma que eu possa entendê-los e comunicá-los a você.

D: *Diga a ele que faça o melhor que puder.*

B: Ele diz que está fazendo um excelente trabalho, é a minha densidade que está atrapalhando. Infelizmente, as conotações astrológicas que ele está usando aqui não são boas para datar isso, mas ele tentará chegar a esse ponto daqui a pouco. Durante o período de problemas, em um ponto em que o sol estiver entre a Terra e Vênus (e, portanto, do ponto de vista da Terra, Vênus parecerá estar oculto pelo sol), haverá uma visita dos Observadores, aqueles que ficaram de olho no desenvolvimento da humanidade. Eles se aproximarão da direção de Vênus e, portanto, também estarão temporariamente ocultos pelo sol, mas serão expostos por meio dos poderes de Mercúrio, ou seja, por meio dos poderes de observação e comunicação. Os cientistas que estão envolvidos com radiotelescopia e disciplinas semelhantes encontrarão uma anomalia que chamará sua atenção. Ao estudá-la, chegarão à conclusão de que há uma forte indicação do que eles chamariam de OVNI. Na verdade, esse é o instrumento usado pelos Observadores para observar a humanidade. À medida que esse instrumento se aproxima da Terra para mais observações, os cientistas expõem o instrumento ao fogo. Em outras palavras, expõe-no à luz do conhecimento. Eles descobrirão mais sobre o que ele é e quem são os Observadores quando esse evento ocorrer. No entanto, como acontecerá durante o período de dificuldades, essa prova definitiva de que há outras pessoas no universo causará grande agitação social e pânico em alguns países que estão particularmente envolvidos em guerras e coisas do gênero. E haverá dissensão interna criada por fundamentalistas cuja visão de mundo não pode incluir outras pessoas no universo sem abalar profundamente suas crenças. Ele sabe que a medida de Vênus estar do outro lado do sol em relação à Terra não é muito útil para a datação, pois isso ocorre com bastante frequência, mas diz que, do seu ponto de vista, acha que isso ocorrerá em 1997 ou 1998.

J: O sol sendo coberto por Vênus. Sempre vi o sol como um símbolo do Grande Espírito e Vênus como um sentimento de amor, mas um amor pessoal. Você acha que isso também pode significar a transformação de um amor mais espiritual entre as pessoas naquela época?

B: Tenho a sensação de que Michel de Notredame está muito satisfeito. Ele diz que está muito satisfeito por você ter percebido esse aspecto também. Ele diz que as influências planetárias sobre a Terra estarão agindo para tentar gerar, como você disse, mais amor espiritual entre a humanidade. Ele diz que essa é outra razão pela qual os Observadores decidiram voltar a entrar em contato com a humanidade neste momento, pois eles estão tentando ajudar no crescimento espiritual da humanidade em geral, por meio de seu estímulo gentil, por assim dizer. E ele diz que você está correta ao pensar sobre os aspectos mais elevados das influências dos corpos planetários envolvidos nessa situação.

D: *Posso perguntar se os Observadores e os Outros são o mesmo grupo de pessoas?*

B: Sim, ele diz que são os mesmos. Ele se refere a eles como os Outros porque são diferentes de nós. Eles não são nós. Eles estão fora. Eles são outros. Mas ele também os chama de Observadores porque eles sempre estiveram de olho em nós e observaram nosso crescimento e desenvolvimento. Eles estão ansiosos para que cheguemos ao ponto em que possamos nos juntar à comunidade deles e ajudar em seu grande projeto de uma forma que seja exclusiva para nós.

Foi interessante para mim que essa foi quase a mesma frase usada para descrever essas pessoas e seu propósito que meu entrevistado, Phil, usou em meu livro, Keepers of the Garden (Guardiões do Jardim).

Em muitos outros incidentes, encontrei os termos "Outros" e "Observadores", e eles geralmente se referem a extraterrestres.

CAPÍTULO 21

A CABALA

CENTÚRIO II-58

Sans pied ne main dend aigue & forte,
Par Globe au fort de port & lainé nay:
Pres du portail desloyal transporte,
Silene luit, petit grand emmené.

Sem pé nem mão, com dentes fortes e afiados através da multidão até o porto fortificado e o ancião nascido. Perto dos portões, traiçoeiro, ele atravessa; a lua brilha pouco, grande pilhagem.

B: Ele diz que isso ocorre durante o tempo do anticristo. A lua brilhando pouco se refere ao fato de que as pessoas envolvidas nessa situação específica estão fora de contato com seus eus psíquicos e intuitivos, de modo que a lua brilha muito pouco em suas vidas. A lua representa o corpo celeste que é responsável pelas coisas psíquicas, assim por dizer. "No portão, traição, eles atravessarão" refere-se ao fato de que esse grupo será um pouco como uma junta militar, mas não exatamente. (Não entendi o que ela quis dizer.) Ele diz que há um grupo de marionetistas ou mestres de marionetes nos bastidores, puxando as cordas das figuras no palco e mudando o cenário conforme necessário. As figuras no palco são as figuras políticas das principais capitais do mundo. O cenário muda conforme você vai de capital em capital, mas a situação é a mesma. Ele diz que esses mestres de marionetes que estão nos bastidores estão estruturados em uma única organização e estão trabalhando para seus próprios fins. Mas eles são muito espertos em disfarçar isso. Eles ocupam cargos que parecem ser relativamente pequenos, como assessores, subsecretários e outros, mas são posições-chave para seu poder. E enquanto estão na própria capital, perto de seus empregados, parecem ser cidadãos bons, leais e exemplares, trabalhando para os mesmos objetivos que o governo devia estar trabalhando. Mas no momento em que atravessam os portões para o mundo exterior, tudo isso muda, e eles usam as informações que obtiveram e as reúnem para que sua organização trabalhe para seus próprios fins, em vez de serem leais a qualquer governo em particular. "Sem pé nem mão, com dentes fortes e afiados" descreve ainda mais essas pessoas, porque elas parecem não ter nenhum poder de manobra política. Elas não têm pé nem mão para empurrar as pessoas. Mas elas têm dentes fortes e afiados que cravaram em tudo. E eles têm uma garra firme sobre tudo. São eles que realmente estão no controle. Essa organização existe há várias gerações. Ele diz que uma dica de sua existência é rastrear as histórias familiares dos poderes bancários e monetários do mundo. Eles são muito secretos e ninguém sabe sobre eles, exceto as famílias envolvidas. Essa cabala de líderes vem construindo lentamente, mas com segurança, uma rede mundial de poder porque eles querem assumir o controle, mas permanecem nos bastidores. No início, quando o anticristo aparece, eles acham que ele é apenas um líder novo, dinâmico e jovem do Oriente Médio que eles podem usar para ajudar a unir essa parte do mundo e colocá-la sob seu poder. Mas o anticristo acaba virando o jogo contra eles.

(Isso se refere à quadra CENTÚRIO II-18, em que o anticristo manda assassiná-los, sem perceber que eles estavam, na verdade, ajudando-o).

Acho que é apropriado fazer referência ao escândalo que ocorreu em janeiro, fevereiro e março de 1987, referente à venda de armas para os Contras na Nicarágua. As insinuações eram de que o governo dos EUA estava envolvido. Mas os Contras alegaram que o financiamento foi feito principalmente por um grupo privado de pessoas que não puderam ser rastreadas. Também durante esse período, foi dito que grandes quantias de dinheiro, milhões de dólares, que foram desviadas para esse fim, simplesmente desapareceram. Esses fundos foram rastreados até o ponto em que foram depositados em determinadas contas bancárias em muitos bancos diferentes em todo o mundo e depois simplesmente desapareceram. Os investigadores não conseguiram encontrar nenhum rastro ou indício de quem estava envolvido. Isso parece confirmar as afirmações de Nostradamus sobre uma cabala secreta que controla os assuntos do mundo e mantém as guerras para seus próprios fins, fornecendo armas, etc.

Em CENTÚRIO II-89, que foi traduzido no Capítulo 10, um grupo secreto de pessoas foi mencionado como ainda envolvido no Vietnã. Uma organização que manteve a guerra em andamento silenciosamente durante todos esses anos, sem o conhecimento do público americano em geral. Isso também poderia se referir à mesma cabala?

CENTÚRIO II-88

Le circuit du grand faict ruineux,
Le nom septiesme du cinquiesme sera:
D'un tiers plus grand l'estrange belliqueux,
Mouton, Lutece, Aix ne garantira.

Na conclusão da grande ação desastrosa, o nome da sétima será o da quinta. Do terceiro (nome), um belicista maior e estrangeiro, Paris e Aix não serão mantidos em Áries.

B: Ele diz que isso se refere ao tempo do anticristo. O grande acontecimento desastroso é a tomada bem-sucedida - ou quase bem-sucedida - da Europa pelo anticristo. Os nomes mencionados aqui são pistas de seu assim chamado "gabinete". É assim que as pessoas interpretarão isso superficialmente. Mas, na verdade, é uma pista interna para os banqueiros e financistas internacionais que estão nos bastidores decidindo o que acontecerá, quando e onde - os manipuladores de marionetes.
D: *A cabala sobre a qual já falamos?*
B: Sim. Ele diz que a referência ao fato da França e Aix não serem mantidas em Áries significa que elas não permanecerão em guerra ativa com o anticristo, mas que as coisas se acalmarão de tal forma que a atenção do anticristo se voltará para outro lugar. E é lá na França que a clandestinidade começará a florescer.

D: *Então esses nomes se referem às pessoas dessa organização secreta.*

B: Sim. Ele diz que quando elas se tornarem conhecidas, a maneira como estão listadas aqui na quadra se relacionará com as várias relações familiares entre elas.

D: *Você me disse antes que esse grupo teria algo a ver com as gerações de famílias de banqueiros.*

B: Sim, e outras famílias relacionadas a commodities, como famílias de minas de ouro e diamantes, couro, latas e coisas do gênero. Os barões coloniais básicos associados aos impérios mundiais europeus que começaram a fortuna de suas famílias explorando as matérias-primas das nações do Terceiro Mundo. Ele sabe que tentar rastrear tudo isso é uma tarefa difícil, mas diz que, com o tempo, ficará claro quem está envolvido.

D: *Ele diz que "o nome do sétimo será o do quinto". Tudo isso ficará claro?*

B: Sim. Ele diz que o sétimo e o quinto da fila não apenas terão os mesmos nomes próprios, mas seus nomes de família estarão relacionados de tal forma que o sétimo será considerado parte da família do quinto; portanto, seu nome será o do quinto. Ele diz que é difícil de explicar, mas que ficará claro quando a informação vier à tona.

D: *Tivemos várias quadras sobre essa organização secreta.*

B: Mas não o suficiente. Ele diz que, infelizmente, não foi capaz de penetrar tão profundamente quanto gostaria nesse aspecto do futuro. Ele diz que eles já causaram problemas a todos. Eles manipulam a economia para fazer com que a taxa de desemprego aumente ou diminua de acordo com seus caprichos. Eles manipulam a economia para fazer com que a inflação aumente ou diminua de acordo com seus caprichos. Ele diz que toda vez que você vai à loja e tem de pagar um preço mais alto por um pão, é por causa deles. Portanto, eles já afetaram sua vida.

Essa foi uma ideia interessante. Você não imaginaria que houvesse alguém nos bastidores com poder suficiente para fazer essas coisas e também para manter as guerras para seus próprios fins.

CENTÚRIO II-18

Nouvelle & pluie subite impeteuse,
Empechera subit deux exercites:
Pierre ciel, feux faire la mere pierreuse,
La mort de sept terre & marin subites.

Notícias; uma chuva inesperada e forte impedirá subitamente dois exércitos. Pedras e fogo dos céus farão um mar de pedras. A morte dos sete subitamente por terra e mar.

B: Ele diz que isso se refere a eventos durante o tempo do anticristo. Mais uma vez, com as mudanças na Terra ocorrendo, haverá extremos climáticos. Ele diz que dois exércitos estarão alinhados, prontos para a batalha, e uma mudança climática extrema, com chuva e granizo, os pegará de surpresa. Isso os impedirá de fazer contato da maneira que haviam planejado e, por isso, recorrerão a um plano alternativo e pilotarão aviões acima do clima para tentar lançar bombas sobre as forças adversárias. É isso que ele quer dizer com fogo e pedras caindo do céu.
D: O que ele quer dizer com "a morte dos sete"?
B: Ele diz que haverá uma cabala de líderes. Eles não serão militares no sentido estrito, mas mais parecidos com financistas e banqueiros, o poder por trás dos militares que puxam as cordas. De alguma forma, por meio dos poderes de espionagem do anticristo, eles serão descobertos e destruídos, o que, por um lado, ajudará o anticristo, pois isso colocará as organizações às quais ele está se opondo em desordem temporária e ele poderá tirar proveito desse caos. Mas, por outro lado, é um pouco de visão acanhada da parte dele, pois é essa cabala que tem instigado a guerra que vem ocorrendo ao longo das décadas e séculos. Sua destruição, na verdade, escreverá o início do fim para ele, pois foram as atividades dessa cabala que apoiaram o que ele está tentando fazer. Mas agora que eles foram removidos, a agitação para a guerra mundial não existe e a inclinação natural para a paz mundial começará a se afirmar, eliminando assim o anticristo.
D: Ele não estava ciente disso?

B: Não, se ele soubesse, teria usado essas armas. Tudo o que ele sabia na época era que eles estavam financiando essas forças europeias para que pudessem continuar a lutar contra ele.

Em vários outros lugares nas quadras, há pessoas secretas e sombrias mencionadas. Será que elas também têm algo a ver com essa cabala misteriosa?

No CENTÚRIO V-75, traduzida no Capítulo 11, pág. 158, é mencionado um homem nos Estados Unidos.

No CENTÚRIO X-72, traduzido no Capítulo 19, o Rei do Terror é mencionado em conexão com o experimento genético.

Além disso, nesse mesmo capítulo, outro grupo de poder misterioso é mencionado em CENTÚRIO I-81. Esse grupo também está se referindo aos experimentos genéticos.

Poderiam ser todas essas referências independentes à mesma cabala misteriosa que realmente controla os assuntos do mundo?

CAPÍTULO 22

A VIRADA DA MARÉ

CENTÚRIO VI-33

Sa main derniere par Alus sanguinaire
Ne se pourra par la mer guarantir:
Entre deux fleuves craindre main militaire,
Le noir l'ireux le fera repentir.

Com sua mão finalmente atravessando o sangrento Alus, ele será incapaz de se proteger por mar. Entre dois rios ele temerá a mão militar, a negra e furiosa o fará se arrepender.

B: Ele diz que isso se refere à queda do comandante supremo do anticristo. Ele cometerá uma falha grave de julgamento no campo de batalha, de modo que a maior parte de suas forças será capturada ou morta. A batalha envolvida será extremamente estratégica. O negro e furioso refere-se ao anticristo e sua reação à situação.

D: Dizem que a palavra "Alus" é um mistério não resolvido. É um anagrama?

B: Ele diz que isso se refere ao uso indevido de alguma tecnologia que ainda não foi desenvolvida. Quando esse comandante supremo comete esse grande erro de julgamento, parte desse erro é o mau uso dessa tecnologia de forma a causar sua queda.

D: Eles pensaram que ele poderia estar tentando nos dar o nome do terceiro anticristo em um anagrama.

B: Não, não é assim. Ele diz que isso tem alguma relação com a outra quadra sobre a escolha desse comandante supremo.

CENTÚRIO VI-21

Quant ceux du polle artiq unis ensemble,
En Orient grand effrayeur & crainte:
Esleu nouveau, soustenu le grand tremble,
Rhodes, Bisance de sang Barbare taincte.

Quando os do polo norte estiverem unidos no Oriente, haverá grande medo e pavor. Um novo homem eleito, apoiado pelo grande que treme, Rodes e Bizâncio serão manchadas com sangue bárbaro.

B: Enquanto as coisas parecerem totalmente sem esperança, o anticristo parecerá todo poderoso e todo conquistador. Mas é nesse momento que sua estrela está caindo e seu poder começa a ceder em certos lugares cruciais. Isso se refere ao momento em que os habitantes do pólo norte - ou seja, os Estados Unidos, o Canadá e a Rússia em particular e, mais tarde, o norte da Europa - conseguirem se unir. Mesmo que o anticristo tenha dominado toda a Ásia, depois de um certo tempo ele não conseguirá controlar a Rússia. A Rússia se liberta e se une aos países que ainda não foram conquistados. Essa união, principalmente entre os Estados Unidos, o Canadá e a Rússia, causa medo no coração do anticristo, porque ele pode ver o começo do fim, onde ele pode falhar nesse ponto. Assim, ele escolhe outro comandante de campo para continuar a campanha, mas esse esforço fracassará. Rodes e Bizâncio, por serem as principais sedes regionais, verão alguns dos combates mais sangrentos. A aliança do polo norte, em seu esforço para quebrar sua cadeia de comando, comunicação e afins, para ajudar a desmoronar seu poder, tentará arrancar o resto do mundo de suas mãos.

D: *Eles interpretam essa quadra como uma aliança com os EUA e a Rússia, mas acham que é o início de uma guerra.*

B: Ele diz que será o ponto de virada nesse grande conflito em que parecerá, pela primeira vez, que talvez os mocinhos saiam vitoriosos, afinal.

CENTÚRIO VIII-17

Les bien aisez subit seront desmis
Par les trois freres le monde mis en trouble,

Cité marine saisiront ennemis,
Faim, feu, sang, peste & de tous maux le double.

Aqueles que estão tranquilos serão subitamente derrubados, o mundo será colocado em apuros por três irmãos; seus inimigos tomarão a cidade marinha, a fome, o fogo, o sangue, a peste, todos os males serão duplicados.

B: Em um determinado momento, as vitórias virão com tanta frequência e tão rapidamente que eles se tornarão complacentes. Eles começam a considerar suas vitórias como garantidas e se tornam excessivamente confiantes. Como resultado, começam a perder suas batalhas e, assim, começam a perceber que seu poder não é eterno. Ele diz que a fome, o fogo e as pragas, e tudo isso se refere duplamente ao fato de que o anticristo não hesitará em usar a guerra bacteriológica, bem como a guerra convencional. O efeito normal dessas coisas será muito pior do que o normal, pois os organismos causadores terão sido desenvolvidos para serem muito mais letais. Ele diz que, a essa altura, o anticristo estará no auge de seu poder e terá dominado boa parte do mundo, por isso ele está se tornando complacente. Os três irmãos que farão o mundo tremer se referem à aliança entre a América do Norte, o norte da Europa e a Rússia. ("A aliança do pólo" referida no CENTÚRIO VI-21. Ver pág. 270.) Ele usou o termo "eles farão o mundo tremer" porque essa aliança incomodará o anticristo. E, a essa altura, de fato, ele é o mundo porque já tomou conta de grande parte dele.

D: *Eles estão interpretando esses três irmãos como os irmãos Kennedy.*

B: Ele diz que os irmãos Kennedy, apesar de estarem envolvidos com política, não fizeram nada para desestabilizar o mundo. Eles apenas fazem um bom trabalho para serem mortos. O fato de haver três irmãos politicamente famosos não significa que a quadra se refira a eles.

D: *Acho que eles levam muito ao pé da letra quando ele diz "irmãos". Em outra ocasião, você mencionou dois irmãos e eles acharam que você estava falando dos irmãos Kennedy também. Mas, nesse caso, eram os Estados Unidos e a Inglaterra. Portanto, agora vejo que quando ele diz "irmãos", às vezes está se referindo a uma aliança.*

B: Muitas vezes, sim.

Três irmãos também foram mencionados no CENTÚRIO VIII-46, que foi interpretado no Capítulo 15. "Quando Marte assumir seu horrível trono, o Galo e a Águia, a França e os três irmãos."

B: Mais uma vez ele se refere à esperança do mundo, como ele a chama, a aliança entre a América do Norte, o norte da Europa e a Rússia. E é nesse ponto que seu patriotismo se revela. Ele diz que a França também estará aliada a eles em espírito, se não em uma aliança física real. A França se enfraquecerá pelas degradações do anticristo a ponto de não ser necessariamente de grande ajuda, mas estará aliada a eles em seus pensamentos e em seu coração.

Parecia inevitável que outra figura importante surgisse no mundo durante esse período de terror para confrontar o anticristo. Até então, ninguém havia sido profetizado até chegarmos a essa quadra e sermos apresentados a um homem que se tornaria o personagem principal em nosso estranho cenário.

D: *Essa quadra tem um nome muito estranho no início. Talvez seja difícil para mim pronunciar. É "Ogmios" em inglês e "Logmion" em francês. Ele conhece a palavra?*

CENTÚRIO V-80

Logmion grande Bisance approchera,
Chasse sera la barbarique ligne:
Des deux loix l'une l'estinique lachera,
Barbare & franche en perpetuelle brigue.

Ogmios se aproximará da grande Bizâncio, a liga bárbara será expulsa. Das duas leis, a pagã falhará, bárbaro e homem livre em luta perpétua.

B: Ele diz que conhece o nome que você está tentando dizer. Ele diz que essa quadra em particular tem um significado múltiplo, em parte alegórico ou figurativo, e em parte preparatório ou de advertência. Ela se refere principalmente ao resultado do tempo de angústia, a eventual queda do anticristo. Ele diz que o ponto crucial da luta será naquela área cinzenta do continente, onde não se tem certeza se é a Ásia ou a Europa. O resultado parecerá muito questionável por um bom tempo. Porque durante todo o tempo em que o anticristo estiver no poder, ele estará tentando obter mais poder e haverá uma luta constante entre suas forças, às quais Michel de Notredame se refere como bárbaras, e as pessoas que ainda estão livres de seu governo tirânico. Ele se referiu à sua lei como sendo pagã, pois ela é contra a fonte central de poder espiritual, independentemente do nome que se queira dar a essa fonte. De qualquer forma, é principalmente uma questão de semântica. Ele diz que aqueles que lutam contra a força espiritual central estão automaticamente fadados ao fracasso, mais cedo ou mais tarde, porque estão trabalhando contra a estrutura de todo o universo. É apenas uma questão de até onde eles vão antes de fracassar e quais efeitos eles têm sobre as vidas ao seu redor.

D: *Será que o fato de querer mais e mais poder causará o fracasso?*

B: Ele diz que essa costuma ser a derrubada final de muitos tiranos. Como ele tem fome de poder, seus subcomandantes também terão fome de poder e seu império se fragmentará em torno dele. Como resultado, o mapa político do mundo mudará. Ele diz que o mapa geográfico terá a mesma aparência e os continentes ainda terão o mesmo formato, mas as linhas que você desenha neles para dividi-los em países serão diferentes depois, como resultado desse período de problemas.

D: *O que ele quer dizer com a palavra "Ogmios"?*

B: Ele está se referindo aos clássicos. Ele diz: "Volte e releia seus clássicos se quiser saber a resposta para essa pergunta". A educação no seu período é geralmente negligente nessa área e ele está tentando fazer com que você amplie sua mente.

D: *Estou disposto a fazer minha pesquisa.*

J: *Para mim, Ogmios significa um grande líder ou um grande herói.*

B: Correto.

J: *Isso significa que haverá um grande líder para combater o anticristo?*

B: Ele diz que sim, haverá. Sempre que um grande tirano se levanta, é uma questão de equilíbrio cósmico que um grande herói se levante para equilibrar isso. Isso ajudará a derrubar o tirano e a restabelecer o equilíbrio do universo de uma forma harmônica com a fonte central do espiritual.
D: *Esse será um líder de outro país?*
B: Não, não de outro país. Surgirá um líder que será geralmente aclamado e reconhecido por muitos países que não estão sob o domínio do anticristo, mas que estão lutando contra o anticristo. Esse líder provavelmente surgirá de um movimento clandestino. Sempre há um ou mais movimentos clandestinos para ajudar a combater os tiranos por dentro. Em um dos países que ele conquistar, haverá um movimento clandestino muito bem organizado. E esse líder surgirá dessa organização. Ele diz que quando o conflito estiver chegando ao fim e "Ogmios", o grande líder das forças do bem, confrontar o anticristo, será nessa área da Eurásia próxima a Constantinopla. Como ele disse, nessa área em que você está meio que na Europa, mas meio que na Ásia também. Ele diz que esse líder virá originalmente de algum lugar da Europa Central. Esse homem está muito bem preparado espiritualmente para assumir essa tarefa, pois seu oponente será muito poderoso, com forças espirituais negativas ao seu redor. E Ogmios precisará estar bem preparado para a batalha, em todos os planos.
J: *Ele será de tendência religiosa ou científica?*
B: Ele será do povo. Ele é um homem que terá subido na hierarquia, assim por dizer. Ele começou em um ambiente simples e tudo o que conseguiu foi por meio de trabalho honesto. Ele tem algum treinamento técnico. A principal habilidade na qual ele se baseia é sua praticidade. Ele é capaz de ver a raiz das questões. Ele é uma alma antiga e tem suas prioridades bem definidas. Ele sabe o que é importante e o que não é para o resultado final. E ele é um dos que ajudarão a preparar o caminho para o grande gênio que virá depois do anticristo. Pois esse homem percebe que não é ele quem conduzirá o mundo à paz definitiva. Mas ele é o único a ajudar a derrubar aquele que destruiria o mundo para deixar espaço para aquele que guiará o mundo à paz definitiva.

Pesquisas revelaram que Ogmios é o equivalente celta de Hércules. Citado em Mitologia de todas as raças, Vol. 3: "Um deus gaulês, Ogmios, é representado como um homem velho, careca e com a pele enrugada e queimada pelo sol, mas que possui os atributos de Hércules. Ele atrai uma multidão por meio de belas correntes de ouro e âmbar presas às suas orelhas, e elas o seguem com alegria. A outra extremidade das correntes é fixada em sua língua, e ele mostra a seus cativos um semblante sorridente. Esse deus nativo da eloquência era considerado Hércules porque havia realizado seus feitos por meio da eloquência; ele era velho, pois a fala se mostra melhor na velhice; as correntes indicavam a ligação entre a língua do orador e os ouvidos dos ouvintes extasiados." Os celtas acreditavam que a eloquência era mais poderosa do que a força física.

Essa pode ser uma descrição adequada. Se o anticristo tem uma língua tão dourada que é capaz de conquistar países sem lutar, então seu oponente teria que ser igualmente talentoso. A eloquência seria um dos principais requisitos. De que outra forma Ogmios conseguiria ganhar seguidores?

Quando Brenda colocou as cartas de Tarô para três das figuras encapuzadas sentadas ao redor da mesa de pérolas, restava mais uma para ser interpretada. Essa era a mão de Ogmios, o Nêmesis do anticristo.

B: (Ela colocou as cartas na mesa.) Começando com o Louco na vertical, que está parcialmente obscurecendo um Ás de Baquetas na vertical, a próxima carta é um Cavaleiro de Copas na vertical, que está parcialmente obscurecido por um Julgamento na vertical. Em seguida, uma Roda da Fortuna vertical totalmente exposta e, finalmente, um Sol vertical totalmente exposto.
D: *(Risos) Tive uma inspiração quando você disse o Louco. Ele teria de ser um tolo para ir contra o anticristo.*
B: (Risos) O eterno otimista.
J: Eu não vejo o Fool dessa forma. (A carta mostra um homem pronto para descer da beira de um penhasco.) Aqui vemos dois caminhos, e cabe a nós nos certificarmos de que tomamos o caminho certo. Porque, se tomarmos o caminho errado, teremos que enfrentar as cortinas.

D: Você pode cair do penhasco.
J: Sim, e temos que ter fé e confiar em nosso ser espiritual interior. O Ás de Bastões representa o nascimento de novos empreendimentos. Há uma varinha florida, e sempre vejo os bastões e as varinhas como mudas floridas, como de uma planta. Você as coloca no meio certo e elas florescem. Aqui, isso mostra que se você colocar essa pessoa no meio certo, ela realmente florescerá e se tornará um carvalho de grande força.
D: Então ele tomará o caminho certo se o Ás de Copas estiver sobre o Louco.
J: O Cavaleiro de Copas é uma carta que representa um romântico ou um idealista. Alguém que está sempre tentando ver o melhor nas outras pessoas. É uma boa carta. Gosto do Cavaleiro de Copas. A única coisa que ele precisa fazer é realmente se esforçar. Eles têm de ser pressionados. A próxima carta é o Julgamento vertical. Ela representa um despertar, uma mudança de consciência, um novo sentimento espiritual. Ele terá de se sentir assim se quiser enfrentar o anticristo.
B: Está parcialmente obscurecendo o Cavaleiro de Copas.
J: Bem, o Cavaleiro de Copas representa que, ao confiar nos valores e objetivos espirituais de uma pessoa, ela pode alcançar o que quiser. E o Sol abençoa tudo isso. O Sol é uma carta maravilhosa para se ter em uma leitura porque representa deixar o passado para trás, lembrar-se das coisas boas do passado, mas estar realmente empolgado com a bela vida nova que se leva no futuro. E a Roda da Fortuna na vertical representa o destino. Eu sempre vejo a Roda da Fortuna como o destino. Quando vejo cartas de Arcanos Maiores em uma leitura, sempre digo que esses trabalhos não são causados tanto pelo próprio indivíduo, mas pelo destino ou carma. Sua leitura parece boa. Ele terá que se esforçar. Não será fácil. Ele provavelmente está na fase do Cavaleiro de Copas em sua vida agora.
B: Acho interessante o fato de que, de todas as cartas que apresentei hoje, essa é a única mão em que as cartas estão todas na vertical. As outras tinham muitas cartas invertidas.

Novamente, tudo isso é incrível. Não havia como alguém juntar tudo isso de cabeça e fazer com que se encaixasse tão perfeitamente.

CENTÚRIO V-24

Le regne & lois souz Venus eslevé,
Saturne aura sus Jupiter empire:
La loi & regne par le Soleil levé,
Par Saturnins endurera le pire.

O reino e a lei criados por Vênus, Saturno dominará Júpiter. A lei e o império criados pelo Sol suportarão o pior por meio dos de Saturno.

B: Ele diz que isso se refere à organização dirigida por aquele a quem ele se referiu como "Ogmios". Essa organização sobreviverá ao pior dos tempos difíceis e servirá de base para os futuros governos depois que o anticristo for derrotado. Ele diz que a glória e a natureza positiva do sol estarão por trás de Ogmios e o ajudarão a superar o pior. Ogmios é um homem de grande estatura. Ele será um tipo de pessoa rude e muito direta. Esse homem é um bom amigo, mas ele diz que você não gostaria de tê-lo como inimigo. É por isso que ele é um adversário tão bom para o anticristo. Ele será um homem íntegro, de princípios e moral sólidos. Os princípios são próprios dele e não são influenciados pela eclesiástica. É por isso que ele é a pessoa que provocará a queda do anticristo, pois esse homem é um líder e terá uma organização sob seu comando para ajudar em sua busca. Mas ele diz que não vai querer ter um anel em seu nariz.

CENTÚRIO II-85

Le vieux plain barbe soubs le statut severe,
A Lyon faict dessus l'Aigle Celtique:
Le petit grand trop autre persevere,
Bruit d'arme au ciel: mer rouge Ligustique.

Sob a autoridade severa do velho de barba esvoaçante, em Lyon ela é colocada acima da Águia Celta. O pequeno grande persevera longe demais; barulho de armas no céu, o mar da Ligúria está vermelho.

B: Ele diz que o pequeno grande se refere a Ogmios porque ele é pequeno, no sentido de que suas forças serão pequenas e seus recursos serão pequenos. Ele fará parte da clandestinidade e estará juntando o que puder. Mas ele é o grande homem, porque chegará à vitória e, por fim, vencerá o anticristo.

D: *Quem é "o velho de barba esvoaçante"?*

B: Ele diz que o velho com a barba esvoaçante colocado acima da águia celta representa a distorção de valores que chegará ao ápice durante esse período. O velho com a barba esvoaçante é um símbolo que representa a religião distorcida. A religião que é basicamente, como você disse, fundamentalista. É como um velho severo segurando um grosso bastão de carvalho sobre seus seguidores, para garantir que não saiam da linha. E a águia celta representa honra, valor e lealdade ao país, coisas dessa natureza. Um dos maiores problemas desta época será causado por pessoas com visões de mundo distorcidas, os seguidores das várias religiões fundamentalistas, não apenas as religiões cristãs, mas também as muçulmanas.

D: *Espero que eventualmente cheguemos a uma quadra que diga o que acontecerá entre Ogmios e o anticristo.*

B: Ele diz que será uma coisa longa, gradual e difícil.

D: *Você quer dizer a batalha ou o quê?*

B: A guerra.

D: *Mas em algum ponto dessas quadras está o clímax do que realmente acontece entre os dois?*

B: Ele diz, o que a faz pensar que os dois jamais se encontrarão pessoalmente?

D: *Eu estava supondo.*

B: Ele diz que suposições são perigosas.

D: *Chamamos Ogmios de Nêmesis do anticristo. Isso seria correto?*

B: Bem próximo.

CENTÚRIO IX-73

Dans Foix entrez Roi ceiulee Turban,
Et regnera moins revolu Saturne,
Roi Turban blanc Bisance cœur ban,
Sol, Marte, Mercure pres de la hurne.

O rei entra em Foix usando um turbante azul, ele reinará por menos de uma revolução de Saturno; o rei com o turbante branco, seu coração banido para Bizâncio, Sol, Marte e Mercúrio perto de Aquário.

B: Ele diz que o anticristo tomará conta da Europa e começará a dominar o mundo com a ideia de estabelecer algum tipo de dinastia. Essa pessoa, devido à sua formação cultural, está muito consciente da influência das famílias e não da influência de certos indivíduos. O fato de que uma família com posição de poder pode ter um efeito importante no fluxo da história. Como ele gosta do jogo do poder e é obcecado pelo poder, para ele, uma das maiores jogadas de poder é conseguir manipular o poder por um longo período de tempo por meio da influência de sua linhagem familiar. No entanto, isso não acontecerá, pois ele será derrubado por Ogmios e então o grande gênio virá para equilibrar as forças, as energias e curar a Terra.

D: *Qual deles é o anticristo, o turbante azul ou o turbante branco?*
B: O azul. O turbante branco se refere ao grande gênio.
D: *Ele diz que aquele com o turbante azul reinará por menos de uma revolução de Saturno.*
B: Ele diz que isso é muito claro, por que você está confuso? Ele acabou de explicar que o anticristo está querendo estabelecer um governo de poder por um longo período de tempo, mas que não durará tanto tempo quanto ele deseja. Será muito temporário. Ele diz que é como fazer uma fogueira com grama - ela se queima muito rapidamente.
D: *Bem, dizem que 29,5 anos seria a revolução de Saturno.*
B: Isso é verdade.
D: *Acho que em outra quadra ele mencionou que a guerra do anticristo duraria 27 anos. (CENTÚRIO VIII-77, Capítulo 14, pág. 192).*
B: Ele diz que esse homem terá um efeito na história da Terra e estará no centro das atenções, assim por dizer, por menos do que esse período de tempo. E não pelo longo período de tempo que ele está almejando.
D: *Então esses signos astrológicos poderão nos dar as datas?*

B: Ele diz que se tivermos os mapas do milênio seguinte, teremos uma ideia de quando o conflito finalmente terminará e o estabelecimento de uma nova ordem mundial começará, de modo que o grande gênio poderá vir à tona.

Outra indicação do período de tempo em que o anticristo reinaria, por assim dizer, foi dada em CENTÚRIO II-10.

B: O século muito maligno (mencionado na quadra) é o tempo que está chegando e inclui o tempo que o antecede. Todo o século 20, em particular, mas especialmente desde a Segunda Guerra Mundial, não tem sido particularmente pacífico. Portanto, ele está se referindo a ele como maligno. E o tempo desde a Segunda Guerra Mundial até o fim do período de angústia abrangerá quase um século.

Acredito que isso significa que, como a Segunda Guerra Mundial ocorreu no final da década de 1930 e início da década de 1940, o fim do período de angústia ocorreria na década de 2030 ou 2040, mais ou menos.

B: Ele está enfatizando novamente a importância de traduzir essas quadras. Ele diz que elas devem ser traduzidas. As informações devem estar presentes nessa linha do tempo, mesmo que estejam apenas em forma de manuscrito. Desde que esteja presente em algum tipo de forma, é muito importante. Ele não pode ser mais claro sobre isso no momento.

CAPÍTULO 23

CONSEQUÊNCIAS DA TERCEIRA GUERRA

CENTÚRIO II-44

L'aigle pousée entour de pavillions,
Par autres oiseaux d'entour sera chassée:
Quand bruit des cymbees, tubes sonaillons,
Rendront le sens de la dame insensée.

A águia que é levada de volta para as tendas será perseguida por outros pássaros ao seu redor. Quando o som de címbalos, trombetas e sinos devolverá o sentido à mulher insensata.

B: Ele diz que isso se refere a algumas das derrotas que os Estados Unidos sofrerão ao lutar contra o anticristo. Ele diz que isso também se refere à deterioração da situação política dentro dos Estados Unidos, antes e durante o período de angústia. Mas depois que o tempo de angústia terminar, as pessoas estarão comemorando sua vitória e sua liberdade. Essa comemoração despertará nos Estados Unidos o conceito incorporado pela Estátua da Liberdade. O conceito de liberdade, de direitos e outros, que estiveram mortos por causa da situação de guerra e do anticristo. Eles voltarão à vida; as pessoas terão seus direitos novamente e as coisas serão melhores do que eram antes.

CENTÚRIO VI-24

Mars & le sceptre se trouvera conjoinct,
Dessoubz Cancer calamiteuse guerre:
Un peu apres sera nouveau Roi oingt,

Conversas com Nostradamus, Volume 1

Qui par long temps pacifiera la terre.

Marte e o cetro estarão em conjunção, uma guerra calamitosa sob Câncer. Pouco tempo depois, um novo rei será ungido e trará paz à Terra por um longo período.

B: Ele diz que está usando alguns desses signos astrológicos aqui como alegoria, em vez de indicações específicas de períodos de tempo. Marte e o espectro em conjunção se referem a um líder - ele está pensando em um presidente americano - que está particularmente ávido por guerra. O signo de Câncer se aplica de várias maneiras à forma como os eventos se desenrolam para que estejam prontos para a guerra. Ele diz que alguém sob forte influência de Câncer será o ponto central para fazer com que esses eventos se encaixem para a guerra. Um dos líderes terá uma forte influência de Câncer em seu horóscopo.

D: *O líder americano?*

B: Não, não necessariamente. Alguns dos principais acontecimentos dessa guerra ocorrerão enquanto o Sol estiver regendo a casa de Câncer. Ele diz que, depois que essa guerra acontecer, o povo estará cansado da guerra e elegerá outro presidente. Será ungido um novo rei que deseja a paz e trabalhará por ela. E haverá paz por algum tempo depois disso. Há uma maneira de relacionar os planetas e as casas dos planetas a outras constelações que não são necessariamente constelações zodiacais. Ele diz que, se quiser restringir um período de tempo, procure uma conjunção de Marte com uma relação favorável com Cassiopeia e com Mercúrio em aspecto favorável com Gêmeos e Câncer. Ele diz que isso pode ajudar o astrólogo ou pode ser confuso para ele. Mas ele deve manter a mente aberta e flexível e estar disposto a experimentar. Ele deve seguir sua voz interior e, se tiver uma ideia que pareça absurda, deve experimentá-la mesmo assim.

Cassiopeia não é uma das constelações zodiacais. Ela está localizada perto de Polaris, a Estrela do Norte. Parecia que Nostradamus estava fazendo um teste com John para ver se ele seria capaz de usar sua intuição para decifrar os estranhos significados dos símbolos nas quadras. Talvez ele tenha pensado que se John fosse capaz de entender isso, ele seria a pessoa certa para trabalhar comigo. É claro que tudo isso não fazia sentido para mim.

D: *Eles traduziram o cetro como significando Júpiter e disseram que Marte e Júpiter estariam em conjunção e chegaram a uma data a partir disso.*
B: Que data eles encontraram?
D: *Eles disseram que seria no final de Câncer, que seria por volta do dia 21 de junho de 2002.*
B: (Pausa) Ele diz que isso pode estar próximo. Ainda será durante a força da união americana. A força da união americana diminuirá no futuro, mas isso será antes dessa época.

Mais tarde, quando levei essa quadra para o John decifrar, ele disse que entendeu a referência à Cassiopeia. A seguir, sua interpretação:

Cassiopeia é uma constelação circumpolar proeminente vista das latitudes médias da Terra. Para os antigos, Cassiopeia representava uma rainha em seu trono. Em termos astrológicos, ela se encontra perto dos primeiros graus do signo de Touro. Seus significados são: tristezas no amor, exteriormente séria, mas divertida, preferências místicas, negatividade positiva, fama por meio da ajuda de superiores e, por último (mas talvez importante para a quadra), poderes demoníacos. Quando em conjunção com Marte, representa uma capacidade inata de ascender à influência. Adversários determinados, mas imprevistos, podem desalojar essa ascensão. Dificuldades legais e possível autodestruição são indicadas, já que Cassiopeia fica em frente ao Pólo Norte Celestial da Ursa Maior, que também pode estar incluída na previsão de Nostradamus. A estrela principal da Ursa Maior, Tsieh Kung, influencia como uma mente perspicaz, engenhosa, conservadora, estudiosa e temerosa. Talvez isso descreva as naturezas dos participantes da quadra. Marte está em conjunção com Cassiopeia pelo menos uma vez a cada 2 ou 3 anos. Para estar em bom aspecto com Gêmeos e Câncer, ele teria de estar nos primeiros 3 graus de Touro. Isso formaria um semi-sextil com os planetas em Gêmeos e um sextil com os planetas em Câncer. Marte e Júpiter talvez não precisem estar em conjunção em Câncer. Em vez disso, Marte e Júpiter poderiam estar no primeiro grau de Touro fazendo conjunção com

Cassiopeia e fazendo sextis ou contato benéfico com planetas em Câncer e Gêmeos. Marte e Júpiter estarão em conjunção em Touro de 24 de março de 2000 a 16 de abril de 2000. Seria esse o período a que Nostradamus estava se referindo?

CENTÚRIO IV-29

Le Sol caché eclipse par Mercure,
Ne sera mis que pour le ciel second:
De Vulcan Hermes sera faicte pasture,
Sol sera veu pur, rutilant & blond.

O Sol oculto eclipsado por Mercúrio será colocado apenas em segundo lugar nos céus. Hermes se tornará o alimento de Vulcano, e o Sol será visto puro, brilhante e dourado.

B: Nessa quadra, ele diz que estava usando o Sol e Mercúrio/Hermes e Vulcano como símbolos de aspectos superiores para tentar ilustrar o grande desígnio que emana do centro da roda durante o período de problemas e o período de cura posterior. Usei o termo "o centro da roda" por causa da ilustração que ele está tentando me mostrar e que explicarei em um minuto. Ele usa o sol para representar o poder geral do universo do qual tudo veio. Ele está usando Mercúrio para representar os aspectos materialistas da tecnologia. Ele está usando Hermes, em relação a Mercúrio, para representar também a tecnologia moderna aplicada à comunicação. E está usando Vulcano, que significa aquele que lida com o fogo, para representar a guerra nesse caso, ou aqueles que lidam com as armas de guerra e, portanto, lidam com o fogo. Ele usou essa frase, "o sol oculto", para representar o fato de que o mundo perdeu o contato com sua fonte. As pessoas não estão cientes da fonte de onde surgiram e, por isso, buscam a realização e a felicidade em outras áreas e não conseguem. Elas acham que isso pode ser encontrado na tecnologia moderna. Assim, ele afirmou que o "sol está sendo eclipsado por Mercúrio". Ele diz que isso é colocado em segundo lugar, o que significa que o que eles colocam em primeiro lugar é o prazer e a felicidade pessoal. E eles estão tentando encontrar a felicidade por meio da tecnologia, separando-se assim da fonte central do universo. Mas, durante o período de angústia, os horrores da guerra e do derramamento de sangue - os poderes de Vulcano, em outros mundos - farão com que eles percebam que a tecnologia não contém a resposta para a felicidade, que ele afirmou quando Mercúrio foi consumido por Vulcano. Ao final desse período de problemas, quando chegar a hora da cura, as pessoas serão trazidas de volta à fonte. Elas perceberão de onde surgiram e para onde estão indo. É nesse momento que ocorrerá o tempo de cura. As pessoas se tornarão mais maduras espiritualmente e serão capazes de curar a si mesmas e curar o mundo, indo muito além na preparação para se juntar à comunidade dos Observadores.

D: *Qual era a simbologia da imagem da roda?*

B: A imagem que ele me mostrou é como uma roda com um cubo central e os raios irradiando para fora. Não tenho certeza, mas parece que o cubo da roda representa a fonte de onde tudo veio e os raios que irradiam para fora indicam os canais de poder. Cada espaço entre os raios parece diferente. No plano físico, quando olhamos entre os raios de uma roda, vemos o fundo que está por trás da roda, mas nessa roda o fundo é diferente entre cada par de raios. Ele parece representar as várias influências que os diferentes aspectos têm sobre a situação e os várias consequências possíveis como resultado das influências mais fortes ou mais fracas desses diferentes poderes.

D: *Posso ver a dificuldade que você teria para traduzir um conceito como esse. Parece muito complicado.*

B: Para mim, é confuso. E não tenho certeza do que o aro da roda representa nesse simbolismo.

J: Parece quase como uma imagem de uma roda de horóscopo. O sol representaria, como você disse, a fonte. Mas cada uma das casas representa um departamento ou área diferente da vida. Talvez isso seja um reflexo de algo semelhante nos níveis espirituais ou superiores.

B: Acho que você pode estar certo. O que você diz parece certo. Michel de Notredame está balançando a cabeça. Ele diz que esse conceito está correto. É uma questão de aplicar o conceito da roda do horóscopo ou qualquer que seja seu nome aos planos superiores, ao lado espiritual da situação que está surgindo.

CENTÚRIO II-87

Apres viendra des extremes contreés,
Prince Germain, dessus de throsne doré:
La servitude & eaux rencontrées,
La dame serve, son temps plus n'adore.

Mais tarde, virá de um país distante um príncipe alemão no trono de ouro. A servidão veio do outro lado do mar. A dama subordinada, na época não mais adorada.

B: Ele diz que isso se refere a dois eventos diferentes. Um deles é um evento que ocorreu há aproximadamente 350, 400 anos. A outra interpretação dessa quadra é uma declaração sobre a sociedade em geral, incluindo a época dele e a sua. Ele diz que "a dama não é mais adorada" refere-se ao fato de que o aspecto feminino da divindade foi negligenciado, insultado e ignorado. E quando chegar o tempo de paz após o anticristo, essa falta será suprida. Pois, nos primórdios, o aspecto feminino da divindade era adorado. O aspecto masculino também era adorado, mas subordinado ao aspecto feminino da divindade. Em seguida, surgiu a era patriarcal e o aspecto masculino da divindade passou a ser adorado, e o aspecto feminino da divindade foi totalmente ignorado, insultado e desprezado. O que a sociedade precisará aceitar e ser capaz de lidar é que a divindade é tanto masculina quanto feminina, nem masculina nem feminina. Eles precisam ser capazes de lidar com todos esses aspectos da divindade de forma equilibrada, a fim de desenvolver uma visão universal mais equilibrada.

D: *Eu achava que em sua época era uma divindade masculina com o domínio da Igreja Católica. Mas ele está se referindo à forma como tudo começou?*

B: Ele diz para desentupir seus ouvidos. Se você prestar atenção ao que ele diz, ele diz que no tempo dele e no seu tempo também é uma divindade masculina. Mas ele diz que nos primeiros tempos, na história antiga, era uma divindade feminina. Ele diz que está chocado com a falta de sua educação, mas talvez a pesquisa que você fizer em relação a esse livro ajude a compensar essa falta. Ele está surpreso com o fato de os clássicos não serem abordados no sistema educacional. Ele considera isso uma grande perda.

D: *Bem, já se passaram 1500 anos ... Desculpe-me, 400 anos desde sua época.*

B: Ele diz que, sim, já se passaram 1.500 anos ou mais desde os tempos antigos até a sua época, mas apenas uma geração antes de você os clássicos eram abordados na educação e depois passaram a ser negligenciados após a Primeira Guerra Mundial.

Esse parecia ser um ponto de discórdia constante entre Nostradamus e eu, e continuaria durante todo o meu trabalho com ele. Ele não conseguia entender a negligência de nossas escolas em ensinar essas coisas, pois em sua época isso era considerado a marca de uma educação superior. Ele não tinha como saber o quanto o foco se desviou do que é realmente história "antiga".

Isso também pode explicar os problemas dos tradutores em entender suas quadras. Estamos todos olhando para elas com nossa mentalidade e educação modernas; portanto, não podemos ver as sutilezas de sua educação que definitivamente coloriram o simbolismo que ele incorporou em seus quebra-cabeças.

CENTÚRIO I-29

Quand la poisson terrestre & aquatique,
Par forte vague au gravier sera mis:
Sa forme estrange sauve & horrifique,
Par mer aux mure bien tost les ennemis.

Quando o peixe que viaja tanto pela terra quanto pelo mar é lançado na costa por uma grande onda, sua forma é estranha, suave e assustadora. Do mar, os inimigos logo alcançam as muralhas.

B: Ele diz que a interpretação dessa quadra pode não ser levada a sério por muitos que a veem. O peixe que voa sobre a terra e o mar - ele diz que o que ele encontra na mente dessa embarcação que se encaixa no que ele estava vendo é o conceito conhecido como OVNIs. Após o período de conflito, haverá um contato muito mais próximo com os poderes por trás dessas naves. Uma delas estará se dirigindo a uma base submarina que eles estabeleceram, terá um mau funcionamento e será lançada na costa.

D: *Eles têm bases no fundo do mar?*

B: Ele disse que foi isso que ele disse. No fundo do mar.

D: *"Do mar, os inimigos logo alcançam as muralhas". Ele se refere às pessoas nos OVNIs como sendo o inimigo?*

B: Sim, as pessoas os perceberão dessa forma porque estão assustadas.

D: *Mas elas não são realmente um inimigo, são?*

B: Alguns são e outros não.

D: *Você já me falou antes sobre os Outros e os Vigilantes. Esse é outro tipo?*

B: Ele diz que há mais de um grupo de Vigilantes por aí. Alguns têm boas intenções com a humanidade e outros têm motivos mais egoístas em mente.

CENTÚRIO II-19

Nouveau venus lieu basti sans defence.
Occuper la place par lors inhabitable:
Pres, maisons, champs, villes prendre à plaisance,
Faim, Peste, guerre arpen long labourable.

Os recém-chegados construirão um lugar sem defesas, ocupando um lugar habitável até então. Prados, casas, campos, cidades serão tomados com prazer. Fome, peste, guerra, extensas terras cultiváveis.

B: Isso se refere a um evento que ele chama de revolução "verde". Ele diz que depois do anticristo, as pessoas vão querer voltar para a paz. Elas vão querer voltar para a terra, entrar em contato com os princípios básicos da vida, e novos estilos de vida serão desenvolvidos e explorados. Ele diz que houve um indício disso na revolução social americana do início da década de 1970. As pessoas desenvolverão famílias extensas para obter apoio, pois será necessário um grupo maior de pessoas do que apenas a família nuclear para construir novas comunidades e novos lugares. E elas serão construídas de modo que todos possam estar em contato com a Terra. Eles serão muito conscientes em relação à ecologia. Farão tudo o que puderem para ajudar a curar a Terra e trazer a nova era que virá depois do anticristo. Eles estarão recuperando a terra e tornando-a boa para as plantações. Terras que foram desperdiçadas, mal utilizadas ou que não puderam ser usadas durante todos esses anos. E como todos estão se voltando para a paz, a construção de defesas não é necessária.

D: *Uma coisa que me confunde. A última linha diz: "Fome, peste, guerra, extensa terra cultivável". Isso se refere à guerra que já passou?*

B: Sim. E "extensa terra cultivável" refere-se à reconstrução que eles farão. Eles derrubarão as cidades para abrir mais espaço para a agricultura. Ele diz que será a reversão da tendência do século XX, que era colocar terras agrícolas sob o concreto para as cidades. No século XXI, a tendência será na direção oposta, a demolição de cidades para expor mais terras de cultivo à luz do sol.

D: *Eu estava pensando que talvez isso significasse que eles estariam guerreando entre si pela terra.*

B: Não, pelo fato de muitos terem sido mortos durante o tempo do anticristo, não haverá tanta população na Terra. Haverá terra suficiente para todos. As pessoas estarão tão cansadas de guerras que, quando chegarem a um lugar onde não há terra, em vez de brigar pela terra que existe, elas criarão mais terra - para que todos possam ter abundância.

A primeira linha da quadra parece contradizer essa interpretação. "Os recém-chegados construirão um lugar sem defesas, ocupando um lugar habitável até então." Mas acredito que isso seja um erro inocente de tradução ou talvez um erro de impressão. Consultei um dicionário de francês e descobri que "inhabitable" no original se traduz como "uninhabitable" em inglês. O interessante é que li a tradução em inglês para Brenda, mas Nostradamus ignorou o erro porque sabia o significado correto do que estava vendo. Outro exemplo de que estamos realmente em contato com o autor dessas profecias.

CAPÍTULO 24

O GRANDE GÊNIO

CENTÚRIO IV-31

La Lune au plain de nuict sur le haut mont,
Le nouveau sophe d'un seul cerveau l'a veu:
Par ses disciples estre immortel semond,
Yeux au midi, en seins mains, corps au feu.

A lua, no meio da noite, sobre a alta montanha, o jovem sábio, sozinho com seu cérebro, a viu. Convidado por seus discípulos a se tornar imortal, seus olhos estão voltados para o sul, suas mãos em seu peito, seu corpo no fogo.

B: Ele vai explicar isso em prosa, o que significa que a explicação das linhas não estará necessariamente na mesma ordem em que foram escritas. Ele diz que no futuro haverá esse homem, que será um dos gênios mais elevados e desenvolvidos que já apareceram na história atual do homem. Ele diz que esse homem gentil tomou a decisão de usar seu gênio para ajudar e não para prejudicar a humanidade, por isso está sempre inventando e imaginando coisas que ajudarão o homem. Como ele é um gênio, há muitas pessoas que estudam com ele para tentar compreender a grande fonte de ideias que surgem dele. Uma das coisas que ele prevê para ajudar a aliviar as misérias da humanidade na Terra são estações espaciais autônomas e autossuficientes. Elas serão como colônias espaciais e serão grandes o suficiente para serem vistas da Terra como pequenas luas. Ele prevê que isso ajudará a aliviar a pobreza, a aglomeração e coisas dessa natureza que poderiam ser aliviadas se houvesse mais espaço e recursos de energia barata disponíveis para a humanidade em geral. Essas estações que ele visualiza serão práticas de construir. Ele as prevê de tal forma que a tecnologia da época seria facilmente capaz de construí-las. E, da maneira como ele apresenta as ideias, elas são atraentes para os políticos e também para os cientistas, de modo que ele consegue realizar essas coisas com sucesso. Como corolário desse desenvolvimento, outra coisa que ele imagina é uma forma de transplantar parte de sua genialidade e conhecimento para um tipo de computador orgânico, de modo que ele ainda estará lá para servir à humanidade depois que seu corpo envelhecer e morrer. Ele o desenvolve até o ponto mais alto possível para transferir seu gênio, ou melhor, duplicar seu gênio e seu conhecimento, para que ele ainda os tenha, mas também nesse computador orgânico. Esse é o significado das linhas "seus olhos apontando para o sul, suas mãos em cima do peito, seu corpo no fogo". Como parte do processo de fazer isso, ele deve ser engolido por uma peça específica de maquinário médico que envia energia ao longo de todas as suas passagens nervosas para estimular o cérebro de forma a poder projetar as partes essenciais da psique que são necessárias para esse computador orgânico. E a sensação será de que o corpo está pegando fogo.

D: *Essa é uma tradução muito estranha. Ele lhe mostrou alguma imagem mental de como seria esse computador orgânico?*

B: Não consigo ver nada. Acho que ainda não temos os conceitos. A única ideia clara que aparece é que esse computador orgânico será essencial para o funcionamento das colônias espaciais. De alguma forma, ele as ajudará a funcionar em seu mais alto grau, mas não consigo obter nenhuma imagem de sua aparência.

D: *Acho que penso automaticamente que, se algo é orgânico, tem de ser nutrido, alimentado e ....*

B: Sim, os blocos de construção desse computador precisam ser cultivados e desenvolvidos em laboratório. Você conhece o experimento infantil em que os cristais crescem em filamentos dentro de um vidro selado - é algo semelhante a isso, mas usando certos tipos de líquidos com certos blocos de construção químicos, fazendo com que esse computador cresça e se desenvolva ao longo de certas formações biológicas. Quase como cadeias de proteínas, mas feitas de tal forma que possam ser integradas a determinados circuitos de computador.

D: *Eu estava pensando que se algo fosse orgânico, poderia morrer, assim por dizer.*

B: Isso é verdade. Entretanto, da forma como foi desenvolvido pelo gênio desse homem, ele se auto renova como as células do seu corpo. Algumas das partes orgânicas acabarão se desgastando e envelhecendo. Mas, enquanto isso, ele terá se replicado, de modo que haverá partes orgânicas que se desprenderão desse dispositivo, mas não haverá perda de conhecimento, pois ele estará se auto renovando continuamente. Ele diz que as aplicações desse computador serão cada vez mais amplas, a ponto de alterar totalmente a tecnologia da humanidade.

ATUALIZAÇÃO: Quando essa quadra foi traduzida em 1986, a ideia de um computador orgânico estava totalmente além da minha compreensão. Entretanto, uma descoberta em 1991 colocou o conceito dentro do campo da plausibilidade. O problema com os chips de computador tradicionais, os dispositivos microscópicos que fazem os computadores funcionarem, é que há um limite para o tamanho que eles podem ter. Um grupo de pesquisadores da Universidade de Syracuse informou que agora é capaz de armazenar e recuperar informações de um minúsculo bloco feito da proteína "bacteriorhodopsin". Essa é uma substância derivada de uma bactéria encontrada em pântanos salgados. Eles afirmam que seis pequenos cubos desse material, cada um com apenas um centímetro de lado, poderiam armazenar toda a Biblioteca do Congresso. Provavelmente, levará muitos anos até que o setor de informática possa usar essa descoberta, mas ela é definitivamente orgânica se for derivada de bactérias. Essa poderia ser a substância, ou algo semelhante e igualmente fantástico, usada nos computadores durante a época do Grande Gênio.

D: *Então, aparentemente, isso será algo que acontecerá em um futuro distante.*

B: Ele prevê o século XXI, talvez o século XXII. Ele diz que, embora pareça muito fantástico para nós, não será em um futuro tão distante quanto se imagina. Devido ao gênio desse homem, ele acelerará imensamente o processo de desenvolvimento de coisas que nos parecem muito fantásticas agora. Foi muito fácil para ele identificar esse homem ao longo do nexo dos caminhos do tempo porque ele cria um efeito final tão grande. Ele está em um nexo de linhas do tempo, mas qualquer coisa que ele faça afetará os vários futuros pelos quais a Terra poderia viajar. Portanto, ele era uma luz proeminente - é assim que ele o descreve - ele era uma luz proeminente na paisagem do tempo. Ele diz que é uma pessoa muito bem informada e que decidiu aplicar sua notável capacidade por meio da ciência em vez da filosofia, para que pudesse ajudar a humanidade materialmente em vez de apenas mentalmente. Ele diz que esse homem é uma das principais forças que ajudarão a Terra a se recuperar das cicatrizes da guerra pela qual passou. Ele ajudará a curar a Terra para que a humanidade em geral possa ser completa, feliz e viver bem novamente. Ele aparecerá depois do anticristo. Esse homem será capaz de ver como a Terra está marcada e como pode ser curada, e decide aplicar sua vida a isso. Ele é o principal antídoto para o anticristo.

D: *Isso é bom porque o anticristo parecia tão definitivo. Isso mostra que temos alguma esperança para o futuro.*

B: Ele diz que, sim, o universo precisa manter as coisas equilibradas. Não se pode inclinar a balança para um lado sem que ela volte a oscilar para o outro. E esse homem, devido à natureza de seu gênio, faz com que a balança volte a pender para um fenômeno bom. Ele se aplicará de tal forma que as coisas se equilibrarão e sejam melhores em todos os sentidos.

D: *A balança pendeu para um lado, para o homem muito mau, e agora pode voltar para o muito bom. Fico feliz em ouvir isso. Foi muito deprimente.*

B: Ele diz que se eles fossem em direção ao homem muito mau e ficassem lá, ficariam desequilibrados e isso destruiria essa parte da estrutura do universo. Portanto, não pode ser. Ele está rindo a essa altura. Está dizendo: "Veja, nem sempre sou um profeta da desgraça".

D: *Sim, eu o acusei disso, não foi? (Risos) Bem, isso me dá um pouco de esperança de que talvez todas as suas quadras não sejam de tristeza e desgraça.*

B: Ele falou tanto sobre a tristeza e a desgraça porque não se preocupa com o fato de a humanidade sobreviver aos bons tempos. É uma questão de saber se ela sobreviverá ou não à tristeza e à desgraça.

E ele tenta alertar as pessoas sobre isso para que elas estejam preparadas para sobreviver. Então, elas estarão por perto para aproveitar os bons tempos depois disso.

CENTÚRIO I-56

Vous verrez tost & tard taire grand change,
Horreurs extremes, & vindications:
Que si la lune conduicte par son ange,
Le ciel s'approche des inclinations.

Mais cedo e mais tarde você verá grandes mudanças, horrores terríveis e vinganças. Pois assim como a lua é conduzida por seu anjo, os céus se aproximam do Equilíbrio.

B: Ele diz que isso se relaciona com o refrão anterior sobre o homem que é um gênio. Ele já mencionou que, depois dos horrores do anticristo e coisas do gênero, a balança terá de voltar a pender para o outro lado para equilibrar as coisas. A "lua que se aproxima conduzida por seu anjo" são as colônias espaciais desenvolvidas por esse gênio. A maneira como seus computadores são organizados e desenvolvidos em computadores orgânicos é orientada e liderada por ele, o inventor disso e o líder da pesquisa. Por meio de seus esforços, as coisas serão equilibradas novamente e voltarão ao normal.

D: *Então, muitas vezes, quando ele se refere a uma lua, está se referindo a essas colônias espaciais.*

B: Ele diz que, com os conceitos que tinha em sua mente e as palavras que conhecia, essa foi a única palavra que conseguiu encontrar. Comunicando-se com você dessa forma, por meio da mente desta nave, com seus conceitos tecnológicos mais avançados, ele pode ver que estava vendo colônias e estações espaciais.

D: *Na primeira parte, está escrito: "grandes mudanças, horrores terríveis e vinganças". Isso virá antes?*

B: Sim, ele diz que as grandes mudanças, os horrores e as vinganças virão do anticristo e da ascensão e queda dos governos, das seitas e coisas do gênero.

Quando eu estava trabalhando com Elena, Nostradamus disse que uma maneira de eu ter certeza de que estava realmente em comunicação com ele novamente seria fazer um teste, assim por dizer. Pedir que ele interpretasse, por meio de outra pessoa, uma quadra que ele já havia interpretado por meio de Elena. Ele disse que se interpretasse com palavras semelhantes - não precisava ser palavra por palavra, mas o suficiente para que tivesse o mesmo significado -, eu saberia que estava realmente em contato com ele novamente.

Eu realmente não precisava de provas. Ele já havia me fornecido informações e semelhanças mais do que suficientes para que eu soubesse que não poderia ser coincidência. Mas eu sabia que, para o bem de meus leitores e de quaisquer céticos, eu provavelmente deveria fazer o teste. Eu havia hesitado propositalmente até que tivéssemos trabalhado nesse material por várias semanas e traduzido mais de 60 quadras. Acho que o meu lado humano continuou adiando. E se as interpretações não coincidissem? Talvez minha fé nesse projeto fosse abalada. As evidências eram, a meu ver, muito fortes. Mas e se ele não conseguisse passar no teste? Isso lançaria uma sombra sobre todo o experimento? Eu sabia que teria de correr o risco. Finalmente, decidi que era hora de pisar em gelo fino e pedir uma interpretação de uma quadra que Elena havia interpretado anteriormente por meio de Dionísio. Escolhi a primeira que ela havia encontrado por conta própria, aquela sobre as descobertas bíblicas ocultas. É claro que Brenda não sabia nada sobre o que eu pretendia fazer. Quando ela estava em transe, expliquei humildemente a situação a Nostradamus.

D: Espero que ele não fique ressentido com isso. Vou fazer um teste. Ele está ciente de quando eu estava trabalhando com a outra mulher antes de ela se mudar?

B: Sim. Ele disse que foi uma comunicação muito estranha e maravilhosa por meio de um de seus alunos estrangeiros, o grego.

D: Sim. E foi difícil porque o aluno parecia não entender muito do que ele estava me comunicando.

B: A essa altura, ele está balançando a cabeça e diz: "Esses gregos podem ser teimosos e, às vezes, isso atrapalha".

D: (Risos) Antes da outra mulher ir embora, Nostradamus me deu algumas instruções e esta foi uma delas. Ele me disse para fazer um teste, assim por dizer, se eu encontrasse outro veículo. Portanto, não quero que ele se sinta insultado.

B: Ele diz que não, que é necessário apresentar essas verdades para provar que essa é uma comunicação verdadeira e clara e não uma farsa. É importante que essas informações sejam transmitidas e que sejam aceitas como autênticas. Se não for, tudo isso será em vão.

D: Isso é verdade. Para mim, houve muitas das chamadas "coincidências". A maneira como a coisa toda se encaixou tão bem entre os dois veículos diferentes, não consigo ver isso como uma farsa. Mas isso também me preocupa. Acredito tanto nisso que tenho medo de que talvez se prove que está errado se eu fizer um teste.

B: Ele diz que isso seria uma grande sacudida em seu sistema de crenças.

D: Havia uma quadra que Elena havia interpretado por meio de Dionísio e, na época, Nostradamus disse que me daria mais informações sobre ela mais tarde. Ele me disse que se eu voltasse a falar sobre essa quadra e se ele dissesse as mesmas coisas - semelhantes, mas não exatamente com as mesmas palavras - eu saberia que estava realmente em contato com ele.

B: Ele diz que sim, isso é verdade. As palavras serão semelhantes, mas ele poderá se expandir mais usando o amplo vocabulário disponível por meio desse veículo. Ele diz, por favor, continue.

D: Naquela época, foi dito a ela que meditasse e tentasse entender as traduções, depois ele as corrigiria. As instruções mudaram desde então.

B: Ele deu instruções diferentes para se adequar aos diferentes veículos.

D: Sim. Agora, em vez disso, estou fazendo isso. Será que devo ler a interpretação dela? Na época, ele disse que a interpretação não era totalmente precisa e a ampliou.

B: Ele disse que, para o propósito desse teste, seria melhor se você lesse a tradução no livro e depois pedisse que ele a explicasse como fez com as outras. Dessa forma, as pessoas não poderão dizer que o veículo ouviu o que a outra pessoa tinha a dizer sobre o assunto. E para que você veja os paralelos, se de fato eles se encaixarem, isso provará que se trata de uma comunicação verdadeira.

D: Muito bem. Então também estou disposta a fazer o teste, se é que você me entende. *Essa quadra estava redigida de forma diferente no livro que ela tinha.*

CENTÚRIO VII-14

Faux esposer viendra topographie,
Seront les cruches des monuments ouvertes:
Pulluler secte saincte philosophie,
Pour blanches, noirs, & pour antiques verts.

Ele virá para expor a falsa topografia, as urnas dos túmulos serão abertas. Seita e filosofia sagrada para prosperar, preto para branco e o novo para o velho.

Respirei fundo e cruzei os dedos, esperando que ele passasse no teste que havia imposto a si mesmo.

B: Ele diz que essa é outra quadra que tem mais de uma interpretação, pois se refere a mais de um evento. Uma interpretação se refere ao homem que surgirá como um antídoto para o anticristo. Esse gênio já foi mencionado anteriormente. A frase "ele irá expor a falsa topografia" significa que ele mostrará que a forma como as coisas são vistas tem uma aparência falsa. Que as filosofias e ciências foram construídas sobre premissas errôneas, construindo assim uma imagem errônea do universo. O que ele descobrir e desenvolver ajudará as pessoas a se aproximarem da verdadeira aparência do universo, de como ele realmente é, em relação à força vital que permeia tudo. Ele diz que grande parte desse conhecimento afetará as filosofias das religiões, mas também ajudará a explicar descobertas de documentos antigos que foram deixados de lado devido à maneira como as pessoas veem as coisas. Ele diz que vários documentos, como os encontrados em algumas das tumbas do Egito e em Qumran, e vários outros documentos que serão encontrados são exemplos disso. Eles serão unidos de forma coesa para explicar as versões anteriores das principais religiões que parecerão totalmente invertidas em relação à maneira como foram interpretadas ao longo dos anos, parecendo, assim, que o preto é branco. Ele diz que as novas interpretações dessas religiões, com base na nova compreensão de escritos antigos que antes eram obscuros, farão muito mais sentido para as pessoas e substituirão a antiga maneira, a maneira tacanha, de ver as coisas. Ele diz que isso causará uma mudança radical no mundo, especialmente em questões de religião e filosofia. Simplesmente porque essa descoberta, que inicialmente é retratada como uma descoberta científica, será mais metafísica do que se imagina. E ela deixará claras as conexões entre o universo físico e o universo metafísico, conforme tratado pelas religiões. Ele diz que um evento menor ao qual essa quadra também se refere é um evento que já ocorreu. No início do século XIX, um homem tomou posse de alguns documentos egípcios dos tempos antigos que foram descobertos em algumas tumbas. E esse homem tinha um traço de habilidade psíquica. Com isso, ele deu uma interpretação desses documentos que era parcialmente correta e parcialmente incorreta. Mas ele usou essa interpretação desses documentos na fundação de uma nova seita cristã. Algumas das crenças dessa seita discordavam das crenças predominantes na época e tornaram os seguidores dessa seita muito suspeitos. Eles pareciam estar vendo algumas coisas ao contrário do que os teólogos da época supunham que deveriam ser, com base na Bíblia, já que esses seguidores também estavam seguindo as informações obtidas desses documentos egípcios. Ele simplesmente mencionou isso como um evento menor que essa quadra também descreveu. A história se move em espirais.

    Semanas depois, ocorreu-me de quem ele poderia estar falando. Acredito que ele estava vendo Joseph Smith e o início da Igreja Mórmon no século XIX. Essa seita supostamente se baseia na descoberta de escritos antigos.

B: Mas o principal evento que ele considerou importante para o bem-estar da humanidade foi o que ele mais expôs - o primeiro evento que ainda não ocorreu do ponto de vista do seu tempo, esse gênio, o antídoto para o anticristo. Os desenvolvimentos que ele faz e os efeitos que terá sobre o mundo e a população em geral serão aqueles previstos pelas pessoas que vislumbram a Era de Aquário. Ele diz que, como resultado disso, a paz mundial será iminente. As pessoas poderão liberar seu eu interior e se abrir para os poderes superiores e os níveis mais elevados do universo. De fato, isso fará com que cada pessoa se torne um filósofo, pois elas estarão abertas a essas coisas, enquanto antes apenas os filósofos estavam. Como resultado, as seitas e religiões que adotam esses princípios verdadeiros recém-descobertos serão muito difundidas, pois as pessoas desejarão se reunir e compartilhar suas experiências na exploração dessas regiões superiores. Ele diz que queria deixar claro que não estava querendo dizer que o gênio descobrirá os documentos sozinho. Os documentos serão descobertos por outros. Mas por meio das descobertas que esse homem faz a respeito da estrutura básica do universo e da natureza de Deus, ele é capaz de dar sentido a muitas coisas que não faziam sentido antes. E as coisas vão se encaixar como um todo.

Acho que foi muito notável o fato de que, de todas as quadras do livro, ele também associou essa à descoberta de documentos antigos. Embora o texto fosse diferente, acho que o assunto era tão próximo que eu poderia dizer que ele havia passado no teste.

B: Ele diz que você é quem deve julgar se a interpretação é próxima o suficiente para ser considerada uma comunicação verdadeira. Ao usar dois veículos diferentes, cada um deles contém suas próprias percepções do mundo e seus próprios conceitos em relação à comunicação e à filosofia. Portanto, alguns dos conceitos podem ser redigidos de forma diferente ou podem parecer apenas semelhantes em vez de iguais. Mas ele diz que parte do teste era para você julgar se era uma comunicação verdadeira, e ele aceitará o que você decidir.

D: *Também tivemos uma terceira pessoa envolvida com Dionísio. Por meio da outra mulher, ele disse que a quadra tratava de uma descoberta de algo semelhante aos Manuscritos do Mar Morto. Eles foram descobertos há cerca de 40 anos e revolucionaram o pensamento das pessoas devido à filosofia que continham.*

Dionísio disse que seria uma descoberta de algo novo que tivesse a ver com a Bíblia ou algo do gênero.

B: Ele diz que quando você ouvir novamente o dispositivo, verá que ele mencionou documentos egípcios e documentos em Qumran e outros que ainda não foram descobertos, além de outros semelhantes no Oriente Médio.

D: *Dionísio disse que estava pensando principalmente naqueles que seriam descobertos em breve. Ele ia me dizer onde elas seriam descobertas e desenhar um mapa da localização, mas depois decidiu que outras pessoas poderiam usar isso para obter ganhos monetários.*

B: Sim, ele diz que isso deve ser evitado. Mesmo que ele esteja usando essa comunicação para esclarecer as quadras, às vezes ainda é necessário algum sigilo em áreas delicadas.

D: *Dionísio não forneceu tantos detalhes ou uma comunicação tão clara por causa do período em que estava falando. Esses foram os nossos tropeços iniciais. Por meio desse veículo, estamos recebendo uma comunicação muito mais clara e com muito mais detalhes do que antes.*

B: Ele disse que está contente com isso.

D: *Mas ambas as interpretações lidam com as descobertas de documentos antigos. Portanto, no que diz respeito ao teste, acho que são bem próximas.*

B: Ele disse que deixa isso para você. Ele diz que sabe quem é realmente e que sabe que a linha de comunicação foi estabelecida. Mas o teste foi feito principalmente para tranquilizá-lo, e também para quaisquer opositores e críticos que você possa encontrar em seu trabalho.

D: *E haverá muitos.*

B: Ele diz que sim, haverá.

CENTÚRIO III -2

Le divin verbe donrra à la substance,
Comprins ciel, terre, or occult au laict mystique:
Corps, ame esprit ayant toute puissance
Tant soubs ses pieds comme au siege Celique.

A palavra divina dará à substância (que) contém o céu e a terra, ouro oculto na ação mística. Corpo, alma e espírito são todos poderosos. Tudo está sob seus pés, como no assento do céu.

D: *Essa foi listada como uma quadra "alquimista".*
B: Ele está familiarizado com a palavra. Ele diz que a frase "alquimista" quatrain é precisa porque essa quadra se refere mais uma vez ao gênio que será o salvador da humanidade depois que o anticristo tiver devastado e partido. O que parecem ser afirmações fantásticas da alquimia se tornarão realistas e possíveis devido às descobertas que esse gênio faz e aos conceitos que ele percebe. A nova filosofia gerada pelas descobertas desse homem incentivará o desenvolvimento de poderes mentais e tudo parecerá possível porque haverá uma unidade maior de mente, alma, corpo e emoções do que jamais houve antes. Assim, as pessoas serão capazes de manipular as forças básicas do universo de uma forma que parecerá totalmente fantástica para aqueles que não estão envolvidos com o ocultismo. Ele diz que, até aquele momento, essas manipulações eram realizadas por pessoas intimamente envolvidas com coisas ocultas e psíquicas que lidam com essas forças de qualquer maneira, mesmo que não entendam completamente com o que estão lidando. Mas, no futuro, a compreensão também estará presente, o que tornará as negociações muito mais eficazes. Assim, muitas coisas incríveis e maravilhosas serão feitas de forma cotidiana.
D: *Acho que quando eu ler a interpretação do tradutor, ele pode ficar com raiva novamente.*
B: Eu o avisei. Ele diz que está preparado.
D: *Ela diz: "Quadra alquimística. Embora muitos comentaristas descartem esse verso, acredito que ele seja uma descrição rara e importante das crenças e experiências de Nostradamus. A "palavra divina que adquire substância" é Nostradamus literalmente invocando o espírito que o inspira a profetizar, ou um encantamento que lhe dá poderes divinos. "O ouro oculto e o ato místico". Ele sente que seu corpo possui grandes poderes e, possivelmente, a última linha indica que, durante suas sessões proféticas, ele se sentia desencarnado. Que sua alma estava fora do corpo, olhando para si mesmo, ao pé do assento celestial. Essa*

é uma experiência comum, semelhante a um transe. Alternativamente, Nostradamus poderia querer dizer que o espírito de inspiração desceu até ele e está presente tanto sob seus pés e, portanto, sob seu controle, quanto em sua fonte celestial."

B: Ele diz que essa pessoa é muito confusa. Alguns aspectos do que ela diz são totalmente ridículos, mas uma ou duas frases são viáveis. Ele diz, por exemplo, que neste momento, mesmo enquanto fala, seu espírito está separado do corpo, mas ele não está olhando para si mesmo. Embora seja uma interpretação ridícula, ele pode ver como ela entenderia isso. Mas, às vezes, é assim que acontece. Foram essas interpretações que tornaram esse projeto necessário.

CENTÚRIO III-94

De cinq cent ans plus compte l'on tiendra
Celui qu'estoit l'adornement de son temps:
Puis à un coup grand clarté donra,
Que par ce siecle les rendra tres contens.

Por mais quinhentos anos, eles prestarão atenção àquele que foi o ornamento de sua época. Então, de repente, será feita uma grande revelação que deixará as pessoas daquele (mesmo) século muito satisfeitas.

B: Ele diz que isso tem um duplo significado. O significado principal que ele queria que as pessoas soubessem é que o homem mencionado aqui é o gênio que foi mencionado anteriormente. O que ele descobrir e estabelecer fará mudanças positivas e radicais para a humanidade em geral, e isso se manterá. Durante os séculos seguintes, as pessoas crescerão e viverão sob a luz de suas descobertas e continuarão a se desenvolver. Então, após o tempo previsto, será feita outra descoberta que será tão inspiradora e abrangente quanto a descoberta do gênio. Ela se encaixará tão bem que as pessoas serão capazes de se libertar de todos os limites físicos e não haverá limite para seu desenvolvimento positivo. Ele diz que essa é a principal interpretação dessa quadra. Mais uma vez, mostrando como a história se moverá em espiral, houve outro homem no passado, Leonardo da Vinci, que foi considerado uma luz brilhante de seu tempo e bem visto nos séculos seguintes. Algumas das coisas que esse gênio descobrirá trarão à tona ainda mais a grandeza de Leonardo da Vinci. Ele diz que é muito interessante como tudo se inter-relaciona dessa maneira.

D: Dizem que Leonardo da Vinci inventou muitas coisas que estavam à frente de seu tempo.

B: Ele diz que todas as descobertas e invenções mais interessantes e surpreendentes de Leonardo da Vinci tiveram de ser escondidas ou destruídas por causa da Inquisição e da ignorância das pessoas ao seu redor.

D: Ah, ele estava tendo o mesmo problema. Temos muitos de seus documentos e anotações que chegaram até nós.

B: Ele diz que há muitos deles que foram trancados na biblioteca do Vaticano.

D: Ele sabe por que elas foram consideradas polêmicas?

B: Ele diz que não eram apenas polêmicas, eram totalmente heréticas.

D: De que assuntos eles tratavam?

B: Todos os assuntos possíveis. Ele diz que Leonardo da Vinci era assim. Ele podia conceber tudo. Devido ao fato de da Vinci escrever sobre suas próprias descobertas e fazer extrapolações lógicas com base em suas invenções e descobertas, ele conseguiu explicar alguns dos acontecimentos da Bíblia como sendo devidos à tecnologia do homem e não aos milagres de Deus. E isso foi considerado muito herético. Estava diminuindo a glória de Deus. Eles não se importavam com sua interpretação de vários profetas do Antigo Testamento, como Elias e Ezequiel e algumas das coisas escritas por Isaías. A deles eram as coisas mais fantásticas que as pessoas não tinham sido capazes de interpretar. Elas simplesmente as incluíam na categoria geral como sendo a glória de Deus. Leonardo explicaria e mostraria as razões pelas quais isso estava se referindo a coisas que o homem poderia fazer, em vez de ser apenas a glória de Deus.

Essa pode ter sido outra razão para Nostradamus ser tão obscuro em seus escritos. Ele já havia visto o que acontecia quando alguém escrevia sobre essas coisas e não era discreto a respeito. Ele já tinha um exemplo das consequências de escrever as coisas em linguagem simples.

D: *Eles pegaram esses papéis após a morte de Da Vinci ou enquanto ele estava vivo?*

B: Ambos.

D: *Temos muitos deles que descrevem algumas de suas invenções e diferentes livros sobre anatomia que ele escreveu, e coisas do gênero. Parece que ele também era um grande filósofo.*

B: Ah, sim.

D: *Mas já se passaram tantos anos que seria de se esperar que o Vaticano liberasse alguns desses documentos.*

B: O Vaticano ainda não quer liberar muitos deles. Mas a maioria deles está guardada e juntando poeira e, em sua maior parte, foi esquecida.

D: *Provavelmente foi isso que aconteceu com muitas coisas ao longo da história. Gosto de ler para ele as traduções do intérprete de vez em quando porque gosto de ver o que ele diz.*

B: Além de ficar pulando para cima e para baixo e puxando a barba.

D: *(Risos) Eles interpretaram essa quadra como uma referência a Nostradamus. Que ele é esse grande homem. Eles dizem que "quase todos os intérpretes das quadras de Nostradamus usaram essa como garantia da natureza inspirada de suas obras". Eles afirmam que isso lhes dá autoridade, assim por dizer, para interpretar.*

B: Ele diz que isso é um mau uso dessa quadra. Se você quisesse aplicá-la dessa maneira, ela seria particularmente aplicável a este caso, já que este é um canal de comunicação nunca antes usado com ele. Isso deve agradar a outros estudiosos de Nostradamus em seu período de tempo. Mas ele diz que não era isso que tinha em mente.

D: *Eu me perguntava sobre isso. Ele nunca falou assim com ninguém mais? Então, talvez isso impressione as pessoas quanto à importância de nossas traduções dessas quadras, caso isso nunca tenha sido feito antes.*

CENTÚRIO IX-65

*Dedans le coing de luna viendra rendre,
Ou sera prins & mis en terre estrange,
Les fruitz immeurs seront à la grand esclandre
Grand vitupere à l'un grande louange.*

Ele virá para se levar até o canto de Luna, onde será levado e colocado em terra estrangeira. O fruto não maduro será objeto de grande escândalo, grande culpa, para o outro grande louvor.

B: Ele diz que isso se refere a quando o período de problemas tiver terminado, o programa espacial for retomado e a exploração espacial for considerada seriamente. Isso tem a ver com o estabelecimento de L-cinco colônias de estações espaciais. (Não entendi.) L-cinco, L traço numeral cinco (L-5). Estações espaciais para a tentativa de fabricar coisas no espaço para maior durabilidade e, particularmente, para o possível estabelecimento de uma base científica, talvez em Marte. Ele diz que, nesse momento, uma base científica e de comunicação já terá sido estabelecida na Lua. Isso é algo para o futuro, quando um financiamento decente tiver sido fornecido para um empreendimento tão grandioso. Ele diz que o comandante da base lunar será uma espécie de supervisor-chefe do projeto, já que ele está lá fora e naquela parte do mundo. (Todos rimos com essa observação. Obviamente, ele quis dizer que era uma piada.) Ele está no local para ficar de olho nas coisas e ficará muito ansioso com os cronogramas e prazos, e começará a pressionar os trabalhadores da construção civil para que essa estação geradora de energia solar em particular seja concluída antes do prazo para a inspeção de uma pessoa importante da Terra. Eles conseguem terminar a tempo, mas apenas às custas da qualidade da construção, tornando-a perigosa. Uma pessoa será corajosa o suficiente para arriscar sua carreira e dar um passo à frente para expor o que está acontecendo. Ele provará que está correto e será elogiado por ter tido a coragem de fazer isso. No entanto, esse superintendente lunar terá grande culpa porque o fruto não maduro é a estação que não foi concluída corretamente. A culpa será dele e haverá um grande escândalo e muitas mudanças políticas ocorrerão porque várias pessoas serão convidadas a renunciar a seus cargos, etc.

D: *Então, onde está escrito "ele será levado e colocado em terra estrangeira", isso significa a base em Marte. (Alguém me entregou um bilhete.) Você estava falando sobre a estação de energia solar. Eles vão usar cristais ou energia de cristal de alguma forma com isso?*

B: A energia solar é enviada primeiro para as estações espaciais. Sua principal razão de existir será coletar energia solar e transmiti-la para a Terra como uma forma de energia limpa e praticamente gratuita que as pessoas possam usar para viver e crescer sem fazer coisas atrozes para a Terra no processo. Ele diz que a tecnologia será muito desenvolvida. Pode haver alguns cristais envolvidos, mas as células solares com as quais você está familiarizado hoje serão consideradas obsoletas naquela época. Haverá novas formas de coletar a energia solar e transmiti-la para onde for necessária.

D: *Isso acontecerá durante a época do gênio?*

B: Sim, o gênio terá um impacto tão profundo no desenvolvimento da humanidade que será quase endeusado. Ele terá grande respeito e honra.

D: *John estava querendo uma data para o gênio. Eu estava pensando que você havia dito talvez no século XXI ou XXII. É isso mesmo?*

B: Não, isso está incorreto de sua parte. Ele diz que o gênio virá na segunda geração após o anticristo, em meados do século 21. Se você observar sua história, o desenvolvimento de nossa civilização e o desenvolvimento da tecnologia têm aumentado e acontecido em um ritmo cada vez mais rápido. É como subir em uma pirâmide. Quanto mais alto você sobe na pirâmide, mais rápido surgem as coisas e as novas invenções. E essa tendência continuará. As coisas estarão mudando tanto que a tecnologia estará em um estado constante de fluxo. Ele diz que você parece pensar que isso está muito distante no futuro e se esquece de que está no final do século XX. Você estará vivendo no século XXI. Não está tão longe assim. Ele diz que, das pessoas nesta sala em idade fértil, a época do gênio chegará na época de seus netos.

D: *Isso nos dará uma ideia aproximada de uma sequência temporal. Eles interpretaram que isso tinha algo a ver com o espaço por causa da menção a Luna, mas estavam pensando em uma corrida espacial entre os Estados Unidos e a Rússia.*

B: Eles estão sendo egocêntricos novamente, diz ele. Ele não gosta do fato de continuarem tentando impor amarras e limitações ao que ele vê. A principal coisa que o chateia é que ele tem a impressão de que eles supõem que ele vê apenas para a França e não para o mundo. Ele diz: "Vocês não acham que estou preocupado com o mundo inteiro? A França não é o único lugar do mundo com pessoas". Nesse momento, ele fez um gesto rude e um barulho rude. Ele disse: "Eles são cabeças-duras. Precisamos tentar entender".

ATUALIZAÇÃO: Consulte o Adendo para obter mais informações sobre a ciência da nanotecnologia e sua possível conexão entre o Grande Gênio e o computador orgânico.

CAPÍTULO 25

O FUTURO DISTANTE

CENTÚRIO II-13

Le corps sans ame plus n'estre en sacrifice.
Jour de la mort mis en nativité:
L'esprit divin fera l'ame felice,
Voyant le verbe en son eternité.

O corpo sem alma não está mais no sacrifício. No dia da morte, ele é levado ao renascimento. O espírito divino fará com que a alma se regozije ao ver a eternidade da palavra.

B: Ele diz que isso está se referindo a um conjunto de circunstâncias muito distante no futuro. O século XX está trabalhando para isso, e está à vista, mas ainda há um longo caminho a percorrer. Uma coisa que ele estava prevendo eram os grandes avanços na medicina. Ele diz que em sua época, os primeiros vislumbres disso podem ser vistos na forma como o cirurgião na câmara de cirurgia pode trazer de volta pessoas que estão clinicamente mortas. Eles as trouxeram de volta à vida, de modo que elas podem viver por anos depois. Ele diz que a medicina continuará a se desenvolver de forma que o homem aparentemente viverá para sempre, pois afirma que o corpo é feito de forma maravilhosa demais para morrer tão rapidamente. Ele está se referindo ao tempo médio de vida em sua época. E ele viu um tempo no futuro em que as pessoas que haviam morrido poderiam ser trazidas de volta à vida de muitas maneiras maravilhosas, seja respirando o espírito de volta ao corpo antes que ele começasse a se corromper ou fazendo um novo corpo como o antigo e respirando o espírito de volta. Ele diz que há muitas coisas incríveis que ele viu com relação a essa tecnologia. Antes que ela seja desenvolvida, haverá um avanço na ciência que perturbará todas as fases teóricas de todas as ciências, e o homem finalmente tocará Deus, assim por dizer. O núcleo espiritual do universo que relaciona todas as coisas por meio da força da vida será finalmente descoberto, e a fonte central disso é o espírito divino. Ele diz que quando essa fonte for descoberta, será possível dar vida aos corpos usando parte desse espírito vital que permeia tudo.

D: *Isso teria de ser em um futuro muito distante.*

B: Sim. Mas ele diz que seria mais fácil para uma pessoa comum de sua época conceber isso do que para uma pessoa da época dele.

D: *Vejo que seria totalmente impossível para as pessoas da época dele entenderem. Fizemos muitos avanços que fazem parecer que isso seria possível. Quando li essa quadra pela primeira vez, achei que ela tinha algo a ver com a morte do mundo.*

B: Ele diz que, nesse caso, não. Entretanto, a descoberta desse espírito central, dessa força vital, será uma mudança tão radical em tudo que quase parecerá um renascimento do mundo. Ele diz que tudo o que tem a ver com a maneira como o homem pensa, sua filosofia, sua medicina, sua ciência, tudo será totalmente alterado e virado de cabeça para baixo. O que antes era considerado impossível se tornará possível. E ele diz que muitas coisas maravilhosas ocorrerão. É impossível descrever tudo isso.

D: *O tradutor acha que essa quadra se refere às crenças religiosas de Nostradamus.*

B: Ele diz que esse não é um palpite ruim para alguém que não sabe o que está fazendo com isso. Essa descoberta afetará a filosofia também e haverá uma mudança radical. Portanto, de certa forma, os resultados disso afetarão as crenças religiosas de todos e ele pode ver por que o intérprete teria uma sensação religiosa com isso.

D: *Ela escreve: "Se houver algum significado oculto nessa quadra, ele está deliberadamente oculto".*

B: Ele diz: "Claro! O que significa 'oculto'?!"

D: *(Risos) Eles não poderiam ter começado a fazer essa interpretação.*

CENTÚRIO I-69

La grand montaigne ronde de sept stades,
Apres paix, guerre, faim, innondation:
Roulera loin abismant grands contrades,
Mesmes antiques, & grand fondation.

A grande montanha, com sete estádios de circunferência, depois da paz, da guerra, da fome, da inundação. Ela se espalhará por toda parte, afogando grandes países, até mesmo antiguidades e suas poderosas fundações.

B: Ele diz que estava falando de forma alegórica e muito simbólica. A montanha de que ele fala será o desenvolvimento de uma nova filosofia que será mais compatível com a realidade dos planos superiores e com a vida aqui na Terra também. Essa montanha e essa filosofia terão sete conceitos básicos que parecem simples na superfície, mas que, na verdade, são muito profundos. Os "sete estádios redondos" simbolizam os sete princípios básicos dessa filosofia, a partir dos quais todos os outros pensamentos mais avançados crescerão. A maneira pela qual a Terra estará pronta para essa filosofia é que, após um período de paz, as pessoas se tornam negligentes e não se preocupam com os aspectos mais elevados das coisas porque têm tudo fácil. Depois de passarem por um período de guerra, fome, dificuldades e coisas do gênero, que fazem com que as mentes se voltem para coisas mais elevadas, pensando que deve haver algo melhor do que o que existe aqui - elas estarão prontas para aceitar essa filosofia. Ela absolverá as contradições com as quais as pessoas têm de lidar atualmente em sua filosofia. Essa nova forma de pensar se espalhará pela Terra e as pessoas a considerarão aceitável. Portanto, como consequência, ela derrubará as religiões mais antigas e estabelecidas. E, portanto, terá efeitos sociológicos e afetará as leis do país também, já que as leis são baseadas em princípios religiosos e sociais. Ele diz que essa filosofia terá suas raízes nos padrões de pensamento da Era de Aquário.

D: *Os tradutores disseram que "se espalhará por toda parte, afogando grandes países", referindo-se a uma grande inundação.*
- Percebi que várias de suas quadras se referem a religiões, filosofias e coisas do gênero.

B: Ele diz que a maneira como as religiões e filosofias se desenvolvem afeta a humanidade em geral, então isso aparece sempre que ele está olhando para o futuro. Essa é uma parte muito importante da vida e do mundo.

D: *A próxima quadra contém um anagrama que eles interpretaram. Talvez eu tenha de ler para você a palavra original em francês porque eles mudaram as letras.*

B: Ele diz que primeiro tente com a interpretação e depois provavelmente pedirá a palavra original em francês. Mas ele diz para continuarmos.

CENTÚRIO II-22

Le camp Ascap 'Europe partira,
S'adjoignant proche de l'isle submergée:
D'Arton classe phalange pliera,
Nombril du monde plus grand voix subrogée.

O exército sem objetivo partirá da Europa e se juntará próximo à ilha submersa. A frota da OTAN dobra seu estandarte, o umbigo do mundo no lugar de uma voz maior.

D: *A palavra OTAN é o que eles criaram a partir de seu anagrama.*
B: Ele diz: "E qual é o anagrama?"
D: *Em francês, é ARTON, e eles mudaram para OTAN.*
B: Ele diz para ler novamente e substituir OTAN por ARTON. (Eu fiz isso.) Ele diz que isso é uma combinação de várias coisas, como de costume. No futuro, após os eventos calamitosos do final do século XX, a organização e as alianças atuais entre os vários países, especialmente os países ocidentais, se dissolverão e novas alianças serão formadas. Depois que as antigas alianças se dissolverem e enquanto as novas alianças estiverem em processo de formação, as pessoas que estavam envolvidas com a manutenção da paz sob o sistema das antigas alianças ficarão sem saída, assim por dizer. Ele diz que há uma base naval secreta, ou uma base de inteligência, que foi construída na plataforma continental americana, embaixo do oceano, para que seja secreta. Os chefes de equipe se reunirão lá para decidir quais ações tomar

em relação às novas alianças que estão sendo formadas. A ideia de ter essa base de inteligência no fundo do mar tem origem nas lendas sobre Atlântida. Ele diz, meio que entre parênteses, que também colocou aquela parte sobre a ilha submersa como uma dica para o fato de que um dia, no futuro, haverá descobertas de restos submersos dessa grande civilização que deu origem à lenda de Atlântida.

D: *Foi isso que pensei que ele poderia estar inferindo, então estamos no caminho certo.*

B: Sim. Ele diz que tinha vários significados nessa quadra. É por isso que essa linha se refere à Atlântida de forma indireta. Ele diz que a interpretação de ARTON para a OTAN está essencialmente correta no significado geral, mas não nos detalhes. Quando isso acontecer, a OTAN não será mais conhecida por esse nome, mas será uma organização semelhante à que se desenvolveu a partir da OTAN. Quando ela se dissolver e novas alianças forem formadas, será em reação e como resultado do estresse da guerra pelo qual esses países terão passado. Ele diz que a linha "o umbigo do mundo no lugar de uma voz maior" significa que no momento em que isso estiver ocorrendo, os cientistas militares - e com essa frase ele não quer dizer aqueles que estudam a arte de fazer a guerra, mas aqueles que fazem pesquisas para os militares - descobrirão uma nova... força. Por exemplo, há o magnetismo, a gravidade e a eletricidade, forças como essas. Ele diz que eles descobrirão uma nova força, e isso dará evidências a algumas das filosofias orientais sobre a natureza do universo. Como resultado, os países dessa parte do mundo, especialmente a Índia, se voltarão para dentro de si mesmos para contemplar essa descoberta, de modo que possam se elevar em maior glória, em vez de se voltarem para fora e se manterem em comunicação com toda a rede de nações. Ele diz que não se trata realmente de uma descoberta, mas de uma realização. A evidência dessa força está diante de nós e sempre esteve lá, mas os fatos foram mal interpretados e associados de forma errada.

D: *Suponho que eles encontrem outros usos para ela?*

B: Sim, para os fatos que estão lá. O fato número um está ligado a algo totalmente diferente. O fato número dois está ligado a outra coisa. E o fato número três é considerado apenas uma aberração estatística, por exemplo. Então, de repente, algum gênio terá uma ideia e ligará esses três fatos supostamente não relacionados entre si, trabalhando com isso para descobrir que há outra força envolvida no funcionamento do universo. Essa força explicará muitas coisas das tradições do tipo oriental, como o teletransporte e vários acontecimentos maravilhosos como esse.

D: Ele poderia me dizer mais alguma coisa sobre a descoberta de evidências da Atlântida?

B: Ele diz que ela realmente existiu, mas não da forma que se supõe popularmente. Muitos a imaginam como sendo uma civilização grega de algum tipo, com templos com colunatas e coisas do gênero. Ele diz que, na verdade, não era nada disso. Uma coisa sobre a Atlântida que os cientistas terão de perceber é que eles usavam a pedra da mesma forma que o século XX usa o metal. Eles tinham maneiras de trabalhar a pedra, de torná-la maleável como a argila e depois deixá-la endurecer novamente para se tornar pedra. Eles trabalhavam com força e energias que podiam ser conduzidas através da pedra da mesma forma que a eletricidade é conduzida através do metal. Ele diz que era uma civilização baseada em um conceito de mundo totalmente diferente. Por isso, quando os arqueólogos a encontrarem, será difícil para eles entenderem o que encontrarem.

D: Você sabe onde eles encontrarão essas evidências ou esses restos mortais?

B: Vou perguntar a ele. - Ele diz que serão encontrados restos mortais em várias partes do mundo porque a civilização de Atlântida era uma civilização mundial. Já foram encontradas algumas pequenas migalhas de evidências, mas os cientistas ainda não juntaram dois mais dois, assim por dizer. Há uma grande cidade dessa civilização na plataforma continental oriental americana. E há uma onde hoje fica o Mar do Japão. Há outro grande centro sob o gelo da Antártica. Há evidências dessa civilização na América Central e do Sul. E ele diz que há outras em vários lugares. Algumas dessas evidências foram encontradas e outras não. Ele diz que algumas das estruturas megalíticas do mundo também estão relacionadas a essa civilização, especialmente as estruturas com precisão matemática, como as da Grã-Bretanha. Ele diz que foi uma civilização maravilhosa e que, quando os cientistas finalmente a descobrirem, quando começarem a descobrir essas ruínas e tudo o mais, isso revisará sua imagem da pré-história.

D: *Temos a ideia de que ela estava localizada em uma ilha submersa em algum lugar no meio do Atlântico.*

B: Ele diz que, em algum momento, parte dela estava em uma ilha simplesmente por causa dos níveis da água do oceano. Agora ela faz parte de uma plataforma continental porque as águas do oceano subiram o suficiente para cobrir essa ilha. Mas esse não era o centro da civilização nem era o único lugar onde ela existia. Havia todos esses outros lugares e eles se comunicavam uns com os outros, pois eram uma única civilização.

D: *Ele obteve essa informação sobre Atlântida por meio de leitura ou de suas visões?*

B: Ele diz que a viu por meio do espelho e de outro dispositivo que possui. Ele está me mostrando uma foto. É como uma peça curva de metal, como uma tigela de metal muito rasa com um tripé equilibrado sobre ela. E no tripé está suspenso um cristal. Mas não sei como ele funciona ou é operado.

Talvez isso tenha algo a ver com a focalização da chama por meio dos cristais que ela mencionou antes. Talvez, de alguma forma, ela tenha refletido a luz na superfície da tigela. Qualquer superfície refletora pode ser usada como ponto focal para olhar e se concentrar.

D: *Disseram-nos que a Atlântida morreu em uma grande catástrofe. Ele sabe o que aconteceu?*

B: Ele diz que pode descrever alguns dos eventos, mas não tem certeza da causa. Ele pode nos dar suas suspeitas se quisermos ouvir fatos infundados.

D: *Tudo bem, porque sempre foi um mistério e as pessoas teorizam sobre isso de qualquer forma.*

B: Ele diz que a humanidade se tornou muito avançada. Sua civilização era avançada na direção em que havia crescido. Ela não tinha as máquinas maravilhosas que a sua civilização tem, simplesmente porque essa civilização havia se desenvolvido em uma direção diferente. O homem confiava mais na parte PSI das habilidades da mente para realizar as coisas em vez de confiar na agilidade dos dedos. Consequentemente, a civilização tinha um padrão totalmente diferente e, com esse uso, suas habilidades se tornaram bastante comuns. Quando a civilização parecia estar no ponto de realmente florescer e se realizar - ele não tem certeza se alguma civilização extraterrestre interveio ou se simplesmente aconteceu um acidente natural. Ele diz que, se foi um acidente natural, parece que a Terra e o sistema solar de alguma forma passaram por um aglomerado de asteroides e coisas do gênero. Mas se não foi um acidente, mas sim um projeto, então alguma civilização extraterrestre reuniu esses asteroides e coisas do gênero, e a Terra passou por eles. E esses enormes pedaços de rocha que atravessaram a atmosfera e atingiram o solo bagunçaram o clima e causaram ondas de choque. Alguns deles aterrissaram em algumas cidades e as destruíram totalmente. Isso aconteceu de tal forma que a humanidade perdeu todos os vestígios de civilização que tinha e teve de começar do zero novamente. Ele diz que é possível ver algumas evidências desses enormes pedaços de rocha que atingiram a Terra. Essas rochas, embora algumas delas tivessem formato irregular, deixaram para trás pontos de impacto basicamente redondos. Ele diz que você pode ver isso facilmente ao obter um bom mapa desenhado por um cartógrafo com uma mão firme. Você notará que há alguns corpos d'água que são basicamente redondos. Ele diz que o Mar do Japão, o Mar do Caribe, o Golfo do México e outros em todo o mundo marcam alguns dos lugares em que essas enormes rochas atingiram a Terra e as águas do oceano inundaram, destruindo todos os sobreviventes.

D: Essa é uma teoria muito interessante. Uma das teorias que as pessoas têm em nossa época é que eles tinham algum tipo de poder misterioso e o usaram de forma errada.

B: Ele diz que eles não fizeram mau uso dele. Eles tinham um poder misterioso, mas se tornaram tão avançados com ele que ele tem a forte sensação de que eles eram uma ameaça para outra pessoa, não por beligerância, mas apenas por serem avançados.

D: Uma das teorias é que, por serem homens, eles foram longe demais e usaram o poder pelas razões erradas, criando algum tipo de acidente. Mas há muitas teorias. Isso é realmente tudo o que temos.

B: Sim. Ele diz que um dia alguns dos segredos serão descobertos, mas vai demorar um pouco. Aquilo que intriga a humanidade mantém sua atenção por mais tempo. Nesse ponto, ele meio que dá uma risadinha. Ele diz: "Dois exemplos são Atlântida e eu mesmo".

D: *(risos) É verdade. Eu realmente acredito que suas quadras não teriam sobrevivido até nossos dias se ele as tivesse simplificado.*

B: Ele concorda com você.

D: *Ele manteve a humanidade se perguntando durante todos esses anos sobre o que estava tentando dizer. Eu realmente acredito que se ele as tivesse escrito em inglês simples, elas teriam sido destruídas.*

B: (Fingindo irritação.) Ele diz: "Em francês claro, por favor".

D: *(risos) Tudo bem. Se ele as tivesse escrito em linguagem simples, acredito que elas teriam sido destruídas há muito tempo. Não teriam sobrevivido como um quebra-cabeça.*

B: Ele diz que elas teriam sido destruídas quando ele morresse. Ele diz que, independentemente de ele morrer naturalmente ou ser morto pela Inquisição, todos os seus escritos seriam queimados ali mesmo, no local, se eles fossem capazes de entendê-los.

CENTÚRIO IV-25

Corps sublimes fin à l'œil visibles:
Obnubiler viendront par ses raisons:
Corps, front comprins, sens chief & invisibles.
Diminuant les sacrees oraisons.

Os corpos celestes, infinitamente visíveis aos olhos, vêm a turvar (o intelecto) por suas próprias razões. O corpo, juntamente com a testa, os sentidos e a cabeça, todos invisíveis, à medida que as orações sagradas diminuem.

D: *Eles não têm explicação para isso. Eles não entendem nada. Eles a classificam como uma quadra oculta. Oculto geralmente significa ....*

B: (Interrompido) Escondido. Ele diz que isso tem um significado múltiplo. Tem um significado metafísico, bem como um significado físico. O significado metafísico é que a humanidade em geral começará a se desenvolver espiritualmente. O conhecimento necessário para esse desenvolvimento esteve sempre à sua frente, mas eles não o viram. E quando começarem a perceber o que está lá, isso os confundirá. Ele diz que a outra interpretação disso é que, em um momento no futuro distante, haverá viagens espaciais interestelares. "Os corpos celestiais infinitamente visíveis" se refere às estrelas que não param de crescer. E essas naves em que eles estarão viajando serão controladas por emanações da mente e pelo poder PSI, em vez de manipulações mecânicas.

D: *Isso também explicaria a última parte. "Sentidos e cabeça todos invisíveis." Talvez ele se interesse pelo que os tradutores dizem em sua interpretação. "As orações da última linha são as invocações aos espíritos feitas por Nostradamus. Quando elas terminam, ele é possuído."*

B: Ele bufou de desgosto com essa observação e disse: "Rasgue-o e jogue-o fora".

D: *Eles acham que isso está descrevendo sua "sensação de ausência de corpo que ele experimenta quando está em um transe de previsão, quando sua mente e intelecto são usados pelos seres celestiais para seus próprios fins".*

B: Estou descobrindo que ele tem senso de humor, pois nesse momento ele imitou momentaneamente as reações físicas de uma epiléptica durante um ataque. (Ela começou a sacudir os braços e as pernas imitando o que estava vendo).

D: *Ele se refere aos chutes?*

B: O tremor. Ele está sendo bem-humorado. E quando ele parou com isso, comentou: "Isso nunca acontece quando estou fazendo isso. Não estou possuído".

D: *Ah, ele acha que é assim que as pessoas se parecem quando estão possuídas?*

B: Bem, ele diz que as pessoas epilépticas são pessoas que estão possuídas, pelo que se sabe em sua época. Ele está balançando a cabeça e diz que é hora de ir embora se quisermos suportar tal ridículo. Ele diz que nunca foi possuído. Ele sabe exatamente o que está fazendo em todos os momentos. Ele diz que foi bom ter entrado em contato conosco para esclarecer as coisas.

Portanto, Nostradamus não era totalmente iluminado. Ainda havia algumas coisas que ele não sabia. Aparentemente, ele aceitou essa explicação da igreja ou do conhecimento médico de sua época de que, quando alguém tinha convulsões, era possuído por espíritos malignos.

CENTÚRIO I-17

Par quarante ans l'Iris n'apparoistra.
Par quarante ans tous les jours sera veu:
La terre aride en siccité croistra,
Et grans deluges quand sera aperceu.

Durante quarenta anos não se verá o arco-íris. Durante quarenta anos, ele será visto todos os dias. A terra seca se tornará mais seca, e haverá grandes inundações quando ele for visto.

B: Ele diz que isso tem a ver com alguns dos problemas pelos quais a Terra terá de passar. Isso não está relacionado ao anticristo, mas a problemas futuros, em um futuro distante. Ele diz que, sim, haverá muitas enchentes e secas na época do anticristo, mas essa quadra em particular é outro exemplo da balança oscilando para um lado e depois para outro. É quando haverá problemas para a Terra novamente, quando o arco-íris não aparecerá por 40 anos. Ele diz que isso causará uma seca de 40 anos. A única maneira das pessoas sobreviverem será derretendo o gelo dos polos ou extraindo água pura do mar. Essa é a única maneira de obter água para as plantações e outras coisas. Então, em uma tentativa de equilibrar isso, a balança oscilará na outra direção e haverá um arco-íris todos os dias, causando chuvas abundantes e muitas enchentes. No entanto, o elemento tempo não é necessariamente 40 anos. Ele estava usando isso como um conceito para 40 ciclos. Ele diz que estava falando de ciclos maiores. O principal indício disso é que, de alguma forma, a humanidade fará algo para desequilibrar o ambiente da Terra, de modo a desencadear uma era glacial. Do tipo em que a água está sendo capturada no gelo dos polos, de modo que não há água para chuva por um período de tempo. Em seguida, a situação se inverterá quando a era glacial terminar e houver excesso de água em toda parte. Porque os polos estarão derretendo em um ritmo abundante e haverá muita chuva e inundações, e o nível do mar subirá novamente. Ele diz que essa é uma parte natural da história da Terra. Aconteceu no passado e acontecerá novamente no futuro. E mais uma vez, como aconteceu da última vez, essa era glacial causará a queda dessa civilização. Ela apagará todos os vestígios dessa civilização, de modo que outra civilização terá de surgir depois, como aconteceu dessa vez. Ele diz que esse parece ser um ciclo natural da idade da Terra.

D: *Esses ciclos podem ser mais longos ou mais curtos do que 40 anos?*

B: Ele diz que definitivamente são mais longos. Quando ele está olhando para os confins do tempo, às vezes é difícil identificar o número exato de anos, mas é possível identificar ciclos gerais. Por exemplo, nesse caso, ele diz que provavelmente serão 4.000 anos para um lado e 4.000 anos para o outro. São ciclos de milênios.

D: *Quando li isso, pensei que talvez ele estivesse se referindo a uma inclinação ou mudança no eixo da Terra.*

B: Ele diz que isso também está envolvido. Você está correta. A humanidade estará caminhando à beira desse precipício, porque algum aspecto de sua tecnologia estará colocando em risco o delicado equilíbrio do ecossistema. E a mudança do eixo destruirá esse equilíbrio o suficiente para desencadear essa era glacial.

D: *Essa quadra é definitivamente sombria e desanimadora, mas levará muito tempo até que isso aconteça.*

B: Ele diz que é um ciclo natural. Não se assuste com isso, pois a humanidade já sobreviveu a esses ciclos antes.

D: *Mas o problema é que a humanidade sempre tem que começar de novo.*

B: Ele diz que eles não precisariam necessariamente começar de novo se houvesse uma maneira de preservar o conhecimento. Mas, normalmente, as preocupações das pessoas se restringem apenas à sobrevivência. Elas não se preocupam em preservar o conhecimento.

D: *Bem, talvez aquele grande gênio de que ele falou tenha algo a ver com isso.*

B: Ele diz que essa é uma possibilidade, embora os dois eventos estejam muito distantes no tempo. Ele diz que teremos de esperar para ver.

CENTÚRIO II-95

Les lieux peuplez seront inhabitables:
Pour champs avoir grand division:
Regnes livrez à prudents incapables,
Lors les grands freres mort & dissention.

As terras povoadas se tornarão inabitáveis, haverá grande discórdia para a obtenção de terras. Os reinos serão dados a homens incapazes de prudência. Depois, para os grandes irmãos, morte e discórdia.

B: Esse é um daqueles eventos que não precisam ocorrer. Ele pode ser evitado. Ele diz que em quadras anteriores que traduzimos, ele se referiu a um evento em que o homem supera o equilíbrio da Terra e provoca grandes mudanças no clima e nas estações, causando muitas dificuldades e fome. Como resultado disso, muitas terras que hoje são grandes terras agrícolas, que produzem muitos grãos e alimentos para grande parte do mundo, ficarão congeladas e não produzirão mais alimentos. E as pessoas que vivem lá, que cultivaram alimentos lá, deixarão essas terras como ratos saindo de um navio que está afundando. Elas correrão para terras onde ainda se pode viver e onde ainda se pode cultivar alimentos. Haverá muita discórdia e brigas à medida que as terras ficarem mais cheias e cada um tentar expulsar o outro. Ele diz que, como resultado do pânico, várias decisões estúpidas serão tomadas. Os "reinos" se referem a áreas de poder em vez de áreas de terra. E as pessoas que receberem responsabilidade em determinadas áreas tomarão decisões ruins que se transformarão em grandes desastres, como resultado de não pensarem com clareza sob a pressão causada por essa terrível mudança climática. Os dois irmãos que sofrerão dissensão e destruição referem-se aos Estados Unidos e ao Reino Unido.

Os Estados Unidos e a Inglaterra foram mencionados como irmãos em várias outras quadras.

D: *Eles traduziram isso como se referindo aos irmãos Kennedy.*
B: Ele diz que há outras quadras que se referem aos irmãos Kennedy. Essa não é uma delas.

CENTÚRIO X-74

Au revolu du grand nombre septiesme
Apparoistra au temps Jeux d'Hecatombe,
Non esloigné du grand eage milliesme
Que les entres sortiront de leur tombe.

No ano do grande sétimo número cumprido, ele aparecerá na época dos jogos da matança, não muito longe da era do grande milênio, quando os mortos sairão de seus túmulos.

B: Ele diz que isso se refere ao momento em que o fim do mundo está se aproximando. Ele diz que toda a era do mundo poderia ser dividida em sete grandes porções. As seis primeiras já foram vivenciadas e cumpridas, e agora estamos na sétima parte. Ele diz que a sétima parte dessas eras tem a ver com o homem e seus atos. No final dessa era, será o fim da era da humanidade, depois que essa sétima era for concluída. Embora a Terra continue a existir por algumas eras depois disso, o homem terá cumprido seu propósito e realizado o que precisava fazer aqui na Terra. Em vez disso, ele estará em outro lugar, e a roda do carma não enviará mais os homens para a Terra, mas para outros locais.

Isso soou muito parecido com o que Phil disse que aconteceria no futuro do homem em meu livro The Keepers of the Garden.

D: *Mas isso não vai acontecer em breve, não é?*
B: Ele diz que não. Ao escrever quadras sobre questões cármicas, é preciso levar em conta a grande roda do universo e a lentidão com que ela se move. No que diz respeito ao universo, pode parecer que isso vai acontecer em breve. Mas isso é apenas em relação à

grande idade do universo. Quando se trata dos breves períodos da vida do homem, isso parecerá estar muito distante no futuro.

D: *Isso é um alívio. O que ele quer dizer com "aparecerá na época dos jogos de matança"?*

B: Ele diz que, daqui até lá, a civilização terá caído e sido reconstruída várias vezes. Algumas das tradições e convenções das civilizações anteriores sobreviverão e serão transmitidas, mas a cada vez que isso acontecer, elas serão um pouco mais pervertidas. Ele diz que os jogos de matança daquela época derivam diretamente dos jogos olímpicos de sua época. Essa reunião regular a cada quatro anos de todas as nações para realizar esses eventos esportivos será gradualmente - por meio da sucessão de civilizações com períodos intermediários de selvageria - pervertida em algo semelhante aos jogos de gladiadores da Roma antiga. Ele diz que esse é simplesmente outro exemplo natural do círculo do tempo. Os jogos começaram na forma atlética na Grécia antiga, foram pervertidos para a violência em Roma e, depois, quando os jogos foram restabelecidos, voltaram a ter orientação esportiva. Mas, mais uma vez, em um futuro distante, eles se perverterão em violência e derramamento de sangue.

D: *Talvez eu esteja começando a pensar um pouco como ele, porque percebi a conexão com os jogos de gladiadores. E com "os mortos sairão de seus túmulos" ele está se referindo à transferência de suas almas para outro lugar deste planeta.*

CENTÚRIO I-48

Vingt ans du regne de la lune passez,
Sept mil and autre tiendra sa monarchie:
Quand le soleil prendra ses jours lassez,
Lors accomplit & mine ma prophetie.

Quando vinte anos do reinado da Lua tiverem se passado, outra assumirá seu reinado por sete mil anos. Quando o Sol exausto retomar seu ciclo, então minha profecia e minhas ameaças serão cumpridas.

B: Ele diz que escreveu essa quadra em resposta a uma pergunta que lhe foi feita certa vez. Percebeu-se que suas profecias estavam se cumprindo e alguém comentou: "Você escreveu tantas delas e ainda está escrevendo mais. Quanto tempo levará para que todas elas se realizem?" Então, ele escreveu esta quadra em resposta, ressaltando que o número de anos no futuro que ele estava vendo não tinha limite. Ele podia ver, diz ele, não até o fim dos tempos, mas até o fim da Terra.

D: *Foi isso que ele quis dizer com o sol exausto? Isso significaria quando o sol se extinguisse?*

B: Ele diz que quando isso acontecer, a Terra já estará morta há muito tempo. Mas ele viu o sol dar um último surto de energia em uma grande explosão e depois se reduzir a nada. Essa parte da quadra tem a ver com o fato de que ele podia ver o fim dos tempos da Terra quando o sol explodisse e incinerasse totalmente o planeta. Ele diz, no entanto, que isso está extremamente distante no futuro e não tem nenhuma relação com o seu tempo.

D: *Mas ele está querendo dizer que tudo isso aconteceria dentro de sete mil anos ou isso tem outro significado?*

B: Ele diz que as quadras sobre os "vinte anos do reinado da lua e depois outro assumirá o reinado por sete mil anos" foram colocados nessa quadra por causa da Inquisição. Isso indica que, se formos capazes de sobreviver a essas guerras que ele viu .... Ele está tentando evitar essas guerras porque teve muitas visões do que poderia acontecer se não nos matássemos fazendo guerra primeiro. Uma das coisas que ele viu foi um programa de expansão e exploração espacial extenso e pacífico, com pessoas se expandindo e vivendo em ambientes estranhos, sendo prósperas e crescendo. Ele diz que haverá uma base estabelecida na Lua. Ela será um importante centro de comunicação e pesquisa científica. Durante esse período, o principal objetivo dessa base será desenvolver... ele as chama de "estações espaciais autônomas", ou seja, independentes de tudo e de todos. Acho que ele está querendo dizer autossuficiente, então estou substituindo esse termo por outro mais moderno.

D: *Ele as chamou de estações espaciais ou essa é a sua interpretação?*

B: Bem, ele não as chamou de nada, ele as imaginou. Elas têm vários formatos: algumas são cilíndricas, outras cônicas e outras esféricas. Todas elas têm grandes velas solares acopladas para fornecer a energia de que precisam. Ele diz que a base lunar estará desenvolvendo e construindo essas estações espaciais. Depois de um período de tempo fazendo isso, o principal impulso de crescimento será transferido para as estações espaciais. É lá que estará o principal centro de trabalho para o comércio e as indústrias, de modo que a lua não terá mais um lugar tão importante no esquema das coisas. Ela continuará a ser o nexo das comunicações, mas a pesquisa científica, a indústria e afins serão transferidas para as estações espaciais. E a Terra entrará em um período importante de prosperidade e crescimento porque haverá espaço para crescer e haverá o suficiente para todos. As coisas serão basicamente pacíficas se a Terra conseguir evitar certas decisões ruins que poderiam levar à guerra e se a Terra atualizar suas leis civis para que não haja tanta agitação popular. Ele diz que esse período de exploração espacial e de vida... ele ri e diz que é muito parecido com a literatura especulativa que este comunicador gosta de ler (ficção científica.) Esse período durará muito tempo, muito facilmente sete mil anos, se não mais do que isso. Ele diz que mais uma vez teve de combinar duas profecias em uma quadra.

D: *Eles interpretaram isso como tendo a ver com a data da publicação de suas quadras e a conclusão de suas profecias. Eles achavam que ele queria dizer que seriam sete mil anos até o fim do mundo. O tradutor diz: "Era uma teoria comumente aceita na Idade Média que o mundo chegaria ao fim no início do sétimo milênio. Essa informação se originou do Livro de Enoque, que era leitura geral no primeiro e segundo centúrios, mas foi removida pela igreja das Escrituras Sagradas." Ele tem algum comentário sobre isso?*

B: Ele meio que franze a sobrancelha nesse ponto e diz que essa é uma suposição razoável. Mas ele diz: "A ferramenta que eu uso nem sempre é razoável". E, nesse momento, ele me dá uma foto do espelho.

CAPÍTULO 26

O FIM E O COMEÇO

OCASIONALMENTE, HAVIA MOMENTOS em que Nostradamus interrompia as sessões se percebesse que o veículo (Brenda) não estava se sentindo bem. Ele a protegia muito e, como médico, muitas vezes a aconselhava sobre maneiras de se ajudar. Algumas vezes, ele interrompeu a sessão para tentar curá-la, direcionando energia para várias partes do corpo dela. Ele disse que era difícil fazer isso por causa da distância de tempo envolvida, mas muitas vezes ele conseguia aliviar qualquer desconforto por tempo suficiente para concluirmos a sessão. Como ela não apresentava nenhum sintoma físico enquanto eu a monitorava, eu não tinha como saber que havia algo errado até que ela acordasse e descrevesse o que a estava incomodando.

Nostradamus disse várias vezes que o projeto era urgente e que estava profundamente preocupado em nos passar as informações a tempo, porque para ele, parecia que os eventos estavam perigosamente próximos. Chegamos a um ponto em que ele estava passando por 30 quadras em uma velocidade vertiginosa durante uma sessão de uma hora. Tínhamos a nítida impressão de que ele estava tentando enfiar o máximo que podia e saindo apenas quando era absolutamente necessário. Ele disse que era possível passar todas as informações de uma só vez, mas não queria queimar o veículo. Ele sabia que era difícil encontrar veículos bons e não considerava o projeto urgente o suficiente para prejudicá-la. Ele queria cuidar dela e, por isso, garantiu que as informações fossem transmitidas, mesmo que estivesse demorando mais do que o previsto. É claro que Brenda estava feliz por ele estar tão preocupado com seu bem-estar. Ele se sentiu à vontade para trabalhar com ela porque sua formação proporcionava uma boa estrutura de vocabulário e uma base ampla para a compreensão de conceitos, mas nos avisou que circunstâncias fora do nosso controle poderiam interromper o projeto. Eu não podia prever nenhum motivo para um provável atraso, mas também não havia previsto nada que tivesse a ver com esse projeto.

 Quando Nostradamus escreveu suas quadras, elas caberiam facilmente em um livro grande, especialmente porque não incluíam interpretações. Percebi que a quantidade de informações que chegava não poderia estar contida em um único livro. Ele concordou que as explicações em prosa que estava dando aumentavam muito o tamanho das quadras. Mas disse que cabia a mim tomar decisões sobre como reuni-las, desde que as partes importantes que tratavam de nosso presente e futuro imediato não fossem deixadas de fora. Ele estava satisfeito com o fato do campo da comunicação ser mais claro em nosso período, com muito mais material sendo impresso e distribuído devido à maior taxa de alfabetização, mas estava preocupado com o fato do processo de impressão de um livro ser mais complicado. Ele não havia levado esses aspectos em consideração quando ordenou que eu imprimisse o livro o mais rápido possível. Em sua época, tinha sido muito mais fácil porque não havia tantos livros ou pessoas capazes de escrevê-los. Entretanto, ele estava confiante de que os livros seriam impressos a tempo, pois podia prever isso. Eu precisava muito de sua segurança em meus momentos de dúvida.

D: Tenho me perguntado por que ele me escolheu para fazer isso. Eu tinha algum tipo de associação com ele em uma vida passada?
B: Ele diz que a razão pela qual escolheu você não foi por causa de nenhuma associação cármica passada. Das várias pessoas que ele podia ver em tempos futuros que tinham esse tipo de conexão com este plano em relação aos vários caminhos do tempo e às várias dimensões do tempo e à maneira como elas interagem, você era a mais estrategicamente localizada. Outros também estão bem localizados, mas ele sabia que era melhor condensar sua comunicação com uma pessoa, se possível, ou por meio de uma pessoa, se possível. Assim, ele poderia concentrar sua energia em transmitir as informações, em vez de ter de dispersar sua energia tentando estabelecer a comunicação. Ele diz que, da maneira como você está localizada, está envolvida com esse trabalho e, além disso, está em contato com almas com o tipo de mentalidade que poderia lidar com as informações e comunicá-las claramente para que sejam expostas ao mundo para que outros aprendam.

D: *No início, ele realmente me surpreendeu quando eu estava falando com seu aluno, Dionísio, e ele se manifestou.*

B: Sim. Ele disse que, devido à natureza do seu trabalho, isso era necessário para estabelecer um contato primário com você. Ele sabia que vocês nunca saberiam que esse veículo poderia ser usado para esse tipo de comunicação, a menos que ele tivesse contato com vocês por meio dos canais estabelecidos com os quais vocês estavam acostumados.

D: *Parecia ser uma maneira tão estranha de fazer isso, que as chances estavam contra o sucesso.*

B: Ele diz que somente se você for racional em relação a isso. Se puder confiar em sua intuição e enxergar os caminhos do tempo como ele os vê, ele diz que está funcionando perfeitamente, do jeito que ele viu que funcionaria.

D: *Ele já tentou entrar em contato com pessoas em outros períodos de tempo e passar essas mensagens para elas? Ocorreu-me a ideia de que talvez ele tenha entrado em contato com alguém em cada período de tempo em que viu algo acontecer.*

B: Ele diz que esse é o contato principal para este planeta. Ele contatou outras pessoas em períodos de tempo futuros, não porque este tenha falhado, mas porque essas outras pessoas nesses outros períodos de tempo estão em outros planetas. Ele queria tentar disseminar as informações para essas pessoas, que também têm conhecimento de seus escritos, para ajudar a esclarecer as informações lá também. Ele disse que tinha entrado em contato com os Outros e que eles estavam interessados em seus escritos e visões, porque ele também via coisas para eles. E lhes enviava quadras que não conhecemos aqui, pois não têm a ver com este mundo, mas com o planeta deles.

D: *Então ele não estava preocupado apenas com o nosso mundo.*

Sei que, quando essa informação for divulgada, haverá muitos imitadores e muitas pessoas que dirão que também estão em contato com Nostradamus. Mas ele disse que não estava entrando em contato por meio de outra pessoa?

B: Isso está correto. Ele diz que entrar em contato por meio de vários canais dispersaria suas energias, de modo que a comunicação não seria tão clara e haveria resultados conflitantes. Ele desejava apenas um canal claro para se comunicar. Inicialmente, ele estava tentando estabelecer um canal em direções semelhantes. Mas depois que esse canal foi estabelecido, ele abandonou os outros esforços porque eram supérfluos.

D: *Conhecendo a natureza humana, outras pessoas virão e dirão que também estão em contato com ele.*

B: Haverá outras pessoas que virão e dirão: "Ah, mas foi isso que Nostradamus me revelou". E ele diz que essas pessoas estão agindo de acordo com seus próprios delírios, e a maioria delas será de fanáticos religiosos de vários tipos.

D: *Acredito que já temos provas mais do que suficientes de que estamos realmente em contato com ele.*

B: Ele diz que não existe prova suficiente quando se está lidando com um verdadeiro cético. Ele diz que os livros serão publicados. Ele realmente não se importa se os céticos acreditam ou não, porque seu principal desejo é fazer com que aqueles que têm a mente aberta pensem sobre os eventos que estão acontecendo e tenham uma maneira diferente de vê-los. Ele diz que um ou mais desses pensadores estarão em posição de fazer algo a respeito. E algumas das decisões que eles tomarem serão influenciadas pelo que leram em seu livro. Ele diz que isso será suficiente para alterar os eventos em direção a resultados favoráveis.

Esse foi sem dúvida o caso mais incrível que já conduzi. Se não fossem as gravações em fita e as testemunhas, seria até difícil para mim acreditar. Na superfície, para qualquer pessoa racional, todos os ângulos do caso eram absolutamente impossíveis. Espero plenamente que eu e meus participantes sejamos acusados de cometer uma fraude gigantesca. Mas, mesmo que isso fosse possível, jamais poderia explicar as informações que surgiram. Deixarei que os céticos discutam isso. Para mim, ainda parece inacreditável que tudo isso tenha acontecido em apenas alguns meses. Quando comecei a trabalhar com Elena, eu nem sabia o que era uma quadra. Embora eu seja escritora, não sou poeta e não tenho experiência nesse campo. E a única definição que eu conhecia para a palavra "centúrio" era a tradicional. Como, então, a lógica comum pode explicar como nos tornamos, em poucos meses, aparentes especialistas nos escritos de Nostradamus? Como fomos capazes de desvendar e explicar logicamente os enigmas que deixaram a humanidade perplexa por 400 anos? Não, é bastante óbvio que isso não ocorreu devido a um intelecto superior por parte de Brenda, Elena ou de mim. Algo mais estava agindo aqui, alguma agência externa. Essa é a única explicação que faz sentido. De alguma forma, por meio de métodos conhecidos apenas pelo próprio grande mestre, Nostradamus foi capaz de perceber que havia disfarçado suas quadras de forma tão perfeita para protegê-las do fogo da Inquisição que também as tornou completamente indecifráveis para as gerações futuras, as mesmas gerações que ele esperava alertar. Aparentemente, ele decidiu tentar alcançar alguém que vivesse no período de tempo em que ele viu o maior tumulto, alguém que vivesse em uma época em que as pessoas fossem mais esclarecidas e estivessem dispostas a aceitar suas previsões. Ele esperava que, se conseguisse transmitir as verdadeiras visões para nós, talvez não fosse tarde demais para impedir que elas acontecessem. Ele deve ter ficado muito triste ao ver que as pessoas do futuro não conseguiam entender o que ele estava tentando tão desesperadamente lhes dizer. Ele arriscou a vida para escrever essas coisas para a posteridade e passou anos trabalhando para conseguir isso. Ele poderia ter simplesmente encolhido os ombros e dito: "Bem, pelo menos eu tentei. Fiz o melhor que pude. Se eles não entenderem, a culpa é deles. Que sofram as consequências".

Agora que conheci a personalidade de Nostradamus, sei que seu amor pela humanidade não permitiria que ele fizesse isso. Apenas ver o futuro não era mais suficiente. Ele sentiu que deveria falar com o futuro. Eu me pergunto por quanto tempo ele ficou sentado olhando para o seu espelho mágico, procurando uma maneira de fazer contato? Eu me pergunto quantos planos e possibilidades passaram por sua mente até que ele encontrasse um que fosse bem-sucedido? Sei que eu não teria sido escolhida e nunca teria sido contatada se já não estivesse trabalhando com o tempo e o espaço usando hipnose regressiva. Posso ver agora que Elena foi a ponte. As chances eram enormes de eu encontrar alguém que tivesse sido um de seus alunos em uma vida passada. Ele poderia ver essa conexão futura de seu aluno, Dionísio, por meio de seu espelho? Será que ele conseguiu, por algum método, entrar em contato com o guia de Elena, Andy, para nos ajudar a preparar tudo isso? Será que ele esperava que minha curiosidade fosse despertada e que eu me sentisse compelida a continuar e procurar até encontrar outra conexão?

Muitas perguntas, cujas respostas provavelmente nunca serão conhecidas. O que sei é que fui apenas um instrumento nessa aventura extraordinária. Acredito, sem sombra de dúvida, que o próprio Nostradamus iniciou esse projeto. De julho de 1986 a fevereiro de 1987, traduzimos mais de 300 das quadras. É quase impossível acreditar que tanto tenha sido feito em tão pouco tempo. Incluí apenas algumas das quadras neste livro devido à sua extensão. Escolhi deliberadamente as que os especialistas disseram ser inexplicáveis e as que, segundo eles, dizem respeito ao futuro. É impressionante a sabedoria contida nessa pequena seção cruzada. Acredito que ele tem muito, muito mais a dizer ao homem nas quadras restantes. Portanto, pretendo continuar com esse projeto até que todas elas sejam traduzidas e a maravilha de Nostradamus seja finalmente revelada ao mundo.

Recomendo o livro de Erika Cheetham como referência por causa de sua tradução e sua explicação de palavras obscuras e estrangeiras (ou seja, latim, grego e francês antigo) que estão intercaladas entre as quadras.

Como Brenda disse certa vez: "Ele fez suas reverências e foi embora". Mas ele não se foi para sempre. Nas sequências deste livro, ele continuará a nos deslumbrar com sua notável previsão. Será que ele conseguirá nos alertar? Ainda há tempo para mudar nosso futuro? Podemos nos dar ao luxo de correr o risco de ele estar errado? A humanidade nos ouvirá? Eu rezo para que sim. Pois as coisas que Nostradamus previu para o nosso mundo são horríveis demais para serem ignoradas. E, afinal de contas, é o único mundo que temos.

O FIM DO PRIMEIRO VOLUME.

Adendo

(Adicionado em 1996 para cobrir todos os três volumes).

ADENDO

O VOLUME I de Conversas com Nostradamus foi impresso pela primeira vez em 1989 e o Volume II em 1990. Quando os livros foram reimpressos em 1992, notou-se que algumas das profecias já haviam se concretizado. Decidiu-se, então, revisar os dois livros acrescentando atualizações de eventos; isso criou as edições revisadas. O Volume III foi impresso pela primeira vez em 1992. Os livros se tornaram uma entidade viva e em evolução, exigindo atualizações cada vez que eram reimpressos. Está se tornando quase impossível manter os livros atualizados. Recebo telefonemas e cartas de meus leitores que dizem estar lendo os livros e, ao mesmo tempo, assistindo aos eventos descritos na televisão. As informações são atuais para o período em que vivemos.

Esta é a quarta edição do Volume I, de 1996, e houve tantas informações novas que foi decidido acrescentar este adendo em vez de revisar toda a trilogia. Espero que não seja confuso para aqueles que leram apenas o Volume I, pois farei referência a novas informações relativas a todos os três volumes. Com a explosão das comunicações pela Internet, muitos de meus leitores reuniram detalhes que teriam sido impossíveis se eu tivesse confiado em minha própria pesquisa. Sou grata pela ajuda e pelos muitos artigos de revistas e jornais que me foram encaminhados. Sua diligência torna o trabalho de pesquisa muito mais fácil para mim.

O CENTÚRIO II-60 (Vol. I, pág. 253) parece ter se cumprido com a eleição do presidente Bill Clinton em 1992. A quadra previu que os Estados Unidos teriam um presidente democrata durante o Tempo de Perturbações. Quando essa explicação foi dada no final da década de 1980, achei que era duvidosa, pois o presidente George Bush parecia estar firmemente entrincheirado em Washington. Mas, para a surpresa de muitas pessoas, Clinton foi eleito. Durante todo o seu primeiro mandato, esperei que o restante da profecia se tornasse realidade - que ele levaria os Estados Unidos a um conflito para estimular a economia. Em outra quadra, Nostradamus disse que o ano de 1995 seria um ponto de virada, um ano de decisão. Ele disse que durante esse ano o mundo decidiria se começaria a trilhar o caminho que levaria à Terceira Guerra Mundial ou se continuaria no caminho que estávamos trilhando atualmente (o caminho menos prejudicial). Fiquei incomodada com o fato de que, no final de 1995, o presidente Clinton enviou nossas tropas para o conflito na Bósnia. Isso foi um cumprimento da quadra e também foi contra outros avisos de Nostradamus. Ele havia nos apresentado o cenário de eventos que levariam à Terceira Guerra Mundial. Um deles era que entraríamos em guerra na área cinzenta da Europa após uma sucessão de pequenas guerras no Oriente Médio. Ele a chamou de área "cinzenta" porque disse que não se sabe se estamos na Europa ou na Ásia, e mencionou a Macedônia e a Albânia porque não tinha um nome para a Iugoslávia em sua época. No Volume III, ele disse que não deveríamos nos envolver nessa área, porque se os setores se separassem, isso tornaria o país mais vulnerável a aquisições. Tenho a impressão, pelas profecias, de que nosso envolvimento nessa área do mundo aumentará e teremos grande dificuldade para retirar nossas tropas.

NOSTRADAMUS INSISTIU que devemos interromper as explosões subterrâneas de armas nucleares (Volume I). Esperava-se que seu aviso tivesse sido necessário quando os Estados Unidos interromperam seus testes. Uma moratória nacional temporária sobre testes nucleares entrou em vigor em 1992. Em 1993, o presidente Clinton considerou a possibilidade de retomar os testes nucleares subterrâneos em Nevada, porque alguns especialistas queriam aumentar a segurança e a confiabilidade das armas existentes. Os Estados Unidos decidiram sabiamente interromper os testes, mas outros países (como a China, a Coreia do Norte e a França) não foram tão cooperativos.

    A ameaça foi reavivada quando a França insistiu em fazer oito testes perto de uma ilha do Pacífico em 1995 e no início de 1996. O mundo inteiro ficou horrorizado e houve muitos protestos, inclusive na França. As objeções foram totalmente ignoradas, pois a França realizou teste após teste, insistindo que não haveria nenhum dano. É claro que eles estavam errados e, aos poucos, ficou claro que Nostradamus sabia do que estava falando quando disse que as ondas de choque das explosões reverberariam pelas placas tectônicas da

Terra. Poucos dias depois de cada teste, ocorreram terremotos e erupções vulcânicas graves. Deveria ser óbvio para qualquer pessoa que isso não era coincidência. Eles estavam diretamente ligados às explosões. Dois dias após um teste em outubro de 1995, um terremoto atingiu o Japão, depois a Indonésia e, em seguida, um vulcão na Nova Zelândia entrou em erupção. Tudo isso ocorreu em um dia e parecia seguir um padrão de progressão ao redor da borda do Pacífico. Após outro teste, um terremoto no México e uma erupção vulcânica na Nicarágua ocorreram no mesmo dia. Depois de um teste durante o feriado de Ação de Graças, em novembro de 1995, houve um terremoto no Egito forte o suficiente para produzir rachaduras em Chephren, a segunda torre de luz das três grandes pirâmides.

Parece que o presidente francês relutantemente percebeu a verdade no início de 1996. Ele se reuniu com o presidente Clinton em Washington e eles concordaram em não fazer mais testes. A França parou depois de seis das oito detonações propostas. Será que eles pararam a tempo ou os danos irreparáveis já foram causados?

Durante o verão de 1996, os Estados Unidos estavam liderando o crescente consenso global em prol de um tratado para proibir os testes de armas nucleares. Mas eles estavam tendo dificuldades para obter a cooperação de duas das outras potências: China e Índia (que tem potencial nuclear, mas ainda não tem um arsenal nuclear). A Índia se recusou categoricamente a participar, reclamando que o tratado favorece as cinco potências nucleares declaradas: Grã-Bretanha, França, Rússia, China e Estados Unidos. A China está ajudando o Paquistão, adversário da Índia, a obter capacidade nuclear e fábricas de mísseis. Acredita-se que o Paquistão terá essas capacidades dentro de dois anos. Não é de se admirar que a Índia esteja preocupada. O tratado proíbe apenas explosões de teste de armas nucleares, dificultando o desenvolvimento de tecnologia nuclear por nações menos avançadas (como a Índia). As potências nucleares existentes têm permissão para continuar refinando suas próprias armas com computadores e outras tecnologias. Os Estados Unidos anunciaram recentemente planos para um supercomputador capaz de simular explosões nucleares. O tratado, da forma como está redigido, forçaria a Índia a abrir mão de uma importante opção de defesa. A Índia quer que as potências nucleares se comprometam a se livrar de seus arsenais nucleares ao longo do tempo. [Em 22 de agosto de 1996, a

Índia vetou a proposta de proibição de testes em Genebra, na Suíça. Entretanto, os EUA e outros países ainda estão comprometidos com a proibição de testes e com os anos de trabalho que realizaram. Apesar das objeções, a ONU endossou o tratado global por esmagadora maioria em setembro de 1996]. Os EUA disseram que o Irã está a apenas 10 anos de se tornar uma potência nuclear. A assistência russa ao Irã no desenvolvimento de reatores nucleares civis eventualmente ajudará o Irã a desenvolver armas nucleares.

Em julho de 1996, apenas 11 horas antes de os negociadores internacionais se sentarem para aprovar a proibição global de testes de armas nucleares, a China detonou o que disse ser seu último teste nuclear, que se acredita ser o 45º da China. A China se opôs ao tratado porque quer tornar mais difícil ordenar inspeções caso se acredite que uma nação tenha realizado um teste.

Além disso, durante o verão de 1996, dois acidentes em uma usina nuclear ucraniana mataram um trabalhador e liberaram radiação. Durante 16 semanas em 1996, cada uma das cinco usinas nucleares da Ucrânia sofreu um acidente em que houve vazamento de radiação ou um reator foi desligado. Os acidentes ressaltaram os temores internacionais sobre a segurança das usinas nucleares ucranianas, de construção soviética e com pouco dinheiro. As usinas nucleares da Ucrânia estão tão sem dinheiro que mal conseguem comprar combustível. A manutenção de rotina e as atualizações de segurança são adiadas. Até mesmo pequenos acidentes em usinas nucleares são politicamente sensíveis devido aos esforços oficiais soviéticos, há 10 anos, para ocultar a explosão de um reator em Chernobyl, que resultou no pior desastre nuclear do mundo. [Foi a Suécia que informou ao mundo sobre o acidente].

As nações ocidentais pressionaram a Ucrânia a fechar a usina de Chernobyl. Dois novos reatores devem ser concluídos em dois anos para compensar o fechamento. Os Estados Unidos e seus aliados mais próximos prometeram mais de US$3 bilhões para concluir as usinas e otimizar o setor de energia da Ucrânia, mas as autoridades ucranianas reclamaram que o dinheiro está sendo liberado muito lentamente.

Em 1995, foi anunciado que a nova usina nuclear no Japão seria construída diretamente sobre uma falha de terremoto ativa [como a que fica ao norte de San Diego]. O Japão disse que estava ciente do perigo, mas afirmou que não havia outro lugar para construí-la.

Em um artigo de jornal de julho de 1996, o jornalista investigativo Dale Van Atta acrescentou outro aspecto ao contínuo pesadelo nuclear. Ele disse em uma palestra que a ameaça de um ataque nuclear em solo americano é mais real do que nunca. Ele a considerou inevitável e disse que poderia ocorrer nos próximos 10 anos, e possivelmente em cinco, com Nova York como possível alvo. Suas informações foram baseadas em fontes de inteligência dos EUA. Ele disse que a ameaça número um ainda é a Rússia por causa das milhares de bombas nucleares que restam na vasta nação, muitas das quais não estão protegidas. Ele disse que os russos são tão pobres que estarão dispostos a vender as armas e outros tipos de urânio de alta qualidade para garantir uma moeda forte para o futuro.

* * *

UM GRANDE VOLUME das novas informações que recebi dizia respeito à descoberta de dois novos cometas: Hyakutake e Hale-Bopp. Em muitas quadras, Nostradamus mencionou os cometas em vários simbolismos, e eles estavam diretamente ligados a eventos que ocorreriam durante o Tempo das Perturbações.

CENTÚRIO II-46 (Vol. I, pág. 54): "No céu será visto um fogo arrastando um rastro de faíscas. (A quadra refere-se à fome na África).
CENTÚRIO II-62 (Vol. I, pág. 124): ". . . quando o cometa passar". (Referente ao Tempo de Perturbações, especialmente em relação a Mabus [Saddam Hussein].) No outono de 1996, ele voltou a se manifestar, portanto, essa profecia ainda está em processo de realização.
CENTÚRIO IV-67 (Vol. I, pág. 173): "um longo meteoro". (A quadra seca. Grandes problemas geológicos. Terremotos e vulcões afetam o clima. Um cometa muito brilhante e fácil de ver, até então desconhecido).
CENTÚRIO II-15 (Vol. I, pág. 198): "Uma estrela barbada". (Um grande cometa claramente visível no céu do Hemisfério Norte. Sinais que levaram ao assassinato do papa atual).
CENTÚRIO II-96 (Vol. 1, pág. 223): "Uma tocha ardente será vista no céu à noite". (Eventos antes do anticristo chegar ao poder total).

CENTÚRIO VI-6 (Vol. 111, pág. 163): "Uma estrela barbada". (Eventos associados à sucessão dos últimos papas. Também se refere ao surgimento do anticristo)

Na época em que os livros foram originalmente escritos, o principal cometa que se esperava que estivesse em nossos céus durante esse período era o cometa Haley. No entanto, em algumas das quadras, Nostradamus descreveu um novo cometa que os cientistas não conheciam. Isso definitivamente se encaixa nas qualificações dos cometas Hyakutake e Hale-Bopp. Eles eram desconhecidos até serem descobertos recentemente, em 1995 e 1996, e correspondem a outros signos astrológicos mencionados nas quadras.

Informações de Goro Adachi obtidas na Internet:
CENTÚRIO VI-97 (Vol. l, pág. 251): "A 45 graus o céu queimará".

No momento do periélio (mais próximo do Sol - abril de 1997), a distância angular (alongamento) do cometa Hale-Bopp no céu em relação ao Sol será de cerca de 45 graus. E estará localizado no céu ao norte, na declinação +45 graus (o que significa que o cometa estará bem acima da latitude geográfica (45 graus). Ele fará sua maior aproximação com a Terra em 23 de março de 1997.

Alguns dos lugares localizados na latitude de 45 graus: Lyon, França; Belgrado, Sérvia (e toda a região da antiga Iugoslávia); Tuzla, Bósnia. Na longitude de 45 graus: Bagdá, Iraque. Os testes nucleares da França começaram com a descoberta do Hale-Bopp. A OTAN/EUA entrou na guerra civil da Bósnia com o quartel-general dos EUA na cidade de Tuzla. A conexão com o Iraque e Saddam Hussein é óbvia.

O cometa Hale-Bopp tem uma órbita de mais de 3.000 anos. A órbita é uma elipse muito longa e alongada. Esse comentário sobre a órbita elíptica parecia muito com a referência de Nostradamus a uma nova estrela que seria descoberta. No Volume Dois (pág. 112 e 113), ele revelou que: "Descobriremos mais dois planetas, e eles causarão tremendo entusiasmo. Os dois planetas fazem parte de outro sistema solar que tinha uma estrela binária (duas estrelas, ou dois sóis). Havia duas estrelas que explodiram e esses planetas foram lançados em nossa órbita. Nosso sistema solar e esse sistema solar estão se sobrepondo agora. Urano, Netuno, Plutão e esses dois novos planetas faziam parte desse outro sistema solar. Eles não estão em uma órbita exata, mas são atraídos para o sol, como Plutão. Eles têm um grau de arco mais amplo. A estrela binária era um sistema mais antigo, explodiu e se queimou".

Além disso, em meu livro Jesus and the Essenes (Jesus e os Essênios), os essênios sabiam sobre outra estrela. Eles tinham um modelo do sistema solar que estava em movimento perpétuo. O modelo continha dez planetas, e o que é desconhecido para nós tinha uma órbita elíptica e alongada.

Essas duas referências separadas em meus livros provavelmente se referem a planetas reais em vez de cometas, mas é interessante que em ambos os casos uma órbita elíptica seja mencionada.

Goro Adachi encontrou algumas informações adicionais surpreendentes no CENTÚRIO IV-67 (Vol. 1, pág. 173) que acrescentaram muito ao trabalho deste livro.

"No ano em que Saturno e Marte são igualmente ardentes, o ar é muito seco, um longo meteoro. De fogos ocultos, um grande lugar queima com calor, pouca chuva, vento quente, guerras e ataques."

"O ano em que Saturno e Marte são igualmente ardentes." Goro pensou que essa linha poderia significar que Saturno e Marte estariam no mesmo signo de fogo. Ele descobriu que, durante o período de 1996 a 1998, Saturno permaneceria em Áries durante todo o período, e Marte estaria em Áries duas vezes, apresentando duas janelas: Marte em Áries: 7 de abril a 3 de maio de 1996 e 5 de março a 15 de abril de 1998.

Na transcrição, Brenda disse: "Quando Saturno estiver em um signo de fogo e no momento em que o Sol se mover para um signo de fogo, haverá um cometa. Será um cometa muito brilhante e fácil de ver. Mas talvez ele seja desconhecido até então. Isso coincide com a época de grandes problemas geológicos".

É interessante notar que Brenda não menciona Marte, mas, em vez disso, refere-se à posição do Sol. Por incrível que pareça, a menção ao Sol (que não é mencionado na quadra) deixa claro que o cometa é o Hale-Bopp. O Hale-Bopp foi descoberto em 23 de julho de 1995 e o Sol estava em Leão (um signo de fogo) de 24 de julho a 24 de agosto de 1995. Além disso, o periélio do Hale-Bopp ocorre por volta de 30 de março de 1997, quando o Sol está em Áries (um signo de fogo) de 21 de março a 21 de abril de 1997.

Quando Goro colocou essas informações na Internet, um leitor lhe disse que "Saturne & Mars esgaux combuste" é um termo astrológico antigo que, na verdade, significa ardente ou "conjugado com o Sol". Torna-se cada vez mais óbvio que essa informação não poderia ter vindo de Brenda, pois ela não tinha conhecimento de astrologia. A referência à posição do Sol teve de vir diretamente de Nostradamus. Podemos ver que a informação era de fato consistente com a quadra francesa original.

Mais tarde, quando o cometa Hyakutake foi descoberto, perguntaram a Goro como isso afetaria as profecias. Ele concluiu que isso não refuta, mas aumenta a validade das informações. As quadras que mencionam os cometas durante o Tempo das Perturbações podem se referir a ambos, já que Nostradamus considerava os cometas como presságios, "arautos da desgraça". Em janeiro de 1996, o Hyakutake foi descoberto e chegou muito perto da Terra em 25 de março de 1996. Ele brilhou no céu de março a maio. O periélio (mais próximo do sol) foi em 1º de maio. A declinação do Hyakutake foi de +45 graus em 6 de abril (Áries, signo de fogo), e sua elongação foi de 45 graus em 7 de abril. Coincidência? Goro descobriu que ambos os cometas (Hyakutake e Hale-Bopp) se encaixavam perfeitamente no CENTÚRIO IV-67, e ele poderia ser preciso, considerando a profundidade que Nostradamus aplicava às suas quadras. Elas geralmente se referem a mais de um evento, e ele era um gênio absoluto em concentrar uma quantidade incrível de informações nas quatro linhas enganosas de uma quadra. Goro acredita que o significado de toda essa confirmação astrológica e astronômica é que ela está tentando nos dizer: É HORA! Mil novecentos e noventa e seis é o início "oficial" do cumprimento de muitas das profecias previstas para o Tempo de Perturbações.

Goro também tinha informações adicionais interessantes sobre o CENTÚRIO V-92. "Depois que a SEE tiver sido realizada por 17 anos, cinco mudarão no mesmo período de tempo. Então, um será eleito ao mesmo tempo e não será muito agradável aos romanos."

Durante meu trabalho com Nostradamus, interpretamos todas as quadras conhecidas, mas havia um número muito grande para ser incluído nos livros (embora houvesse três volumes). Me disseram para concentrar nos eventos que ocorreriam nos próximos 20 anos (a partir de 1989). Durante o processo de eliminação, apenas cerca de metade das nossas interpretações foram incluídas nos livros. Muitas das que foram excluídas tratavam do passado, e muitas eram repetitivas ou não acrescentavam nenhuma informação nova ao cenário que eu estava tentando mostrar. Muitas vezes me perguntam se haverá um quarto livro contendo as quadras que foram excluídas. Acho que não, pois não considero que elas contenham muitas informações adicionais. Acredito que um quarto volume seria anticlimático. O CENTÚRIO V-92 foi um desses que não entrou nas edições finais. Me lembrei da quadra e, depois de ver a referência de Goros na Internet, pesquisei as centenas de páginas da transcrição para localizá-la. Ela foi interpretada por Brenda em julho de 1989, de acordo com meus registros. Essa parte da transcrição era curta, por isso vou incluí-la aqui para que possa ser comparada com as conclusões de Goro Adachi. É interessante notar a semelhança, porque ninguém mais viu nossa interpretação até agora.

B: Ele diz que essa quadra está em vias de se concretizar. Ela se refere às eleições dos papas para a chefia da Igreja Católica Romana. Ele diz que estamos no processo de passar pelos cinco que serão eleitos no mesmo período de tempo - a parte central da quadra.
D: *Quer dizer que os outros foram no passado?*
B: Sim. Ele diz que a primeira linha se refere a um papa que foi papa por 17 anos, um período de tempo bastante longo. Depois, a próxima linha diz que cinco serão eleitos no mesmo período de tempo. Ele diz que isso significa que nos 17 anos seguintes haverá cinco papas. Então, será eleito um que não agradará aos romanos. Ele diz que isso se refere ao papa que virá depois desses cinco. Ele será muito impopular.
D: *Esse é o último papa? (Sim.) Essa é uma das razões pelas quais ele será impopular, eu acho. Ele é o último papa da Igreja Católica.*

Um dos motivos pelos quais não incluí essa quadra nos livros foi porque achei que a mesma informação já havia sido abordada. Outro motivo foi porque não consegui fazer com que a sequência numérica saísse corretamente em minha pesquisa. Goro Adachi parece ter conseguido fazer o que eu não consegui, embora ele nunca tenha visto nossa interpretação.

A descoberta de Goro na Internet: O Papa João Paulo II ocupou a Santa Sé por 17 anos a partir de 17 de outubro de 1995. Se a quadra acima se referisse a JPII, ele não deveria estar vivo. Não parece se aplicar a ele se você considerar a segunda linha "cinco papas se seguirão em sequência", porque Nostradamus indicou em várias quadras que haveria apenas dois papas após o atual. Isso também é verificado pelas previsões de São Malaquias (consulte o Vol. II). Goro descobriu que houve um papa que ocupou a Sé por exatamente 17 anos: Pio Xl (fevereiro de 1922 a fevereiro de 1939). Os cinco papas que o seguiram foram: Pio XII, João XXIII, Paulo VI, João Paulo I e o atual, João Paulo II.

Goro comete apenas um pequeno erro com relação à última linha, e isso é discutível, pois sua interpretação também se encaixaria. Ele quer mudar a redação de "Então um será eleito ao mesmo tempo..." para "Então um será eleito da mesma duração...". " para "Então um será eleito com a mesma duração". De acordo com meu dicionário de francês, "temps" pode ser traduzido como "tempo" ou "duração", portanto, isso faria sentido. Com isso, ele quis dizer que ambos os papas (Pio XI e JPII) serviriam pelo mesmo período de tempo e que JPII seria diferente dos outros papas. "Um que não será muito compatível com os romanos", o que significa que JPII seria o primeiro papa não italiano desde Adriano VI (1522-1523).

Em nossa interpretação, Nostradamus estava se referindo ao último papa, o papa do anticristo, que seria desagradável para a Itália por causa dos danos que causará à Igreja Católica. Acho que é possível que a interpretação de Goro também seja aceitável. Trabalhei com Nostradamus por tanto tempo que aprendi a maneira como ele pensa. Goro parece ser a primeira pessoa que se correspondeu comigo capaz de entrar na mente de Nostradamus da mesma maneira e apreciar o gênio do grande homem.

Por meio de suas deduções, Goro chegou a dois lugares (Lyon, na França, e Belgrado, na Iugoslávia) como possíveis locais de assassinato do papa atual. Recebi informações de um de meus leitores sobre a Astrocartografia. Esse é um processo astrológico complicado em que o horóscopo é colocado sobre um mapa-múndi e muitas determinações podem ser feitas, inclusive o local da morte. O gráfico resultante se parece muito com um gráfico de biorritmo. O leitor demonstrou como esse gráfico mostrava corretamente que o presidente John F. Kennedy morreria em Dallas e Martin Luther King Jr. morreria em Memphis. De acordo com o mapa astrocartográfico do papa atual, ele morrerá em Belgrado. Essa informação me foi dada em 1991 e, desde então, o papa não tem permissão para entrar na Iugoslávia. Talvez seja por isso que o assassinato ainda não ocorreu. Talvez a história possa ser mudada e essa previsão possa ser evitada se ele ficar fora daquele país.

Centúrio V-15 (Vol. III, pág. 161): "O papa atual viaja de um lado para outro em vários pontos da Terra para visitar seções da Igreja Católica. Isso o coloca em perigo porque ele não pode ser protegido também, mas eles não podem fazer nada a respeito porque o papa insiste. Nostradamus diz que vê que alguém assassinará o papa em um lugar onde houve agitação". Será que isso também se refere a Belgrado, porque não houve nenhuma agitação comparável na França?

Na época em que escrevi esses livros, eu não conseguia entender qual seria o propósito do assassinato de um líder religioso. Mas agora, no final da década de 1990, é óbvio que isso se encaixa no terrorismo. Nostradamus disse que haveria um aumento no terrorismo durante o Tempo das Perturbações porque uma maneira de lutar em uma guerra é desmoralizar o inimigo. A lógica seria atacar o que o país preza - seu patrimônio cultural e religioso. Os terroristas tentam criar medo lutando pelas sombras. Nostradamus também disse que, durante o Tempo das Perturbações, os assassinatos de líderes mundiais aumentariam. Isso se tornaria tão comum que ninguém pensaria nada a respeito. Essa previsão certamente se concretizou.

CENTÚRIO IV-67 continua: Essa quadra menciona secas. Nostradamus a chamou de sua "Quadra seca". Em 1996, as Grandes Planícies/Cinturão do Trigo (a parte central dos EUA), onde a maior parte do trigo do país é plantada, foi atingida por uma GRANDE seca. Provavelmente foi a pior em meio século. Alguns especialistas estavam chamando as condições das piores desde os dias do Dust Bowl da década de 1930. O suprimento de trigo caiu para o nível mais baixo em meio século, e o suprimento de milho atingiu o nível mais baixo em 20 anos. A seca afetou até mesmo o setor pecuário (inclusive o gado leiteiro). As pastagens estavam muito secas para o gado pastar e os altos preços dos grãos deixaram muitos fazendeiros sem condições de comprar ração para o gado. Do Kansas ao sul do Texas, uma das piores secas já registradas levou milhares de fazendeiros das Grandes Planícies à beira da ruína financeira e estimulou o pânico na venda de gado em algumas áreas. Dizia-se que era a primeira vez que os fazendeiros vendiam gado que estava prenho para abate. Esperava-se que isso tivesse efeitos sobre os produtos lácteos e também sobre a carne.

CENTÚRIO III-42 (Vol. III, pág. 170) parece se referir à mesma "quadra seca". "Isso representa a fome mundial. Vejo muitas fazendas, vinhedos e pomares, mas tudo está seco e branqueado. Os campos parecem ter sido queimados pelo sol." Quando perguntado quando isso ocorreria, Nostradamus respondeu: "Em breve, durante sua vida". E ele indicou que seria antes do anticristo chegar ao poder, e que ele usaria isso como uma de suas ferramentas.

Para obter informações mais detalhadas sobre as descobertas de Goro Adachi, entre em contato com ele pela Internet (endereço de e-mail: <adachi@cris.com>). Seu site é http://www.concentric.net/~adachi/prophecy/prophecy.html

* * *

Eu tive algumas surpresas muito estranhas quando comecei a dar palestras sobre o material de Nostradamus no início da década de 1990. Quando escrevi os dois primeiros livros, não havia feito nenhuma pesquisa sobre os complicados conceitos científicos. Eu era como uma folha de papel em branco, sem noções preconcebidas. Também me disseram para não censurar nenhum material, mas para apresentá-lo exatamente como foi apresentado. Isso foi difícil de fazer devido à natureza extremamente séria de algumas matérias. Houve muitos casos em que eu quis mudar ou suavizar o assunto, com medo de ter problemas com autoridades ou especialistas. Em vez disso, obedeci e apresentei o material da maneira que me foi dado, atuando apenas como repórter objetivo, sem receber crédito pelo conteúdo.

Em algumas de minhas primeiras palestras, as pessoas da plateia começaram a me instruir sobre a semelhança de alguns dos materiais com outras fontes escritas. Isso não me confundiu, mas me encheu de uma sensação de admiração de que as visões de Nostradamus poderiam realmente ser baseadas em fatos se outros reconhecessem suas implicações. Além disso, eu estava sentindo a terrível possibilidade de que as previsões pudessem estar próximas de se cumprir se meus leitores e ouvintes pudessem reconhecer e identificar elementos que eram estranhos e desconhecidos para mim.

Após discutir (Capítulo 19, Vol. I) sobre armamentos experimentais em uma palestra, fui abordada por um homem no corredor que me disse: "Suas informações sobre armas secretas não são ficção científica. Eu sei porque estou trabalhando nisso". Esse anúncio me causou arrepios. Será que Nostradamus estava correto quando disse que grande parte das armas já havia sido inventada e estava sendo trabalhada em laboratórios secretos? Ele estava correto quando disse que muito do que viu já estava concluído e sendo escondido pelo nosso governo? Durante a Segunda Guerra Mundial, o experimento da bomba atômica foi o segredo mais bem guardado do mundo. Se um projeto com tais propriedades mortais pôde ser mantido em segredo, quantos outros conceitos futuristas com possibilidades destrutivas cada vez maiores também estão sendo trabalhados?

No Volume Um, discutimos máquinas de terremoto, máquinas de controle do clima e experimentos de alteração do tempo. Meus leitores e ouvintes perguntaram se eu conhecia o trabalho de Nikola Tesla. Na época, eu sabia que ele era um cientista famoso que estava à frente de seu tempo nas décadas de 1920 e 30. Suas invenções milagrosas foram consideradas absurdas e não foram levadas adiante. Dizia-se que a Rússia demonstrava mais interesse em seus conceitos do que os Estados Unidos, e que eles continuaram seus experimentos. (Consulte CENTÚRIO I-6, Vol. I, pág. 241 e CENTÚRIO II-91, Vol. I, pág. 127 para ver as quadras que tratam de invenções russas que se parecem com a tecnologia de Tesla). Também foi dito que, quando Tesla morreu em 1943, o FBI fez uma busca em seu apartamento e seus documentos de pesquisa mais importantes desapareceram. Com essa ideia em mente, pode ser possível que as máquinas que Nostradamus viu fossem uma extensão do conceito original de Tesla. Tesla de fato inventou a corrente alternada (CA) que é usada em sistemas elétricos. Foram suas ideias mais radicais que perturbaram os investidores de sua época. Ele alegou ter descoberto uma maneira de fornecer eletricidade gratuita para o mundo inteiro sem o uso de fios. É claro que os especuladores ávidos por dinheiro jamais concordariam em patrocinar tal invenção, e a ideia foi enterrada. Tesla também demonstrou uma máquina de terremotos que utilizava vibrações. Tudo isso parece muito semelhante ao que Nostradamus viu para ser coincidência.

Em 1996, começaram a surgir informações sobre o projeto HAARP (PPAAAF), no Alasca, que parecia levar as tecnologias originais de Tesla ao máximo e mais desastroso. Essa tecnologia escalar de Guerra nas Estrelas foi criada nos tempos de Tesla. As patentes dizem que o trabalho de Nikola Tesla no início dos anos 90 formou a base da pesquisa para o HAARP.

PPAAAF: *Programa de Pesquisa Auroral Ativa de Alta Frequência*
O sistema HAARP é uma ferramenta, um transmissor de radiofrequência e um sistema de transmissão de imensa potência. Quando concluído, espera-se que produza feixes de pelo menos 10 bilhões de watts e, posteriormente, 100 bilhões de watts de potência gerada. Os militares descreveram sua empolgação com a possibilidade de "tomar" o controle da ionosfera e dobrá-la na forma que atenda a seus objetivos. Seu primeiro alvo é o eletrojato, um rio de eletricidade que flui milhares de quilômetros pelo céu e desce até a calota polar. Por meio desse projeto, o eletrojato se tornará uma antena artificial vibratória para enviar radiação eletromagnética para a Terra. A máquina também poderá permitir a tomografia de penetração da Terra ("radiografia" da Terra) na maior parte do hemisfério norte. Essa capacidade permitiria a detecção e a localização precisa de túneis e outros abrigos subterrâneos.

A manipulação de elétrons e íons presos acima da Terra pode interferir ou causar a interrupção total dos sistemas de orientação empregados até mesmo pelos aviões e mísseis mais sofisticados. A capacidade de transmitir ondas eletromagnéticas de frequências variadas em áreas muito amplas pode interferir em todos os modos de comunicação, terrestre, marítima e aérea, ao mesmo tempo.

Os ambientalistas estão preocupados com o efeito que isso teria sobre os animais e os seres humanos na área da sondagem. Isso interferiria nos padrões de migração da vida selvagem, pois eles dependem de um campo de energia sem perturbações para encontrar suas rotas. A frequência usada nesse experimento é a mesma em que o cérebro humano opera. O impacto sobre as pessoas como uma arma não letal não escapou à atenção e já foi experimentado. As tecnologias não letais são agora chamadas de "sistemas incapacitantes". Como uma arma não letal, ela pode causar confusão nas tropas inimigas ou simplesmente fazê-las dormir.

Especialistas dizem que uma das tarefas do Exército seria reformular os valores americanos para que eles aceitassem as novas armas. A ideia é doutrinar, ensinando a acreditar, em vez de fornecer todos os fatos para que a pessoa possa pensar sobre as questões e tomar decisões fundamentadas. Isso pode ser melhor explicado como: "propaganda-versus-persuasão pela razão". "

Os porta-vozes do HAARP o descreveram como pura pesquisa científica sobre a aurora boreal e sobre a capacidade da ionosfera de afetar as comunicações. Os militares disseram que não haveria mais distúrbios magnéticos do que os que ocorrem naturalmente, por exemplo, tempestades solares. Embora tenha sido financiado pela Força Aérea e pela Marinha dos EUA, eles disseram que não se tratava de um sistema de armas. O HAARP poderia ser usado para melhorar a comunicação submarina, substituiria o sistema de radar além do horizonte e poderia eliminar as comunicações em uma área extremamente grande, mantendo os sistemas de comunicação controlados pelo operador em funcionamento. Por meio de sua tomografia de penetração na terra, poderia fornecer uma ferramenta de sondagem geofísica para encontrar petróleo, gás e depósitos minerais em uma grande área geográfica. Ele poderia ser usado para detectar a aproximação de aviões de baixo nível e mísseis de cruzeiro.

À primeira vista, parece um projeto de pesquisa inofensivo. Em uma perspectiva mais ampla, ele se assemelha ao Projeto Manhattan secreto que produziu a bomba atômica. Naquela época, durante a Segunda Guerra Mundial, esse foi o segredo mais bem guardado da história. O Congresso nem mesmo sabia o que estava sendo financiado, pois o dinheiro era canalizado por vários canais que eram difíceis de controlar. Isso ainda está acontecendo e é chamado de projetos de "orçamento negro". Fiz muitas pesquisas sobre o desenvolvimento da bomba atômica. Esse assunto é abordado com mais detalhes em meu livro A Soul Remembers Hiroshima (Uma alma se lembra de Hiroshima). Na década de 1940, era mais fácil manter segredos porque nossas mentes estavam direcionadas e concentradas na guerra, e só nos diziam o que precisávamos saber por meio de jornais, rádio e filmes. Agora, com os computadores, a TV, o rádio e a

Internet, o conhecimento pode ser distribuído quase instantaneamente. Não é de se admirar que o governo esteja tentando regulamentar a Internet.

O financiamento do programa HAARP foi temporariamente congelado em 1995 pelo Senado dos Estados Unidos. No entanto, o projeto foi adiante, financiado por fontes desconhecidas.

Minhas informações sobre esse formidável experimento vêm principalmente do livro Angels Don't Play This HAARP, (Anjos não tocam essa 'harpa') de Jeanne Manning e Dr. Nick Begich. Publicado em 1995 pela Earthpulse Press, P.O. Box 201393, Anchorage, Alaska 99520. O livro é extremamente bem pesquisado e documentado, com extensas notas de rodapé relacionadas ao material de origem.

Nenhuma dessas informações foi incluída aqui apenas para assustar alguém. É do interesse de todos nós conhecer as capacidades que podem ser usadas contra nós. Isso não significa que eles serão usados, mas saber disso é a primeira linha de defesa.

O HAARP é uma série de conjuntos de antenas localizadas em Gakona, no Alasca, onde há menos de duas pessoas por milha quadrada. É um local perfeito para experimentos secretos. Ondas eletromagnéticas de VLF (Very low frequency - frequência muito baixa) e ELF (Extremely low frequency - frequência extremamente baixa) são geradas e enviadas para o conjunto de antenas. As ELF podem ter efeitos positivos ou negativos, dependendo da intenção do operador. Elas podem curar ou destruir.

O projeto HAARP cobrirá 33 acres e, no final, eles planejam ter 360 antenas de 72 pés de altura. A previsão é de que esteja concluído e em plena operação em 2002. O plano é começar a fazer experimentos no início de 1997, aquecendo ou excitando buracos de 30 milhas de largura diretamente acima do experimento, como se fosse um forno de micro-ondas gigante. O grande conjunto de antenas transportaria um bilhão de watts de energia eletromagnética - em frequências de rádio - através da atmosfera. Seria o maior "zapper" do mundo! Eles farão um furo e medirão os resultados, farão outro furo, etc. Eles esperam que cada buraco leve cerca de três meses para ser fechado, e os dados lhes dirão como focalizar o eventual espelho virtual. O HAARP despejará enormes quantidades de energia na atmosfera superior, e eles não sabem o que acontecerá. Com experimentos dessa escala, danos irreparáveis podem ser causados em pouco tempo.

Quando concluído, o HAARP será o maior "aquecedor" do mundo, mais potente do que qualquer outro existente. Os efeitos são desconhecidos quando a energia é liberada além de certos limites. O HAARP tem sido chamado de Skybuster (Caça-céus) ou Super Heater (Super Aquecedor). Com esse sistema, não são necessários satélites para transportar a energia gerada para o céu. Os sinais de alta frequência desenvolvidos são projetados para ionizar a energia na atmosfera superior, que consiste principalmente de nitrogênio. Esse desenvolvimento engenhoso contorna a necessidade de satélites usando a antena no solo. Em altitudes muito elevadas, os efeitos se multiplicariam se fosse usado um nível de potência suficientemente alto. É um princípio que uma pequena entrada pode criar uma grande saída. Os efeitos são criados por ressonância em vez de zapping direto.

As instalações de pesquisa associadas ao HAARP estão localizadas em Arecibo, Porto Rico, e Fairbanks, Alasca. Outras instalações estão em Tromso, Noruega; Moscou, Nizhny Novgorod e Apatity, na Rússia; Kharkov, Ucrânia e Dushanbe, Tadzhikistan. Nenhum desses sistemas existentes, no entanto, tem a combinação de capacidade de frequência e agilidade de direção de feixe necessária para realizar os experimentos planejados para o HAARP. Mas o HAARP faz parte de um esforço cooperativo global que inclui a URSS, o Canadá, o Japão, a Groenlândia, a Noruega, a Finlândia, a Nova Zelândia e outros. Outros locais de transmissão estão localizados na Groenlândia, no Pacífico Sul, no Japão e na Europa. Os experimentos podem ser executados com todos esses outros transmissores trabalhando juntos; assim, é possível criar um efeito muito maior.

Os cientistas estudaram as sensibilidades das células vivas e dos sistemas nervosos e disseram que não são necessários campos magnéticos fortes para fazer a diferença. As flutuações de campos muito fracos podem afetar drasticamente o nível celular da vida.

A estratosfera e a ionosfera são barreiras protetoras ao redor da Terra que impedem que os raios cósmicos nocivos cheguem à superfície. Elas já estão em uma condição delicada e frágil, em parte devido a experimentos anteriores. O Dr. Daniel Winter diz que "certas características da grade magnética mantêm uma atmosfera aninhada em torno de um planeta. Marte perdeu sua atmosfera e nós estamos perdendo a nossa. O pólo orbital da Terra está fazendo excursões radicais para fora da inclinação - com a desestabilização da órbita lunar - e a capacidade de manter a atmosfera e o ozônio está enfraquecendo, principalmente nos pólos. O planeta é muito sensível a esse tipo de energia que entra e sai da atmosfera. O HAARP está provocando uma enorme ruptura no fractal do Alasca magnético. A Terra sentirá essa mudança de carga como uma ferida dilacerante que não cicatrizará. "

Os principais cientistas dizem que a HAARP não fará "buracos" na ionosfera. Essa é uma subestimação perigosa do que o feixe gigante de gigawatts do HAARP fará. Devido ao giro axial da Terra, uma explosão que dure mais do que alguns minutos cortará a ionosfera como uma faca de micro-ondas. Isso não produzirá um "buraco", mas um longo rasgo - uma incisão.

Uma das profecias de Nostradamus definitivamente se parece com o projeto HAARP. Em CENTÚRIO I-46 (Vol. I, pág. 244): "Essa quadra diz respeito a um evento que será inicialmente provocado pela mão do homem, mas que será basicamente um desastre natural. Haverá um grupo de médicos (cientistas) pesquisando os poderes dos vários campos de energia da Terra. Eles tentarão aproveitar esses poderes e usá-los para várias coisas, inclusive para a guerra. No momento em que finalmente começarem a fazer experimentos diretos no mundo físico, eles acidentalmente romperão um dos campos da Terra de tal forma que um feixe de energia será disparado para o espaço e atrairá um fluxo de meteoritos em direção à Terra. Isso ocorrerá ao redor do Mar do Norte. Os meteoritos serão atraídos para a Terra devido a essa alteração dos campos de energia ao redor da Terra. E como eles estão por toda parte, continuarão a vir até que os cientistas consigam reparar os danos. Sua ruptura no campo desequilibra tudo. Como a instrumentação deles ainda é experimental, não está ajustada o suficiente para que as coisas voltem ao equilíbrio. Assim, no processo de tentar reparar os danos, ocorre um terremoto logo em seguida, quando a tensão aumenta. Como esse projeto será muito perigoso, ele será um projeto secreto do governo. Para o mundo em geral, ele aparecerá como um fenômeno natural. Será registrado dessa forma em futuros textos de história porque o papel desempenhado pelos cientistas é um segredo tão importante para os

governos envolvidos que eles não permitirão que esse conhecimento seja divulgado."
Na quadra, diz-se que a perturbação (rasgo) na atmosfera ocorre ao redor do Mar do Norte. Esse pode ser o local onde um dos transmissores está localizado. Ou pode ser o local em que ela ricocheteou em direção à Terra, porque os feixes seriam desviados de volta, e o efeito de rasgo poderia ocorrer em outra área que não a pretendida.
Em CENTÚRIO I-22 (Vol. I, pág. 166): Essa quadra descreve uma máquina de manipulação do clima semelhante ao programa HAARP. "A humanidade terá desenvolvido alguns dispositivos para moderar o clima e poderá ter influência sobre como será o clima. As máquinas responsáveis por essas computações e cálculos se tornarão inteligentes demais para seu próprio bem. Consequentemente, por falha de sua programação, que não será detectada até tarde demais, elas acidentalmente farão com que o clima não funcione adequadamente, causando muitos danos por meio de gelo e granizo fora de época. Os homens que comandam isso não perceberão que, se alguém tentar forçar o clima a fazer uma coisa por muito tempo, o padrão natural finalmente superará a interferência e talvez cause algum clima fora de época no processo de tentar equilibrar as coisas novamente. Como resultado, esses computadores, ao tentarem superar as forças naturais que estão tentando reequilibrar as coisas, queimarão um fusível, assim por dizer, e ficarão danificados e sem condições de uso."
Novamente, em CENTÚRIO X-70 (Vol. I, pág. 196): Um dos múltiplos significados dessa quadra refere-se a "um tipo de dispositivo atômico, não exatamente uma bomba, que, quando acionado, fará algo com o clima do planeta. Ele deslocará uma massa de ar que perturbará o equilíbrio entre o quente e o frio, de modo que o efeito estufa sairá do equilíbrio e chegará ao extremo, causando efeitos drásticos no clima, o que, por sua vez, afetará a agricultura.
Além disso, o CENTÚRIO X-71 (Vol. I, pág. 198) faz referência ao mesmo dispositivo: "O congelamento da terra e do ar é outro efeito do dispositivo atômico que deixará tudo fora de controle. Todos os tipos de soluções serão tentados para neutralizar o que aconteceu, mas não serão bem-sucedidos, apesar das palavras justas dos governos aos seus povos para tentar evitar que entrem em pânico."

Máquinas como o HAARP também podem ter efeito sobre os ventos e afetar uma massa atmosférica como a associada ao El Niño. O El Niño é uma mudança periódica nas correntes oceânicas que alterou os padrões climáticos no passado. Em CENTÚRIO IV-I5 (Vol. II, pág. 235-237), é explicado como a manipulação do El Niño pode afetar o clima do mundo.

O termo "fogos secretos" em CENTÚRIO IV-67 (Vol. I, pág. 173) poderia estar se referindo ao HAARP ou a alguma outra arma militar secreta? Algum tipo de dispositivo perigoso escondido do público em geral?

A Terra e as formas de vida nela existentes vibram e ressoam em harmonia. A energia radiante do sol, os materiais e as vibrações da Terra sustentam a vida. As fontes criadas pelo homem já estão perturbando a harmonia. Os investigadores observaram que as tecnologias mais recentes têm como objetivo proteger as pessoas da natureza - para "conquistá-la" e controlá-la, ao mesmo tempo em que projetam sistemas de armas cada vez mais perigosos para eliminar com mais eficiência toda a vida do planeta. Os autores de Angels Don't Play This HAARP (Anjos não tocam nessa 'harpa') afirmam que os inventores do projeto HAARP são suicidas em seu descaso com as consequências para todo o nosso planeta.

Distúrbios ionosféricos deliberados poderiam entrar em ressonância com os materiais da Terra e provocar um terremoto. Nostradamus descreveu uma máquina de terremotos com propriedades semelhantes em CENTÚRIO IX-83 (Vol. I, pág. 238-240). Um artigo de jornal de março de 1993 revelou a realidade e a existência de uma máquina tão incrível. Uma citação abreviada: "Há a presença de instalações militares estratégicas no território da Geórgia (União Soviética), como o laboratório tectônico em Eshera, próximo à capital da Abkhazia, Sukhumi. O presidente da Geórgia, Shevardnadze, diz que esse estabelecimento está envolvido em experimentos para desencadear terremotos de forma direcionada a fim de 'manter sob controle toda a região do Oriente Próximo'." Essas informações vieram à tona depois que essas regiões se afastaram da União Soviética. Eles temiam que os soviéticos não os deixassem ir embora por causa dessas armas estratégicas e poderiam tentar recuperar essas terras.

Outra teoria é que se pode literalmente fazer engenharia genética com o HAARP usando a frequência para entrar em ressonância com o DNA e, assim, abri-lo e fechá-lo. A aniquilação de partículas (do acelerador de partículas) libera um padrão que controla a maneira como o DNA se recomporá. A programação genética sugere algo muito além da perspectiva de uma guerra biológica. Ela também inclui a possibilidade de embaralhar ou reorganizar nosso DNA. Um cientista disse que, se esse sistema fosse enviado a toda a população, ele destruiria geneticamente a raça humana.

Outro aspecto assustador do HAARP é sua capacidade de embaralhar o cérebro humano ao interferir em seu funcionamento normal. Ao alterar essas frequências com ondas ELF, a personalidade ou o humor das pessoas pode ser modificado. Elas também podem ser colocadas em um sono profundo. Ele está sendo chamado de o maior dispositivo de treinamento cerebral já concebido. Nas mãos certas, ele poderia ser de grande benefício para a humanidade se fosse usado para curar distúrbios mentais e nervosos e para curar a dependência de drogas e álcool, entre outras coisas. No entanto, os críticos do HAARP estão preocupados com os efeitos negativos da manipulação da mente que essas ondas poderiam ter em grandes grupos de pessoas (até mesmo em populações inteiras), especialmente porque o dispositivo pode ser ativado remotamente a partir de uma longa distância e ser praticamente indetectável. Os militares poderiam alterar o que as pessoas pensavam e, ao mesmo tempo, saber o que elas pensavam. Tudo isso soa como ficção científica, mas é definitivamente possível e é um fato científico.

Nostradamus previu uma arma semelhante em CENTÚRIO II-2 (Vol. I, pág. 167). Nessa quadra, Nostradamus descreve um novo tipo de arma que será desenvolvida. "Um tipo de onda de rádio que, em certas frequências e intensidades, pode ser letal. Ela pode causar dor intensa nas terminações nervosas e destruir certas partes do cérebro." Isso soa como as frequências HAARP que manipulam as funções cerebrais.

Paul Schaefer diz: "A menos que desejemos a morte de nosso planeta, precisamos acabar com a produção de partículas instáveis. A primeira prioridade para evitar esse desastre seria desligar todas as usinas nucleares e acabar com os testes de armas atômicas, guerra eletrônica e Guerra nas Estrelas." Essas são todas as coisas sobre as quais Nostradamus nos alertou.

No livro Angels Don't Play This HAARP (Anjos não tocam esta 'harpa'), os cientistas falavam constantemente sobre o espírito do mundo e tentavam dobrá-lo ou mudá-lo para atender às suas necessidades. Isso soa muito semelhante à previsão de Nostradamus de que o anticristo tentaria controlar o próprio espírito do mundo (Volume II). O anticristo obtém o controle desse maquinário? Há algumas localizadas em áreas às quais ele teria acesso (Ucrânia, por exemplo). A máquina de terremotos é mencionada no Volume I, e foi dito que o anticristo obteria o controle dela. Essa é a mesma máquina?

O termo "chuva de partículas carregadas" foi mencionado na literatura sobre o HAARP. Essa chuva eletrônica de fluxos de partículas poderia ser a chuva branca vista por Nostradamus (CENTÚRIOS III-I8, III-I9, Vol. I, pág. 254, 255). Essas duas quadras têm referências à chuva leitosa: "A longa chuva leitosa e o fato de ser tocado por um raio são efeitos do uso de armas nucleares nessa guerra. Serão usadas outras armas fantásticas, com base em conceitos que estão sendo desenvolvidos atualmente (1986), dos quais você e este veículo não têm a menor ideia, e que terão resultados devastadores. Ele usa a chuva de leite para representar os efeitos adversos que essas armas nucleares fantásticas terão sobre o clima, incluindo coisas como chuva de radiação. As armas usarão uma combinação dos piores aspectos do armamento nuclear e do armamento a laser, e alguns dos armamentos a laser, quando lançados sobre as pessoas, se assemelharão a uma substância branca caindo".

ESTA não é a primeira vez que os cientistas fazem experimentos sem saber o resultado de suas ações. Quando desenvolveram a bomba atômica, eles realmente não sabiam os efeitos que ela teria na atmosfera quando fosse detonada. Uma teoria era que ela poderia ter inflamado todos os átomos de hidrogênio numa reação em cadeia e poderia ter destruído o mundo. No Volume II, Nostradamus disse que isso realmente ocorreu em outra linha do tempo. Era uma situação altamente perigosa naquela época, na década de 1940, mas a principal preocupação dos cientistas era desenvolver uma bomba e descobrir os resultados de um experimento que tinha ido longe demais para ser interrompido. A mesma coisa está acontecendo novamente com o HAARP. Os pesquisadores admitem que não sabem qual será o resultado se bombearem níveis sem precedentes de energia de radiofrequência pela atmosfera superior para aquecer partes da imprevisível ionosfera.

[As informações a seguir foram extraídas, em parte, da American Legion Magazine (Revista Legião Americana), de outubro de 1995, artigo intitulado "St. George Is Expendable (São Jorge é dispensável)".]

No passado, o governo dos EUA destruiu a vida de milhares de americanos com seus programas secretos de testes atômicos no sudoeste e no Pacífico.

Oficialmente, a bomba atômica só foi usada duas vezes como arma contra seres humanos. O primeiro caso foi Hiroshima, em 6 de agosto de 1945, e Nagasaki, em 9 de agosto de 1945. Mas a história não leva em conta os 250.000 soldados envolvidos nos testes após a Segunda Guerra Mundial ou as dezenas de milhares de civis que vivem em pequenas comunidades nos arredores do local de testes em Nevada e que foram expostos à precipitação radioativa de quase duas décadas de testes atômicos a céu aberto.

Os militares também fizeram experimentos em civis em hospitais sem o conhecimento deles. Sob o pretexto de realizar tratamentos médicos, as pessoas eram expostas a grandes doses de radiação para monitorar os efeitos que ela causava em seus corpos. Alguns desses estudos só foram divulgados (ou expostos) recentemente.

Inocentemente, os militares não perceberam os efeitos que a radiação ao ar livre teria sobre as pessoas, pois nada se sabia na época sobre os efeitos mortais de longo alcance de tais testes. Mas eles, como cientistas, estavam determinados a descobrir. Assim, muitos de seus experimentos foram feitos em segredo para evitar protestos públicos.

Em 1946, o governo federal transferiu toda a população do Atol de Bikini na Micronésia (167 nativos) para outra ilha para que os militares pudessem realizar testes atômicos. Ao todo, 23 bombas foram detonadas em Bikini e outras 43 na vizinha Eniwetok. A contaminação resultante tornou o Atol inabitável para sempre. Os nativos nunca tiveram permissão para retornar. Mais de 42.000 militares e cientistas participaram e não sabiam do perigo a que se expunham. Em seguida, para aumentar a precipitação de radiação, a Rússia iniciou seus próprios testes atômicos em 1949.

Durante esse período, os militares decidiram iniciar os testes em solo americano em 1951 e insistiram em dizer aos moradores das redondezas que não havia perigo. Durante um período de doze anos, 126 bombas atômicas foram detonadas sobre o local de testes em Nevada, apesar dos avisos dos cientistas mais renomados. Em março de 1953, os testes tiveram uma média de uma detonação atômica por semana durante três meses. (Consulte American Ground Zero: The Secret Nuclear War (Marco Zero Americano: A Guerra Nuclear Secreta), de Carole Gallagher, e The Myths of August (Os mitos de agosto), de Stewart Udall). Os moradores das cidades vizinhas não receberam nenhum aviso ou foram assegurados de que não havia perigo. Desde o início do programa do campo de testes de Nevada, os soldados foram convocados para os testes nucleares para servirem como observadores e participantes - ou, como alguns diriam mais tarde, cobaias.

A pequena cidade de St. George, Utah, foi um dos lugares afetados, sem saber, durante doze anos de testes atômicos acima do solo, que começaram em 1951. A cidade fica a 160 quilômetros a leste do local de testes de Nevada e frequentemente estava no caminho direto das nuvens de poeira lançadas no céu pelas explosões. Em um estudo apresentado em 1979, descobriu-se que a taxa de câncer em St. George é 143% maior do que a norma estadual. Somente em relação à leucemia infantil, a taxa de mortalidade no sul de Utah foi 250% maior do que a média estadual, e acredita-se que esses números possam ser conservadores.

Um teste em particular demonstra a negligência que marcou o programa de testes. Em 1º de março de 1954, uma bomba de hidrogênio de 15 megatons, com o nome de código Bravo, foi detonada na ilha de Bikini, em Nam. Setecentas e cinquenta vezes mais potente do que a bomba lançada em Hiroshima, a explosão vaporizou grande parte de Nam e duas ilhas menores. A precipitação radioativa choveu em 7.000 milhas quadradas do Pacífico e caiu em ilhas a até 300 milhas de distância.

Em 1958, o Dr. Edward Teller, conhecido como o "Pai da Bomba H", viajou para o Alasca com a proposta de explodir um pedaço da costa para fora do mapa. Ele queria provar que as explosões nucleares poderiam ser uma ferramenta de engenharia geográfica (Projeto Chariot). Seu plano era explodir seis bombas termonucleares no subsolo de Cape Thompson, no Alasca, para escavar um porto. A filosofia era que, se o procedimento fosse bem-sucedido, poderia ser usado para criar um novo Canal do Panamá ou de Suez. Nesse caso, eles enfrentaram extrema oposição dos esquimós que viviam a menos de 30 milhas do marco zero. Três cientistas corajosos que se manifestaram contra o experimento perderam seus empregos e foram excluídos. Mas, pelo menos entre a oposição dos esquimós e dos cientistas, o experimento não foi realizado. Os cientistas puderam então transferir seus experimentos para Nevada, onde não houve objeções por parte da população, e os danos só foram divulgados pelo governo décadas depois.

Além disso, em 1958, no mesmo ano em que os cinturões de radiação de Van Allen foram descobertos, a Marinha dos EUA explodiu três bombas nucleares no cinturão (Projeto Argus). O assessor da Casa Branca disse que o Departamento de Defesa estava estudando maneiras de manipular as mudanças da "terra e do céu e, assim, afetar o clima" usando "um feixe eletrônico para ionizar ou desionizar a atmosfera em uma determinada área". Os cinturões de Van Allen são zonas de partículas carregadas presas no campo magnético da Terra a mais de 2.000 milhas acima da Terra. A ionosfera se estende por 620 milhas.

Em 1960, teve início uma série de mudanças climáticas que muitos cientistas relacionaram diretamente aos testes nucleares na atmosfera. Ao disparar esses dispositivos antes de ter informações suficientes para saber que isso criaria problemas, eles alteraram os padrões de vento durante anos. Entre 1961 e 1962, os soviéticos e os EUA lançaram muitos explosivos na atmosfera. Trezentos megatons de dispositivos nucleares reduziram a camada de ozônio em cerca de 4%. Esse foi o início da destruição. Lançamentos posteriores de naves espaciais também afetaram a camada de ozônio e a ionosfera. Os climatologistas não conseguiam olhar para frente e ver que as secas, inundações e temperaturas anormais continuariam além daquela década. Naquela época, os governos nacionais já conseguiam manipular o clima para fins militares, e isso continuou na década de 1990.

Durante a Guerra do Vietnã, o Departamento de Defesa dos EUA usou métodos de manipulação de chuvas, raios e furacões no Projeto Skyfire e no Projeto Stormfury. Os militares estudaram lasers e produtos químicos que poderiam danificar a camada de ozônio sobre um inimigo. Eles procuraram maneiras de causar terremotos, bem como detectá-los, no Projeto Prime Argus. Como disse Nostradamus, muitas coisas são feitas em tempos de guerra que nunca seriam permitidas em tempos de paz, pois deixariam as pessoas horrorizadas.

Em 1966, o cientista mundialmente reconhecido Gordon MacDonald descreveu o uso de manipulação do tempo, modificação climática, derretimento ou desestabilização da calota polar, técnicas de destruição da camada de ozônio, engenharia de terremotos, controle de ondas oceânicas e manipulação de ondas cerebrais usando os campos de energia do planeta. Ele também disse que esses tipos de armas seriam desenvolvidos e, quando usados, seriam praticamente indetectáveis por suas vítimas. (Fonte: Unless Peace Comes, Capítulo: "How to Wreck the Environment").

Na década de 1970, a União Soviética queria mudar o clima para tornar a Rússia um lugar mais confortável para se viver. As propostas incluíam a remoção da camada de gelo do Ártico, o represamento do Estreito de Bering e o redirecionamento dos rios da Sibéria. Muitos países do mundo pensaram que, com a energia atômica à sua disposição, poderiam finalmente recriar as condições de vida do mundo para se adequarem, sem pensar nas consequências de longo prazo.

Após audiências no Congresso no final da década de 1970, os testes ao ar livre foram interrompidos, mas os testes subterrâneos continuaram.

A pesquisa do Institute for Advanced Studies (Instituto de Estudos Avançados), sem fins lucrativos, revelou (por meio de monitoramento da terra com instrumentos sensíveis) uma conexão entre os testes nucleares subterrâneos e os terremotos. Nostradamus nos alertou sobre isso no Volume I e insistiu que os testes nucleares deveriam ser interrompidos porque não estávamos cientes das consequências para todo o planeta. As ondas de choque reverberaram pelas placas tectônicas e afetaram áreas do mundo muito distantes dos locais originais dos testes.

O efeito de superaquecimento do HAARP das ondas ELF no espelho que seria criado acima da Terra poderia causar a aceleração do derretimento das calotas polares. O nível do mar poderia facilmente aumentar em 150 pés e devastar todo o mundo civilizado. Essa invenção poderia facilmente causar os efeitos que Nostradamus viu nos Volumes II e III, quando produzimos mapas mostrando a escassa quantidade de terra que restaria após essa catástrofe. Além disso, esse dispositivo poderia causar uma mudança significativa no circuito elétrico ou no campo elétrico de um planeta? Será que os cientistas poderiam, sem querer, provocar um curto-circuito na Terra, causando uma oscilação que poderia derreter as calotas polares e criar o cenário do mapa no Volume II? Muitos especialistas presumiram que seria necessário um deslocamento do eixo para produzir um derretimento tão grande, mas se esse experimento fosse bem-sucedido, o HAARP poderia produzir os mesmos efeitos devastadores.

    Antes que os homens detonassem testes nucleares subterrâneos ou fizessem qualquer outra coisa que fosse maciçamente invasiva ao estado de equilíbrio dos sistemas da Terra, já estávamos em um planeta instável. A julgar pelo aumento do "ruído" geomagnético (distúrbios no campo magnético da Terra) ouvido na Terra, alguns cientistas especulam que o sol pode estar se aproximando de um momento de mudança. Independentemente do sol passar ou não por um período de ondas de calor espetaculares em um futuro próximo e lançar ainda mais partículas na Terra, o fato é que a Terra está sendo afetada neste momento. O fato de que a Terra está ficando mais quente foi relatado no New York Times em 1991. O artigo dizia que o gelo do Ártico havia diminuído 2% em um período de apenas nove anos.

    Recentemente, descobriu-se que há vulcões ativos sob a cobertura de gelo da Antártica, e a temperatura da água sob o continente é agora a mesma do Mediterrâneo.

    Essas informações foram obtidas de um leitor que as encontrou no serviço pessoal interativo Prodigy (um serviço de Internet) e datam de 2 de março de 1993. O artigo é intitulado "Fire in Antarctic's Belly" (Fogo na barriga da Antártica).

    Mais de 1.100 vulcões inativos ou ativos foram descobertos agrupados no fundo do oceano perto da Ilha de Páscoa, no Pacífico. E agora a atividade vulcânica é relatada - com tons sinistros - na Antártica. Marcas na camada de gelo da Antártica Ocidental sugerem que há vulcões nas profundezas. Os cientistas concluíram que uma montanha com características minerais de rocha vulcânica se eleva 650 metros acima do leito rochoso da Antártica, que por sua vez está enterrado sob cerca de 2.000 quilômetros de gelo. Os dados indicam que o pico é muito parecido com o formato de cone do Monte Fuji, no Japão. Acredita-se que seja um vulcão ativo recentemente. Se ele se tornar ativo novamente, as implicações são preocupantes e potencialmente desastrosas. Não é provável que o vulcão possa entrar em erupção e explodir a camada de gelo nas alturas do Hemisfério Sul. A preocupação real é que o vulcão e outros semelhantes, que se acredita terem produzido as depressões circulares na camada de gelo, forneçam derretimento suficiente à base da camada para lubrificar o deslizamento da camada em direção ao mar. O colapso do manto de gelo da Antártica Ocidental e seu movimento para o oceano circundante geraria um aumento global do nível do mar de quase 6 metros, estimam os geofísicos. Isso teria enormes consequências para as costas baixas de todo o mundo.

Também recebi uma correspondência informando que as geleiras da Suécia estão derretendo em uma velocidade sem precedentes. Parece que o planeta já está se aquecendo. Não precisamos de experimentos imprudentes com o clima para acelerar esse processo.

O HAARP foi descrito como um dos sistemas de armas mais perigosos desde o desenvolvimento das armas termonucleares. Talvez tenha sido por isso que Nostradamus comentou sobre o fato dos Estados Unidos e a Rússia estarem eliminando as armas nucleares. Ele disse que isso não importava, pois eles haviam inventado algo muito mais mortal. As potências não precisavam mais de armas nucleares; elas estão ultrapassadas.

* * *

Em 1995, tivemos um número recorde de furacões. Tantos que ficamos sem nomes em ordem alfabética. Os cientistas explicaram o fato dizendo que as águas do oceano estavam excepcionalmente quentes, o que favoreceu o desenvolvimento de mais furacões de maior força. O primeiro furacão de 1996 estava muito adiantado. A temporada normalmente começa no final de agosto ou setembro. Essa temporada começou em julho. (Consulte também a previsão de furacões de CENTÚRIO VIII-I6 (Vol. III, pág. 142-143).

* * *

Computadores e a rede mundial de computadores
No Volume II (Capítulo I4): "666, The Secret of the Number of the Beast" (666, o segredo do número da besta) trata da tecnologia vindoura envolvendo computadores. Esse desenvolvimento sofisticado era inédito em 1987, quando essas informações chegaram. Estávamos dando os primeiros passos. Os computadores estavam apenas começando a se tornar populares no mercado e ainda não tinham sido colocados nos usos generalizados que se desenvolveram na década de 1990. Escrevi meus primeiros cinco livros em uma máquina de escrever, por isso fiquei entusiasmada com a compra do meu primeiro computador em 1986. Eu o utilizava apenas para processar textos. Mesmo em seu ritmo de caracol, era mais fácil do que usar a máquina de escrever - exceto quando ele decidia brincar comigo e destruir o trabalho de um dia com um simples toque de tecla. Nesses casos, eu tinha visões de minhas palavras flutuando em algum lugar no limbo, para nunca mais serem recuperadas. Os modelos posteriores eram mais confiáveis, mas nunca imaginei que fossem mais do que uma máquina de escrever glorificada. Portanto, as previsões de Nostradamus sobre computadores pareciam ficção científica no final da década de 1980.

Da página 132: "O anticristo terá grandes sistemas de comunicação à sua disposição porque eu o vejo falando em computadores, e é a voz dele que ativa o computador."

Página 134: "Por meio de suas redes de comunicação, ele terá acesso aos arquivos de todas as pessoas: dados de nascimento, informações financeiras e coisas desse tipo. Portanto, será duplamente difícil se opor a ele quando controlar o setor bancário mundial e o crédito econômico mundial." Perguntei sobre o significado de 666 no livro de Apocalipse da Bíblia. "Ele está me mostrando colunas e colunas de números e mais números. Parecem informações que normalmente são armazenadas em computadores. E esse número, 666, pode ser o número de código pessoal do anticristo que ele insere nos diferentes sistemas mundiais, porque ele estabelece um sistema mundial de comunicações e uma rede de computadores."

Na época em que essa informação foi recebida, parecia impossível que um sistema de computador conectasse o mundo inteiro. Eu achava que essa era definitivamente uma ideia futurista e pensei que isso poderia acontecer em cem anos, se é que aconteceria. Como eu estava enganada. Como alguém no final da década de 1980 poderia conceber a ideia de que a rede mundial de computadores se tornaria realidade em apenas dez anos? E é definitivamente uma realidade que todos os nossos dados de nascimento, registros financeiros e outras informações sobre nossas vidas agora fazem parte de uma vasta rede de computadores. Se não podíamos acreditar em tal possibilidade há apenas dez anos, que outras previsões estão se concretizando em um ritmo inconcebivelmente rápido?

As previsões sobre computadores continuam na página 135: "Ele já terá criado uma rede de computadores que deixará os países vulneráveis. Ele será capaz de destruir a base econômica deles por ter acesso às informações. Nostradamus está me mostrando uma imagem de um globo com muitos fios em volta (rede mundial de computadores). Ele diz: "Ele terá a chave mestra de tudo isso e derrubará as nações cortando sua comunicação com o resto do mundo". Ele até inventará um computador que funcionará em um nível psíquico do cérebro. Uma pessoa será capaz de ligá-lo comandando-o mentalmente, em vez de falar com ele." Os computadores ativados por voz estão sendo desenvolvidos em 1996 e poderão estar no mercado em breve. Um computador que usa a frequência do nosso cérebro é agora concebível e pode ser o próximo avanço na tecnologia de computadores.

Nostradamus indicou no Volume II que o anticristo seria considerado um salvador do mundo no início. Ele seria visto como alguém que beneficiaria a humanidade com suas invenções maravilhosas. Mas ele viu o lado sombrio emergindo quando as redes de computadores fossem estabelecidas. "Os países do mundo experimentarão muita prosperidade com o uso de seu sistema. Eles receberão vantagens financeiras se fizerem parte de seu sistema e, se não entrarem no jogo, serão excluídos e sofrerão com isso. Quando o manto do mal completo assumir o controle, ele começará a exterminar as pessoas que considera inúteis para seu sistema. Quando ele mudar, tentará eliminar as pessoas que não trazem benefícios econômicos para seu esquema mundial. Ele eliminará grupos de pessoas. Da mesma forma que Hitler tentou exterminar os judeus, ele tentará exterminar as pessoas que ele acha que não são dignas de viver neste planeta: os doentes, os pobres, os debilitados e as pessoas que não têm valor aos seus olhos. Usando sua rede, ele instigará a eutanásia em massa. Não haverá escapatória porque tudo estará registrado.

"Por exemplo, se o filho de alguém fosse retardado, ou se a mãe fosse muito velha e improdutiva, ou se a irmã fosse mentalmente ou emocionalmente desequilibrada, todos eles seriam destinados ao extermínio. Tudo é prejudicado porque ele controla a rede de comunicações. Como resultado, ele sabe o que está acontecendo em todos os lugares. Nesse ponto, nos tornamos uma sociedade computadorizada, e todos terão um determinado número que será armazenado nesse computador principal. (Nos Estados Unidos, nosso número de seguro social?) Esse número será tatuado de forma indelével em sua mão, antebraço ou testa, dependendo do nível do sistema ao qual você pertence. As pessoas do escalão superior do sistema terão esse número gravado na testa para que possam entrar em qualquer lugar. O número será lido automaticamente, para que possam entrar. Para a maioria de nós, ele será gravado de forma indelével em nossa mão. Isso será feito com um laser e será indolor. Não se parecerá com uma marca de nascença ou um defeito, mas será invisível, a menos que seja escaneado por um equipamento óptico. Dessa forma, poderemos fazer compras, comprar alimentos e entrar em determinados lugares que são necessários para nosso trabalho ou carreira."

Esse conceito de todos terem um número também está previsto no livro de Apocalipse da Bíblia (Apocalipse I3:II-I8). Isso parece futurista, mas também está se tornando realidade em nossa vida agora. Em minhas viagens por todo o mundo, estou descobrindo que experimentos nesse sentido já começaram. Também recebo informações corroborantes de meus leitores, na forma de artigos de jornais e revistas. Nos Estados Unidos, todos os nossos outros números de identificação (Identidade do serviço militar, carteira de motorista, etc.) estão sendo substituídos pelo número do seguro social, para facilitar a manutenção de registros por ter apenas um número. Isso também está ocorrendo em outros países. Alguns estão instituindo o uso de cartões com todos os dados pessoais codificados em uma faixa de computador (como os Smart Cards e os novos cartões médicos nos EUA).

Em alguns países europeus, um chip de computador é colocado sob a pele da mão. Ao comprar qualquer coisa em uma loja, basta passar a mão sobre o scanner e o dinheiro é automaticamente transferido de sua conta bancária. Não há troca de dinheiro em espécie, e a necessidade de preencher cheques é eliminada. Em alguns países (Austrália, por exemplo), foi proposta a identificação permanente (por meio de chips de computador ou outro método) de todos os bebês recém-nascidos. Algumas dessas propostas estão encontrando oposição, mas os argumentos são que estamos nos tornando uma sociedade mundial informatizada e esses avanços tornarão as coisas mais fáceis e rápidas. Eles tornarão a identificação mais verificável e eliminarão o crime.

Cingapura já se tornou um país totalmente informatizado. Diz-se que eles podem saber o paradeiro de qualquer cidadão a qualquer momento. Como Cingapura é um país pequeno [embora densamente povoado], seria a cobaia, e os resultados poderiam ser facilmente monitorados e estudados. Achou-se que eles poderiam fazer o experimento lá primeiro, antes de aplicar o conceito em outro lugar. Parece-me que a era do "Big Brother" está chegando, e em uma velocidade que considerávamos inconcebível há alguns anos.

Em outra quadra, Nostradamus se refere à Cabala (Vol. I, Capítulo 2I) como tendo um papel significativo nessa rede de computadores e, na verdade, ajudando o anticristo no início.

Em CENTÚRIO V-23 (Vol. II, pp. 253-254): "Esses homens controlam toda a situação mundial agora, em seu tempo. Eles são muito, muito poderosos. Estão muito bem escondidos, mas controlam a maior parte da economia tanto do mundo conhecido quanto do terceiro mundo. Eles manipulam diferentes agências do governo dos Estados Unidos e de outros países, porque têm poder para isso. Eles vão criar problemas, não porque queiram dinheiro - eles têm todo o dinheiro que poderiam desejar. Ele está me mostrando toneladas de ouro. Eles [a Cabala] querem poder e controle. Esses homens são os líderes do mundo, mas você não os conhece. Não sabe nem mesmo o nome deles. A mídia não os conhece. Eles são mantidos na clandestinidade, mas têm grande influência, especialmente sobre os presidentes e líderes dos diferentes governos mundiais. Na verdade, eles estão tentando manipular o governo da União Soviética para trazer outro líder para a rede. Eles controlam parte da mídia e podem fazer o que quiserem. Seu poder é enorme. Ele está me mostrando uma imagem do globo terrestre com linhas desenhadas por ele, e tudo está interligado (rede mundial de computadores?). Esses homens são os que movem e agitam o mundo. Ele me mostra que eles estão sacudindo o mundo."

* * *

Nanotecnologia
NANOTECNOLOGIA: uma nova ciência que permite aos pesquisadores manipular átomos individuais. A nanotecnologia também se baseia no conceito de robôs minúsculos e auto replicantes.

O termo Nanotecnologia tem sido usado para descrever várias ciências que lidam com dimensões inferiores a 1.000 nanômetros. O princípio básico da nanotecnologia é a capacidade prometida de reorganizar os átomos em uma determinada substância ou objeto para criar uma nova substância ou objeto. Reorganize os átomos do chumbo, por exemplo, e você realmente obterá ouro. Isso soa como a antiga ciência da alquimia, e Nostradamus disse que a alquimia era praticada ativamente em sua época e foi a precursora da química moderna. Ele também disse que, durante a época do Grande Gênio (Vol. I, Capítulo 24), as afirmações fantásticas da alquimia se tornarão realistas e possíveis.

Em nossa interpretação, muitas das quadras descrevem conceitos tão complicados e avançados que não havia palavras para eles, nem na época de Nostradamus nem na nossa, no final da década de 1980. Agora, com os muitos avanços na tecnologia da informática, finalmente há palavras e nomes para descrever o indescritível. Um desses conceitos é a ciência da nanotecnologia. Diz-se agora que a redução do tamanho dos chips de computador atingiu seus limites. A única maneira de diminuir o tamanho é recorrer ao nível celular. "Nano" significa "muito pequeno", portanto, estamos diante de uma ciência que pode produzir máquinas ou robôs tão pequenos que só podem ser vistos em nível microscópico. Essa ciência abriu um mundo totalmente novo de possibilidades. Máquinas ou robôs extremamente minúsculos poderiam ser injetados no corpo humano e viajar pelo sistema sanguíneo para diversas finalidades.

Os computadores verificaram que também será possível reproduzir ou replicar partes do corpo humano duplicando as informações do DNA nas células de uma pessoa. Do ponto de vista médico, seria um avanço surpreendente poder duplicar e substituir membros amputados e órgãos doentes do corpo. Pode ser a isso que Nostradamus se referiu em CENTÚRIO II-I3 (Vol. I, pág. 299) quando falou de médicos e cientistas substituindo ou criando um corpo inteiramente novo quando o antigo se tornasse doente demais para continuar. Ele viu o corpo humano sendo aperfeiçoado a ponto de nunca morrer. É claro que isso poderia ser uma bênção ou uma maldição. Em meu trabalho com alienígenas, especialmente em Legacy from the Stars (Legado das Estrelas), descobri que eles usam métodos semelhantes a esse. Eles não precisam morrer até que estejam prontos para isso. Eu tinha ouvido falar de clonagem, em que o corpo seria duplicado por meio do crescimento em nível celular, da mesma forma que um bebê é formado, exceto que seria uma duplicata exata do original. Na ciência da nanotecnologia, a clonagem seria muito lenta. Com a ajuda de computadores, o corpo poderia ser replicado rapidamente quando o código genético do DNA da célula fosse lido.

Isso parece um tremendo milagre médico, mas conhecendo a natureza humana, é óbvio que certas pessoas descobririam maneiras de usar esse método para a guerra. Nesse caso, soa como a Quadra CENTÚRIO X-72, a famosa Quadra de 1999 (Vol. I, pág. 246). Nostradamus disse que viu o desenvolvimento de exércitos por meio da eugenia para produzir homens sem moral, praticamente máquinas de matar. Esse método de nanotecnologia seria, de fato, mais rápido do que a clonagem ou a manipulação genética a que eu achava que ele estava se referindo.

Além disso, com esse método, o desenvolvimento de um computador orgânico, como Nostradamus viu o Grande Gênio usando, seria totalmente possível. Ele disse (CENTÚRIO IV-3I, Vol. I, pág. 288) que ele seria "autorrenovável como as células de seu corpo. Algumas das partes orgânicas acabarão se desgastando e envelhecendo. Mas, enquanto isso, ele terá se replicado, de modo que haverá partes orgânicas que se desprenderão desse dispositivo, mas não haverá perda de conhecimento porque ele estará continuamente se auto renovando. As aplicações desse computador serão cada vez mais amplas, de modo a alterar totalmente a tecnologia da humanidade." Os cientistas afirmam que as células robóticas microscópicas seriam capazes de se duplicar.

Os especialistas dizem que também seria possível duplicar o intelecto de uma pessoa e colocá-lo em uma dessas máquinas. Tudo isso será possível porque tudo é energia e os processos de pensamento podem ser armazenados e duplicados como energia. Na quadra CENTÚRIO IV-3I, Nostradamus diz que o Grande Gênio aperfeiçoa essa nova tecnologia, inventa o computador orgânico e, em seguida, "como corolário desse desenvolvimento, ele imagina uma maneira de transplantar parte de seu gênio e conhecimento para esse computador, de modo que ele ainda estará lá para servir à humanidade depois que seu corpo envelhecer e morrer. Ele o desenvolve até o ponto mais alto possível para transferir seu gênio, ou melhor, duplicar seu gênio e seu conhecimento, para que ele ainda os tenha, mas também nesse computador orgânico." O restante da explicação dessa quadra descreveu o processo utilizado.

Tudo isso parecia ficção científica no final da década de 1980, quando estávamos recebendo essas informações. Mas agora, dez anos depois, isso não só está dentro do campo das possibilidades, como também está sendo trabalhado ativamente por cientistas de todo o mundo. As possibilidades da nanotecnologia estão aumentando a cada dia e são surpreendentes. Há vários laboratórios em todo o mundo, inclusive três na Califórnia, trabalhando nisso, portanto, está se tornando rapidamente nosso futuro e nossa realidade.

(Do New York Times, 11 de abril de 1995. "A Vat of DNA may Become Fast Computer of the future" (Um tanque de DNA pode se tornar o computador rápido do futuro).

Os teóricos esperam aproveitar os vastos poderes de computação que veem na memória e no processamento do maquinário genético da natureza. Uma nova proposta é a de um banco de memória que contenha mais de meio quilo de moléculas de DNA suspensas em cerca de 1.000 quartos de fluido, em um tanque de aproximadamente um metro quadrado. Esse banco seria mais espaçoso do que todas as memórias de todos os computadores já criados. O motivo é que as reações químicas ocorrem muito rapidamente e em paralelo, de modo que, se as moléculas de DNA forem sintetizadas com uma estrutura química que represente informações numéricas, uma grande quantidade de processamento de números será feita à medida que a reação prosseguir.

Embora o campo da computação biológica ainda esteja em sua infância, os cientistas da computação estão comparando os primeiros passos vacilantes de hoje com o desenvolvimento inicial dos computadores eletrônicos. Os cientistas comentaram: "As comportas começaram a se abrir. Nunca vi um campo se mover tão rapidamente. Uma porta se abriu para uma loja de brinquedos totalmente nova".

Um sistema de computação de DNA não teria nenhuma semelhança com um computador convencional, o que levanta a questão do que é um computador. Os cientistas disseram: "É muito empolgante. É uma maneira completamente nova de pensar sobre a computação. Nossas mentes têm o preconceito de pensar na computação em termos de computadores que nós mesmos construímos. Mas é importante liberar nossas mentes para pensar em como a computação pode ocorrer naturalmente." Isso significa que o DNA pode não ser o único novo tipo de computador. "Pode haver muitos computadores por aí, e eu suspeito que haja."

Observação: Isso traz à tona o conceito de que todo o nosso corpo é um computador, na forma como ele funciona. [Pode-se dizer que os computadores, até o momento, são um reflexo de nós. E todo o nosso corpo poderia ser usado como um computador. (Conectado a fios ou máquinas?) Isso também está de acordo com a ideia de que somos partes do corpo de Deus e estamos transmitindo informações (experiências, emoções, etc.) a Ele, conforme sugerido em meus outros livros. Isso também soa semelhante às comunicações de OVNIs e alienígenas de que estamos transmitindo informações para seus bancos de dados. Talvez eles não precisem realmente dos implantes, afinal de contas. Talvez grande parte das informações seja transmitida por nossa energia, especialmente se os alienígenas estiverem entre os seres mais "avançados". Eles disseram que podiam se sintonizar com nossas vibrações específicas e que a vibração ou frequência de cada um era diferente da de todos os outros e rapidamente identificável para eles. Isso também está de acordo com a ideia de Nostradamus se sintonizar em minha frequência e com a maneira como ele sabia quando eu trazia alguém novo para ele. Ele não reconheceu a vibração dessa pessoa até perceber que eu estava por trás dela. Ele provavelmente não sabia como estava fazendo isso. Ele simplesmente era mais sensível às vibrações individuais do que a média das pessoas.

As vantagens dos computadores de DNA seriam que eles são um bilhão de vezes mais eficientes em termos de energia do que os computadores convencionais. E eles usam apenas um trilionésimo do espaço para armazenar informações. Ao explorar a extraordinária eficiência e velocidade das reações biológicas, os computadores moleculares podem realizar mais de um trilhão de operações por segundo, o que os torna mil vezes mais rápidos que o computador mais veloz.

Porém, o mais importante é que os cientistas da computação descrevem os computadores de DNA como "maciçamente paralelos", o que significa que, com bilhões ou trilhões de moléculas de DNA passando pelas reações químicas, seria possível realizar mais operações ao mesmo tempo do que todos os computadores do mundo trabalhando juntos poderiam realizar. Uma das maneiras mais simples de usar o DNA pode ser como um sistema de memória. O Dr. Baum disse: "É possível armazenar grandes quantidades de informações em um tubo de ensaio". Uma memória de DNA poderia conter mais palavras do que todas as memórias de computador já criadas.

Não seria difícil imaginar isso como um computador que executasse todos os sistemas do mundo - o chamado "cérebro" do mundo. Em tempos de paz, isso seria maravilhoso, mas em tempos de guerra seria horrível. Quem controlaria o uso do "cérebro", que governo? E onde ele estaria localizado para não ser tomado por forças hostis? Em que continente? Ou seria mais seguro em uma estação espacial em órbita da Terra? Quem controla o "cérebro" controla o mundo. Felizmente, Nostradamus viu esse avanço ocorrendo após o Tempo das Perturbações, quando entramos nos mil anos de paz. O outro cenário seria horrível demais para se imaginar. Eu me pergunto se os cientistas consideraram ou não essas possibilidades ao darem seus primeiros "passos de bebê" no mundo do futuro.

Um cientista alertou que haveria desvantagens. Ele disse: "Com o passar do tempo, seu computador de DNA pode começar a se dissolver. O DNA é danificado quando fica esperando em soluções e as manipulações do DNA são propensas a erros". Essa foi exatamente a pergunta que fiz a Nostradamus. Eu achava que se algo fosse orgânico, ou matéria viva, teria células e partes que morreriam. Ele indicou que esse tipo de computador orgânico seria capaz de se duplicar e se reparar. Esse conceito é tão novo para os cientistas que eles ainda não consideraram essa possibilidade, de que as células podem se duplicar e, assim, manter o computador vivo indefinidamente, sob as circunstâncias certas. Não é de se admirar que Nostradamus não tenha conseguido mostrar a Brenda como seria essa máquina. Os conceitos não existiam na mente de ninguém em 1986 e, portanto, eram indescritíveis para qualquer pessoa.

Aparentemente, Nostradamus viu que o Grande Gênio seria o fator decisivo para unir todos os ingredientes e criar o modelo funcional. Pelo menos Nostradamus viu esse grande homem usando esses conceitos para o bem. Espero que as aplicações negativas que ele viu antes do final do Tempo das Perturbações não se concretizem e que possamos prosseguir pacífica e facilmente no tempo do Grande Gênio e dos milênios.

* * *

Novo material desde a conclusão da
interpretação das quadras em 1989.

Em minhas palestras em todo o mundo, muitas vezes me perguntam se me comuniquei com Nostradamus desde a conclusão do trabalho sobre as quadras, em 1989. As pessoas querem saber se há alguma previsão nova. Quando o trabalho foi concluído, passei para outros projetos e escrevi outros livros. Considero Nostradamus uma pessoa viva e me disseram para não incomodá-lo com atividades triviais. No Volume II, fomos informados de que minhas visitas a ele tomam mais tempo do que eu pensava. No que me pareceu ser uma sessão de uma ou duas horas, Nostradamus passou, na verdade, de quatro a seis horas, ou seja, a maior parte de seu dia. Quando viajamos no tempo para entrar em contato com ele, aparentemente leis diferentes da física estão em ação. O espaço não é afetado apenas, mas também nosso conceito de tempo deixa de ser válido. Isso também se mostrou verdadeiro em meu trabalho com alienígenas. Eles dizem repetidamente que o tempo é uma ilusão. Ele foi criado pelo homem, mas, na realidade, não existe. Portanto, não tenho sessões para entrar em contato com Nostradamus, a menos que seja por um motivo importante, como para perguntar sobre assuntos mundiais atuais.

Durante todos esses anos, desde que comecei meu trabalho com Nostradamus, tentei proteger a identidade e a privacidade de meus entrevistados. Fiz isso a pedido deles para que suas vidas não fossem perturbadas pela notoriedade e pelo ceticismo que geralmente acompanham um projeto como esse. Fui abordado por alguns programas de TV que queriam sensacionalizar o material de meus livros. Eles queriam principalmente tentar desacreditar as informações com sua escolha de céticos. Não estou interessada nesse tipo de programa, pois eles poderiam destruir 17 anos de meu trabalho em um único programa e nem olhariam para trás, mas continuariam com a próxima vítima que aumentaria seus índices de audiência. Portanto, tenho sido seletiva com relação aos programas em que apareço. Tive a sorte de aparecer em muitos que trataram o material de maneira adequada: Ancient Prophecies I e II (Profecias Antigas I e II), da NBC; Mysteries of the Ancient World (Mistérios do Antigo Mundo), da CBS; Biography (Biografia), da A&E; Mysteries, Magic and Miracles (Mistérios, mágica e milagres), da Sci-Fi; e Showbiz, da CNN. A BBC de Londres, a Current Affair da Austrália, a TVE da Espanha e a CNN da Bulgária também foram atenciosas com o material. Qualquer pessoa em nosso campo de pesquisa psíquica que apareça em um programa assume um risco porque, em última análise, está nas mãos do produtor, do diretor e do editor. As informações podem ser distorcidas para aparecer de várias maneiras, algumas das quais podem não ser benéficas. Até o programa ir ao ar, você nunca sabe como será tratado.

Em junho de 1994, concordei em ser entrevistada pela Encounters para um programa sobre profecias que seria exibido na rede FOX. Eles pediram para filmar regressões ao vivo em que os entrevistados entrariam em contato com Nostradamus. Normalmente, eu teria recusado, mas eles pareciam genuínos em sua promessa de que os entrevistados não seriam explorados e seriam tratados com dignidade e respeito. Pedi voluntários, e Brenda e Phil (Vol. III e Keepers of the Garden) finalmente concordaram em fazer o show com a promessa de que não seriam vistos como "aberrações de show paralelo".

Em 18 de junho de 1994, o diretor, Denny Gordon, voou para Fayetteville, Arkansas (a cidade mais próxima), e uma equipe de TV viajou de Little Rock. Nós nos encontramos no Hilton Hotel em Fayetteville. Eu não tinha tido nenhuma sessão com Phil ou Brenda por vários anos e eles nunca tinham se encontrado antes dessa data.

Cada um deles deveria chegar em horários diferentes para que não ouvissem a sessão do outro. Eu cheguei primeiro e eles filmaram minha entrevista. No total, o dia inteiro de trabalho durou aproximadamente cinco horas. Não é incomum filmar várias horas de material e ter apenas 5, 10 ou 15 minutos exibidos em um programa. Eles gostam de ter muito material para escolher.

Phil foi o próximo a chegar e eles filmaram uma entrevista enquanto Denny lhe fazia perguntas sobre o contato que havíamos feito com Nostradamus e como ele se sentia em relação a isso. Ele se emocionou várias vezes, pois se sentia muito pessoal devido ao relacionamento que havíamos estabelecido entre Nostradamus e ele próprio.

Após a entrevista, a equipe preparou a sala para a sessão, levando uma cabana para a sala. Eles acharam que seria mais fácil do que instalar as câmeras no quarto dessa suíte de dois quartos. Enquanto os preparativos estavam sendo feitos, Denny me levou para a outra sala e me deu uma lista de perguntas que ela achava que seriam apropriadas. Fiquei chocada com a simplicidade delas. Ela queria que eu perguntasse a Nostradamus por que ele havia decidido colocar as profecias em código e outras perguntas simples. Eu lhe disse que havia feito todas essas perguntas quando começamos a trabalhar. Achei que seria um insulto perguntá-las novamente. Sugeri que fizéssemos perguntas sobre assuntos atuais do mundo. Achei que não deveríamos incomodar o homem a menos que quiséssemos saber algo importante.

Falei para Denny sobre algumas das perguntas que eu achava que deveríamos fazer sobre cada assunto. Ela ficou surpresa. "Ah, você quer dizer, ir direto ao ponto", disse ela, e eu concordei. Ela achava que isso tornaria a entrevista mais interessante. Eu estava especialmente interessada na situação atual envolvendo a Coreia do Norte e a possibilidade de um confronto nuclear. Além disso, um cometa estava prestes a atingir Júpiter e as pessoas achavam que isso teria um efeito adverso em nosso próprio planeta, talvez até mesmo consequências desastrosas. Esse era o tipo de assunto que eu queria discutir e faria as mesmas perguntas a Brenda quando ela chegasse para sua entrevista à tarde.

  Phil se acomodou na cabana com câmeras e luzes ao seu redor. Ele estava apreensivo, porque não trabalhávamos há vários anos e ele temia que a palavra-chave não fosse ainda eficaz. Eu sabia que esse não seria o caso. Quando recebia a palavra-chave, ela funcionava tão rapidamente quanto sempre funcionou no passado. O mesmo aconteceu com Brenda; funcionou perfeitamente, como se não tivesse havido nenhum lapso no trabalho.

Durante a sessão, Denny operou uma câmera de mão e se movimentou pela cabana para obter ângulos diferentes. Certa vez, ela até subiu em uma cômoda para filmar olhando para ele. Toda essa agitação ao meu redor me distraiu, para dizer o mínimo. Mesmo que eles estivessem quietos, o movimento era perturbador. Isso não incomodou Phil de forma alguma, embora as luzes fossem bastante fortes. Quando ele entrou em seu estado de transe profundo, ficou alheio a tudo o que acontecia ao seu redor e concentrou-se totalmente em sua jornada pelo tempo e espaço para localizar Nostradamus.

Quando fez o contato, era interessante que Nostradamus soubesse que havia algo incomum na sessão. Ele sabia que havia outras pessoas na sala e que as energias delas o estavam perturbando. Depois de alguma concentração, ele conseguiu ignorar essas influências e se comunicar. Enquanto eles filmavam, eu operava meu gravador. As partes seguintes das transcrições serão condensadas para enfocar os elementos importantes.

Expliquei a Nostradamus que essa sessão era diferente porque estávamos usando um método que levaria as informações a um público mais amplo.

P: Ele diz que o esforço não é tanto para as pessoas na sala, mas para as pessoas no mundo. A mensagem está criando raízes e crescendo. Ela terá vida própria além dos que estão nesta sala. Ele disse que não a vê há algum tempo, mas que já esperava seu retorno, pois parece que você nunca deixa de fazer perguntas.
D: *(Eu ri.)* É verdade. *Mas achei que tínhamos terminado nosso trabalho, por isso não tenho vindo há um bom tempo.*
P: Ele diz que não é bem assim. Que seu trabalho mal começou e que logo você se verá no lugar dele, sob o olhar dos inquisidores.
D: *(Risos) Ele acha isso?*
P: Ele diz que está vendo isso. Ele não acha isso. Ele diz que está feliz por estar deste lado do espelho. No entanto, ele diz que sente um pouco de pena daqueles que pensam em brincar com essa empreitada. Pois eles estão chamando sobre si a ira do destino

deste planeta. E, portanto, logo descobrirão que sua insensibilidade e presunção serão respondidas em pouco tempo pelos eventos que eles mesmos invocarão. Ele diz que isso é um espelho do momento em que ele se encontra e é simplesmente uma repetição do que ele vivenciou. É o seu trabalho que está espelhando o trabalho dele. E assim, para seu desgosto, você encontrará muitos dos mesmos elementos em ação no seu período de tempo que estão em ação no dele. Entretanto, nenhum esforço será bem-sucedido, pois esse é novamente o destino deste planeta para que o trabalho seja bem-sucedido. Ele diz que não funcionou na época dele e não funcionará na sua.

Então me preparei para lhe fazer as perguntas e ele, impaciente, me disse para ir em frente.

D: *Ultimamente, tem-se falado muito sobre o país da Coreia do Norte. Ele é capaz de perceber onde fica esse país?*
P: Sim. Ele está representando isso como uma cobra na simbologia.
D: *O país da Coreia do Norte está causando muitos problemas agora porque os governos do mundo acham que eles têm energia atômica e que isso pode ser uma ameaça. O que ele pode dizer sobre isso?*
P: Ele diz que a cabeça da serpente - e aqui estou lendo a simbologia - está cortada. Ou seja, o líder deste país será removido, e o esforço parecerá bem-sucedido. Mas esse trabalho continuará em outros locais fora do país, porém, colaborando com este país. Ele está dizendo que o líder será removido do cargo.

Eu estava pensando que isso não parecia possível porque o presidente estava no cargo há muito tempo. Ele estava firmemente entrincheirado como líder da Coreia do Norte. Não vi como isso poderia acontecer. Mais tarde, quando Phil acordou, ele disse que viu o líder morrendo, mas que não era uma morte natural. Seria um assassinato deliberado para remover um líder que estava se tornando uma ameaça ao plano geral.

D: *A Coreia do Norte tem poder atômico?*

P: Ele diz que isso é relativo, dependendo de como você queira definir. Eles têm a capacidade de usá-lo, mas ele diz que, da forma como você está falando, não é assim. Pelo menos ainda não da maneira que você está falando. Ele diz que, de sua perspectiva, a capacidade de projetar não existe. As ogivas propriamente ditas existem, porém, no momento, não há um veículo de lançamento.

D: *Eles são uma ameaça para os Estados Unidos ou para o resto do mundo?*

P: Ele diz que não há necessidade de fazer essa pergunta, pois a resposta é evidente.

D: *Ele poderia ver a possibilidade de entrar em algum tipo de conflito por causa dessa situação?*

P: Ele está mostrando um alinhamento de Vênus e Marte. E diz que esse é um marcador do momento em que será tomada a decisão de destruir essas armas. Haverá um ataque preventivo contra as instalações que abrigam essas armas quando os dois planetas estiverem alinhados. Ou seja, as ogivas e os materiais e máquinas para fabricá-las.

D: *Não sou astrólogo. Como você vê isso no espelho?*

P: Em uma linha reta entre eles.

D: *Então, se fizermos esse ataque preventivo para destruir as armas, isso levará a algo mais perigoso ou será o fim de tudo?*

P: Ele diz que isso é apenas o fim de um pequeno capítulo em um quadro geral muito maior. Que há uma proliferação que seria o corte da cabeça de uma das cobras da hidra.

Minha segunda pergunta foi sobre a Iugoslávia, ou a "área cinzenta" da Europa, como Nostradamus a chamou. Ele a chamou de "área cinzenta" porque você não sabe se está na Europa ou na Ásia. Em várias quadras, ele mencionou a Macedônia e a Albânia, porque ele não tinha um nome para a Iugoslávia em sua época. Eu queria saber se os Estados Unidos estariam tendo problemas com essa região no ano de 1994.

P: Haverá um terremoto que dividirá as fronteiras. Ele diz que é difícil sobrepor sua visão de mundo à nossa. As fronteiras são como a areia e o vento. Entretanto, para identificar a área, haverá um terremoto seguido de uma chuva negra nessa área no final do

verão, em agosto. Ele não consegue ver o tempo melhor do que isso.
D: *Mas os Estados Unidos se envolverão em uma guerra real, em um conflito, nessa área?*
P: Ele diz que isso já aconteceu. E se pergunta como você não sabe disso.
D: *Você quer dizer que nosso pessoal realmente lutou nessas áreas em 1994?*
P: Isso é exato.
D: *Até onde sabemos, não nos envolvemos ativamente.*
P: Ele diz que não é esse o caso. Que houve subversão em muitas áreas desde... Estou vendo uma foto de George Bush.
D: *Então quer dizer que estamos realmente envolvidos, mas as pessoas não sabem disso?*
P: Sim. Ele diz que as fronteiras mudarão novamente e continuarão a mudar. As linhas não são traçadas permanentemente. As fronteiras poderiam ser traçadas na areia e ser tão permanentes quanto.
D: *Alguém sairá vencedor?*
P: Não, não no que você definiria como vencedor. Ou seja, paz em um estado pacífico. Haverá guerra nessa área por muitos anos ainda.
D: *O público saberá que estamos ativamente envolvidos?*
P: Sim. Ele diz que as evidências já foram apresentadas, mas muitos ainda não as reconheceram pelo que são. Entretanto, haverá uma percepção gradual de que isso está acontecendo há algum tempo.
D: *Então, isso acabará se tornando público?*
P: Isso se tornará público, não feito público.

Em seguida, perguntei a ele sobre a situação no Haiti, para onde nossas tropas foram enviadas em 1994. Nosso envolvimento naquele país havia sido previsto em CENTÚRIO II-78 (Vol. II, pág. 37).

P: Ele diz que vê esse país como o filho bastardo indesejado da democracia.
D: *Essa é uma terminologia interessante. Os Estados Unidos se envolverão em algum conflito lá?*
P: Ele diz que supõe que você se refere a mais do que já tem. E, portanto, prevê que você quer dizer mais do que disse. Ele diz que a resposta seria que haverá menos envolvimento, em vez de mais,

no curto prazo. Ele não vê um conflito. O que ele vê é um grande esforço de resgate. Ele diz que a ilha não está em condições de lutar. Está muito quebrada, muito pobre. As condições lá serão ruins porque alguns homens mesquinhos no poder estão tentando manter seu controle sobre o poder. Eles estão fadados ao fracasso desde o início por causa de seus métodos. Ele me mostra que eles estão sendo derrubados de seus pedestais pelas próprias pessoas. Mas isso lhes causará muita dor e derramamento de sangue. E eles precisarão de ajuda para se curar depois. O que precisa acontecer é que todos se unam e tentem ajudá-los e tentar endireitar as coisas novamente. Porque as pessoas não querem nada além de poder viver em paz. Mas ele diz que esse seria um evento insignificante comparado ao que acontecerá em outras áreas.

D: Então, isso está sendo mais ou menos exagerado.

P: Apenas para dizer que haverá problemas mais urgentes em outros lugares que farão com que isso pareça insignificante em comparação. Por exemplo, áreas na Europa, os países do Mercado Comum que entrarão em colapso, financeiramente falando. Haverá um colapso do Mercado Comum Europeu.

D: Você pode nos dar alguma ideia de prazo?

P: Há muitas influências sobre esse evento que o excluiriam ou o incluiriam, assim como outros eventos. Neste momento, há muitas questões não resolvidas que poderiam impedi-lo ou talvez piorá-lo. Neste momento, trata-se de uma conjuntura na linha do tempo, que é muito tênue para distinguir o resultado. Entretanto, haverá a queda de cometas que indicarão o início desse evento. Isso seria uma exibição de muitas, muitas estrelas cadentes durante o Tempo de Perturbações. De tal forma que o céu noturno ficará tão brilhante quanto o dia. Ele diz que esse é o sinal de que os estrondos vindos de baixo da terra aumentarão. Ou seja, figurativa e literalmente. Isso seria um presságio, não uma causa.

Perguntei-lhe, então, se suas previsões sobre a vinda do anticristo e a Terceira Guerra Mundial ainda estavam corretas ou se havíamos conseguido evitá-las ou retardá-las. Ele disse que, naquele momento, não havia nenhuma mudança. Os eventos ainda estavam sendo formulados, mas que os esforços concentrados das pessoas do mundo ainda poderiam diminuir o impacto.

Após essa breve sessão, Brenda chegou e tudo começou novamente. Phil nunca a havia conhecido. Ele ficou um pouco mais para assistir à entrevista.

Algumas semanas depois dessa sessão, o presidente da Coreia do Norte morreu de um ataque cardíaco. Isso parecia natural, pois ele estava na casa dos 80 anos. Ele foi sucedido por seu filho, que nunca havia aprendido nada sobre como administrar o governo. Ele parecia ser um fracote ineficaz, exatamente o tipo de fantoche que a Cabala gostaria de ter no poder naquele país. A situação na Coreia do Norte havia chegado a um ponto de crise e parecia estar prestes a explodir. Estávamos em uma encruzilhada e prestes a tentar destruir as armas nucleares da Coreia do Norte, e um confronto perigoso parecia inevitável. A morte do presidente evitou isso. Mais tarde, descobriu-se que os norte-coreanos tinham armas nucleares, mas ainda não haviam desenvolvido os sistemas de lançamento, exatamente como Nostradamus havia dito. A nova liderança provou ser tão ineficaz que, no outono de 1996, dizia-se que a Coreia do Norte estava à beira da fome.

Uma semana depois dessa sessão, eu estava no aeroporto de Dallas, a caminho de outra palestra, quando notei a capa da revista Time na banca de jornal. Nela estava escrito: "Coreia do Norte, a fera sem cabeça", que se encaixava exatamente na descrição de Nostradamus sobre a perda de uma das cobras da hidra.

Eu conhecia a hidra como um organismo microscópico que estudávamos em biologia. Ela tinha muitos braços semelhantes aos de um polvo. Mas descobri que a hidra também é uma criatura da mitologia grega - uma serpente com nove cabeças. Toda vez que uma cabeça era cortada, duas novas cabeças apareciam imediatamente. O monstro acabou sendo destruído por Hércules.

O simbolismo é claro e está totalmente de acordo com o uso que Nostradamus fazia da mitologia grega para codificar suas previsões. Os muitos braços da hidra estão unidos a um corpo, simbolizando muitas partes sendo controladas por uma parte central. Significando novamente que a Coreia do Norte é apenas uma das marionetes. Uma marionete que, nesse caso, foi cortada da parte central, mas que seria substituída por outra: o crescimento da cabeça. Além disso, fiquei pensando na referência ao fato dele ter sido morto por Hércules. Isso poderia se referir a Ogmios, o Hércules celta, que acabaria por derrubar o anticristo?

Depois de sua entrevista com Denny, Brenda se deitou na cama e começamos nossa sessão. Denny queria que eu fizesse algumas de suas perguntas, além das que eu havia feito a Phil. Eu estava tentando repetir as mesmas perguntas para que pudéssemos comparar suas respostas. Esse também foi o motivo de não tê-los presentes na entrevista um do outro. Brenda não teria conhecimento do que Phil havia dito.

Usei minha técnica de indução e a palavra-chave funcionou muito bem, apesar de já ter passado vários anos desde que trabalhei com Brenda. Ela, assim como Phil, ficou alheia aos cinegrafistas e às luzes brilhantes que a cercavam enquanto entrava no familiar estado de transe profundo. Ela não teve problemas para localizar Nostradamus, e ele estava ciente de que o tempo havia passado em nosso mundo desde o nosso último contato por meio de Brenda.

B: Estou falando com Michel de Notredame. Ele está feliz em me ver. Ele diz que, como parte de seu talento, tem uma noção das múltiplas camadas do tempo. E ele sabe que, em nosso fluxo de tempo, já se passou algum tempo desde que fiz isso. E está expressando prazer por eu estar aqui para me comunicar.

D: *Você pode dizer a ele que, desde que concluímos a interpretação de todas as quadras que chegaram até nós, elas foram impressas em três livros e estão disponíveis agora em nosso período de tempo.*

B: Ele está balançando a cabeça com satisfação. Ele diz que sabia que isso aconteceria. E diz que é muito bom que essa informação seja divulgada. Ela precisava ser divulgada. Ele estava fazendo isso para nos alertar e talvez nos dar uma chance de tentar mudar.

Concordei em fazer algumas das perguntas básicas de Denny e perguntei a Nostradamus se ele se importaria em repetir informações que já haviam sido abordadas.

B: Ele diz que entende. É como dar uma aula. E quando você tem uma nova turma de novos alunos, tem de repassar o mesmo material novamente para que eles se atualizem com os alunos que já estiveram lá.

D: *Isso é verdade. Sabemos que as quadras que ele escreveu estão em uma forma de código. Ele pode explicar às pessoas por que fez isso?*

B: Sim. Ele diz que é preciso entender que o período em que ele viveu na Europa era uma época muito instável. Muita turbulência econômica por causa da peste e das pessoas que morriam de doenças contra as quais ninguém podia fazer nada. Além disso, havia a turbulência política de todos os diferentes príncipes, duques e realezas querendo o poder para si. E havia também os sacerdotes e os representantes da igreja, que também queriam exercer o poder para si mesmos, com o objetivo de fazer com que o mundo inteiro fizesse parte da igreja. Portanto, com todo esse tumulto, todos tinham de se conformar com o que era considerado aceitável. E se você tentasse fazer outras coisas, as autoridades não gostariam, porque isso perturbaria o carrinho de compras, por assim dizer. Principalmente as autoridades da igreja. E ele me disse que seu talento existia desde que se lembrava. E ele achava que era um dom de Deus. Ele diz que, na verdade, não havia nenhum talento especial em sua família que ele conhecesse. Ele acha que pode ter sido um dom específico dado a uma pessoa-chave em um momento específico, conforme a necessidade. Ele diz que talvez eles concordem com isso antes de vir. De qualquer forma, ele estava lá. E ele sentiu que era seu dever apresentar as informações que estava recebendo, independentemente do que as autoridades dissessem. Mas, ao mesmo tempo, não adiantaria nada se ele fosse morto imediatamente ou preso. Por isso, ele as colocou em código para que as informações estivessem lá, mas não pudessem ser usadas como evidência direta no tribunal, pois não poderiam provar nada se decidissem persegui-lo por isso. Ele está dizendo que escreveu o que viu. Ele foi muito sincero com isso. Ele disse que colocaria sua alma em perigo se mentisse sobre o que via em suas visões. E ele está dizendo que há coisas que vão acontecer, e há coisas que têm grande probabilidade de acontecer, mas as pessoas têm a chance de mudar a situação, se apenas tentarem. Se as pessoas dizem que algumas de suas previsões estão erradas, ele não está dizendo que é perfeito - ele é humano.

Mas ele diz que, com o melhor de sua capacidade, escreveu o que viu. Se algumas das coisas que ele viu não acontecerem, talvez as pessoas tenham conseguido mudar a situação de modo a evitar o que ele viu. Lembre-se também, diz ele, de que cada uma de suas quadras tem várias aplicações. É como uma espiral; o tempo e a história se movem em uma espiral. As coisas funcionam e uma situação semelhante aparece, mas é mais tarde e é um pouco diferente. E embora alguém possa ver uma situação que parece se encaixar em uma quadra e dizer: "Ah, mas isso não aconteceu. Não funcionou. A quadra está errada". Ele está dizendo que essa pode não ser necessariamente a aplicação correta da quadra. Espere até que a situação se repita em um século ou mais e veja o que acontece. As visões surgem o tempo todo e o fato de ter que colocar essas coisas em um código torna o processo um pouco mais lento. Ele diz que é muito frustrante ter que fazer isso. Assim, sempre que tinha uma série de visões que pareciam semelhantes entre si, ele tentava condensá-las em uma quadra, para pelo menos ter a informação de alguma forma. Ele diz que, se a situação fosse diferente no final de sua vida, ele teria expandido ainda mais e talvez escrito quadras adicionais para cobrir as diferentes situações. Mas não foi o que aconteceu.

D: *Muitos estudiosos de nossa época acham que ele tinha uma mensagem codificada em seu sistema de numeração dos séculos. O que ele tem a dizer sobre isso?*

Abordamos esse assunto no Volume Um, Capítulo 8, e ele brincou sobre isso em vez de dar uma resposta direta. Isso pode acrescentar informações adicionais.

B: Ele diz que a maneira como ele os colocou pela primeira vez - ele disse que acabou voltando atrás e reorganizando-os para colocá-los em uma ordem melhor. Se os números que ele usou foram mantidos, então isso faz parte do quadro geral. Ele diz que, usando coisas como congruências astrológicas, numerologia e vários outros dispositivos de codificação, ele fez isso com os números. Ele diz que saúda os estudiosos por terem percebido isso. Ele disse que essa era uma das coisas que estava fazendo para tentar escapar da Inquisição.

D: *Os estudiosos querem saber se devemos prestar mais atenção a quaisquer pistas ocultas na disposição dos números?*
B: Ele diz que isso seria sensato. E diz que é possível ter uma noção do tipo de sistema que ele estava usando com a numeração, pela forma como algumas das numerações são usadas nas próprias quadras. Ele diz que é a mesma estrutura básica. É claro que tudo depende do fato de estarem usando a mesma numeração que ele usava em sua época. Ele espera que a numeração tenha sido mantida. Ele diz que talvez seja prudente rastrear a história das várias edições de suas quadras para ter certeza de que não houve mudanças editoriais.

No Volume Três, descobrimos que algumas alterações foram definitivamente introduzidas quando encontramos várias quadras que haviam sido alteradas e algumas que ele disse não ter escrito. A maioria dessas discrepâncias estava no centúrio X das quadras.
Decidi então fazer algumas das mesmas perguntas que havia feito a Phil. Disse-lhe que estava falando com ele do ano de 1994.

B: Ele tem um comentário a fazer. Ele puxou um pouco a barba. Ele disse: "1994. Lembro-me de algumas quadras que escrevi sobre esse período. Aposto que vocês estão tendo alguns terremotos". (Concordei.) Ele disse que seria sensato rastrear o padrão dos terremotos. Onde eles estão ocorrendo, quando e com que intensidade, porque há um padrão geral envolvido.
D: *Ele pode ser mais específico? O que ele quer dizer com padrão?*
B: Ele diz que é algo que pode ser observado em algumas de suas quadras. As energias que foram geradas pela indústria, pela guerra e por outras coisas foram desarmônicas em relação à energia natural da Terra e causaram um desequilíbrio. Consequentemente, à medida que as coisas se desenvolvem nas esferas social, econômica e política, haverá ecos disso no mundo natural.

Perguntei se ele conhecia o país da Coreia do Norte.

B: Ele disse que, como homem em seu período de tempo, não conhece esse país. Mas sabe, por seu dom, que é um país asiático.

D: *Em 1994, eles estão dizendo que têm a possibilidade de armamento nuclear. Ele poderia ver alguma coisa sobre isso?*
B: Ele pode tentar ver. (Pausa) Ele não consegue ter uma boa noção disso. Ele diz que é como um véu ou uma cortina de nuvens que está no caminho. Ele acha que pode haver alguns problemas porque a imagem que ele está me mostrando é como se estivesse olhando para a Terra de um ponto alto através de uma cortina de fumaça. E em vários pontos do mapa há um clarão brilhante surgindo. Ele diz que está me mostrando flashes brilhantes no Oriente Médio, mas não sabe dizer qual é a origem deles.
D: *Eles têm medo de que haja um confronto militar ou uma guerra entre a Coreia do Norte e os Estados Unidos ou o resto do mundo.*
B: Ele acha que, se tivermos em mente os costumes do país e tentarmos negociar de acordo com eles, o líder da Coreia do Norte é mais fanfarrão do que qualquer outra coisa. Ele acha que o principal lugar com o qual se deve ter cuidado é o Oriente Médio, pois ele continua se concentrando no Oriente Médio.

Perguntei-lhe então sobre a "área cinzenta" da Europa, a área que ele chamou de Macedônia e Albânia. Perguntei se ele conseguia ver o que estava acontecendo lá em 1994.

B: Ele vê irmão contra irmão. O que ele vê faria você chorar. Ele diz que a Terra chora. Os filhos da Terra não deveriam estar uns contra os outros dessa forma.
D: *Os Estados Unidos vão se envolver no conflito?*
B: Ele diz que muitas pessoas vão se envolver, especialmente a Europa e os Estados Unidos, para tentar consertar a situação. E o que é lamentável é que o conserto é mais um curativo do que uma cura. Eles estão tentando consertar a parte externa sem chegar ao coração das pessoas. O conserto precisa estar no coração das pessoas, e não apenas em manter as armas longe delas.

Denny falou suavemente comigo. Ela queria saber se havia algo que ele gostaria de dizer ao povo dos Estados Unidos, especialmente sobre a situação do mundo em geral.

B: Ele pergunta: "Que aspecto em particular?" Há muitas coisas acontecendo que ele tem visto. Há o aspecto político. Há o físico. Há o econômico. E há coisas que têm a ver com a igreja. Que aspecto?
D: *As condições físicas. Vamos tentar essa primeiro.*
B: Ele diz que as coisas estão fora de equilíbrio. As energias não estão em harmonia, e deve haver um equilíbrio em breve. A Terra não pode suportar esse estresse por muito mais tempo. Ele diz que, em geral, o planeta inteiro está em perigo. Ela está gritando. E algo terá que ser feito para ajudar as coisas a voltarem ao equilíbrio. Ele diz que as coisas que estarão acontecendo afetarão a maioria das pessoas em todo o mundo, direta ou indiretamente. E ele diz que o clima continuará estranho. Haverá fenômenos estranhos vistos no céu. E o solo tremerá. E o oceano se elevará.
D: *Que tipo de fenômenos estranhos no céu?*
B: Flashes de luz. Faixas de luz. As estrelas... ele me mostra as estrelas girando, como se estivéssemos em um carrossel observando as estrelas. Ele diz que a Terra terá de... ele usa o símile de "encolher os ombros" para que tudo volte a se assentar e se endireitar novamente.
D: *A que isso se refere, em seu simbolismo?*
B: Ele diz que viu através de seu dom e está ciente de que seus cientistas sabem que, quando a Terra gira, não é um giro uniforme, que ela oscila um pouco enquanto gira. Ele diz que é como um pião. Ele gira quase em linha reta por um tempo, depois dá algumas voltas mais fortes e, em seguida, se endireita e volta a girar uniformemente depois de se equilibrar. Ele diz que é como estar em uma feira e observar os equilibristas. Eles estão caminhando uniformemente e, em seguida, começam a se desequilibrar e precisam se movimentar para recuperar o equilíbrio.
D: *Que efeito isso teria sobre a Terra?*
B: Ele diz que haverá ventos fortes, terremotos e tempestades. E diz que os habitantes da Terra gritarão em suas calamidades. Ele diz que principalmente as pessoas em áreas instáveis precisarão ter cuidado, porque quando isso começar, o chão vai deslizar. E ele diz que haverá mudanças físicas na Terra. Ele sabe que em muitas de suas quadras ele disse que, se alguém tentasse, poderia evitar

algumas dessas mudanças, no que diz respeito às mudanças políticas e sociais. Mas com relação a essas mudanças na Terra, ele não tem certeza do que se poderia fazer para evitá-las. Ele diz que pode ser tarde demais por causa da desarmonia causada pelas guerras e pelo que os seres humanos estão fazendo com a Terra.

D: *Ele quer dizer que essa é uma situação maior?*

B: É mais como um efeito acumulativo. Quando se chega a um determinado ponto, a quantidade de energia necessária para desfazer o que foi feito é muito maior do que deixar que o problema se resolva sozinho. Ele diz que, nesse ponto, o melhor que se pode fazer é continuar a trabalhar pela luz e emitir o máximo de energia positiva que puder. Tentar diminuir os efeitos o máximo possível.

D: *Gostaria de lhe fazer mais uma pergunta. Ele tem conhecimento do planeta Júpiter?*

B: Sim! Uma das grandes luzes no céu.

D: *Sim. Em nossa época, 1994, estão falando sobre a possibilidade de um grande cometa atingir o planeta Júpiter. E estão se perguntando se, caso aconteça, isso afetará a Terra de alguma forma?*

B: Ele diz que haverá efeitos na Terra, porque tudo está conectado a tudo o mais. Fisicamente, os efeitos serão muito sutis, pelo menos no início. Pode haver alguns efeitos de longo alcance, mas não efeitos imediatos de risco de vida ou algo do gênero. Ele diz que o principal efeito que isso terá na Terra é com relação aos níveis mais altos de energia. Ele diz que, como tudo está conectado a tudo por meio dos diferentes níveis de energia, a colisão afetará a todos por meio da vibração mais alta dessas energias emitidas por Júpiter. Como as configurações planetárias afetam as pessoas de qualquer maneira, seria prudente que elas estivessem cientes de como Júpiter afeta seus horóscopos. Assim, estariam preparadas para esse evento calamitoso, porque ele carregará coisas calamitosas que acontecerão nessa área do mapa de seu horóscopo.

D: *Acho que as pessoas de nossa época estão preocupadas se isso afetará o clima de alguma forma ou as condições físicas da Terra.*

B: O efeito seria semelhante ao de algumas manchas solares ruins. A Terra já passou por coisas muito piores no passado com relação ao sol e às manchas solares e sobreviveu.

D: *Ele tem algo a dizer sobre a economia dos EUA ou do mundo em geral, neste ano ou no próximo?*

B: Com relação à economia. Ele diz que, embora as coisas possam parecer estar bem na superfície, elas ainda são basicamente instáveis por baixo. A premissa sobre a qual a economia se baseia é uma premissa insalubre. E ele diz que se trata de uma estrutura insalubre. O principal é orar para que nada de importante ou calamitoso aconteça com relação aos eventos mundiais, pois isso poderia ter um grande efeito sobre a economia. Ele está dizendo que o mundo se tornou muito dependente do "dinheiro imaginário". E ele diz que, como tudo está sendo feito com futuros, com possibilidades - e nunca se sabe ao certo o que virá no futuro - em vez de lidar com dinheiro sólido, é como construir uma casa sobre a areia.

Em seguida, fiz minha última pergunta sobre se as previsões do terceiro anticristo e a possibilidade da Terceira Guerra Mundial ainda estavam no alvo ou se tínhamos conseguido mudar essa probabilidade.

B: A mudança ainda não está suficientemente disseminada para afetar o mundo inteiro. Embora as coisas estejam mudando, como na Europa, nos Estados Unidos e em alguns outros países, as partes do mundo que estariam mais aptas a desencadear o problema são as áreas do mundo que menos mudaram. Mas o resto do mundo precisa direcionar pensamentos positivos e energia positiva. Energia para o crescimento, a mudança e a harmonia, especialmente no Oriente Médio em geral, para que isso ajude a dissipar as energias negativas que se acumulam lá.

Eu estava me preparando para encerrar a sessão quando Nostradamus me interrompeu.

B: Ele diz que tem mais uma coisa a acrescentar sobre o Oriente Médio. Ele diz que haverá um incidente relacionado a algum tipo de contaminação ou poluição no Oceano Índico. E, para mantê-la contida, eles terão de bloquear ou destruir o Canal de Suez para que ela não se espalhe para o Mediterrâneo. Ele diz que nessa área do mundo haverá algo de errado com a água do oceano e eles tentarão mantê-la contida. Eles tentarão evitar que a doença se espalhe. E ele diz que talvez tenham que acabar com o Canal.

D: *Ele consegue ver que tipo de contaminação seria essa?*

B: A imagem que ele mostra é da água mudando de cor. Ele diz que isso se deve a uma substância na água, ou talvez a algum microorganismo - ele não o chama assim. Ele está me mostrando a foto. Ele não tinha um nome para isso. Que devido a algum desequilíbrio na água, ou talvez alguma radiação, ou ambos, ele se torna desequilibrado e fora de controle. Começa a se multiplicar rapidamente e a matar os peixes e as plantas. Eles precisam tentar fazer algo para contê-la e evitar que se espalhe. Aparentemente, o local de início será em uma parte do oceano que não tem grandes correntes, apenas pequenas. E eles acham que terão a chance de controlar a doença antes que ela entre nas correntes principais, pois temem que, se isso acontecer, ela se espalhe por todos os oceanos da Terra.

D: *Você disse que começa no Oceano Índico.*

B: É no canto do Oceano Índico, perto da Arábia.

D: *E isso acontecerá quando? Em nosso período de tempo agora?*

B: Ele diz que isso acontecerá em breve, nos próximos três anos mais ou menos.

D: *Então, esse é outro tipo de catástrofe a que teremos de estar atentos.*

Após essas sessões, Denny foi imediatamente para o aeroporto para pegar seu avião de volta para Hollywood, e o restante da equipe reuniu seus equipamentos e voltou para Little Rock.

Duas semanas após essa sessão, o presidente da Coreia do Norte morreu de um aparente ataque cardíaco. Liguei para o estúdio da FOX e conversei com a produtora com quem eu havia trabalhado. Disse a ela que parecia que a previsão havia se concretizado, mas que Phil tinha a sensação de que não se tratava de uma morte natural, mas de um assassinato. Ela disse que vários médiuns também haviam ligado para o estúdio com as mesmas impressões. Eu disse que nossa informação certamente foi validada, porque o filme que foi filmado em Fayetteville era datado.

Essa entrevista deveria ter sido exibida alguns meses após a filmagem no programa Encounters da FOX. Uma parte dela foi exibida em uma prévia, mas as entrevistas foram omitidas do programa no último minuto. Disseram-me que seria usado mais tarde, mas, até onde sei, nunca foi exibido no Encounters. Desde 1994, tenho sido chamada para fazer outras entrevistas para essa emissora e perguntei a eles o que aconteceu com o filme. Ninguém parece saber, mas isso é compreensível porque a equipe muda com frequência, e uma pessoa é designada para trabalhar em um programa e pode não saber nada sobre o que outra pessoa está fazendo. Talvez o filme ainda seja exibido algum dia, pois contém informações que validam a capacidade de Nostradamus de ver o futuro.

DEVERIA SER ÓBVIO que será impossível manter esses livros atualizados. Eles são uma entidade em evolução e continuam a mudar à medida que as informações de verificação continuam a vir à tona. Deveria ser cada vez mais óbvio que estamos no Tempo das Perturbações, conforme visto por Nostradamus, e cabe a nós verificar se o pior cenário possível continuará a se desenrolar. Aqueles que estão familiarizados com esse material poderão ver se as influências sutis e aparentemente pequenas afetarão o quadro geral. Continuarei a coletar informações de minha pesquisa e de meus leitores, e mais informações serão adicionadas a cada reimpressão da trilogia. Se os leitores já tiverem as edições mais antigas deste livro (Volume Um), este adendo poderá ser adquirido separadamente. Entre em contato com a editora para obter detalhes.

ATUALIZAÇÕES SOBRE AS PROFECIAS – 1999 a 2001

Na Quadra 111-48 do Volume III, Nostradamus se referiu ao início da doença da AIDS e também previu o tempo de seu declínio. "Ele diz que 15 anos se passarão entre o primeiro caso e a descoberta da cura. Nessa época, ela será comparável à peste de seu tempo. Ela eliminará muitas pessoas." Em 1997, devido aos avanços nos tratamentos médicos, a AIDS deixou de ser uma das dez principais causas de morte. Já haviam se passado 15 anos desde o início da doença e, em 1997, houve um declínio de 47% nas mortes relacionadas à AIDS.

As mudanças climáticas estavam cada vez mais presentes nas notícias, especialmente a admissão (finalmente) de que o mundo está esquentando. Nove dos anos mais quentes da história ocorreram nos últimos 11 anos. 1998 foi declarado o ano mais quente em 500 anos. As águas do oceano estão se aquecendo em todo o mundo. A temperatura do Oceano Pacífico ao longo da costa da Califórnia aumentou dois graus. Isso não parece muito, mas está causando a morte de muitas espécies marinhas. Criaturas normalmente encontradas apenas nas águas mais quentes do sul estão sendo vistas nas águas do norte pela primeira vez.

O permafrost está derretendo no Alasca, fazendo com que a tundra se transforme em pântano, onde árvores e plantas não podem crescer. Foi relatado que das 27 geleiras existentes na Europa em 1980, apenas 13 existem atualmente e estão recuando rapidamente. Três quilômetros de gelo derreteram na Antártica. Como resultado, os pinguins dessa área não estão produzindo e estão morrendo. Seu principal alimento (krill) vive no gelo, e eles precisam nadar mais longe para encontrá-lo. Essas mudanças demonstram que todas as espécies estão interconectadas em toda a Terra, e a morte ou a aflição de uma afeta todas as outras.

Outras mudanças climáticas estavam se tornando mais severas. Em 1999, os tornados atingiram grandes cidades pela primeira vez na história. Um tornado extremamente raro atingiu Salt Lake City, e outro atingiu Oklahoma City. Esse foi um dos maiores ventos já registrados. O tornado tinha um quilômetro e meio de largura e permaneceu no solo por meia hora, causando um grande estrago. O fenômeno climático extremamente incomum está se tornando a norma.

Em setembro de 1999, o "Floyd", o maior furacão da história dos Estados Unidos, atingiu toda a Costa Leste, cumprindo a profecia de Nostradamus no Volume III, quadra nº VIII-16. Os preparativos para a tempestade que se aproximava causaram a maior evacuação em tempo de paz da história dos Estados Unidos. Os ventos de mais de 150 milhas por hora criaram chuvas de até 20 cm que devastaram algumas áreas, principalmente a Carolina do Norte e a Virgínia.

Conversas com Nostradamus, Volume 1

Em sua previsão, Nostradamus disse que a tempestade atingiria e causaria danos às instalações da NASA em Cabo Canaveral, na Flórida. "Ele diz que, se eles souberem com antecedência suficiente, talvez se preparem com medidas de proteção". Por incrível que pareça, não causou muitos danos quando passou por aquela área. As autoridades disseram que todos os ônibus espaciais foram colocados no subsolo e que os danos foram menores do que o esperado porque, nos últimos dois anos, os edifícios foram reforçados e foram tomadas precauções contra furacões. Talvez alguém com autoridade finalmente tenha ouvido seu aviso. O furacão foi enorme e atingiu toda a Costa Leste. Os danos causados pelos ventos foram menores porque ele se deslocou muito rapidamente pela costa. O pior foram as chuvas torrenciais. Ele disse: "As águas inundarão tudo. O furacão entrará para os livros de história por ser tão grande e feroz. Será o maior deste século". Essa foi uma previsão muito apropriada, pois a tempestade ocorreu no final do século.

Meus leitores são de grande ajuda, fornecendo informações que eu nunca conseguiria encontrar por meio de pesquisa. Uma mulher da Estônia enviou uma correlação interessante com a quadra nº IV-11 do Volume II. A quadra previu a ascensão do czar e da aristocracia russa e sua derrota pelo Partido Comunista. Um dos principais símbolos da quadra eram os "doze vermelhos", referindo-se aos soldados. Meu correspondente escreveu: "Talvez eu possa ajudar com a quadra. Há um poema russo muito famoso e conhecido por todos na Rússia, TWELVE (Doze), de Alexander Block. Trata-se de doze soldados vermelhos que simbolizam a tragédia da revolução russa que matou toda a aristocracia e, junto com a aristocracia, toda a cultura russa. Mais tarde, isso levou à morte do país. É mais do que óbvio que nenhum de vocês jamais ouviu falar sobre o maior poeta aristocrático russo, Alexander Block, ou sobre seu poema simbólico TWELVE".

O desenvolvimento de uma bomba atômica pela Índia em 1998 foi previsto no Volume III, página 141. No entanto, durante todo o ano de 1998, a única coisa que consumiu as notícias foi o caso entre o presidente Bill Clinton e Monica Lewinsky. Parecia não haver mais nada acontecendo no mundo, pois todos se concentravam nos testemunhos e no julgamento. Uma previsão de Nostradamus no

Volume III nº VIII-14 parecia incrivelmente precisa. Parte da quadra diz o seguinte: A ofensa do adúltero se tornará conhecida, o que ocorrerá para sua grande desonra. Da interpretação: "Isso parece se referir a uma figura do governo. Minha primeira impressão foi a do presidente dos Estados Unidos sendo pego fazendo algo antiético."

As últimas notícias que levam aos computadores orgânicos (conforme visto por Nostradamus no Volume I). Em julho de 1999, foi anunciada a pesquisa sobre computadores "quânticos" que poderiam ser um bilhão de vezes mais rápidos que o Pentium Ill. A manchete dizia: "Além do PC: QC atômico". Como o tamanho dos microchips atingiu seu limite, os cientistas têm procurado uma maneira de processar mais informações com componentes menores. Isso levou ao desenvolvimento do computador de DNA descrito no adendo. Os novos computadores quânticos usarão átomos em vez de chips, levando a ciência a novos domínios que desafiam a imaginação. Foi comprovado que esse conceito funciona e o governo dos EUA está montando um laboratório em Los Alamos para aperfeiçoá-lo. "O ponto de partida da computação quântica surgiu quando os físicos perceberam que os átomos são naturalmente pequenas calculadoras. A natureza sabe como computar', diz Neil Gershenfeld, do MIT (um dos inventores)." Imitando de perto a ficção científica, o artigo afirmava: "Por volta de 2030, o computador em sua mesa poderá ser preenchido com líquido em vez de transistores e chips. Ele empregaria a mecânica quântica, que rapidamente entra em coisas como teletransporte e universos alternativos e é, segundo todos os relatos, a coisa mais estranha conhecida pelo homem. A computação quântica parece ser uma opção atraente, devido à sua potência potencial e porque o suprimento de matéria-prima é mais infinito do que o silício. É o maior recurso inexplorado do universo." Qualquer pessoa que tenha lido meus livros sobre OVNIs e alienígenas sabe que esse é o tipo de coisa sobre a qual venho escrevendo há vinte anos. Finalmente está saindo do reino da suposta "ficção" para a realidade viável. As incríveis invenções vistas por Nostradamus não parecem mais impossíveis à medida que entramos no milênio.

A previsão mais incrível de 2000 foi o cumprimento da "eleição com júri suspenso" (Volume I, n° VII-41). está tão correto que não precisa de maiores explicações.

O mais triste cumprimento das previsões ocorreu em 11 de setembro de 2001, e acredito que ele sinaliza o início das mais terríveis quadras referentes ao início da Terceira Guerra Mundial. A Centúria n° X-6, Volume III, refere-se explicitamente ao bombardeio do Pentágono. A Centúria n° VI-97, Volume I, refere-se ao bombardeio de Nova York e também indica que mais horror e terror estão por vir, na forma de explosões biológicas. Vale a pena mencionar uma quadra quase humorística (Volume III, n° X-41) sobre o uso de concertos para arrecadação de fundos durante esse período. O maior até o momento foi o "Tribute to Heroes" (Tributo aos heróis), transmitido em 21 de setembro de 2001 em 27 redes.

Não sei se outras atualizações serão adicionadas, a menos que seja algo extraordinário. Meus leitores encontrarão uma precisão incrível em todos os três volumes. O futuro está realmente sobre nós e, infelizmente, parece que estamos no meio do Tempo das Perturbações e da entrada na Terceira Guerra Mundial. Só podemos fazer o que Nostradamus sugeriu e usar o poder de nossas mentes para neutralizar ou diminuir os efeitos.

Índice das Quadras

Um índice completo das quadras em todos os três volumes de Conversas com Nostradamus aparecerá no final do volume três.

I-1: 161	I-81: 334,364	II-44: 377
I-2: 162	I-84: 179	II-46: 72,432
I-4: 264	I-87: 75	II-48: 70,198
I-6: 324,440	I-89: 316	II-53: 217
I-16: 74	I-92: 338	II-57: 277
I-17: 235,414	I-98: 317	II-58: 359
I-21: 221		II-60: 342,428
I-22: 225,446	II-2: 226,448	II-62: 165,432
I-23: 179	II-3: 248,341	II-65: 167
I-25: 177	II-4: 251	II-68: 314
I-29: 383	II-5: 276	II-74: 344
I-34: 319	II-6: 328	II-75: 349
I-37: 307	II-9: 179	II-76: 277
I-40: 209,267, 299,300	II-10: 194,376	II-78: 471
	II-12: 297	II-81: 290
I-46: 330,445	II-13: 404.461	II-83: 317
I-48: 418	II-14: 228	II-84: 310
I-50: 245	II-15: 268,432	II-85: 373
I-55: 318	II-18: 360,362	II-86: 257
I-56: 370	II-19: 384	II-87: 382
I-61: 300	II-22: 407	II-88: 361
I-62: 296	II-23: 299	II-89: 185,361
I-64: 346	II-27: 208,267	II-91: 169,327, 440
I-67: 352	II-29: 304	
I-69: 405	II-32: 327	II-93: 293
I-70: 194	II-35: 218	II-95: 416
I-71: 319	II-36: 269	II-96: 301,432
I-76: 244	II-39: 312	II-97: 263
I-77: 313	II-40: 342	II-98: 256
I-80: 347	II-41: 97	

III-2: 396
III-3: 236
III-6: 296
III-7: 306
III-10: 307
III-12: 238
III-13: 193
III-16: 311
III-17: 293
III-18: 344,449
III-19: 345,449
III-21: 224
III-26: 296
III-34: 260
III-36: 182
III-42: 439
III-60: 252
III-65: 270
III-75: 180
III-92: 162,336
III-94: 398
III-95: 258

IV-15: 447
IV-25: 412
IV-28: 189,356
IV-29: 380
IV-30: 196
IV-31: 386,461, 462
IV-33: 304
IV-50: 260
IV-67: 233,432, 434,435,438, 447
IV-86: 271
IV-95: 183

V-8: 181
V-15: 438
V-23: 459
V-24: 373
V-25: 288
V-27: 257
V-43: 294
V-54: 304
V-75: 213,364
V-78: 187
V-80: 368
V-86: 293
V-92: 435,436
V-98: 340

VI-5: 98
VI-6: 433
VI-21: 365,367
VI-24: 377
VI-33: 365
VI-34: 195
VI-62: 211

VI-97: 339.433, 487

VII-14: 68, 393
VII-41: 205

VIII-16: 455
VIII-17: 366
VIII-29: 230
VIII-46: 262,368
VIII-74: 179
VIII-77: 261,375
VIII-91: 75

IX-31: 232
IX-36: 278
IX-65: 400
IX-73: 374
IX-83: 321,447

X-6: 487
X-49: 222
X-70: 265,353, 446
X-71: 267,446
X-72: 332,337, 364,461
X-74: 417
X-75: 257

Conversas com Nostradamus, Volume 1

Sobre a autora

DOLORES CANNON nasceu em 1931 em St. Louis, Missouri. Foi educada e viveu no Missouri até ao seu casamento em 1951 com um marinheiro de carreira. Passou os 20 anos seguintes viajando por todo o mundo como uma esposa típica da Marinha e criou a sua família.

Em 1968, teve a sua primeira exposição à reencarnação através da hipnose regressiva quando o seu marido, um hipnotizador amador, se deparou com a vida passada de uma mulher com quem estava trabalhando e que tinha um problema de peso. Nessa altura, o tema das "vidas passadas" era não ortodoxo e muito poucas pessoas faziam experiências neste campo. O assunto despertou o seu interesse, mas teve de ser posto de lado porque as exigências da vida familiar prevaleceram.

Em 1970, o seu marido foi dispensado como veterano inválido e retiraram-se para as colinas do Arkansas. Começou então a sua carreira de escritora e começou a vender os seus artigos a várias revistas e jornais. Quando os seus filhos começaram a viver a sua suaprópria vida, o seu interesse pela hipnose regressiva e pela reencarnação foi despertado. Ela estudou os vários métodos de hipnose e assim desenvolveu a sua própria técnica única que lhe permitiu obter a mais eficiente libertação de informação dos seus sujeitos. Desde 1979, ela regrediu e catalogou informações obtidas de centenas de voluntários. Ela se chama de regressionista e investigadora psíquica que registra conhecimentos "perdidos". A trilogia Conversas com Nostradamus são seus primeiros livro publicados. Jesus e os Essênios foi publicado pela Gateway Books em Inglaterra. Escreveu outros oito livros (a serem publicados) sobre os seus casos mais interessantes.

Dolores Cannon tem quatro filhos e doze netos que exigem que ela se equilibre solidamente entre o mundo "real" da sua família e o mundo "invisível" do seu trabalho. Se desejar corresponder-se com Dolores Cannon sobre o seu trabalho, pode escrever-lhe para o seguinte endereço. Para receber a sua resposta, inclua um envelope selado e endereçado a si próprio.
Dolores Cannon, P.O. Box 754
Huntsville, AR 72740-0754

Other Books by Ozark Mountain Publishing, Inc.

Dolores Cannon
A Soul Remembers Hiroshima
Between Death and Life
Conversations with Nostradamus, Volume I, II, III
The Convoluted Universe -Book One, Two, Three, Four, Five
The Custodians
Five Lives Remembered
Horns of the Goddess
Jesus and the Essenes
Keepers of the Garden
Legacy from the Stars
The Legend of Starcrash
The Search for Hidden Sacred Knowledge
They Walked with Jesus
The Three Waves of Volunteers and the New Earth
A Very Special Friend
Aron Abrahamsen
Holiday in Heaven
James Ream Adams
Little Steps
Justine Alessi & M. E. McMillan
Rebirth of the Oracle
Kathryn Andries
Time: The Second Secret
Will Alexander
Call Me Jonah
Cat Baldwin
Divine Gifts of Healing
The Forgiveness Workshop
Penny Barron
The Oracle of UR
The Oracle of UR, Book 2
P.E. Berg & Amanda Hemmingsen
The Birthmark Scar
Dan Bird
Finding Your Way in the Spiritual Age
Waking Up in the Spiritual Age
Julia Cannon
Soul Speak – The Language of Your Body
Jack Cauley
Journey for Life
Ronald Chapman
Seeing True
Jack Churchward
Lifting the Veil on the Lost
Continent of Mu
The Stone Tablets of Mu
Carolyn Greer Daly
Opening to Fullness of Spirit
Patrick De Haan
The Alien Handbook
Paulinne Delcour-Min
Divine Fire
Holly Ice
Spiritual Gold
Anthony DeNino
The Power of Giving and Gratitude
Joanne DiMaggio
Edgar Cayce and the Unfulfilled Destiny of Thomas Jefferson Reborn
Paul Fisher
Like a River to the Sea
Anita Holmes
Twidders
Aaron Hoopes
Reconnecting to the Earth
Edin Huskovic
God is a Woman
Patricia Irvine
In Light and In Shade
Kevin Killen
Ghosts and Me
Susan Linville
Blessings from Agnes
Donna Lynn
From Fear to Love
Curt Melliger
Heaven Here on Earth
Where the Weeds Grow
Henry Michaelson
And Jesus Said – A Conversation
Andy Myers
Not Your Average Angel Book
Holly Nadler
The Hobo Diaries
Guy Needler
The Anne Dialogues
Avoiding Karma
Beyond the Source – Book 1, Book 2
The Curators
The History of God
The OM
The Origin Speaks

For more information about any of the above titles, soon to be released titles, or other items in our catalog, write, phone or visit our website:
PO Box 754, Huntsville, AR 72740|479-738-2348/800-935-0045|www.ozarkmt.com

Other Books by Ozark Mountain Publishing, Inc.

Psycho Spiritual Healing
James Nussbaumer
And Then I Knew My Abundance
Each of You
Living Your Dram, Not Someone Else's
The Master of Everything
Mastering Your Own Spiritual Freedom
Sherry O'Brian
Peaks and Valley's
Gabrielle Orr
Akashic Records: One True Love
Let Miracles Happen
Nick Osborne
A Ronin's Tale
Nikki Pattillo
Children of the Stars
A Golden Compass
Victoria Pendragon
Being In A Body
Sleep Magic
The Sleeping Phoenix
Alexander Quinn
Starseeds What's It All About
Debra Rayburn
Let's Get Natural with Herbs
Charmian Redwood
A New Earth Rising
Coming Home to Lemuria
David Rousseau
Beyond Our World, Book 1
Beyond Our World, Book 2
Richard Rowe
Exploring the Divine Library
Imagining the Unimaginable
Garnet Schulhauser
Dance of Eternal Rapture
Dance of Heavenly Bliss
Dancing Forever with Spirit
Dancing on a Stamp
Dancing with Angels in Heaven
Annie Stillwater Gray
The Dawn Book
Education of a Guardian Angel
Joys of a Guardian Angel

Work of a Guardian Angel
Manuella Stoerzer
Headless Chicken
Blair Styra
Don't Change the Channel
Who Catharted
Natalie Sudman
Application of Impossible Things
L.R. Sumpter
Judy's Story
The Old is New
We Are the Creators
Artur Tradevosyan
Croton
Croton II
Jim Thomas
Tales from the Trance
Jolene and Jason Tierney
A Quest of Transcendence
Paul Travers
Dancing with the Mountains
Nicholas Vesey
Living the Life-Force
Dennis Wheatley/ Maria Wheatley
The Essential Dowsing Guide
Maria Wheatley
Druidic Soul Star Astrology
Sherry Wilde
The Forgotten Promise
Lyn Willmott
A Small Book of Comfort
Beyond all Boundaries Book 1
Beyond all Boundaries Book 2
Beyond all Boundaries Book 3
D. Arthur Wilson
You Selfish Bastard
Stuart Wilson & Joanna Prentis
Atlantis and the New Consciousness
Beyond Limitations
The Essenes -Children of the Light
The Magdalene Version
Power of the Magdalene
Sally Wolf
Life of a Military Psychologist

For more information about any of the above titles, soon to be released titles,
or other items in our catalog, write, phone or visit our website:
PO Box 754, Huntsville, AR 72740|479-738-2348/800-935-0045|www.ozarkmt.com

www.ingramcontent.com/pod-product-compliance
Lightning Source LLC
Chambersburg PA
CBHW050829230426
43667CB00012B/1922